한류, 통일의 바람
南조선 날라리風

강동완 · 박정란 지음

명인문화사

한류, 통일의 바람

1쇄 펴낸 날   2012년 6월 25일
3쇄 펴낸 날   2013년 7월 25일

지은이   강동완, 박정란
펴낸이   박선영
펴낸곳   명인문화사

내지디자인   박종희
표지디자인   장규진
일러스트   박소라, 박희은

등 록   제2005-77호(2005.11.10)
주 소   서울시 송파구 석촌동 58-24 미주빌딩 202호
이메일   myunginbooks@hanmail.net
전 화   02)416-3059
팩 스   02)417-3095
ISBN   978-89-92803-41-0
가 격   19,000원

ⓒ 명인문화사

contents

발간사　v

감사의 글　ix

1장　한류(南조선 날라리風), 통일의 바람　1
01　한류, 통일의 바람이 되다　3
02　북한에서 한류를 접한 북한이탈주민 100명의 이야기　7

2장　한류와 북한주민의 만남　21
01　어떻게 전기를 구해 시청했나?　23
02　시청방법: 어떻게 보는가?　33
03　시청빈도: 얼마나 자주 보는가?　58
04　시청형태: 단독, 또는 집단시청　62
05　유통형태: 어떻게 확산되고 있나?　77
06　컨텐츠 목록: 무엇을 보고 불렀나?　97
07　새로운 매체의 등장과 한류 확산　140
08　북한이탈주민의 대북송금과 한류　152

3장　한류와 만난 북한주민의 주체별 의식　159
01　지역　161
02　계층　177
03　세대　185
04　젠더　209
05　기타: 탈북시기, 북한거주 시 학력과 직업　230

4장 한류와 만난 북한주민의 분야별 의식 241

01 의식변화 과정 243
02 처음 보았을 때 느낌: 신기함과 거짓, 그리고 진실 사이 258
03 북한체제 269
04 자유민주주의와 인권 274
05 자본주의 경제 284
06 종교 290
07 남한 사람 294
08 생활문화 297
09 스타일 따라하기와 의식변화: '말투부터 패션까지' 302
10 탈북과 남한행 332

5장 한류의 장벽과 역풍 339

01 단속과 통제 342
02 대중화와 행동결집의 한계 368
03 북한 선전과 남한 영상물의 기폭효과(priming effect) 371
04 선정성, 남한의 또다른 모습 385

6장 한류, 통일의 순풍이 되기 위해 391

01 한류와 만난 북한주민, 시청 소감을 공유하다 393
02 한류와 만난 북한주민, 남한에 오다: '상상'에서 '실제'로 397
03 한류, 현재진행형의 통일이야기 413
04 북한이탈주민들이 말하는 한류, 통일의 순풍이 되려면? 430
05 한류, 통일을 향한 역풍을 넘어 순풍이 되어주길 441

주 445

참고문헌 447

부록: 북한 주민들이 시청한 방송 컨텐츠 449

발간사

- 통일문화연구원 연구총서를 발간하며

한류가 아시아를 넘어 세계적으로 바람을 일으키고 있다. 대중문화 확산으로 시작된 한류는 이제 경제적 파급효과는 물론 한국의 브랜드 가치를 높이며 전세계인의 마음을 사로잡고 있다. 한류는 이제 한국을 대표하는 아이콘이 되었다 해도 과언은 아니다.

그런데 한류가 또 다른 희망의 메시지로 확산되는 곳이 있다. 바로 분단 60여년의 장벽이 드리운 북한이다. 북한에서의 한류현상은 북한 주민들에게 외부세계를 보는 또 다른 창이 되고 있다. 북한 주민들은 남한 영화나 드라마, 대중가요를 통해 남한을 새롭게 인식하고 간접적이나마 자유의 가치를 경험하게 된다. 남한 영상매체의 유입은 북한 주민들의 의식변화를 추동하며 더 나아가 영상매체의 유통과정에서 새로운 사회상이 형성되고 있다. 소위 '행위자 네트워크 이론(Actor-Network Theory)'에 기반하여 남한 영상물이라는 매개체가 북한 주민들 사이에서 사람과 사람을 연결하는 연계망을 형성하고 있는 것이다. 이러한 연계망의 형성은 결국 그동안 우리가 알고 있던 폐쇄적인 북한사회와는 다른 새로운 인본주의의 추동성을 불러일으키고 있다.

주목할 점은 북한 당국의 통제범위를 벗어나는 개별 행위자의 출현은 하나의 거대한 유기체와 같은 북한체제에 일정부분 틈새가 벌어지고 있다는 것을 의미한다. 폐쇄사회로 인식되던 북한 체제에 외부정보 유입에 의한 사상의 이완과 사회적 일탈 현상 등이 나타나고 있다.

이러한 현상은 단순히 북한사회 변화를 넘어 북한체제 전반에 어떠한 영향을 미칠 수 있는가의 문제로 확대된다. 즉, 김정일 국방위원장 사망 이후 김정은 체제로 대변되는 북한의 장래에 과연 이같은 북한 주민들의 의식변화 및 시장의 확산이 어떠한 영향을 미칠지 주목되는 부분이다.

이러한 최근의 북한 사회 변화과정에 주목하여 사)통일문화연구원에서는 『한류, 통일의 바람』이라는 제목으로 북한에서의 한류 현상에 관한 심층적 연구를 진행하게 되었다. 지난 1998년 탈북자의 안정적 정착과 남북한 통일 이후를 대비하자는 취지에서 출범한 사)통일문화연구원은 그동안 탈북자를 통해서 본 북한사회 변화, 탈북자 일자리 지원 정착, 문화로 이루는 남북한 통일 등 다양한 분야에서 남북한 통합을 위한 노력을 경주해 왔다. 특히, 이질화된 남북한 문화의 극복방안과 탈북자의 한국 적응 연구 및 지원을 통해 통일 후 남북한 문화, 경제, 사회 분야의 통합을 위한 자료를 개발, 축적하는데 주력하고 있다. 1998년은 김대중 정부가 추진한 햇볕정책으로 남북교류가 활발해지고 마치 당장이라도 한반도 통일이 어떤 형태로든지 될 것 같은 분위기였다. 그러나 필자는 두 가지 준비를 해야 한다고 결심했었다. 하나는 통일에 대비한 일 — 그 중에서도 통일과정에서 야기될 수도 있는 대량 탈북과 안정화의 문제였다. 이것이 안된다면 통일의 역기능이 순기능보다 더 커져 문제를 안겨줄 것은 자명한 일이었다. 탈북자에 대한 대비는 통일이후에도 그 디자인을 어떻게 할 것인가 심각하게 고민해야 할 과제라는 생각은 지금도 변함이 없다.

또 하나는 그 당시 화해·협력분위기가 조성되고 금방이라도 남북한의 철책이 무너져 통일이 될 듯한 분위기였지만 필자는 그렇게 낙관적으로만 생각하지 않았다. 6.25 전쟁으로 인한 분단의 상처가 깊고 이념과 체제간 대립이 그렇게 쉽게 허물어지지는 않을 것으로 보았기 때문이다. 이러한 상황 속에서 이뤄지는 남북교류는 결국 누가 얼마만큼 이득을 보았는가 하는 문제 제기로 이어질 것이라 생각했다. 필자의 신념은 무엇보다 문화적 접근이 남북관계를 원만하면서도 부드럽게 풀어나갈 필수적 방법이라고 믿었다.

그런데 한국의 대중문화에 기반을 둔 한류가 북한에도 전달되어 북한 주민들에게 자유민주주의 가치와 경제적 풍요로움, 삶의 질 향상에 대한 열망을 불어넣고 있다. 동·서독이 양분되어 있을 때 동독주민의 처음 구호는 'mehr Freiheit(more Freedom)'에서 베를린 장벽이 허물어 질 때 구호는 'mehr geld(more Money)'였다. 냉전 당시 소련의 정치적 변화는 총칼이 아닌 비틀즈의 음악으로 대변되는 문화적 접근을 통해 사람들의 마음을 움직였음을 기억할 필요가 있다.

이 책이 북한의 변화된 사회상을 인식하고, 남북한 주민들이 상호 이해도를 증진하여 남북한 주민들의 인식적 격차를 좁혀 나가는데 기여하길 바란다. 아울러 북한 주민들의 '자생적 자본주의'와 '자유'에 대한 열망이 결국 북한을 변화시킬 수 있는 근원적 힘이 될 것이기에 남한의 대중문화가 그들의 눈을 깨우는 촉매제가 되기를 감히 기대해본다.

어느 날인가 그들 속에 움직임속의 움직임- '쥴베르느'의 노틸러스에 나오는 "M.M(Mobilis in Mobili)"- 운동이 되어 사회적 '자아의식' 태동과 더불어 남북한 통일의 동력이 되리라 확신한다. 우리가 노력하는 이러한 연구들이 언젠가 통일의 책상위에 녹아내린 뜨거운 촛농이 될 것을 믿는다.

2012. 6. 沁芳에서

友濫 라종억(통일문화연구원 이사장)

감사의 글

이 책이 나오기까지 도움을 주신 분들이 너무 많다. 지면을 통해서나마 감사의 말씀을 드리고 싶다. 우선 동아대, 대전대에 재학 중인 제자들의 도움이 컸다. 삽화를 그려준 정치학도 박희은, 박소라, 면접을 도와준 탁지경, 정현희, 이예선에게 감사를 전한다. 그리고 서울대 윤보라 조교는 일부 심층면담을 담당해주었는데, 성실한 면접으로 연구 내용에 깊이를 더 해주었다. 서울대 통일평화연구원 안병훈연구원은 자료수집과 통계분석으로 연구에 속도를 낼 수 있도록 애써주었다. 누구보다 우리와 마음을 함께하며 면접 참여자를 선별하고 설득(섭외)해준 이영실 친우에게 감사와 사랑의 마음을 보낸다.

사)통일문화연구원 강효남 국장님은 책의 기획부터 마무리단계까지 하나하나 챙겨주셨던 우리의 식구이다. 중앙일보 이영종 차장님, 박성훈 교수님께서는 전문적 식견으로 미처 우리가 생각지 못한 부분들을 깨우쳐 주셨고 책의 방향을 조정해 주셨다.

어려운 출판사정에도 불구하고 책 출간을 흔쾌히 결정해 주시고 책 편집 방향을 꼼꼼히 짚어 주신 명인문화사 박선영 대표님, 책 편집과 발간 진행을 담당해 주신 문혜연님께도 감사드린다.

통일문화 확산에 대한 열정으로 연구 시작부터 책 발간까지 지지

와 격려를 아끼지 않으셨던 라종억 이사장님께는 가장 큰 감사 말씀을 드리지 않을 수 없다. 그 분의 단단한 버팀이 안계셨다면 1년 전 『한류, 북한을 흔들다』 발간 직후 바로 이 책, 『한류, 통일의 바람』 집필 결단은 물론, 1년 뒤 출판할 수 있는 인내와 추진은 어려웠으리라.

냉전 시기, 섣불리 북한에 대해 내어 말하고 연구하기 어려웠던 시기에 북한연구 1세대로서 앞서 걸으시며, 북한과 통일에 대해 생각할 기회를 마련해 주신 아버지 박완신님, 무엇보다 사랑과 기도라는 가장 큰 선물을 우리에게 주고 계신 부모님께 지면으로나마 평소 하지 못한 '사랑합니다'라는 고백을 드린다.

통일은 사람과 사람의 만남으로 이루어지는 것이기에 지금 여기에서의 만남부터가 무엇보다 소중함을 절실히 느낀다. 분단의 공간을 넘어 지금 여기에 와 심층면접에 응해준 100명의 북한이탈주민, 그들이 바로 이 책의 주인공이다. 북녘땅에서 한류와 만나 벌어지는 그들의 생생한 이야기들이 사람의 통일을 이루기 위한 희망의 메시지로 엮어지기를 기대해본다.

2012년 6월
저자 강동완 · 박정란

1장

한류 (南조선 날라리風), 통일의 바람

01 한류, 통일의 바람이 되다

> 통일 염원이 커지게 마련이죠. '빨리 통일해야겠다!' 그런 게 있어요. **(사례 51의 면접 내용 중)**

한국의 대중문화가 전세계적으로 확산되면서 한류는 한국을 대표하는 브랜드로 자리매김하고 있다. 외국인들에게 한국(남한)하면 떠오르는 이미지는 무엇인가 질문 하면 K-pop으로 대표되는 한류라 하는 것을 쉽게 볼 수 있다. 그런데 북한하면 어떤 이미지가 떠오르는지 물어보면 무슨 대답을 할까. 독재, 폐쇄국가, 김정일, 핵무기 등 아마도 정치군사적인 면을 먼저 떠올리지 않을까.

그런데 북한에 한류가 확산되는 조짐을 보이고 있다니… 북한 당국은 외부정보 및 외래문화 유입을 제국주의 사상문화적 침투로 보면서 이를 막기 위한 통제 수단을 강구해 왔다. 이런 와중에 북한 주민들은 당국의 감시와 통제를 피해 남한 영화나 드라마, 음악을 즐기고 배우들의 헤어, 옷 스타일 등을 모방하기도 한다.

북한 내 한류현상을 연구한 필자들의 첫 단행본이었던 『한류, 북한을 흔들다』(서울: 늘품플러스, 2011) 발표 이후 주변의 반응은 다양했다. 그 중 하나는 '북한에서 정말 남한 영상물을 시청하는 것이 가능한가'였다. 북한 당국의 감시와 통제, 경제위기 속에서 어떻게 남한 영화나 드라마를 시청하냐는 것이었다. 더군다나 열악한 북한의 전기사정을 고려하면 일반 가정집에서 남한 영화나 드라마를 본다는 것은 어림없다는 반응도 있었다.

하지만 이런 의문들에 대한 반증으로 북한이탈주민들의 증언과 더불어 그간 몇 가지 정황들을 추가할 수 있었다. 그 중 하나는 지난 2011년 9월 13일 한국으로 가기 위해 탈북했다가 일본 해상에 표류한 탈북자 9명 사건이었다. 이를 보도한 일본 아사히신문에 의하면 표류한 탈북자 9명 중 남성 한 명이 "한국 드라마와 영화를 보고 한국을 동경해 탈북했다"고 탈북 동기를 밝혔었다. 또한 "한국 등 다른 나라는 전기를 언제라도 쓰는 등 풍족하고 자유로운 생활이 가능하다고 국내 시장에서 들었다"고도 했다. 남한 영상물이 북한 주민의 생각을 바뀌게 했고, 이는 곧 체제를 일탈하게 하는 주요 동기 중 하나로 작용한 것이다. 어쩌면 한 끼의 식량을 걱정해야 할지도 모르는 그들에게 남한 영상물을 통해 본 풍요롭고 자유로운 남한은 동경의 대상이 되었을지도 모른다.

또 다른 하나는 지난 2009년 발간된 북한 내부 문건인 〈법투쟁 부문 일꾼들을 위한 참고서〉에서 파악된 정황이다. 북한 인민보안성이 지난 2009년에 발간한 〈법투쟁 부문 일꾼들을 위한 참고서〉는 북한사회의 최근 단면을 집약해 놓았다 해도 과언이 아니다. 이 문건은 북한사회상을 보여주는 다양한 사건들을 제시하고, 이에 대해 어떻게 법을 적용해야 하는지 해설하는 형식으로 구성되어 있다. 이 문건에서는 바로 사회주의문화를 침해한 범죄를 다루고 있다. 사회주의문화질서를 침해한 범죄의 해석 중 남한 영상물 유통 및 시청에 관한 사건들이 포함되어 있다. 이를 살펴보면 북한 내부에서의 남한 영상물 유통구조와 시청형태 등을 구체적으로 파악할 수 있다.

그 내용 중 하나를 예로 들어 보자. "한 주민이 CD록화물을 판매하다 단속되었는데 내용을 보니 한국과 다른 나라에서 들여온 부르죠아 문예작품으로 밝혀졌다. 출처를 확인해 보니 어떤 사람이 자기 집 옷방에 복사설비를 갖추어 놓고 CD판에 복사하여 다른 사람에게 판매한 사건"이었다. 이 사건은 북한에서 외부영상물 유통이 화교나 중국을 왕래하는 상인들뿐만 아니라 북한 내부에서 CD복사와 같은 방식을 통해 조직적으로 유통되고 있음을 말해준다. 또 다른 사례 하나를 보면, "어떤 사람이 미상의 녀인으로부터 남조선과 미국영화가 들어 있는 CD 3개를 사서 집에 가져와 몰래 본 뒤 다시 내다팔고 다른 불순녹화물을 사다보곤 하다가 적발된 사건"이다. 이 사건에서 주목할 점은 남한 영상물 시청이 단순히 개인 수준에서 이루어지는 것이 아니라 다른 사람에게 판매하고 그 내용을 함께 공유하고 있다는 점이다.

지금까지의 정황들로 봤을 때, 이제 북한에서의 한류 현상 그 자체 유무를 검증하는 논의보다는 여기에서 나아가 심층적으로 북한 내 한류 현상의 함의를 논할 때가 아닐런지. 통제의 장막을 뚫고 북한 주민들 마음 속에 자리잡아가는 남한의 대중문화… 과연 북한 주민 개개인, 나아가 북한 사회 전반으로 어떻게 파급될 것인가 등을 심도 있게 논해야 할 것이다. 북한 내에 불고 있는 한류의 바람은 분명 분단의 시기를 살아가는 남북한 사람들을 '상상의 세계'에서나마 만나게 하는 장이 되고 있다는 점에서 남북한 통일에 주는 함의도 간과할 수 없다.

아울러 생각해야 할 것이 있다. 남한 영상물의 '역풍'이다. 남한 상업 미디어의 자극적인 폭력성, 선정성 등은 북한 당국에서 선전하는 남한 사회의 어두운 단면과 일부 일치하면서 북한 주민들에게 북한 당국의 선전 내용을 재확인 시키고 있다. 또 외부정보 유입이 북한사회 전반으로 이어지기에 아직까지 한계도 큰 상황이다. 북한 전체를 변화시킬 수 있는 강풍이 되기에 역부족이라는 점이다. '한류(南조선 날라리風)[1]'이 통일의 역풍, 국지풍이 아니라 통일을 향한 순풍, 강풍이 되려면 우리는 어떤 준비를 해야 할까. 이런 고민에서부터 이 책은 시작된다.

　단순히 북한에서의 한류 확산이라는 현상적 분석을 넘어, 남한 영상매체를 통해 경험하게 되는 북한 주민들의 의식변화를 주체별, 분야별로 구분하여 심층적으로 살펴보고자 했다. 그러므로 북한 사회변화와 향후 남북한 통일 과정에 한류가 어떠한 의미를 지닐지 본 책을 통해 논의의 장을 열어보려 했다.

　반세기가 넘는 분단의 시간 속에서 남북한은 체제와 이념간 차이뿐 아니라 사람 사이에서도 서로에 대한 두려움이 쌓여갔고, 인식의 격차가 더욱 벌어지고 있다. 『한류, 통일의 바람』 발간은 문화를 통해 남북한 사람들의 간극을 좁혀가길 바라는 마음에서 비롯되었다. 남북한 통합을 위해 사람과 사람 사이의 인식적 간극을 좁히는 것이 중요하다는 점에서 문화를 통한 남북한 통합의 길을 찾는 것이다. 기본적으로 한반도 통일 시 남북한 주민간 통합을 위해서는 문화적 접근에 기반을 둔 상호이해 증진이 절대적으로 필요하기 때문이다.

　이 책은 총 6개 장으로 구성되었다. 1장은 심층면접에 참여했던 북한에서 한류를 접한 100명의 북한이탈주민들을 소개한다. 2장에서는 한류와 북한주민의 만남이라는 주제로 북한에서 전기를 구하는 과정, 시청방법과 빈도 및 유통형태 등을 살펴본다. 아울러 최근 북한 내에 새롭게 등장하고 있는 한류 확산 매체, 남한에 입국한 북한이탈주민들의 대북송금으로 북한의 가족들이 남한 영상물을 구입해 보게 되는 과정 등을 다룬다. 3장에서는 북한주민들을 지역, 계층, 세대, 젠더 등 주체별로 분류해 북한주민 의식변화 내용을 다룰 것이다. 4장에서는 북한체제, 자유민주주의와 인권, 자본주의, 종교, 생활문화 등 세부 분야별로 한류와 북한주민의 의식변화 관계를 다루고자 한다. 5장은 북한 당국의 한류 통제상황, 한류로 인해 나타나는 역기능을 한류의 장벽과 역풍이라는 제목으로 점검해 본다. 마지막 6장은 한류가 남북한 통일로 나아가는 데 순풍이 되기 위해 우리가 생각해 봐야할 것들을 정리해 보았다.

02 북한에서 한류를 접한 북한이탈주민 100명의 이야기

『한류(南조선 날라리風), 통일의 바람』은 북한이탈주민 100명의 이야기를 담고 있다. 이들 100명은 남한에 입국한 북한이탈주민 중에서도 북한에서 남한 영화, 드라마 시청경험이 있거나 남한의 가요를 듣고 불러보았던 사람들이다. 달리 말하면 무작위로 북한이탈주민 100명을 선정한 것이 아니라 북한에서 한류를 접해 본 경험이 있는 북한이탈주민을 선별해 면접한 것이다. 그리고 북한에서 한류를 접한 북한이탈주민 중에서도 지역, 성별, 계층, 연령 등을 기준으로 재선별 과정을 거쳤고 최종 면접 참여자를 결정했다.

즉, 북한에서 한류를 접했는지, 성별, 출신지역, 계층, 연령 등을 기준으로 최종 100명의 면접 참여자가 선정되었다. 남한에 입국한 북한이탈주민은 2012년 3월 현재 23,466명(잠정 수치)이다(연도별 입국 상황은 표 1-1을 참조). 이들 중에서 지난 2011년 7월부터 2012년 1월까지 7개월여 동안 북한에서 한류를 접했던 북한이탈주민 100명을 찾

표 1-1 연도별 북한이탈주민 입국 현황

구분	남	여	합계	여성비율
~'98	829	118	947	12%
~'01	563	480	1,043	46%
'02	506	632	1,138	56%
'03	469	812	1,281	63%
'04	626	1,268	1,894	67%
'05	423	960	1,383	69%
'06	509	1,509	2,018	75%
'07	570	1,974	2,544	78%
'08	612	2,197	2,809	78%
'09	666	2,261	2,927	77%
'10	579	1,800	2,379	76%
'11	819	1,918	2,737	70%
'12.3 (잠정)	119	247	366	67%
합계	7,290	16,176	23,466	69%

출처: 통일부, 〈2012년 3월 현재 북한이탈주민 입국동향〉.

아 나섰다. 그리고 그들과의 심층면담을 통해 이야기를 듣고 정리했다. 1:1 심층면담을 원칙으로 하면서 필요에 따라 그룹 면담도 병행했다. 예를 들어 부부, 가족관계라던가 10대 또래 집단을 2~3명씩 그룹별로 면담하여 세대, 젠더에 따른 한류 경험과 의식변화의 특징을 읽고자 하였다.

남한에 입국한 북한이탈주민 중 함경북도 출신이 차지하는 비중이 월등히 많기에 함경북도 출신 뿐 아니라 그 외 평안남도를 비롯해 내륙지역 출신자를 찾기 위해서도 노력했다. 북한에서 남한 영화나 드라마를 많이 봤다는 북한이탈주민이라도 함경북도 출신이라면 조사 대상에서 제외되기도 했다. 북한에서의 계층도 중요한 고려사항이었다. 정치·경제적으로 중상층이었던 북한이탈주민을 수소문했고 이들의 이야기를 통해 북한에 불고 있는 한류의 바람이 북한 내부에서 위 아래로 어떠한 흐름이 될 수 있을지 추적해 보았다.

본격적인 이야기를 시작하기 앞서 북한에서 한류를 접했던 북한이탈주민 100명, 그들의 인적 구성을 파악해 보려 한다. 우선 밝힐 것은 100명 중 6명은 인적구성 통계에서 제외되었다. 100명에 대해서 심

표1-2 응답자 특성 : 성별

항목	구분	빈도	유효 퍼센트
성별	남성	32	34.0
	여성	62	66.0
	합계	94	100.0

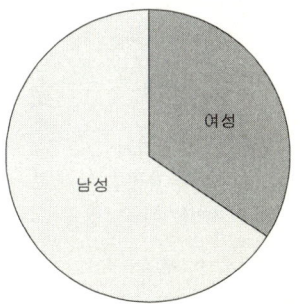

층면담과 더불어 구조화된 설문지를 가지고 이들의 출신지, 학력, 직업, 정치·경제적 계층 등을 파악하고자 하였다. 그런데, 특별히 인적사항 밝히기를 꺼려하거나 충실한 응답이 이루어지지 못한 6명은 인적구성 통계에서 제외한 것이다. 조사의 엄밀성도 중요하지만 응답자의 비밀과 의사 존중이라는 연구윤리성을 고려하여 100명 중 94명만의 인적사항을 통계치로 정리해 설명하려고 한다.

이 외에도 질문에 따라서 총 응답자가 85명인 경우도 있다. 예를 들어 결혼상태의 경우 '미혼, 기혼, 기혼이나 현재는 배우자 없음' 등으로 구분해 응답을 요청하였는데, 굳이 현재의 결혼 상태를 밝히기 원하지 않는 응답자의 경우 답안지에 기재하지 않도록 했다. 물론 통계 작성에서도 제외했다. 무리하게 답변할 경우 연구윤리성에도 어긋날 뿐 아니라 정직한 답변이 이루어지지 못해 연구의 엄밀성에도 오류가 발생할 수 있기 때문이다.

100명 중 인적사항을 자발적으로 밝힌 94명 중 성별 구성을 보면 여성이 66%, 남성이 34%로 여성이 30% 정도 더 많이 참여했다. 이는

표 1-3 응답자 특성 : 결혼여부

항목	구분	빈도	유효 퍼센트
성별	기혼	55	64.7
	미혼	24	28.2
	기혼이나 배우자없음 (사별, 이혼)등	6	7.1
	합계	85	100.0

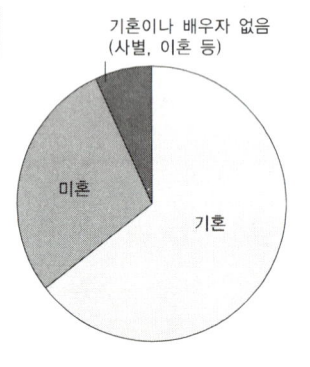

통일부에서 제공한 〈2012년 3월 현재 북한이탈주민 입국동향〉에 나타난 것처럼 전체 북한이탈주민 중에 여성이 약 70%를 차지하는 것과 유사한 비중이다. 결혼상황을 보자. 기혼이 64.7%, 미혼 28.2%, 사별·이혼 등 기혼이나 배우자가 없는 경우는 7.1%였다.

연령대 별로 보면 40대가 24.7%, 30대와 60대 이상이 각각 19.4%, 20대 17.2%, 50대는 12.9%로 나타났다. 10대도 심층면담에 참여했다. 전체 응답자 중 6.5%가 10대 응답자다.

응답자들의 북한 거주지는 북한 내 대부분 지역이 포괄되어 있다. 참고로 북한의 행정구역은 2011년 현재, 1직할시(평양), 2특급시(나선, 남포), 9개도이다. 응답자들의 북한 출신지를 보면 함경북도(37.2%)가 가장 많았고 다음이 양강도(19.1%)였다. 북한에서도 내륙지역인 평안남도 출신자이자 북한에서 남한 영상물을 시청했던 북한이탈주민을 찾으려고 노력했는데 그 비율은 14.9%이다. 함경남도(11.7%), 평양(5.3%), 남

표 1-4 응답자 특성 : 연령

항목	구분	빈도	유효 퍼센트
성별	10대	6	6.5
	20대	16	17.2
	30대	18	19.4
	40대	23	24.7
	50대 이상	12	12.9
	60대	18	19.4
	합계	93	100.0

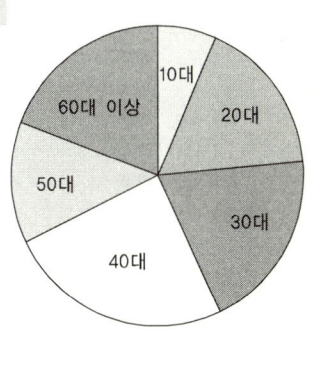

표 1-5 응답자 특성 : 북한거주지

항목	구분	빈도	유효 퍼센트
북한거주지	함경남도	11	11.7
	함경북도	35	37.2
	자강도	1	1.1
	양강도	18	19.1
	평안남도	14	14.9
	평안북도	2	2.1
	강원도	2	2.1
	황해북도	2	2.1
	황해남도	1	1.1
	평양시	5	5.3
	남포특급시	3	3.2
	합계	94	100.0

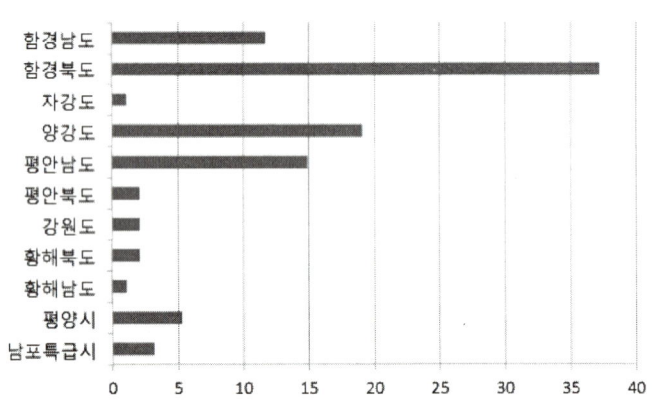

포특급시(3.2%), 평안북도(2.1%), 강원도(2.1%), 황해북도(2.1%), 황해남도, 자강도 거주자가 각기 1.1%이다.

그렇다면 응답자들의 출신지와 별개로 북한에서 남한 영상물을 시청했던 지역은 어디일까. 북한 내에서 남한 영상물을 시청한 지역을 보면 거주지역으로 가장 높은 응답률을 보였던 함경북도 지역이 시청 지역에서도 38.3%로 가장 높은 응답률을 보였다. 그 외의 지역에서도 거주지와 시청지역이 어느정도 일치하는 응답률을 보였는데 양강도 19.1%, 평안남도와 함경남도가 모두 13.8%였다. 그 외에 평양시, 남포특급시가 각기 4.3%, 평안북도 2.1%, 황해북도 2.1%, 자강도, 강원도, 황해남도가 각각 1.1%였다. 이러한 결과는 북한 내에서 남한 영상물이 시청되는 지역이 주로 국경지역이라는 점을 말해 주기도 하지만 다른 한편으로 보면 북한 내륙 지역에서도 남한 영상물 시청이 이루어지고 있다는 것을 보여준다. 어떻게 보면 면담 참여자들의 출신지가 함경북도 지역이 가장 많기에 남한 영상물 시청지역에서도 함경북도가 가장 많은 응답률을 차지하고 있다고도 볼 수 있다. 이 결과는 향후 함경북도를 제외한 내륙 지역 출신자들만을 대상으로 한 후속연구를 통해 내륙 지역의 한류 확산 정도를 가늠해 보는 면밀한 분석이 필요함을 의미하기도 한다.

응답자들의 탈북시기를 보면 2006~2011년도 탈북자가 전체 응답자 구성에서 87% 이상을 차지하고 있다. 응답자 대부분이 최근 5년 내에 탈북한 것을 알 수 있다. 우리 연구가 최근 북한의 한류 현상을 다루려는 취지에서 시작했기에 가급적 탈북 시기가 조사 시점으로부터 5년 내인 북한이탈주민을 찾고자 했다.

2006년 이전에 탈북한 북한이탈주민은 13%이다. 본 연구가 주로 최근 상황을 중심으로 이야기를 구성하되 그 이전과 비교할 필요도 있다

표 1-6 응답자 특성 : 영상물시청지

항목	구분	빈도	유효 퍼센트
영상물 시청지	함경남도	13	13.8
	함경북도	36	38.3
	자강도	1	1.1
	양강도	17	18.1
	평안남도	13	13.8
	평안북도	2	2.1
	강원도	1	1.1
	황해북도	2	2.1
	황해남도	1	1.1
	평양시	4	4.3
	남포특급시	4	4.3
	합계	94	100.0

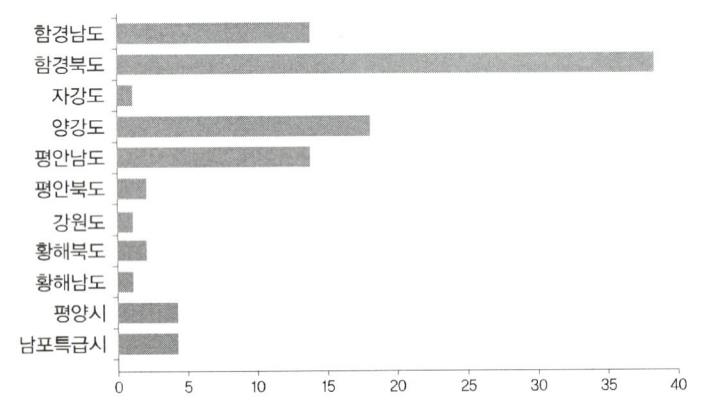

는 생각에서 2006년 이전 탈북 한 면담 참여자를 일부 포함시킨 것이다. 탈북 연도별로 응답자 분포를 보면 2000~2001년도 1.1%, 2002~2003년도 2.1%, 2004~2005년도 9.6%, 2006~2007년도는 20.2%, 2008~2009년도 31.9%, 2010~2011년도 35.1%이다.

응답자들의 남한 입국시기는 2008~2011년도 입국자가 80% 이상을 차

표 1-7 응답자 특성 : 탈북시기

항목	구분	빈도	유효 퍼센트
탈북시기	2000~2001년도	1	1.1
	2002~2003년도	2	2.1
	2004~2005년도	9	9.6
	2006~2007년도	19	20.2
	2008~2009년도	30	31.9
	2010~2011년도	33	35.1
	합계	94	100.0

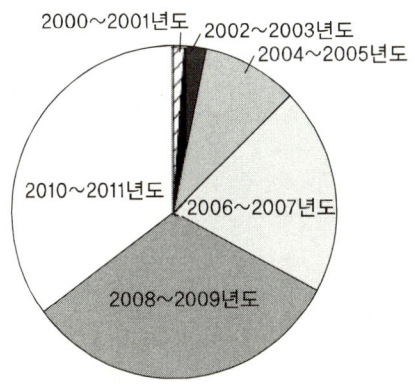

지하고 있다. 연도별로 보면 2004~2005년도 입국자가 7.4%, 2006~2007년도 12.8%, 2008~2009년도 30.9%, 2010~2011년도 48.9%였다. 최근 1~2년 사이 남한 입국자가 과반수 가까이를 차지하고 있음을 알 수 있다.

그렇다면 북한 거주 시 종사했던 직업 분포는 어떻게 될까. 북한 거주 시 직업을 보면 노동자가 22.3%로 가장 많은 비중을 차지했고, 주부 20.2%, 사무원 12.8%, 학생 11.7%, 기타 8.5%, 농어민 7.4%, 당정기관 간부 5.3%, 전문직과 무직이 각기 4.3%, 군인 3.2%였다.

응답자들의 북한 거주시 학력을 보면 중학교(북한에서는 남한의 중·고

표 1-8 응답자 특성 : 남한입국 시기

항목	구분	빈도	유효 퍼센트
	2004~2005년도	7	7.4
	2006~2007년도	12	12.8
남한입국 시기	2008~2009년도	29	30.9
	2010~2011년도	46	48.9
	합계	94	100.0

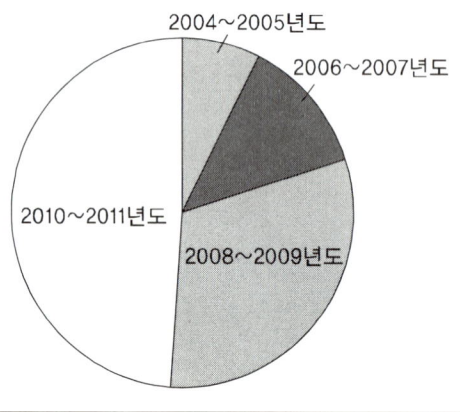

등학교 학제를 합쳐 중학교라 한다) 졸업자가 58.1%로 가장 많았고, 대학교 이상 졸업자 23.7%, 전문대학 16.1%, 소학교(초등학교) 2.2%였다.

표 1-9 응답자 특성 : 북한거주시 직업

항목	구분	빈도	유효 퍼센트
북한직업	당정기관 간부	5	5.3
	기타	8	8.5
	전문직	4	4.3
	사무원	12	12.8
	노동자	21	22.3
	군인	3	3.2
	학생	11	11.7
	농어민	7	7.4
	무직	4	4.3
	주부	19	20.2
	합계	94	100.0

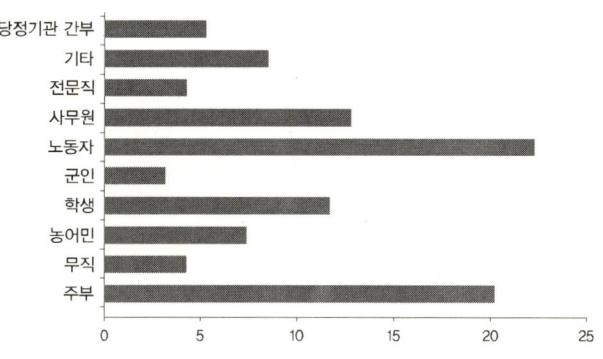

응답자들이 북한에 있을 때 정치적 계층 상황을 〈상, 중상, 중, 중하, 하〉 5단계로 구분하여 응답자 본인이 판단하는 자신의 해당 계층을 응답하도록 했다. 〈중〉이라는 응답자가 36.7%로 가장 많았고, 다음으로 〈하〉 31.1%, 〈상〉 15.6%, 〈중상〉 11.1%, 〈중하〉 5.6%였다.

응답자들의 북한 거주시 경제적 계층 상황도 정치적 계층과 마찬가지로 〈상, 중상, 중, 중하, 하〉 5단계로 구분하여 응답자 본인이 판단하는 자신의 해당 계층에 응답하도록 했다. 정치적 계층의 응답분포와 마찬가지로 〈중〉이라는 응답자가 41.3%로 가장 많았다. 그러나 정치적 계층에

표 1-10 응답자 특성 : 북한거주시 학력

항목	구분	빈도	유효 퍼센트
북한학력	소학교	2	2.2
	중학교 (중·고등학교)	54	58.1
	전문대학	15	16.1
	대학교 이상	22	23.7
	합계	93	100.0

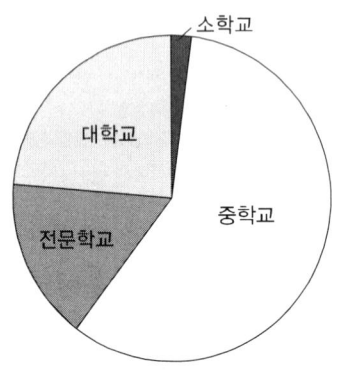

서 〈하〉라는 응답자가 31.1%인 것과 달리 경제적 계층이 〈하〉라는 응답자가 16.3%에 그치고 있어 정치적 계층과 경제적 계층의 응답률이 15% 가량 차이를 보이고 있다. 정치적 계층이 〈하〉라도 경제적 계층마저 〈하〉인 것은 아닌 셈이다. 경제적 계층이 〈상〉이었다는 응답자는 18.5%로 정치적 계층이 〈상〉이라는 응답자 15.6% 보다 3% 가량 높은 응답률을 보였다. 경제적 계층이 〈중상〉이라는 응답자는 13.8%(정치적 계층 〈중상〉 11.1%), 중하는 10.9%(정치적 계층 〈중하〉 5.6%)로 나타나 전반적으로 정치적

표 1-11 응답자 특성 : 북한거주시 정치경제적 계층

항목	구분	빈도	유효 퍼센트
정치적 계층	상	14	15.6
	중상	10	11.1
	중	33	36.7
	중하	5	5.6
	하	28	31.1
	합계	90	100.0
경제적 계층	상	17	18.5
	중상	12	13.0
	중	38	41.3
	중하	10	10.9
	하	15	16.3
	합계	92	100.0

표 1-11 응답자 특성 : 북한거주시 정치경제적 계층

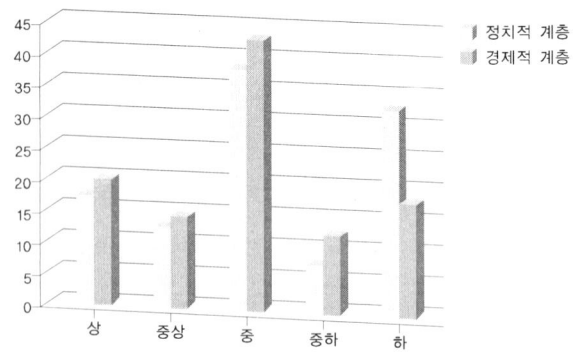

계층과 경제적 계층의 불일치 현상이 나타나고 있다고 볼 수 있다.

2장

한류와 북한주민의 만남

01 어떻게 전기를 구해 시청했나?

돈에 따라 달라지는 전기의 양

북한 주민들이 영상물을 시청한다고 하면 가장 먼저 드는 의문이 있다. 바로 북한의 열악한 경제상황으로 인해 전기를 생산할 수 없다는데 어떻게 가전제품을 사용할 수 있느냐는 점이다. 1990년대 중반 무렵 경제위기가 가중되고 식량난으로 먹을 것이 없어 굶어 죽는 사람도 있다는 북한을 떠올린다면 북한주민들이 DVD플레이어, 컴퓨터, TV 등을 통해 남한 영화나 드라마를 시청한다는 것은 상상 조차 되지 않는 일이다. 지난 1편 연구인『한류, 북한을 흔들다』(늘품플러스, 2011) 발표 이후 독자들로부터 저자들이 가장 많이 받은 질문 가운데 하나 역시 "북한 사람들이 어떻게 전기를 구할 수 있는가"였다.

이러한 의문에 대해 우리는 "기존의 북한에 대한 이미지와 실제 북한 주민들의 생활은 분명 다른 모습이 있다"는 말로 답변을 시작하곤 했다. 중요한 것은 분명 북한에서 경제적으로 넉넉한 사람이 아니더라도 전기를 구하는 나름의 방식을 갖고 있다는 것이다. 북한 주민들의 남한 영상물 시청에 대한 이야기를 시작하기 전에 도대체 북한 주민들이 어떻게 전기를 구하고 있는지 그 궁금증부터 먼저 풀어보자.

북한 주민들이 영상물 시청을 위해 전기를 얻는 방법은 계층에 따라 차이가 있지만 대략 네 가지 정도의 방법이 있다. 북한 당국의 전력사정으로 인해 항시 전기를 공급받을 수 없기 때문에 주민들은 나름의 방식을 통해 전기를 확보하고 있었다.

첫 번째 방법은 변압기 사용이다. 북한에서 전기가 정상적으로 들어올 때라도 전기 전압이 낮고 공급시간이 길지 않기 때문에 전기의 전압을 높여주는 변압기를 사용하는 방법이다. 북한에서는 전기가 항상 들어오는 것이 아니라 하루에 일정시간 들어오고 나가고를 반복한다. 전기생산량이 많지 않으니 그나마 생산된 전기를 한시적 배급 방식으로 공급하고 있는 것이다. 광산이나 군수공장 밀집 지역은 상대적으로 다른 지역보다 전기 공급 시간이 길다고 한다.

그런데 북한 당국이 공급해 주는 전기는 전압이 높지 않아 공급해 주는 그대로 사용하기는 어렵다. 백열등 정도의 조명을 밝히는 용도로 밖에 사용할 수 없다. 따라서 집집마다 변압기를 구비해 놓고 전기가 들어올 때 변압하여 전기를 확보하는데 변압기가 없으면 기본적인 생활조차 할 수 없을 정도라고 한다.

전기 나오는 시간이라는게 없고 전기가 하루에 대체로 아무 때나 들어오고 나가고를 반복합니다. 우리는 국경 지역이라 좀 주는데도 하루에 5시간 미만으로 줍니다. 그것도 전압이 낮아서 옛날에 전등 둥그렇게 생긴 전구를 희미하게 알릴 정도 밖에 안돼요. 그러니깐 TV를 볼 수가 없어요. 그래서 집집마다 변압기라는게 있어요. 두 키로 세 키로 짜리 변압기를 만들어서 전기를 끌어서 쓰거든요. 그거 없으면 아무것도 할 수 없어요. (사례 85, 50대 여성, 2009년 탈북)

변압기를 만들거나 유통시키는 과정도 무척이나 흥미롭다. 수요와 공급의 법칙이 그대로 북한에 적용되는 것일까. 변압기가 가정마다 생활필수품이 되다 보니 이를 전문적으로 만들어 파는 사람이 생겨나고 시장에서 거래되는 주요 품목으로 자리매김하게 되었다. 변압기는 주로 구리선(동선)으로 만드는데 공장, 기업소에서 사용했던 구리선을 모아다가 전기기술자들이 자기 집에서 만들어 판매한다고 한다.

북한에서는 모든 기자재가 사적소유가 아닌 국가자재이기 때문에 변압기에 사용되는 구리선(동선)도 국가소유다. 결국 개인이 변압기를 만들어 파는 것은 불법 행위다. 그런데 이를 단속하는 간부들조차 집집마다 변압기를 구비해 놓고 있다고 한다. 사정이 이렇다보니 변압기 단속은 대부분 형식일 뿐 뇌물을 받고 눈감아 주는 일이 비일비재하다.

> 물론 단속하지요. 변압기라는 것이 국가자재를 사용해서 만드는 거기 때문에… 철판이나 이게 이렇게 철판 다 들어가고 동선 들어가고 하니깐… 몽땅 국가자재니깐 단속은 해요.… 근데 자기네들부터 그걸 사용하니깐 단속은 형식이고 자기들도 뇌물받아먹고 눈감아 주고 다 그래요. (사례 85, 50대 여성, 2009년 탈북)

이 변압기 사용은 경제적 계층마다 차이가 있다. 변압기는 개인이 직접 구매하는 것이기 때문에 구매능력에 따라 차이가 나는 것이다. 변압기를 구매하는 사람들은 당연히 집에서 가전제품을 사용하기 위한 목적이기 때문에 집에 텔레비전과 녹화기는 물론 냉장고까지 구비해 놓은 가정도 있다고 한다. 가전제품이 많아 전기를 많이 사용해야 하는 사람들은 변압기 용량이 큰 것을 구매하는데 이는 결국 개인이 소유한 재산과 연계된다.

> 우리 집에 한 키로 만한 변압기가 있으면 한 키로 만한 전기를 쓸 수 있고 그만큼 밖에 못 땡기니깐… 내가 돈이 좀 있고 전기 사용량을 많이 써야겠다 하는 사람은 전기를 두 키로 세 키로씩 만들어요 이렇게 하면 냉장고도 사용할 수 있고… (사례 85, 50대 여성, 2009년 탈북)

자동차와 탱크 배터리 이용 '왕따전지와 변류계'

두 번째 방법은 전기가 전혀 들어오지 않을 때 자동차 배터리나 '땅크(탱크를 일컫는 북한의 외래어 표기) 배터리'로 전기를 얻는 방법이다. 하루에 몇 시간씩 전기가 들어온다고 하더라도 변압기를 통해서만 전기를 구하는 것은 한계가 있기 때문에 자체적으로 배터리를 구비해 소량의 전기를 얻는 방식이다. 자동차 배터리는 주로 중국산 제품인데 북한에서 직접 생산되는 배터리도 있다고 한다. '대동강 배터리'로 알려진 북한산 배터리는 북한 주민들 사이에 '왕따전지'로 불린다. 중국산 자동차 배터리는 불량품이 많아 북한에서 생산되는 '왕따전지'를 더 선호한다.

자동차 배터리는 충전이 가능하기 때문에 전기가 들어오는 공장이나 기업소 등에서 충전을 하는데 이 때 충전을 대행해 주는 일이 주요한 돈벌이가 된다. 한편, 자동차 배터리를 통해 가전제품을 사용하기 위해서는 이를 연결할 수 있는 변류계라는 장치가 별도로 필요하다고 한다. 즉, 변류계는 볼트 전환 장치로 자동차 배터리가 12볼트인데 가전제품이 주로 220볼트이기 때문에 이를 전환해 주는 장치이다.

자동차 밧데리는 12 볼트이고 이건 220 볼트니깐 그걸 변류 시킬 수 있는 변류계가 있어요. 밧데리 전기를 변류시켜서 TV에다가 연결 시키면 그걸 잠깐 잠깐 볼 수 있어요. **(사례 85, 50대 여성, 2009년 탈북)**

사례 85는 북한에 있을 때 장마당에서 가전제품을 판매하는 자영업자였다. 한국에 와서 인상 깊은 것 중 하나가 가전제품 매장에서 전시용 텔레비전을 항상 켜놓는 것이다. 북한에서는 상품을 항시 진열

해 놓을 만큼 물건도 없을뿐더러 전기가 계속 들어오는 것도 아니었다. 때문에 가전제품을 판매하는 상인들은 반드시 자동차 배터리와 같이 전기를 순간적으로 구할 수 있는 장비를 구비해 놓고 있다고 한다. 만약 텔레비전이나 녹화기 구매를 희망하는 손님이 오면 물건이 있는 자기 집으로 데리고 가서 물건을 보여주는데 실제로 작동되는지 여부를 알려주기 위해 직접 텔레비전을 켜고 시연을 한다.

손님 데리고 가서 전기가 안 오기 때문에 이 가전제품 파는 집들은 집에 뭐가 있는가 하면 변압기와 변류계가 있어요. 전기 안오는 시간에 그 밧데리에다가 연결해서 시동 걸어서 확인해 줘야 손님들이 사간단 말입니다. 이 밧데리는 12V잖아요. 그 밧데리를 변환시킬 수 있는 변류계가 있어요, 변류계, 밧데리 있고 뭐가 많아요. 전기 때문에… 어쨌든 5분이든 1분이든 확인 시켜야 손님들이 사가는 거니깐… **(사례 85, 50대 여성, 2009년 탈북)**

한 가지 흥미로운 점은 중국에서 생산되는 녹화기의 경우 북한의 열악한 전기상황을 고려해 제품을 생산해 판매한다는 사실이다. 중국에서 생산되는 녹화기 중에는 자동차 배터리를 가전제품용으로 전환하기 위한 변류계가 없이도 사용할 수 있는 DVD 플레이어가 있다. DVD 플레이어에 12볼트 자동차 배터리를 직접 연결할 수 있는 단자가 설치되어 있어 굳이 변류계가 필요 없다는 것이다.

DVD가 12V, 220V이렇게 갈라져 있습니다. 코드만 꼽고 정전이 되도 볼 수 있단 말입니다. 녹화기는 220하고 12V를 뽑아 놨다가 저리 꽂으면 된단 말입니다. 잭이 따로 분리 돼있거든요. 중국에서 우리를(북한) 위해 만든 거랍니다. 북한에서 직접 연계하는 그런 연계

업체가 있단 말입니다. 거기서 만들어가지고 북한에다가 만들어서 보내죠. 이 개인 밧데리는 왠만한 집에는 다 있습니다. 솔직히 말해서 용량이 약하고 밧데리 연결해서 다 봅니다. 어떤 집은 땅크 밧데리 연결해서 봤다고 하던데… **(사례 33, 20대 남성, 2009년 탈북, 함경남도)**

사례 33은 자동차 배터리뿐만 아니라 탱크 배터리를 장마당에서 구입해 영상물을 시청했다. 이른바 선군정치로 대변되는 군 중심의 북한에서 군용물자가 시장에서 공공연한 판매물자가 된다는 사실… 사례 33이 탱크 배터리를 장마당에서 직접 구매했다면, 직접 군에서 탱크 배터리를 구한 사례도 있다. 사례 1의 남편이 그랬다. 사례 1의 남편은 북한에서 고위층에 속하는 간부였는데 군대에서 직접 탱크배터리를 구해왔다.

탱크베터리로 연결해서 봤거든요. 큰 텔레비전은 너무 용량이 많이 차지해 금방 전기가 나가니깐(충전해 놓은 것이) 못 보고, 오래 보려고 작은 텔레비전을 구해서 보는데, 여기에 자동차 배터리 말고 탱크 배터리를 연결해서 쓰면 더 오래 볼수 있어요. **(사례 1, 30대 여성, 2007년 탈북, 평안남도)**

돈 있는 집은 발전발동기로 전기 자체 생산

세 번째는 비교적 부유한 계층이 사용하는 방법으로 전기를 직접 생산할 수 있는 발동기를 구매해 전기를 얻는 것이다. 발동기는 보통 중국산 제품인데 기름을 넣고 돌리면 자가 발전을 통해 전기를 직접 얻을 수 있다.

우리는 면접과정에서 발전발동기를 집에 갖고 있었던 사례 17을 만날 수 있었다. 사례 17은 1990년대 초반부터 국경밀거래를 통해 많은 돈을 벌어 발전발동기를 구입하여 24시간 전기를 구할 수 있었다. 1990년대 중반은 이른바 고난의 행군기였는데 사례 17은 "나에게는 고난의 행군기라는 것이 없었다"고 할 정도로 풍족한 생활을 했다고 한다. 사례 17 역시 처음에는 '땅크배터리'를 구입해 전기를 구했는데 2년 정도 사용하다가 버리고 2005년 말에 중국 사람을 통해 발전발동기를 구매했다.

나한텐 고난의 행군이 없습니다. 92년도부터 중국하고 무역을 했는데 밀수를 통해 많은 돈을 벌었습니다. 땅크 밧데리 13시간 동안 돌립니다. 그거 사서 2년 정도 쓰다가 버렸습니다. 돈만 있으면 밧데리 하나 100달럽니다. 2005년 경에 중국사람을 통해 발동기를 구매

했습니다. (사례 17, 40대 여성, 2007년 탈북, 평안북도)

사례 17이 구입한 발전발동기에서 전기를 만들기 위해서는 기름을 넣어 작동시켜야 했다. 중국과 밀무역을 했던 그에게 기름을 구하는 일은 그리 어려운 일이 아니었다. 무역을 하면서 중국 상인이 올 때마다 기름 20리터를 가져다 주곤 했는데 기름을 집에 쌓아놓을 정도였다고 한다. 사례 17은 탈북 할 때 가지고 있던 발전발동기를 언니와 동생에게 주고 왔다. 과연 그 발전발동기는 지금도 잘 돌아가고 있을까.

난 밀수꾼인데 뗏놈이 밀수 할 때마다 20리터 하나씩 줘서 집에다 20리터 휘발유래 10개씩 쫙 쌓여 있곤 했는데 걱정이 뭡니까. 발동기에 휘발유 넣고 돌리믄 다 들어옵니다. 전기 들어와서 다 볼 수 있게 설치 해놓고 살았습니다. 한대는 돈주고 사고 한대는 서비스 줘서 오기전에 동생 하나주고 언니 하나주고 왔습니다. **(사례 17, 40대 여성, 2007년 탈북, 평안북도)**

국가 전기를 내 마음대로…

마지막 네 번째 방식은 국가기관이나 공장·기업소 등에 들어가는 전기선을 직접 자기 집에 연결하는 것이다. 일명 '도둑전기'인데, 전기선을 몰래 연결해 사용하는 방법이다. 또는 합법적으로(?) 전봇대까지 세워 집에 직접 연결하는 사례도 있었다. 개인 집까지 전봇대를 세우고 전기를 끌어들이기 위해서는 굉장한 특혜를 부여받지 않고는 불가능한 일로 보인다. 실제로 사례 17은 밀무역을 하면서 그 지역의 보위부나 보안원들과 친분이 있었는데 돈으로 그들을 매수했다고 자랑스러워했다. 사례 17과의 면접 내용을 그대로 인용해 본다.

사례 17: 전기선도 누르는 힘이 있어야 하지… 멀리 공장 변전소에서 집까지 전봇대 몇 개 세우고 전기선 연결하려면 형편이 돼야 하지 아무나 못해…
면접자: 혼자 전봇대를 세우고 전기를 끌어 들이려면 감시하는 눈이 있을텐데요?
사례 17: 보안원도 상관 없습니다. 국가적으로 합법적으로 버는 전기선인데 좀 심술내지 말로… 국가적으로 합법적으로 해놓은 일인데.
면접자: 그게 합법적이에요? 자기집에 전봇대 세우고 하는게?
사례 17: 북한은 제 땅이란게 없습니다. 아무데다 여기서부터 우리 집 오려면 직선으로 전줏대 몇 개 세워야 겠다 하지. 여기 내땅인데 여기 왜 전줏대 세우느냐 하는 사람 없습니다.

면접자: 전줏대를 세우고 전기를 끌어들이면 감시 대상이 되지 않나요?
사례 17: 기케 감시대상 보다도 압록강에서 밀수를 해놓으니깐 첫번째로 감시 대상이지 원래. 긴데 보위부나 안전부나 다 내손에서 먹고 사는데 뭐라 그럴수도 없지. 몰래 하는게 아니란 말입니다. 전줏대는 표시가 나기 때문에 몰래 할 수도 없습니다. 다 승인받아서 하는건데 뭐. 그만큼 돈이 드가지 않습니까.

면접자: 24시간 전기가 들어가면 도대체 집에서 무얼하나 전기로… 그런 얘기 안 나올까요?
사례 17: 다 돈만 있으면 괜찮습니다. 와서 트집 잡을래도 못 잡지. 합법적으로 국가에 돈 내고 보는데 지가 무슨 상관이고. 또 와서 트집 잡을 사람도 없지. (사례 17, 40대 여성, 2007년 탈북, 평안북도)

사례 17의 증언을 들어보면 북한에서 돈이 있는 사람들은 국가의 전기도 자기집에 개인적으로 연결해 쓰는 것을 볼 수 있다. 또 그것을 감시해야 할 기관원들도 거래를 통해 묵인하는 것을 확인할 수 있다. 이러한 내용은 사례 3의 증언을 통해서도 재확인했다. 즉 돈이 있거나 직위가 있는 사람들은 전기선을 직접 연결해 전기를 쉽게 구할 수 있었다.

그러니까는 북한은 전기가 없어요. 돈 많은 사람들, 그런 사람들이 이런 공장 같은 공업선 같은 데 따로 있어요 거기다가 연결을 하고, 남조선 방송을 보지요. 그러니깐 그 집에 가면 전기가 잘 오니깐… 그 집 가서 보자 해가지고 몇 번 봤죠. 유리 구두하고… 남자의 향기… **(사례 3, 20대 남성, 2010년 탈북, 함경북도)**

표 2-1 북한주민들이 전기를 구하는 방법

첫 번째 방법	두, 세 번째 방법		네 번째 방법
전기가 들어올 때	전기가 들어오지 않을 때		24시간 전기 사용
변압기	자동차 배터리, 탱크 배터리, 변류계	자가 발전발동기	전줏대를 세워 직접 연결
경제적 하위계층	--------------------->		경제적 상위계층

[02 시청방법: 어떻게 보는가?]

북한 주민들이 남한 영화나 드라마를 보는 방법은 크게 두 가지다. 남한 방송이 직접 수신되어 TV로 시청하거나 북한에서 '록화기'로 불리는 DVD 플레이어를 통해 DVD(또는 CD)를 구해서 시청하는 방법이다. 지난 2011년 발간한 『한류, 북한을 흔들다』에 따르면 주로 남한과 가까운 접경지역과 동해안 지역에서는 남한 방송이 직접 수신되는 것으로 확인되었다. 북·중 국경지역은 중국 방송이 수신되는데 이 때 연변지역에서 방송하는 한국프로그램을 시청하기도 한다.

북한에서는 텔레비전을 구입하면 우선 해당 지역 보안서에 가서 등록을 해야 한다. 그리고는 채널을 조선중앙방송 통로로 고정하는 봉인절차를 거친다. 검열이 나왔을 때 등록증이 없는 텔레비전은 압수당한다. 그런데 북한주민들은 남한 방송을 시청하기 위해 집에 등록된 텔레비전 이외에 또 하나의 텔레비전을 숨겨놓고 시청하는 모습을 볼 수 있었다. 또는 봉인된 채널을 돌리기 위해 리모컨을 구해서 채널을 돌리는 방법도 사용했다.

텔레비전을 좀 더 싸게 구입하기 위해 국경과 가까운 도시에 가는 사람에게 부탁을 하거나, CD알을 구하기 위해 장마당에서 벌어지는 007작전… 이런 모습들은 북한 주민들이 남한 영화나 드라마를 보기 위해 고안해 낸 갖가지 기발한 전략이며 생존방식이었다. 모두가 잠든 밤에 창문을 모포로 가려 빛이 새 나가지 않게 꼭꼭 싸매고 남한 방송을 시청하는 북한 주민들의 모습이 머릿속에 그려지는가. 우리는 지금부터 북한 주민들이 어떻게 남한 영상물을 시청하는지, 어떻게 구매하는지 그 방식을 자세히 살펴보려 한다.

먼저 사례 1을 통해 북한의 어느 가정집에서 숨죽이며 남한 방송을 시청하는 한 지붕 두 텔레비전의 모습을 만나보자.

"한 지붕 두 가족"이 아닌 "한 지붕 두 텔레비전"

사례 1의 남편은 북한에서 해외반탐과에서 일하는 고위직 간부였다. 한마디로 간첩 행위를 색출하는 일을 했다. 고위직이었기 때문에 집에서 남한 방송을 직접 수신할 수 있는 장치가 마련되어 있었다. 그뿐 아니다. 검열이나 단속으로부터도 자유로울 수 있었다. 사례 1은 자동차 배터리가 아닌 남편이 구해다 준 탱크 배터리를 이용해서 좀 더 오랜 시간 시청할 수 있었다. 심지어 자신과 남편이 좋아하는 프로그램이 달라 서로 다른 방에서 각각 다른 텔레비전으로 시청했다.

아내와 아이들은 남한의 일일연속극에 빠져 그 시간만 되면 텔레비전 앞으로 모여들었다. 남편은 옆방에서 조선중앙방송에서 나오는 북한방송이나 남한 관련 뉴스를 주로 시청했다. 그야말로 "한 지붕 두 가족"이 아니라 "한 지붕 두 텔레비전"의 모습이다.

남편은 북한 뉴스, 부인과 아이들은 남한 드라마

사례 1(30대 여성, 2007년 탈북, 평안남도)은 8시가 지나면 아이들과 함께 남한 드라마를 시청했다. 당시 텔레비전 불빛이 새어나갈까 이불 속에 들어가 몰래 애청했던 드라마는 〈열아홉 순정〉이었다. 남편은 왜 드라마를 보냐며 사례 1과 아이들이 드라마를 시청하는 방에 들어왔다 나갔다를 반복하기도 했다. 방에 들어올 때면 잠시 함께 시청하기도 하고, 단속에 걸릴 수 있으니 조심하라고 주의를 줬다. 한국에서 가족끼리 서로 다른 프로그램을 보려고 리모컨 쟁탈전(?)을 벌이는 것과 흡사한 북한 가정집 모습은 단지 남북한이라는 지역적 차이만 있을 뿐 동일한 문화적 현상이라 말해도 무리는 아닌 것 같다. 단지 차이가 있다면 한국 집에는 텔레비전 불빛이 새 나갈까봐 창문에 모포를 걸지 않아도 된다는 점… 그러고 보면 북한에서 남한 방송을 시청하기 위한 필수품중 하나는 아마 빛을 막아주는 모포가 아닐까 싶다.

누가 보면 안되니깐 문 걸어 놓고, 안테나 잡으면 잡히니깐, 남한 방송에 한국사람 광고나, 6시 내고향 같은 것 보고… 누가 문 두드리면 이불에 감춰놓고… 소형 텔레전이 단속품 이니깐 몽땅 다 감춰

나요. 집을 본래 다 수색하는데, 우리는 남편이 직위가 있어서 그러지는 못하고… 그러다가 한국 드라마 하면 애들하고 빛 나가면 안되니깐 이불 쓰고 같이 보고… 남편은 처음에 그거 왜보냐고 그러고, 남편은 뉴스나 보도 같은 거 보면 우리는 다른 방에서 애들하고 이불 쓰고 "열아홉순정"하고 다른 드라마 봤거든요. **(사례 1, 30대 여성, 2007년 탈북, 평안남도)**

아버지 몰래 숨겨 놓은 CD알: 남이나 북이나 무서운 10대들 (?)

이제 사례 2의 집으로 가보자. 사례 2는 면접당시 23세였는데 북한에서 남한 영화나 드라마를 15살 때부터 보기 시작했다. 사례 2는 호기심 많은 청소년 시기에 아버지가 구해 온 텔레비전의 리모컨을 조작해 남한 방송을 시청했다. 아니면 아버지 몰래 친구들과 함께 CD 알을 아파트 옥상에 숨겨 놓고 보았다. 사례 2가 북한에서 중학교(남한의 중·고등학교를 일컬음) 때 남한 방송을 처음 접할 수 있었던 건 아버지가 무역장에서 구해 온 소형텔레비전 때문이었다. 소형텔레비전에서는 남한 방송이 흘러나오고 있었다.

> 3학년 때 인가… 그때 텔레비전이 굉장히 작았어요, 한 요만 한거? 텔레비전 화면이 요만하거든요. 안테나 있고… 그거 아버지가 어디 무역장 나갔다가 가져온 것 같아요. 그거 이렇게 그 수신 잡는 것 있잖아요. 근데 한국 방송이 나와요, 궁금해가지고 봤거든요. 봤는데… 꽤 재밌어요. 그래가지고 이후에 영화도 많이 보고… **(사례 2, 20대 남성, 2009년 탈북, 평안남도)**

이후 사례 2는 리모컨이 달린 텔레비전을 접하게 되었다. 리모컨 역시 보안서에서 텔레비전을 등록할 때 봉인을 하여 채널을 돌리지 못하게 하고 볼륨 버튼만 사용할 수 있도록 했다. 그런데 호기심 많은 청소년 시절의 사례 2는 리모컨을 분리해 그 안에 봉인된 장치를 뜯어내고 리모컨을 돌려가며 다른 채널을 시청했다.

여기에서 우리는 면접 중에 한 가지 의문을 제기했다. 북한하면 으레 억압적 통치와 사적소유가 이루어지지 않는다고 생각된다. 그런데 굳이 복잡하게 리모컨을 분리해서 거기에 채널을 돌리지 못하도록 봉인할 것이 아니라 그냥 압수하거나 사용을 금지하면 그만일텐데 뭐하러 그렇게 복잡한 과정을 거치도록 하는가. 어쨌든 사례 2를 통해 리모컨 봉인을 푸는 과정을 한번 살펴보자.

안전부 거기서 등록을 하면 봉인을 해줘요. 리모컨이 있으면 안에 기판이 들어가고 그러잖아요, 그러면 떼는 부위에 동그랗게 봉인지를 딱 붙여요. 접착제로… 딱 붙이면 이걸 떼면 종이가 딱 떨어지면서 이게 떨어졌다는 자리가 나는 거에요. 그니깐 그걸 떼는 거를 드라이버로 뒤에만 볼트 풀고 반대쪽으로 뜯는 거에요. 뜯어서 안에 고무 재질 같은데 기판이 닿으면서 접지하게 돼 놨어요. 거기다가 종이 같은 걸 깔아놨거든요. 검색 못하게 해 놓은 것 그것만 딱 뽑고 그 다음에 다시 맞추고 종이 안 떨어지게, 맞춘 다음에 채널 다시 돌려서 보고, 다시 맞춰 놓고… **(사례 2, 20대 남성, 2009년 탈북, 평안남도)**

사례 2의 남한 방송에 대한 호기심은 점점 더 커져갔다. 남한 방송을 직접 수신해 보는 프로그램 외에 새로운 영상이 궁금해졌고, 남한 영화나 드라마 CD알을 구해 보기 시작했다. 지역 장마당에 가면 어렵지 않게 남한 영상물 CD를 구할 수 있었다. 사례 2는 아버지가 무역장에 나갈때면 친구들과 함께 남한 영상물을 몰래 시청하곤 했다. 아버지도 물론 아들이 남한 영상물을 시청한다는 사실은 알고 있었지만 크게 제재를 하지는 않았다. 하지만 주변에서 단속된 이후 아버지의 입장은 달라졌다.

사례 2: 제 친구의 아는 사람이 109상무에 잡혀가지고 좀 맞고 왔데요. 왜 맞았냐 그러니깐 남조선 영화 보다가 잡혀왔다 하니깐 아버지가 갑자기 떨린 거에요. 아버지한테 말하니깐 "야 그거 갖다 깨서 버려" 그래가지고 아버지는 쫌 사업을 크게 하시니깐, 그런 것 걸리면 시끄럽잖아요. 봉지에다 싸서 옥상에 올라가면 옥상이 흙이었어요, 너무 추워서 흙이랑 이렇게 깔았었거든요? 거기다가 숨겨놨다가 아버지 무역장 나가면 몰래보고… 나중에는 팔아먹고… 깨버리진

않았어요. (사례 2, 20대 남성, 2009년 탈북, 평안남도)

면접자: 혼자 봤어요? 아님 친구들 데리고 왔어요?

사례 2: 친구들하고 같이 봤죠

면접자: 집에서?

사례2: 네, 아버지 없을 때 친구들하고 같이 보고

면접자: 친구들 몇 명 정도 있었어요?

사례 2: 제일 친한 친구… 한… 7명 정도…

화교집에서 본 남한 방송: 연변방송을 통해 접한 한국 드라마

이제 본인의 집이 아닌 우연히 다른 곳에 갔다가 한국 드라마를 접하게 된 사례를 살펴보자. 사례 3의 경우 중국 국경지방에 살면서 밀수를 했기 때문에 화교집에 갈 기회가 많았다. 거기에서 화교들이 보는 중국 통로 방송으로 연변방송이 잡혔는데 한국 드라마가 방영되어 시청하게 된다. 사례 3은 거기서만 그치지 않고 16mm 비디오 테이프로 녹화해 자기 집에 가지고 와 다시 시청했다. 또 그 테이프를 주변 사람들에게 빌려주었다.

중국에서 이렇게 저 북한에 나와서 사는 사람들이 많아요. 그러니깐 우리 북한에서는 그 사람들을 화교라고 하거든요. 그 사람들은 북한 통로(채널을 의미)를 안 보고, 연변… 중국 통로로 보거든요. 밤에 이렇게 조용히 가서 문 딱 걸고, 필름을 가져가서 복사를 해요. 그 방송을… 그것으로 복사를 해야 제일 안전 하거든요. 그것을 가져가서 본다던가 나중에 CD로 복사 할 수도 있어요. 그러니깐 저희 친구라던가 이웃 동네 사람들 가까운 사람들, 근데 아무리 가까운 사람이라고 해도 아 이 사람은 말이 좀 가벼운 사람, 이 사람은 입이 무거운 사람, 뭐 이런 사람들 있잖아요. 그러니깐 이런 사람들을 보면서 CD알 빌려도 주고, 그리고 영 주지 않고 빌려준다는 게 이 테이프가 2시간 40분짜리다 그러면 이것을 오늘 밤보고 내일 아침 일찍 가져다 달라고 하죠. **(사례 3, 20대 남성, 2010년 탈북, 함경북도)**

이웃집의 권유: 아랫동네 영화 같이 보겠는가

흔히 북한 하면 제일 먼저 떠오르는 이미지 중 하나가 엄격한 통제와 감시가 이루어지는 사회다. 그런만큼 북한에서는 사상적으로 문제가 있으면 부모가 자식을 또는 자식이 부모를 고발하기도 하는 상호 감시체계가 발달했다는 생각을 떠올리기도 한다. 그런데 사례 3의 경우를 보면 혼자 남한 영상물을 시청하지 않고 주변의 믿을만한 사람들에게 CD알을 빌려주고 함께 시청하자고 권유했다는 사실을 파악할 수 있었다. 물론 믿을만한 사람이라는 전제가 붙는다. 상호 감시와 통제 속에서도 자신이 알고 있는 정보를 함께 나누고 전달할 수 있는 친구나 동료, 이웃이 분명히 존재하고 있다는 것이다.

만약 내가 지금 북한에 살고 있는데 내 이웃에 남한 영상물을 빌려줄 수 있는 사례 3과 같은 사람이 살고 있다면 어떨까. 바로 사례 35(50대 여성, 2006년 탈북, 함경북도)를 통해 그러한 경우를 상상해 볼 수 있다.

사례 35는 이웃의 권유로 남한 방송을 접하게 되었다. 특히, 사례

35의 경우 북한 출신이 아닌 재일동포 귀국자라는 점은 눈여겨 봐야 한다. 어느날 그다지 친하지도 않았던 이웃 사람이 사례 35에게 남조선 영화를 같이 보자고 권유했다는 사실은 참 의외였다. 사례 35는 자신이 북한 출신이 아니라 재일동포 귀국자였기 때문에 이웃이 권하지 않았을까 추측했다.

> 그 집에 CD알을 많이 쌓아 놨단 말입니다. 자기 사촌집에서 갖고왔다고 하더라구요. 아랫동네 영화 같이 보겠는가 합디다. 가만히 가만히… 그러니깐 그 사람도 비밀이 아닙니까 비밀이어서 가만가만 보는데 나는 그런 것 하나도 어쨌든 보기는 보는데 호기심이 있는데 그걸 내색을 못 하지 않습니까. 근데 그 집에서 나를 어떻게 봤는지는 모르겠는데 오라고 합디다. 보겠는가 이렇게 합디다. 그래서 나는 원래 한국에 대한 호기심이 많고 또 남편이 먼저 한국에 와있었지 하니깐 보게 됐죠. **(사례 35, 50대 여성, 2006년 탈북, 함경북도)**

아들은 친구들과 남조선 영화 시청 중, 엄마는 망보는 중

북한의 감시체계가 있기는 하지만 일면 그 틈새가 발견되기도 한다. 모자지간인 사례 33(20대 남성, 2009년 탈북, 함경남도)과 사례 34(50대 여성, 2010년 탈북, 함경남도)의 경우에서다. 사례 34는 남한 영화나 드라마는 혼자 보면 재미가 없고 오히려 주변 사람들과 함께 모여 봐야 더 재미가 있다고 한다. 자기 집에 친구들을 불러 놓고 함께 보는 장면은 우리가 생각하는 일반적인 북한사회의 모습은 분명 아니다. 아들이 남조선 영화를 친구들과 몰래 시청하고 있을 때 엄마는 밖에서 단속반이 오는지 망을 보고 있는 모습. 일명 "엄마는 외출 중"이 아니라 "엄마는 망 보는 중"이었다. 그런데 엄마는 과연 보초를 끝까지 잘 서셨을까? 엄마는 보초를 서면서도 방 안에서 아들이 시청하는 남한 영상물의 내용이 궁금해 진다. 이들의 대화를 통해 확인해 보자.

면접자: 다른 사람한테 돈을 내고 빌려본 것 외에 본인이 판매를 한적 있습니까?

사례 33: 네, 사가지고 다시 팔기도 하고 그랬어요. 남조선 영화를 보면요 혼자 안 본단 말입니다.

면접자: 혼자 안 보세요? 그게 무슨 말이죠.

사례 33: 혼자 보면 재미없거든요. 재미 없단 말입니다. 동료들끼리 그래 나도 계속 요구하지요.

면접자: 우리 어머니는 아드님이 친구들 데리고 남한 영화를 볼 때 같이 계셨습니까?

사례 34: 나는 밖에서 보초섰지…

면접자: 어머니가 바깥에서 직접 보초를 서셨어요?

사례 34: 네 그래서 나는 다 못 보지요. 처음부터 마지막까지 본 게 없어요.

면접자: 아드님은 어머니가 바깥에서 보초 서시는지 알고 계셨어요?

사례 33: 그럼 알고 있었지요. 그래도 어머니 계속 보초만 선 건 아닙니다.

사례 34: 자기네는 재밌게 보매 나보고는 보초서라는 기지. 시간이 지나면 분위기가 달라져. 나도 호기심이 난단 말입니다. 그럼 밖에 문 걸어놓고 어떨 때는 들어와 같이 본단 말입니다. 보다가 또 나가서 보초 서고…

▶▶ **군인들의 남한 영상물 시청 사례**

군인이 외출 시 남한 드라마를 시청한 경우

앞서 살펴본 사례들은 모두 일반 주민들이 집에서 남한 영상물을 시청한 경우다. 그런데 북한에서 군인들이 외출외박을 나가서 남한 방송을 시청한다는 증언도 있었다. 사례 16(30대 남성, 2006년 탈북, 함경북도)은 국경지역에서 군생활을 하며 남한 방송이 보고 싶어 자주 외출을 했다고 고백한다. 그를 통해 군인이 외출해 남한 방송을 시청하는 모습을 살펴보자.

군에 있을 때니까 외출해서 보죠. 북한에서는 10년 이상 군 복무하면 중대장 소대장들이랑 나이가 동급이 되거나 입대년도를 많이 보거든요. 여기서 학번을 보는 것처럼… 중대장이나 소대장 이런 사람들이 나이가 동갑이 되거나 소대장 같은 경우는 아래가 돼요. 분대장이나 부분대장 쯤 되면… 그러면 분대원들이 내가 없어도 사고치지만 않으면 외출해도 돼요. 물론 상급단위 지시 받지 않고… 우린 독립적으로 되어있기 때문에 내부에서만 속아내면 외출하죠… 여기로 말하면 헌병대 같은 데에 걸리지만 않으면… 단속만 되지 않는다면 외출시키거든요. 그러니깐 저는 그런거(남한 영화나 드라마)를 보고 싶어서 많이 나갔죠. 나가면 그 DVD 전문으로 보는 집이 있었어요. **(사례 16, 30대 남성, 2006년 탈북, 함경북도)**

사례 18역시 군인 신분으로 외출해서 남한 영화나 드라마를 시청했다. 앞서 사례 16이 국경지역의 군인이었다면 사례 18은 평양에서 근무한 군인이라는 차이가 있다. 사례 18의 외출은 좀 더 흥미로운데 자신과 함께 군 복무한 상급자가 소위 '평양의 힘 있는 집 자식'이었기 때문에 쉽게 외출을 할 수 있었고 자기도 함께 그 집에 따라갈 수 있었다고 한다. 그와의 인터뷰 내용을 그대로 옮겨 본다.

면접자: 어떻게 군대에서 남한 영상물을 볼 수 있죠?
사례 18: 군대에서 본 게 아니고 우리 부대 안에 같이 군사 복무하는 애들이 집이 평양이란 말입니다. 그 집에 가서 보지요.
면접자: 근데 군인이 집에 갈 수 있어요?
사례 18: 그니깐 부모들이 힘이 있으니깐… 외출하죠. 나가면 우리가 따라 나갈 때도 많죠. 하룻밤 자고 들어 올 때도 있고 부모들 자체가 다 힘이 있으니깐. 지 자식을 지방에 내려 보내는 게 아니고 제 평양 본바닥에 놓고 군사 복무를 시키는 겁니다.

면접자: 그때 간부가 어느 정도 직급이었나요?

사례 18: 아버지가 ○○○○○에서 근무하는 것도 있고… 아버지가 ○○○○○이런 큰 거물 높은 급에 있는 자식이니깐… 평양 본바닥에서 군사 복무 시키죠. 나도 배치 받아가지고 군사 복무 평양에서 받았죠. 북한도 간부들은 나쁜 짓을 더 하는 게 북한 사회라고. 나쁜 짓을 더 하는 게…

면접자: 같이 군복무 했던 사람 집에 가서 남한 영상물을 보셨다는 건가요?

사례 18: 네. 거기서 본거죠. 평양에서 자주 봤어요 외출 나가서. 그게 저의 상급자 였거든요. 내보다 상급. 그러니깐 나를 군사복무 때 또렷또렷 놀았으니깐 외출나가면 자기집에 자꾸 데려 나갔죠. 외출 나가게 되면. 난 전사잖아요. 부대에 와서 말을 못하죠. 할 수가 없죠. 부대 와서는 입을 딱 다물어야 되죠. **(사례 18, 30대 남성, 2010년 탈북, 함경북도)**

휴가 복귀 시 남한 영상물을 갖고 들어온 경우

군인들이 휴가를 갔다가 복귀할 때 남한 영상물을 숨겨서 갖고 들어오는 경우도 있었다. 사례 51은 자신이 삼촌이라 부르며 가깝게 지내던 정치지도원 집에서 주로 남한 영상물을 시청했는데 그 삼촌에게 군인이 남한 영상물을 건네주던 것을 목격했다고 한다. 군 내부로 남한 영상물을 반입했다 삼촌에게 돌려주러 온 것이다.

군부대 전사들이 휴가 갔다 오잖아요. 휴가 갔다 들어올 때 좀 갖고 들어오는 거 같아요. 그게 윗대가리들이 시킨거죠. 갖고 오라고. 전사들이니까 가방을 들추겠어요? 그냥 간단히 품에 품고 와도 걸리지 않으니까… 이 애들이 아버지가 그래도 직급이 있는 애들이에요. 집에 그런게 있으니까 들고 들어오는거죠. 내가 한번은 전사가 삼촌 집에서 CD 주는 걸 봤어요. 종이에 뭘 싸온 걸 삼촌한테 주는데… 삼촌네 집에 사업상 전사들이 올 때 많으니까. 그땐 그냥 '무슨 심부름하나보다' 생각했는데… 하도 꼬깃꼬깃 싸갖고 왔으니까. (사례 51, 50대 여성, 2010년 탈북, 평안남도)

일과 시간에 시청한 군인

정식 외출이 아닌 일과시간에 북한 군인들이 남한 영상물을 본 경우도 있었다. 북·중 국경 연선에 위치한 북한 내부에는 탈북브로커를 통해 탈북을 시도하려는 북한주민들이 대기하는 은신처가 있다. 탈북을 위해 그 집에 대기하던 사례 13은 군인들이 자신이 숨어 있던 은신처에 와서 텔레비전을 시청하곤 했다고 증언한다. 사례 13은 수차례 탈북을 시도하다 중국에서 체포되어 다시 북송되는 과정을 여러 번 겪었다. 그러다 2003년 이후 탈북브로커를 통해 탈북을 시도하면서 국경지역 은신처에서 북한 군인들과 마주치게 된다. 이미 수차례 탈북을 시도하다 북송되어 모진 고통을 당했던 그가 정작 국경지역에서 북한 군인들과 마주쳤을 때의 심정이란 어떠했을까.

하지만 그 군인은 이미 탈북브로커들에게 매수되어 오히려 탈북자들의 도강을 도와주는(?) 역할을 하고 있었다. 이미 같은 운명공동체라는 생각을 해서일까. 그 집에서 군인들이 즐겨보는 남한 영화와 드라마를 함께 보곤 했다는 사례 13.

　탈북과정에서 탈북브로커들과 국경경비대간의 뇌물을 통한 연계고리는 이미 잘 알려져 있는 사실이다. 그렇다면 탈북은신처로 사용되는 집에 국경경비대 군인이 들러 남한 방송을 본다는 것이 그다지 놀랄만한 이야기는 아니다.

　하지만 북한체제가 외부로부터 엄격하게 차단되고 폐쇄된 국가임을 감안한다면 국경을 지켜야 하는 군인들이 탈북브로커들과 연계되고 또 탈북을 대기하는 사람과 함께 그 집에서 남한 영화나 드라마를 보고 있다는 사실은 향후 북한체제 내구력의 약화요인이 될 수 있다는 점에서 주목할 만하다.

　2001년도에 두 번 잡히고 2002년, 2003년 제가 네 번이나 잡혔어요. 마지막이다 생각하고 대기하고 있는 집에 있었는데, 그 집 사람들이 남한 드라마를 보고 있었어요. 올인… 기억나요… 근데 군인들도 앉아서 그걸 보니깐 놀랐죠. 장교들… 여기 말로 하면 장교… 그 집이 이렇게 강을 넘기는 그런 일 하니깐 잘 살더라고요. 그러니깐 군대들 끼고 그러더라고… 장교들도 같이 봤어요. 계급이 세알 박은 걸 봤는데… **(사례 13, 20대 여성, 2010년 탈북, 함경북도)**

군인이 부대에서 직접 시청한 사례: 분단가족사의 재구성

　앞선 사례가 군인이 외출 시나 외부의 다른 곳에서 남한 영화나 드라마를 본 사례였다면 이번에는 군인이 직접 부대 안에서 남한 영상물을 시청한 사례를 살펴보자. 군인이 부대 안에서 텔레비전을 시청한 사실도 북한이라는 상황적 배경으로 보면 참 놀라운 사실인데, 부대에서 남한 방송을 시청했다는 사실은 상상이 되지 않는다.

북한 군인하면 어떤 모습을 먼저 떠올리는가. 특수훈련을 받아 일당백의 무서운 전사로서 어떠한 흐트러짐도 없이 군기가 바짝 든 그러한 모습을 상상하지는 않는가. 병영국가, 선군정치로 대변되는 북한이기에 현역군인들의 복무 모습은 아마도 그러한 모습이 더 어울릴 것이라 생각되는 것도 당연하다.

그런데 사례 36을 보면 북한 군대에서 벌어지고 있는 작은 일탈을 엿볼 수 있다. 사례 36이 군복무를 한 곳은 개인 신상이나 보안상 정확한 지명을 밝히기는 어렵다. 남한과 접경을 맞댄 북한에서의 최전방 지역이라고만 해 두자.

사례 36의 이야기를 위해서는 먼저 그의 가족들 이야기를 할 필요가 있다. 우리는 사례 36의 면접과정에서 아버지와 어머니, 그리고 누나까지 모두 만날 수 있었다. 이들 가족을 모두 한자리에서 만날 수 있었던 것은 우리가 사례 36을 면접하러 간 그날 마침 온 가족이 여름휴가를 떠나기 위해 그의 집으로 모이는 날이었기 때문이었다. 아침 일찍 사례 36의 집을 찾아 인터뷰를 하는 도중 가족들이 한명씩 모두 도착했고, 그들로부터 영화에서 나올 법한 "분단가족사의 재구성" 이야기를 들을 수 있었다.

사례 36은 어머니와 단둘이 북한에서 살고 있었다. 그러던 중 재일교포였던 사례 36의 아버지와 누나가 만경봉호를 타고 북한에 입국해 온 가족이 함께 살게 된 것이다. 그러던 중 또 다시 가족이 해체되고 결합하기를 반복하는데 그 과정을 보자. 사례 36은 북한에서 군생활을 할 때 어머니로부터 연락을 받았다. 아버지가 행불자가 되었다는 것이다. 이후 누나도 행불자가 되었다고 했는데 나중에 알고 보니 아버지와 누나가 탈북해 한국에 먼저 와 있었다. 어머니는 이 사실을 혼자만 알고 있었고, 한국에서 남편과 딸이 보내주는 돈으로 생계를 유지하며 사례 36에게 돈도 주었다고 한다. 사례 36의 어머니가 아버지, 딸과 함께 탈북하지 않은 이유는 아직 군대에 가 있는 아들 사례 36을 기다리기 위함이었다.

사례 36의 이야기는 군대생활과 군 제대 이후 어머니와 함께 탈북하기까지의 시간이다. 우선 사례 36의 제대과정을 살펴보자. 사례 36은 8년간의 군 생활을 하고 이후에는 군관학교에 입학하기 위해 입당원서를 제출했다. 하지만 심사과정에서 번번이 탈락했는데, 무엇보다 아버지와 누나가 행불자였고 더욱이 그 아버지는 북송 재일교포였기 때문에 출신성분이 항상 문제가 되었다고 한다.

제대 될 때 되니깐 엄마가 저한테 이제 니 입당은 못 한다. 엄마가 돈 줄 테니깐 제대해라 그랬거든요. 엄마가 그 때 20만원을 줬어요. 부대 가가지고 내가 별도 못 따는데 뭘 하겠나 해가지고… 정치를 보는 사람한테다 나 제대 하겠다 최고 사령관 김정일 동지는 남의 각오를 안 따지고 본인만 잘하면 입당 시켜주고 그런다는데 왜 난 안되냐 시켜달라 시켜주면 난 죽을 때까지 군복 입겠다 말했어요. 정치 위원한테 그렇게 말했어요. 그러니깐 정치 위원이 알겠다고… 근데 아빠하고 누나하고 없는데다가 귀국자 자녀니깐 니 어떻게 전방까지 나왔나 하는 거에요. 귀국자 자녀들은 안전부 호위국에 못 들어가거든요. 나도 모르겠다 그게 뭐가 필요하냐고… 본인만 잘 하면 되지 그러니깐 정치 위원이 알았다고 일단 부대 내려가서 기다리라고 하더라고요.… 기다리는데 한 한달 있다가 명령서가 내려온 거에요. 가정

곤란으로 제대 된거에요. **(사례 36, 30대 남성, 2006년 탈북, 황해북도)**

사례 36은 군관학교에 입학하려 했지만 출신성분으로 인해 탈락되자 제대 후 고향집에 돌아왔고, 어머니로부터 함께 탈북하자는 권유를 받았다. 어머니로서는 이미 남편과 딸이 한국에 정착해 돈까지 보내오고 있는 상황에서 아들이 군에서 돌아온 이상 더 이상 탈북을 미룰 이유가 없었다. 사례 36 역시 행불자 가족으로 낙인찍혀 입당도 어려워졌기 때문에 어머니의 탈북권유를 마다할 이유는 없었다. 하지만 그는 선뜻 어머니를 따라 탈북하겠다고 나서지 못했다. 무엇보다 그가 군대에서 교육받은 남한에 대한 생각과 탈북과정에서의 죽음에 대한 공포 때문이었다고 말한다.

사례 36은 군 생활 중에 남한이 경제적으로 발전했다는 사실은 알게 되었다. 남한 군 부대에서 헬리콥터를 통해 군수물자를 운반하는 것을 보면서 부러움을 느낄 정도였다고 한다.

근데 남한은 군수 물자 나르는 걸 보니깐.… 우리는 하는 일이 군수물자 몇 번 왔다갔다하고 그걸 다 체크하거든요. 그러니깐 군수물자다 해서 뚝뚝 떨구지 하니깐, 직성기(헬리콥터를 이르는 말)이라는 것은 볼 수 없으니깐 난 부러워하고… 북한에서는 헬리콥터를 직성기라고 하거든요. 그걸 갖다가 군수물자를 나르고 하니깐 많이 신기하고 부러웠죠. **(사례 36, 30대 남성, 2006년 탈북, 황해북도)**

남한이 잘 산다는 것도 알고 있었고 자신이 더 이상 북한에서는 출신성분과 가족들의 행불처리로 인해 입당도 안된다는 사실을 알면서 왜 사례 36은 탈북 결심이 어려웠을까. 그가 꼽는 제일 큰 이유는 바로 군생활을 하면서 매일 세 시간 이상 받았던 남한에 대한 정치사상

교육 때문이었다. 그와의 인터뷰 내용을 그대로 옮겨 본다.

사례 36: 전연(최전방을 이르는 말)이 특징이 뭐냐면… 하루에 세 시간은 정치 사상교육을 줘요. 두시간 정치 사상을 주고 한 시간은 비디오 관람을 해요. 옛날 때 찍은 그 무슨 지하실 남산 지하실 그 때 남산 지하실이 있었어요. 그 남산 지하실에서 북한 사람들 도망쳐가지고 거기서 죽이는 것 그런거 보여줘요. "너네도 이렇게 도망가면 죽인다."는 그런 마음을 심는 거죠. 그 녹화물을 보게 되니깐 막 계집아들 나와가지고 군복입고 귀때기 자르고 그런걸 하는 거에요. 막 불로 지지고 완전 그런건 상상도 보지도 못 했거든요. 그걸 한 시간동안 매일 다른 테이프 다른 테이프 계속해서 딱봐요. 보위지도부에서…

면접자: 정말 귀 자르는 모습을 보여 주는거에요?
사례 36: 네. 실제로 피 터지는 영상을…

면접자: 정말 끔찍하네요. 근데 그게 남산 지하실이라는게 보입니까?
사례 36: 네 남산 지하실이라니깐 남산 지하실로 알고 보고 했죠. 남한 말도 다 나오고 괴뢰군 아이들 나와가지고 막 발로 걷어차고 홀딱 다 벗겨가지고 거기서 막 그런것도 하고… 젖꼭지 마다 낚시 코 걸어가 당기는 걸로… 그러니깐 너네도 도망치면 저렇게 된다 주입을 주니깐 그런걸 많이 교육했어요. 비디오를 어떨 때는 위대한 영장을 진짜 그것은 일반 사람들도 못 봤어요. 그러니깐 김정일이에게 충성하는 그런 걸 보여줌으로 해서 너희가 이렇게 강군이다. 그런 생각을 하게 하죠. 너네가 3분만 견디면… 우리도 고저 그래가지고 그걸 위대한 영장을 모시는 것을 보여주면 욕심이 나는 거에요.

사례 36은 최전방 부대에 복무하면서 하루 세 시간 이상씩 정치사상 교육을 받았다. 그 중 한 시간 정도는 남한 '안기부'에서 고문당하는 북한군인들의 참혹한 모습을 담은 영상물 시청 시간이었는데 매일 반복되었다. 사례 36은 끔찍한 장면들을 보여주는 정치사상 교육을 받았음에도 모두가 잠든 깊은 밤이 되면 남한 방송을 몰래 보곤 했다.

사례 36: 그게 어떻게 봤냐면요. 북한에서 나이제로 보는게 있었어요. 그러니깐 대학 다니다가 군사 복무 무조건 해야 대학 다시 다닐 수 있다 해가지고 대학 다니던 사람들도 군사복무 하러 보냈어요. 34살 45살 짜리 군사 복무 입대 할 때 였거든요. 그 때 한 사람이 텔레비전 고치고 하는 사람이 있었어요. 36살 인가⋯ 근데 그 사람 병사될 때니깐 하발이어도 우리보다 나이가 좀 있으니깐 호칭을 써 줬거든요. 근데 밤에 딱 있다가 사관들은 병사들 다 재워놓고는 바깥에서 잡담질 하거든요. 36살짜리가 자꾸 좀 올라오라는 거에요. 그래서 올라갔죠 올라가서 그 때 위생병 할 때 였으니까 내하고 다른 사람들 외에 아무도 없었어요. 우리 사관들 상사들만 100% 모여가지고 그 사각실이라고 강의실이 있어요. 병사들 모여 놓고 강의하는 식으로 해서 사각실이 있는데, 거기 텔레비전이 있거든요. 천연색으로 이걸 보고 북한에서는 천연색이라고 주파수를 군대에서 딱 맞춰 놨는데 딱지를 딱 붙여놨는데⋯ 그 사람이 녹화 CD를 많이 보고 온 사람이에요. 그러니깐 우리도 전혀 생각을 못 했는데 자기가 CD알 본 경험이 있어가지고 그래가지고 보겠나 해서 뭔데 이래가지고 주파수에 딱 붙였는데, 그 사람이 한번 시도를 했던 것 같아요. 없을 때 자기 혼자서 딱 뜯어서 주파수를 맞추더만 쨍쨍하게 얼마나 잘 나오는지 선명하게 파장이⋯ 남한 하고 가까우니깐 그 때 내가 본게 뉴스도 봤는데 뉴스도 북한 얘기하고 그러더라고요. 근데 뉴스도 딱 나오면 돌렸거든요. 재미없으니깐. 한창 그러니깐 그때 노래하는 가수들 나왔는데⋯ 완전 북한에서는 공연에서는 그렇게 못

입고 나와요. 배꼽 다 내놓고 이렇게 다니고 즐거운거에요. 그게 우와 저렇게 하나…

면접자: 낮에는 정치사상교육 비디오를 보다가 갑자기 남한 방송을 봤어요. 어떤 느낌이 들었어요? 만약 저라면 세 시간 동안 그런 정치교육을 받다가 남한 방송을 봤다면 적발되면 죽을 거라는 무서움과 두려움이 있었을 것 같은데 그런 것 없었습니까? 걸리면 죽는다 이런거?

사례 36: 그렇죠. 그거는 알고 보죠. 근데 떨리니깐 아이들도 한명은 창문을 내다보면서 끌다가, 어쨌든 보게되면 한시간정도 보다가 들키면 아예 군복 벗는게 아니고 죽어야 되니깐…

면접자: 그러면 죽음을 무릅쓰고서라도 볼 수 있었던 거는 뭐라고 생각하세요?

사례 36: 제일 처음에 한 번 딱 봤는데 보고 그 다음에 보지말자 해가지고 아무 생각없이 가만 있었는데 한 사람이 야 다시 볼까? 이래가지고… 마약 같은… 또 다시 올라와가지고 열쇠 채워가지고 그럼 또 틀고…

면접자: 그게 켤 때마다 방송이 잡혔습니까?

사례 36: 네, 다 잡혀요.

면접자: 그럼 뭐 보셨습니까? 아까 뉴스 보셨고 노래하는 것 보셨고…

사례 36: 그 다음에 드라마 같은 건 봤는데 드라마 같은 건 재미없다고 아이들이 돌려버리고… 그냥 막 여자들 나오는 거… 10년동안 못 보고 그러니깐…

면접자: 어떤 생각이 드셨어요 그걸 보면서?

사례 36: 희안한… 그런 생각, 우리는 저렇게 안 입는데, 저기서는 단속을 안하나? 우리는 무조건 김일성, 김정일 뭐 나가야 되고… 진짜 저럴줄 상상도 못 하니깐…

면접자: 물론 그럴수 있어요. 그런데 제 생각에는 만약 제가 군인이에요. 최전방을 지키고 있다고 하면 충성도는 굉장히 높을 것 아니에요?

사례 36: 그렇죠.

면접자: 그리고 매일 세 시간씩 사상교육 받고 죽어가는 장면들 비디오로 보고 이랬는데 갑자기 남한 방송을 보고 그럴 수 있을까요? 그 생각이 그렇게 쉽게 무너질 수 있을 것 같지는 않은데요?

사례 36: 근데 보는 당시에는 갑자기 아무 생각도 없었어요. 내 느낌인지 모르겠는데 그런 생각이 그 순간 싹다 희안하니깐 그렇게 없어졌는지 모르겠는데… 새벽에 잠복을 나가면 앞에는(남한쪽을 말함) 하얗고 뒤에 돌아보면 새까매요. 새벽에도 우린 새벽 3시에 나갈때도 있고 2시에 나갈때도 있고… 나가면 저기는 무조건 하얗게 밝은 거에요. 저기는 무슨 전기가 그렇게 남아 돌아서 그렇게 밝을까 생각해요.

북한에서 군인들을 교육하기 위한 비디오에서 남한에 잡힌 북한군인의 끔찍한 고문장면을 봤음에도 남한 방송에서 나오는 젊은 가수들의 공연장면은 그를 밤마다 텔레비전 앞으로 몰래 이끄는 마약과 같았다. 북한의 최전방 부대에 설치된 텔레비전에서는 지금 한 시간짜리 정치사상교육과 3분짜리 남한 가수의 노래하는 장면이 방영되고 있다는 사실… 단 차이는 모두가 함께 모여서 공개적으로 보느냐, 아니면 모두가 잠든 밤 몰래 보느냐의 차이일 것이다.

이러한 군 생활을 경험하고 제대한 후 고향집에 돌아온 사례 36에게 어머니는 날마다 탈북을 권유했다. 군대에서 죽음을 무릅쓰고 남한 방송까지 거의 매일 보았고, 실제로 남한 군대의 헬리콥터를 통한 군수물자 보급 광경을 보면서 남한의 경제적 발전상을 너무나도 잘 알았지만 사례 36이 탈북을 결심하도록 이르게 하지는 못했다.

매일 어머니의 권유에도 불구하고 사례 36은 어머니 혼자 가더라도 자신은 안가겠다고 말할 정도로 탈북 할 마음이 없었다. 그런데 그가 결국 탈북을 하여 지금은 남한에 와서 새로운 가정을 꾸미고 살고 있다. 과연 그를 탈북하게 만든 요인은 무엇이었을까? 아니 과연 그는 정말 자신의 의지로 탈북을 한 것일까? 그와의 증언을 통해 그의 탈북에 얽힌 사연을 들어보자.

면접자: 어머니가 그렇게 권유를 하셨을 때?
사례 36: 저는 완전 절대 안 가겠다고 엄마 가겠으면 엄마 혼자가라고… 저는 죽어도 안 가겠다고 했다가 그 다음에 또 잠자리 누우면 자꾸 가자고 엄마는 죽어도 아버지한테 가야되겠다 그리고… 그랬더니 엄마가 혼자 국경 연선에 가가지고 누나한테 전화해서 00이가 안 간다니깐 000이 결혼시키고 내 나중에 갈게 그렇게 말했대요. 그랬더니 누나가 "안된다. 그렇게 될꺼면 00이 두고 엄마데리고 왔지 왜 00이를 인제까지 기다렸겠나… 00이 속여가지고서라도 데리고 온나 했데요… 내가 연선에 한번 나갔어요. 그때는 여기 주민등록증 제대증이 있어서 국경 연선 왔다갔다 했거든요. 처음 국경이라는데 나가 봤어요. 누나한테 전화하니깐 차를 사주겠다는 거에요. 난 군사 복무할 때 차 다니고 차를 너무 부러워 했어요. 외화벌이 사장들이 좋은 차 타고 다니니깐… 장사하려고 트럭이라도 사주겠으니깐 중국까지만이라도 오라. 니 그저 차 사준 거 가지고 북한에서 벌어 먹어라. 엄마는 보내고 차만 갖고 들어가라 그러더라구요. 그래가지고 알았다고… 그래가지고 순식간에 사람들이 저를 데리러 온 거에요.
면접자: 근데 남한이 잘 산다는 걸 알았고 그랬는데 왜 안오려고 했습니까?

사례 36: 겁이 났어요. 군대에 있을 때 그런 걸 많이 봤기 때문에… 우리 국경(남한과 접경지역)처럼 생각했거든요. 전기 몇 천만 볼트가 흐르고… 우리는 바로 쏴버리거든요. 우리는 공탄(공포탄)이라는게 없어요. 우리는 짐승하나 부스럭 거려도 바로 쏴버려요. 그래서 겁이 나니깐 그랬는데…

결국 사례 36이 탈북을 한 것은 자동차를 사준다는 누나의 속임(?) 때문이었다. 여기까지 인터뷰를 하는 중에 사례 36에게 자동차를 사준다며 강을 건너게 한 누나가 막 집에 도착했다. 우리는 인터뷰를 중단하고 누나와 함께 사례 36을 멋지게(?) 속인 그 때 그 이야기를 당사자의 입으로 다시한번 들을 수 있었다. 차를 사주겠다고 속이고 중국까지 불러냈는데 그 약속은 지금 어떻게 되었을까. 결국 누나는 한국에서 사례 36이 자동차를 구입할 때 거금을 보태주었다고 한다.

온 가족이 이제 모두 모여 여름휴가를 떠나기 직전 서둘러 발길을 재촉하는 그들에게 한 가지 질문을 더 했다. 군대에서 경험한 일, 겁이 나서 탈북을 감히 결심하지 못한 일, 아버지와 누나가 먼저 탈북한 후 어머니가 아들을 기다려서 같이 탈북한 일 등 온갖 우여곡절 끝에 지금은 남한에 와서 함께 살고 있는 그 가족에게 과연 남한 생활은 어떠할까라는 질문이었다.

남북한이 하늘과 땅 차이라고 말문을 연 사례 36은 무엇보다 이곳에 와서 자유를 누릴 수 있다는 것과 자신이 일한만큼 돈을 벌 수 있다는 점이 너무나 신기하다고 말한다. 매월 통장에 들어오는 월급이 그 무엇보다 신기한 사례 36. 남한 생활 5년 차에 접어든 그는 집과 자동차를 구입했다는 것에 남다른 자부심을 느끼며 앞으로 자녀를 잘 키워 행복하게 살아 갈 날을 꿈꾼다고 했다.

면접자: 정말 어렵게 여기까지 왔는데 와서 보니깐 차이가 있나요?
사례 36: 하늘과 땅 차이죠. 진짜 다릅니다. 내가 와이프 여기와서 만나고 느낀게 뭐냐면 북한에서는 딱 갇힌데서 저는 이런 사회경험이 없어요. 군복무 하고 바로 오다나니깐… 여기서는 내가 열심히 일한만큼 들어오고 또 내가 마음 껏 쓸수 있고 그런데 북한은 아무리 벌어도 서로 눈치보면서 써야되거든요. 그러니깐 우선 내 차가 있고 내 집이 있고 어쨌든 뭐랄까… 내가 안 왔으면 엄마 아버지가 보내주는 돈으로 살고는 있겠지… 하지만 그 감시 속에 살아야되고 들키면 나도 거기서 죽을 꺼고, 그러니깐 진짜 잘왔다 생각이 들어요.

면접자: 집, 차를 직접 사시고 대단하시네요.
사례 36: 집 살 때 대출도 받고 그랬어요. 우선 북한은 아무리 부대끼고 잘 살아도 지정돼 있는 게 있는데, 남한은 제가 제일 처음에 와서 느낀 건 일해서 한달 월급 받는게 너무 신기한 거에요. 북한은 그런게 없거든요. 직장에 출근하고 막 이렇게 이래 봤자 돈이 아니고 이런 배급표랑 쌀 같은 것 밖에 안줘요. 또 배급소에서 식량 한 알도 그냥… 근데 남한에 오니깐 내가 일한 만큼 월급을 받을 수 있는 거에요. 열심히 일하면 내가 그런 돈을 계속 모아가면서 아껴서 쓰면 살 수 있잖아요. 그게 제일 좋고 자유가 있다는게… 회사 딱 다니다가 통장을 아니 하나원에서부터 통장을 주는데 일 다하면 거기에 바로 돈 딱딱 꽂히고 카드 하나에 돈이 긁히고 진짜 신기해요. 그저 지갑하나만 들고 다녀도 핸드폰으로 은행이체를 하고 하니깐 너무 신기한거에요. 지금은 이제 5년 되놓으니깐 이제는 경험을 하다 놓니깐 주위에서도 우리 집을 많이 부러워 하는 사람이 많아요.

면접자: 그럼요. 그럴 것 같아요.

사례 36: 잘 아시네요. 열심히 사는 것 만큼 내한테 온다. 우리 이집 살면서 한 3000만 가까이 대출 받았는데 지금 집값이 곱이 됐어요. 그러니깐 내 목적은 그저 열심히 일해가지고 내 집이 있고 내 차가 있고 그저 애들 잘 키우자. 여기는 내가 열심히 한 것 만큼 열매가 주어지니깐…

03 시청빈도: 얼마나 자주 보는가?

앞에서 보았던 것 같이 북한에서 전기가 항상 공급되는 것도 아니고 당국의 통제와 감시는 여전히 이루어지는데 과연 북한 주민들의 남한 영상물 시청 빈도는 어느정도인지 궁금하지 않을 수 없다. 우리는 면접에 참여한 북한이탈주민 100명에게 남한영상물을 얼마나 자주 보았는가 질문했다.

응답자들이 북한에 거주할 당시 남한 드라마, 영화 등을 시청한 빈도를 보면 '1년에 몇 번 정도'가 31.6%로 가장 많았고 다음이 '한 달에 한 두번' 26.6%, '1주일에 한 번' 22.8%, '매일' 보았다는 응답도 19%였다. 본 연구에 참여한 북한이탈주민 응답자 100명은 모두 북한에서 남한 영상물을 시청한 사람들이라는 점을 다시 강조한다. 이를 고려할 때 일단 북한에서 남한 영상물을 시청했을 경우 1년에 몇 번정도 보았다는 응답이 31.6%로 가장 많은 응답률을 보이면서도 일주일에 한 두번, 매일 보았다는 응답도 전체 응답에 40% 가량을 차지하고 있다는 점은 의미 있게 봐야할 부분이다. 남한 영상물을 시청한 경험이 있는 북한이탈주민 10명 가운데 4명은 1주일에 한두번 내지 매일 시청한 것으로 풀이할 수 있어 남한 영상물을 반복적으로 시청하고 있음을 유추해 볼 수 있다.

이 중 매일 시청했다는 한 사례는 남한 방송이 직접 수신되는 지역에 거주했었는데, 전기상황만 좋으면 거의 매일 시청할 수 있었다고 한다. 이 지역은 중국과 접경지역이라 중국 TV(연변지역 방송)를 통

표 2-2 응답자 특성 : 북한거주시 매체 접촉빈도

항목	구분	빈도	유효 퍼센트
매체접촉빈도	매일	15	19.0
	1주일에 한두 번	18	22.8
	한달에 한두 번	21	26.6
	1년에 몇 번 정도	25	31.6
	합계	79	100.0

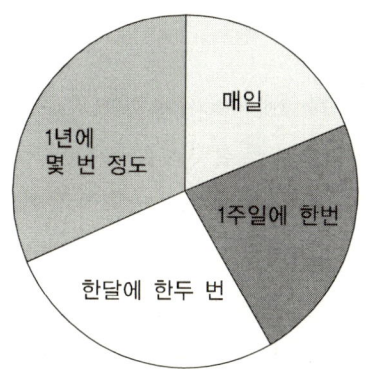

해 방영되는 한국 드라마를 주로 보았다고 한다. 매일 시청했다는 사례들의 이야기를 들어보자.

'불만 오면' 매일 시청

사례 45는 중국 방송에서 나오는 한국 드라마를 매일 시청했다. 전기상황이 좋고 같은 지역이라도 방송 전파가 잘 잡히는 곳이기 때문에 매일 시청할 수 있었다.

밤에 불 다 끄고 우리 가족끼리 가만가만 보니까… 거의 매일 보다시피 했죠. 전기만 들어오면 매일 봤죠. 중국 TV가 한 회씩 드라마를 해 줘요. 한국 드라마를… 우리가 본거죠. TV를 틀면 잘 나와요. **(사례 45, 40대 여성, 2005년 탈북, 함경북도)**

사례 55와 67의 경우도 국경 집은 중국 파장이 잡혀 남한 방송이 직접 수신되었고 거의 매일 시청했다. 사례 55는 00시에 거주할 때 남한 방송이 잘 잡혔다고 하는데 같은 지역이라도 동에 따라 수신가능성에 차이가 있었다고 한다.

CD 알로 보구요. 그 다음에… 00시에 TV가 나와요. 남한 방송이 잡혀요. 00시라도 다 나오는 것 같지는 않구요, 나오는 구역이 있어요. 우리집은 00시 00동이었는데 집에서 방송이 잡혔어요. 거기서 한 6개월 정도 살았어요. **(사례 55, 50대 남성, 2011년 탈북, 평안남도)** TV나오는 구역에서 살 때 00에 00동이라는 데가 있는데 거기서는 매일 봤습니다. 밤 8시부터 12시까지 KBS 통로가 있는데 여기나와서 보니깐 그 통로가 없어요. 하나원에 있으면서도 혹시 통로가 있나 봤는데 그 통로는 없고… 어쨌든 그 통로에서 이순신에 대한 연속드라마 보고 6시 내고향도 보고… 매일 불만 오면 전기만 오면 봤습니다. **(사례 67, 40대 남성, 2010년 탈북, 평안남도)**

앞서 남한 방송이 직접 수신되어 매일 시청한 사례와 달리 사례 47은 며느리가 시장에서 장사를 했는데 거의 매일 남한 드라마 CD를 빌려와서 밤새 본 경우다. 직접 남한 방송이 수신되지는 않았지만 남한 CD를 통해 매일 시청했다고 한다.

우리 며느리가 장마당에서 장사를 했어요. 장마당에서 장사를 하니까 한국드라마 파는 여자를 잘 알아요. 같이 장사하면서 그 알을 하루 저녁에 빌려오는 거에요. 북한돈으로 150원씩 주고 빌려와서 거의 매일 저녁 보다시피 했어요. **(사례 47, 70대 여성, 2007년 탈북, 양강도)**

남한 드라마나 영화를 매일 빌려볼 수 있는 처지가 아니어서 자주는 못 봤지만 일단 CD를 입수하면 그것을 몰아서 몇일이고 연속해서 보기도 한다. 드라마의 경우 연속으로 되어 있어 매일 조금씩 봐야 하는데 매일 볼 수 있는 형편은 아니었다. 그래서 일단 드라마 CD를 구입하면 잠도 자지 않고 한꺼번에 몰아서 봤다는 것이다.

영상물이 주로 중국에서 밀수로 들어와요. 그래서 테이프를 개인들이 사는거죠. 정말 재밌는건 매일밤… 그게 다 연속극이잖아요, 드라마가. 그리고 몰래봐야 하니까 매일 몇 시간마다 볼 수는 없는거고. 일단 구입이 되면 하루이틀 내에 바짝… 스물 네시간 쫙 보는 거에요, 몰아서. 이틀이고 삼일이고 모여앉아서, 눈이 빨개지도록, 밤새서 그렇게 보는거에요. 자주 볼때는… CD알이 집에 있는 경우엔,

거의 매일. (사례 49, 30대 여성, 2009년 탈북, 양강도)

04 시청형태: 단독, 또는 집단시청

폐쇄된 북한사회에서 남한 영상물 시청은 개인의 의식변화를 수반할 수 있다는 점에서 의미가 있다. 나아가 이러한 의식변화가 개인에 국한되는 것이 아니라 대인간 정보전달을 통해 의식변화의 연계망이 형성될 수 있다는 점은 더욱 주목할 만하다. 일반적으로 정권이나 체제에 대한 불만을 제기하고 민주화를 요구하기 위해서는 개인의 의식수준 변화가 대중화라는 단계를 넘어 혁명이나 체제저항으로 이어질 수 있는 결집력이 있어야 한다. 그러한 점에서 북한 당국이 철저하게 정보를 통제함은 물론 개인의 지역간, 대인간 연결 자체를 봉쇄한다는 것은 체제유지와 존속의 주요한 기제가 된다고 볼 수 있다.

남한 영화나 드라마의 북한 내 유입은 바로 개인수준에서의 의식변화는 물론 이러한 의식을 다른 행위자에게 전달하여 미약하지만 일종의 인적네트워크를 형성하는 계기가 된다. 이른바 대중을 결집할 수 있는 기초단계로써 "대화의 장"을 마련할 수 있다는 점인데 이는 개인수준이 대중화되는 초보적 수준의 단계로 볼 수 있다.

이러한 문제의식에서 우리는 면접자들에게 누구와 함께 시청했는지, 시청한 경험과 내용을 다른 사람에게 전달한 적이 있는지, 만약 있다면 누구와 몇 명 정도에게 전달했는지 질문 했다. 면접자들의 응답 결과를 보면 다른 사람에게는 일체 전달하지 않고 혼자만 시청했다는 사례에서부터 주변의 친구, 친척은 물론 믿을만한 사람 몇십명에게 전달한 경우까지 다양했다.

몇 명과 연결되어 있는가의 연계망을 단순히 수적 의미로 파악하기보다 대상의 계층 내지 부류, 즉 친구, 친척, 직장동료 등으로 구분하여 사회적 연결망에 대한 분석이 이루어지면 좋을 것이다. 하지만 북한이탈주민을 대상으로 한 연구는 면접자와 연계된 다른 사람을 대면하기 어렵다는 한계가 있다. 이에 사회적 연결망 분석을 통해 커넥터를 발견하고 질적으로 어떠한 커넥터가 정보전달의 주요한 행위자로 기능하는지를 파악하기란 사실상 불가능하다. 따라서 남한 영화나 드라마를 과연 누구와 함께 보았는지, 시청사실을 공유하였다면 누구와 어떻게 연결되었는지에 관한 내용으로 남한 영상물 시청의 인적네트워크를 파악하려 했다.

남한 영상물을 시청한 북한이탈주민 면접참여자 대부분은 자신이 홀로 시청하기보다 주변의 믿을만한 사람을 집으로 불러 함께 시청한 경우가 많았다. 그리고 DVD를 서로 돌려보는 경우도 있었다. 친한 사이라 해도 북한사회에서 남한 영상물을 함께 시청하자고 권유하기는 어려움이 있을 것 같은데 사례 1의 경우 자신이 재미있는 남한 영화나 드라마를 입수하면 주변의 믿을만한 친구들에게 직접 "재미있는 것 있으니 같이 보자"고 권유했다.

다른 사람도 빌려 보니깐, 다른 사람이 이걸 보니깐 그 시간에 내가 갖다 줄테니까… 먼저 봐라 이렇게 다시 빌린 것을 찾으러 올 때 바꿔서 보기도 하고 전부 다 갖다 주기도 하고, 남조선 영화를 보는 사람은 집에서 생활이 되는 사람이 보거든요. 보다가 말 안할 사람들,

친구들도 같이 데리고 와서 보기도 해요. "요즘에 남조선 영화 뭐 봤는데 정말 재미나더라" 이렇게 얘기하는 사람들이 있어요. **(사례 1, 30대 여성, 2007년 탈북, 평안남도)**

남한 영상물을 함께 볼 수 있는 친구 사이

사례 1에게는 남한 영화나 드라마를 함께 볼 수 있는 믿을만한 친구들이 2명 정도 됐다. 이 두 사람은 주로 장사로 생계를 유지했는데, 장사 물품 중 하나는 남한 영상물이었다. 이 두 사람은 각별한 친구사이였는데 소학교(초등학교) 동기동창으로 어린 시절부터 친하게 지내 왔다.

두 사람 정도 있었어요. 걔도 내가 남조선 영화 갖다 났다 보라. 이러면 그 영화를 조용할 때 저녁에 봤어요. 한 사람은 집에서 놀고, 남편이 중고 장사를 했거든요. 자전거나 텔레비전을 몰아서 받아 경매장에 갖다가 팔았고, 또 한사람은 버스 차장을 했는데, 00이나 00를 돌아다니면서 알(CDR)을 사가지고 와서 다른 사람에게 갖다가 팔고 그랬어요. 인민학교 때 중학교 때 부터 친한 친구에요, 같이 와서 몇 시까지 보고 주겠다 하고, 그렇게 유통됐어요. 그것도 잘 아는 사람이랑 해야지, 뒤에서 뭐가 있을지도 모르니깐… 저녁에 9시 10시부터 밤새보고 낮에 되면 감춰 놓고 저녁에 또 드라마 보고… 보고 있으면 한국에 색다른 생각이 다시 심어지는 거에요. **(사례 1, 30대 여성, 2007년 탈북, 평안남도).**

사례 2도 친한 친구들을 집에 불러서 함께 시청하곤 했다. 사례 2

가 북한에 거주할 당시 나이가 10대임을 감안하면 그 나이 또래집단 간에 형성되는 동류의식으로 혼자 보지 않고 친구들과 함께 공유하게 된 과정은 일면 공감이 된다. 이렇게 서로 믿을만한 친구가 한 7명 정도 되었다고 한다.

> 친구들하고 같이 봤죠. 아버지 없을 때는 친구들하고 같이 보고… 제일 친한 친구… 7명 정도… 친구들 집에 녹화기가 다 있었어요. 친구 부모님들 중 대부분 장사하는 분들… 아버지가 초급당 비서인 친구도 있었어요. **(사례 2, 20대 남성, 2009년 탈북, 평안남도)**

친구들끼리만 모여 시청하는 경우도 있지만 찾아간 친구네 집에서 가족들과 함께 시청한 사례도 있다. 사례 6의 친구는 탈북 브로커였기 때문에 다른 지역에 가서 남한 영화나 드라마 DVD를 구해왔는데 어떨 때는 사례 6의 가족들이 함께 그 친구 집에 가서 시청하기도 했다고 한다. 만약 친구네 집에 갈 수 없는 사정이 생기면 그 친구에게 녹화기를 빌려서 다른 친구 집에 가서 함께 시청했다는 사실도 주목할 만하다.

> 친구가 도강을 세게 했죠. 그러니깐 사람 데려다 주고, 황해도 이런 데에 친척들 있는 집에서 그 친척들 데려오고 하면서 돈 받고, 그러다가 거기 다니면서 자기는 영화를 보잖아요. 재밌는 영화를 하나 가지고 와서 보여주었어요. 우리 가족도 가서 보고… 네, 그리고 어떤 때는 그 집에서 볼 형편이 못 되면 친구가 없고 그러면 그 집에서 내가 CD를 빌려다가, 내 또 친한 친구 집에 녹화기가 있는 집에 가서 보기도 하고, 믿을 만한 집에가서… **(사례 6, 40대 남성, 2010년 탈북, 함경북도)**

사례 6에게 얼마나 자주 보았는가에 대해 질문을 했는데 그의 대답은 오후 5시부터 새벽 5시까지 영화 위주로 하룻밤에 6-7편 까지 본 적도 있다고 했다. 친구들과 재미있는 영상물은 서로 돌려보기도 했는데 그는 자기가 재미있게 본 〈가시고기〉를 주변의 친구들에게 권유했다. 친구들과 한국 영화에 대한 정보를 공유한다는 답변을 들은 김에 함께 나누는 정보 중 정치적인 이야기도 있는가 질문 했다. 사례 6은 예전에는 말 한마디 잘못하면 잡혀가곤 했는데 요즘은 그렇게 하지 못한다고 했다. 마음이 맞는 사람들끼리 앉으면 "너무 썩었다"는 말을 많이 했다고…

사례 6의 증언을 통해서 보면 남한 영상물을 시청하는 북한 주민들의 경우 자신과 정말 친한 친구들이나 주변 이웃들과 함께 시청사실을 공유하거나 DVD를 서로 돌려보며 관계망을 형성한다. 때로는 정치적인 불만을 이야기하며 북한정권에 회의감을 공유하기도 한다는 것이다. 하지만 이러한 정권에 대한 불만이 대중화 되고 결집되는 데는 분명 한계가 있다는 점이 북한 사회의 현주소라 할 수 있다.

즉, 정권에 대한 불만을 제기한다고 해도 그것이 결집될 수 있는 역량이 충분이 마련되어 있지 않으면 정보전달은 이내 한계에 달하게 된다는 점이다. 즉, 정보전달 매개가 반드시 신뢰할 수 있는 관계를 전제 한다는 점에서 불특정 다수에게 파급되지 못하고 소수만이 정보를 공유하므로 공론의 장이 활성화 되기 어려운 한계가 여전하다는 것이다. 그럼에도 다음 사례들을 보면 신뢰하는 관계가 아니더라도 남한 영상물로 북한 사회가 부분적으로 연결되어 가는 조짐을 볼 수 있다. 이것은 또 어떤 의미일까.

친구들끼리야 나누죠. 내가 〈가시고기〉 재밌더라 하면 상대방은 또 자기가 본 다른 영화얘기 있잖아요. 그 서로 재밌게 본 영화얘기도 하고… 정치적인 이야기란게 우리로 말하면 진짜 딱 친구 무슨 뭐 놀고 자기도 하고 친구들 끼리는 북한 정치에 대해서 말 많이 해요. 그런 영화 보고 나서 그 뭐 내 고저 기억에 세게 남는 것은 모이라 그러면 야 넌 우리 인민이라고 생각하니? 처음에 띵 해서 무슨 소린가 했더니 그 사람이 머리에 든게 많은 사람인데 우리는 인민이 아니다 한단 말이에요. 북한에서 인민은 다 이름이 올라와있는 사람들… 아버지 엄마, 무슨 옛날에 무슨 이런 토대 좋고 이런… 특수한 사람들만 인민이지 우리 같은 것 그런 사람들은 머슴이다. 그랬단 말이에요. 옛날에는 한 마디 우리가 하기 무서워 했어요. 자고 일어나면 옆집 아저씨가 없어지고 그런 일이 고저 많이 일어났는데, 지금은 그런 말 가지고 잡아갈 형편이 못 돼요. 너무 말을 노골적으로 말한단 말이에요. 그저 맘이 맞는 사람들끼리 앉으면 북한 고저 썩었다고 해요. 간부들 옛날 같으면 꿈도 못 꿉니다. 무서워… 근데 지금은 앉으면 그런 얘기 밖에 안해요. **(사례 6, 40대 남성, 2010년 탈북, 함경북도)**

서로 누군지는 알 필요 없고 그냥 드라마만…

앞선 사례들이 주로 주변 친한 친구들이나 친분이 있는 사람들끼리 시청한 경우라면 지금부터 만날 사례는 일면식 없는 사람들끼리 모여 시청한 경우다. 앞서 사례 6은 친구집에 자신의 가족들을 데리고 간 경우도 있고 또 그 친구의 가족들과 함께 시청하기도 했다.

그런데 사례 7은 친구 집에 가서 그 친구의 또 다른 친구를 만나 연계되었다. 흥미로운 것은 사례 7과 함께 모인 사람들은 서로 잘 모르는 관계였다는 점이다. 사례 7의 친구가 연결자(커넥터)가 되어 남한 영화 시청을 위해 돈을 각출했고 함께 시청까지 하게 된다.

사례 7은 친구가 남한 드라마를 함께 보자며 돈을 각출해 냈는데, 친구 집에 가서 보니 처음 본 사람들이 와 있었다. 하지만 이내 그들이 누구인지 서로 관심을 두지 않고 누구인지 알 필요도 없이 그냥 드라마에만 몰두 했다. 물론 사례 7의 친구는 사람을 모을 때 전혀 모르는 사람에게 접근하는 것이 아니라 평소에 친분이 있거나 친척들에게 돈을 받고 남한 영상물을 보여주었다. 따라서 다른 사람들로부터 돈을 각출하여 모임을 주선한 사례 7의 친구는 본인이 알고 있는 사람들과 남한 영상물을 함께 시청한 것이다. 하지만 사례 7은 친구를 통해 전혀 알지 못했던 사람들과 연계되었다는 점에서 의미가 있다.

다 소개시켜 주는 사람이 있어요. 그 때 그 집에 들어가니깐 모르는 사람 3명이 있더라구요. 내가 아는 사람은 세 명 들어갔거든요. 제가 여자 잖아요. 제가 혼자 못 다니고 친구랑 같이 다니잖아요. 그면 이 친구는 회령이나 청진에 친척이 있어요. 그러면 저는 얘를 믿고 시내에 뭐 옷 사입거나 장사하러 나간다 그러잖아요. 얘네 친척네 집에 조금 떨어진 곳에서 그러니깐 이제 친척네 집을 신용 하잖아요 DVD본다는 친척네 애랑 같이, 돈 얼마 내라 그러면 DVD 볼 수 있다. 이게 다 남쪽 꺼란다. 이래서 이런 기회가 있어서 보죠. 맹목적으로 내가 외지에서 아무것도 모르는데, 간첩인지 뭔지 누가 알아요 누가 보여줘요. 우리는 소위 말하면 얘 친척집에 얘 친구, 저, 이렇게 셋이서 돈 내자 그러면 얼마 내서 한 사람에 50원씩 내서 보자, 가니깐 또 돈 내고 보고 있는 놈이 한 셋이 있더라고요. 저는 회령 사람인지 뭔지 근데 저는 알 필요도 없고 우린 드라마만 집중하면 되니깐… (사례 7, 30대 여성, 2004년 탈북, 함경북도)

앞서 몇 명의 사례를 보면 대부분 믿을 만한 친구들과는 서로 정보를 공유하고 남한 영상물 시청을 권유한 것을 알 수 있다. 그렇다면 이들이 말하는 "믿을만한 친구"라는 것은 어느 정도의 사이를 의미하는지 궁금해진다. 사례 8의 경우 고난의 행군기를 지나고 친구들과 함께 "김정일이 때문에 우리는 못 산다"고 말할 정도로 가까운 친구들이 있었다. 그 친구들은 과연 어떻게 형성되었는지 질문했다.

북한에서 정치적 이야기를 나눌 수 있는 사이라면 어릴 때부터 친하게 지낸 이웃집 친구 정도로 생각했는데 예상과 달리 같은 직장에 다니던 사람도 있었고, 도강하면서 알게된 사이도 있었다. 사례 8이 그랬다. 사례 8의 친구는 국경 경비대 군인이었는데 사례 8이 도강하면서 알게 된 사이다.

그 때 김정일이 때문에 우리는 못 산다… 가까운 친구들끼리는 그렇게 말한다고, 그러니까 가깝다는 것이 내가 이렇게 친구들하고 같이 생활을 하고 아 이사람은 믿을 수 있는 사람이다. 친구가 여럿이 되는데, 한 친구는 국경 경비대 군관했거든요. 그 내 도강하면서 알게 된 사람인데… 거기서 산단말이에요. 직장다니지… 우리 집에 자주 오던 사람이란 말이에요. 나도 이제 자주 가고 이렇게 가까워지다 나니깐 소리소리도 차츰차츰 하게 되고 하지… 다른 사람도 있고 뭐 같은 직장 사람도 있고. 다른 사람보다 라디오도 많이 듣고, 또 내집에서 중국에서 가져온 요만한 라디오를 가져다가 많이 들었단 말이에요. 이전에는 2000년도 전에는 이렇게 한국에서 방송한 것도 북한에 대해서 비방을 많이 했거든요. **(사례 8, 40대 남성, 2008년 탈북, 함경북도)**

돈이 좀 있고 머리가 도는 사람이 남한 영상물을 본다

사례 9 역시 친구들과 함께 남한 영상물을 시청했다. 특이한 점은 사례 9는 자신의 아내와 함께 '아내의 친구' 집에 가서 시청 했다. 주로 아내의 친구들이 남한 영상물을 서로서로 공유했다. 남한 영화나 드라마를 보다가 집에 갑자기 들어와도 굳이 숨기지 않고 시청사실을 드러내 놓고 지내는 사람이 5명 정도 되었다.

사례 9의 증언 중 흥미로운 것은 "돈이 좀 있고 머리가 도는 사람이 남한 영상물을 본다"고 하면서 시골에 있는 사람들은 자기 집에 왔는데 보라고 권유해도 보지 않는 사람도 있었다고 한다. 그를 가리켜 사례 9는 고지식한 사람이라 했다.

> 그 통으로 가져다가 그건 내가 중국에서 내온게 아니고, 우리 와이프 친구집에 가져가서 봤지, 내 친구들은 딱 그렇게 믿고 한 게 한 다섯 명… 남한 영화를 보다가 굳이 숨기거나 끄지 않을 정도의 친구가 다섯명 정도… 그 친구들하고는 김정일이 이런 소리를 하기도 하지… 어쨌든 돈 있는게 머리가 좀 빨리 돌아간다 이 말이요. 그런 사람들 시골에 사는 사람들을 보면 어떤 사람은 내가 우리 집에서 그걸 켜놔도 안 보는 사람도 있단 말이에요. 그 봤다가 자기는 걸리면 자기는 안 봤다 하려고 이런 고지식한 사람들이 많단 말이에요. **(사례 9, 40대 남성, 2005년 탈북, 함경북도)**

사례 10은 북한에서 남한 영상물을 볼 수 있는 계층이 중산층 이상이라고 했다. 그러면서 자신이 알고 지내던 사람들이 보위부를 비롯한 당간부들이었기 때문에 수 십 명의 사람들과 직접 연계되어 있었다고 말한다. 일반 주민과 달리 단속을 하는 보위부 친구를 두었기 때문에 은밀하게 시청하는 형태는 아니었다.

그런 정도면 이북에서는 중산층 이상이지… 처음에는 좀 소심했지요. 근데 시간이 지나매 나중엔 이렇게 남한 영화를 보고… 같이 영화를 본 것은 아마 30명 될거에요. 거기 보위부 가족도 있고 보위부 친구도 있고 법관도 있고… 우리 보자하고 모인게 아니고 남한처럼 식당에 가는 것이 아니고 우리는 집에서 이렇게 술도 마시고 하거든요. 그래서 좀 보자 그러면 같이 보는 거지요. **(사례 10, 40대 남성, 2008년 탈북, 함경북도)**

"너 이번에 나온 영화 봤니"

북한 사회의 특성을 고려할 때 당국에서 철저하게 통제하는 남한 영상물 시청 사실을 드러내놓고 말하는 데는 분명 한계가 있다. 그래서 응답자 중 대부분은 자신이 믿을만한 친구들이나 식구들과 함께 본 경우가 많았다. 단속에 대한 두려움 때문에 가까운 친구에게도 잘 말하지 않는 대신 가족은 믿을 수 있었기 때문에 가족들과 함께 시청하거나 시청사실을 공유한 경우가 많았다. 친구관계라는 것이 좋았다가도 나빠질 수 있기 때문에 단속될 만한 이야기나 행동을 공유하기 어렵다는 이야기도 있다.

저는 제 동생한테 많이 얘기 했어요. 여동생이요. 아, 친구한테도 했던 거 같아요. 직장에선 말 못하고, 그냥 단 둘이 있을때… 친구랑 얘기하다가… "나 한국영화 봤다?" "어? 무슨 영화 봤어?" "올가미 봤어" "그거 내용 어때?" 뭐 이런식으로 얘기하는 거죠. 그러면 상대방은 또 자기가 본 거 얘기 하고… **(사례 43, 20대 여성, 2008년 탈북, 함경북도)**

가족들하곤 하죠. 가까운 친구. 근데 그런게 무서워요. 등 돌리면 남이라고… 가족을 벗어난 사람들하곤 말 잘 안하려고 하죠. 봤다고는 말 못하죠. 그 사람하고 관계가 계속 좋을 수도 없고, 사람이 살다가 관계가 나빠질 수도 있잖아요. 그러다가 고자질하면 끝이죠. (친한 친구하고는 말 하는지?) 정말 극소수의 친구. 제일, 정말… 소꿉친구라든가. 이런 사람들하고만 얘기하지. 그리고 성분 좀 나쁜 사람들… 중국 왔다 갔다 하는 사람들. 그런 사람하고는 좀 통하죠. 그런 사람들하고는 얘기 조금 하는거지. 그냥 집에서만 **(사례 49, 30대 여성, 2009년 탈북, 양강도)**

나는 없었어요. 우린 그냥 다 보고 끝나면 끄고 자고. 내일은 뭐 나올까 그런 말은 했어도… 친구들과 이야기 해 본 적도 없어요. 하면 안되니까, 내 집안에서만 보는거니까. 그냥 가족들이랑은… 가족들 이래봤자 동서랑 나랑 시어머니랑… 그러니까 말할 그런건 아니었죠. 그래서 그냥 나는 나 혼자… 드라마 보면 괜히 내 마음도 짠하고, 눈물도 나고… **(사례 45, 40대 여성, 2005년 탈북, 함경북도)**

혼자 몰래 남한 영상물을 시청하는 사례도 있지만 주변 가까운 사람들과 시청사실을 공유하거나 함께 시청하는 경우 역시 많이 있었다. 사례 46은 동네 사람들끼리 한 식구처럼 가깝게 지내는 친구들이 있었는데 그가 말하는 가깝다는 표현은 밥도 같이 먹고 불순한 말도 함께 나눌 수 있는 사이라고 한다. 오히려 몰래 보는 것보다 함께 모여서 보는 것이 더 재미있었다는 그의 말이다.

다 친구들이지. 동네 사람들인데 다 한 식구처럼 가깝게 사는 친구들이지. (얼마나 친한 사람들인지?) 그냥 밥도 같이 먹고, 그냥 불순한 말도 할 수 있는 사람들이지. 이런거는 아무한테나 보여주면 큰일나니까. 통하는 사람들끼리. 천국의 계단이고 대장금이고 다 같이 봤지. 이거 우리 식구들끼리만 안봤어요. 다 같이 봤지. 서너 가족씩. 그렇게 모여서 봤지. 그렇게 보니까 더 재밌지. **(사례 46, 40대 여성, 2007년 탈북, 함경북도)**

직장에서 남몰래 서로 시청사실을 공유하는 사례도 있었는데, 가령, "이번에 남한 영화를 보았는데 너도 봤느냐"는 식의 대화가 이루어졌다. 먼저 친구들과 함께 서로의 시청사실을 공유한 이야기를 모두 들어보자.

친구들하고만 속닥속닥 하죠. 가끔. 뒤에서. 친구들은 비밀 잘 지켜줘요. 그 친구는 안왔어요. 저하고 잘 통하는 애가 있었는데… 네, 사생활 얘기도 같이 하고 그러니까… (가족하고는 얘기 안 해봤는지?) 엄마랑 하죠. (직장동료는?) 그 친구랑 같이 일했으니까… 아까 말한 그 친구요. 맘대로는 못하고 조용히… **(사례 41, 30대 여성, 2005년 탈북, 함경북도)**

제 친구 중에 속에 있는 얘기 할 사람이 딱 두명 정도 있었어요. 그 친구들한테는 술자리에서 얘기해주고 그랬어요. 고등학교 친구죠. 나중에 제대하고 다시 또 만난거죠. 고향친구. 그냥 뭐 술자리에서 남자들끼리니까… 충격적인 거. 싸움하던 얘기나… 성인 장면… 그런거. 참 신기하더라, 이런것도 나오더라, 그렇게 얘기 하죠. 그냥 집에서 술자리 하면서. 친구 집에서 술 마실때도 있고 우리 집에 초청해서 술 자리 만들기도 하고… **(사례 44, 30대 남성, 2004년 탈북, 함경북도)**

몰래 보는 것보다 함께 모여 보는 것이 더 재미있다?

남한 영상물 시청이 북한사회 변화에 미치는 영향은 결국 개인의 의식변화와 이러한 의식변화를 추동할 수 있는 사람과 사람 사이의 연계망이 형성될 수 있다는 점에서일 것이다. 혼자서 몰래 시청하는 것보다 오히려 함께 모여 보는 것이 더 흥미로웠다는 증언은 바로 "사람과 사람 사이의 연계망"이 형성될 수 있는 단초가 된다는 점에서 의미가 있다.

사례 53은 오히려 가족보다는 친구들과 시청사실을 공유했다. 가족들은 나이차도 많이 나고 이야기가 잘 통하지 않기 때문이라고 했다. 아무래도 사례 53의 연령대가 20대였기 때문에 친구들과 남한 드라마나 영화에 나오는 옷차림, 헤어스타일에 관심이 많았고 자연스럽게 또래 친구들과 시청사실을 공유할 수밖에 없었던 것으로 볼 수 있다.

친구들하고, 주로 하는 얘기는 주로 옷차림. '어떤걸 어떻게 입더라, 우리도 그렇게 입어봤으면 좋겠다, 머리 스타일도 어떻게 하더라' 뭐 이런 얘기를 많이 했죠. 여자니까. 드라마 보면… 대체로 사랑 얘기가 많잖아요. 근데 북한에선 그렇게 이루어질 수가 없죠. 너무나도 반대니까… 그냥 호기심 밖에 없죠. 그냥 다 친구죠. 같은 나이… 가족들하고 얘기할 땐 그런 얘기가 안통하죠. 왜냐면 나이도 차이가 많고 하니까. 이런 얘긴 젊은 친구들하고 많이 하죠. 친구들끼리 어느 집에서 모여가지고 같이 놀면서, 그런 자리에서 많이 얘기 하죠. **(사례 53, 20대 여성, 2010년 탈북, 함경북도)**

우리집은 영화관

사례 3의 집은 동네 영화관이나 다름 없었다. 1990년대 고난의 행군시기를 지나 2000년대 초, 사례 3은 중국에 있는 친척집이 보내준 VHS, '곽테이프'와 비디오 플레이어를 갖고 있었다. 이웃집 친구, 형, 누나들은 물론 어르신들도 사례 3의 집을 찾았다. 당시 동네에서 비디오 플레이어가 있는 집은 사례 3의 집이 유일했던 것 같다.

네, 그 때 당시는 저희 집이 영화관 이었어요. 그래가지고 수많은 사람들이… 형들도 있고, 누나들도 있고 주변에 이웃들 어르신들도 많이 왔고… 저희는 중국에 친척이 있었으니깐. 그 좀 중국에서 기계를 가져다가. 저희 집이 좀 빨리 놓은 축이에요, 다른 집이 다 없을 때… **(사례 3, 20대 남성, 2009년 탈북, 평안남도)**

연변영화인줄 알고 보기 시작한 한국영화, '이게 한국 영화야!'

사례 3의 집에 동네 사람들이 하나둘 모여 들며 남한 영화를 함께 시청하기 시작했다. 물론 처음부터 이 영화가 한국 영화다 하고 알려준 것은 아니다. 별달리 출처를 알려주지 않고 그냥 함께 보았다. 모인 사람들은 그저 연변 영화겠거니 하고 시청했다. 주인공이 겪는 슬픈 장면들… 마치 자신이 주인공인 것처럼 몰입되면서 하나둘 울기 시작했다. '진짜 많은 감동'이었다. 연변영화인줄 알았던 사람들이 영화 장면이 거듭되고, 두 번 세 번 영화를 보면서 점차 한국 영화인 것을 알게 되었다. 모두 놀라지 않을 수 없었다. '이게 한국 영화야!'

> 아 그때 제가 기억이 잘 안 나는데, 그 때 당시 주인공으로서 주인공도 주인공이지만, 주인공이 겪는 이런 거라든가, 어쨌든 주인공이 겪는 슬픈 장면들, 그것이 되게 많았어요. 진짜 저도 영화를 보게 되면 집중적으로 보니깐, 감정적인 이런 것이 있는데…, 제가 울면서 보니깐 진짜 다우는 거에요. 그 영화는 진짜 많은 감동을 받았어요, 그 영화를 볼 때는… 진짜 막 울면서 근데 어떤 사람들은 이 영화가 한국 영화구나 하고 보는 사람들이 있었어요. 한 두 번 본 사람들은 말이나 장면이라던가…, 아 이영화가 한국영화로구나 이렇게 보는 사람들도 있어요. **(사례 3, 20대 남성, 2009년 탈북, 평안남도)**

여전히 '아… 연변영화로구나'

하지만 아무리 영화를 보여주어도 여전히 연변영화로 아는 사람들이 있었다. 한번 연변영화다 하면 특별히 알려주지 않으면 연변영화로 아는 사람들이다. 사례 3은 이런 북한 사람들을 '고정한 편'이라고 표현했다. 한번 이렇다 하면 그대로 믿는 북한 사람들의 한계를 느꼈다고 했다.

> 한국말 나오는데, 그 때 당시는 우리 북한이 한국 말보다, 연변 말 더 많이 알았어요. 그러니깐 볼 때는 아 이영화가 연변 영화다. 그러면 처음에 볼 때는 아 연변 영화구나. 그렇지만 대부분 사람들은 좀… 뭐라 그럴까 북한 사람들은 고정한 편이에요, 고정한 사람들이 많으니깐 오직 보면 본대로, 이렇게 가는 사람들이니깐 이게 연변영화다 하면 아,… 연변영화로구나! 이렇게 하고 보는 게 있어요.(사례 3, 20대 남성, 2009년 탈북, 평안남도)

05 유통형태: 어떻게 확산되고 있나?

지금까지 북한 주민들이 남한 영상물을 시청하기 위해 전기를 어떻게 구하는지, 또 시청 모습은 어떠한지 알아보았다. 이제 북한 주민이 어떻게 남한 영상매체와 영상물을 손에 넣게 되는지 살펴보자. 사례 3은 장마당에서 남한 영상물을 직접 구매하기도 하고 또 돈을 주고 빌려보기도 했다. 사례 3의 증언을 통해 ○○시 ○○시장에서 남한 영상물을 직접 구입하는 과정을 간접적이나마 체험해 보자.

> ○○시에 나오면 ○○장마당이 있어요. 그 ○○장마당에 가면 CD를 파는 사람도 있고, 우리 북한에서는 초상장 다 모시고 다니잖아요. 김일성 초상장, 김정일 초상장 이런 초상장이랑 파는 사람들 있고, 이게 다 가게에요. 근데 보통 아줌마들이 이렇게 서가지고, "아저씨

영화 재미난게 나왔는데 보세요" 이렇게 말해줘요. 그러면 그 아줌마한테 가서 영화를 사는 거에요. 그런데 이 아줌마들이 처음에는 나를 모르잖아요. 내가 여기서 CD알을 사갖는데 내가 무슨 스파이인지 그걸 모르잖아요. 그러니깐 한 두 번은 이 아줌마한테 가서 단골적으로 이 아줌마한테 가서 계속 CD알을 사겠다 이런 식으로 가서 처음에는 다른 영화 말 안해요. 그냥 영화 재미난게 뭐 있냐고 물어보고, 재미 난거를 한 두 번 내지 세 번 정도 계속적으로 사요. 가서 이렇게 사와요. 그러면 서로 이렇게 좀 알게 되면, 이젠 노골적으로 말해요 아랫동네… 그 우리 북한에서는 아랫동네라고 말하거든요. 그러면 아줌마들이 처음에는 거절을 해요. 근데 아줌마들한테 쭉 말하면서 좀 달라고… 그러면 아줌마들이 오라고해요 그래서 우리가 딱 가면 한 장소에 머물게 해요. 여기서 기다리라고… 집은 안 가르쳐 줘요, 아줌마들은 집을 안 알려줘요. 아줌마들이 가서 영화를 가지고 와요 영화를 가져오면 제가 그 CD알을 받잖아요. 그러면 그 CD알 영화 제목이 무엇인가를 물어봐요. 그래서 이 영화가 1편에서 몇 편까지 나가는가? 아니면 단편인가? 이렇게 해서 구입을 하거든요. DVD CD알도 있고, VCD알도 있어요. **(사례 3, 20대 남성, 2010년 탈북, 함경북도)**

사례 3의 증언을 보면 장마당에서 남한 영상물을 구입하기 위해서는 서로 간에 어느 정도 신뢰 관계가 형성되어야 함을 알 수 있다. 즉, 처음에는 단속물품이 아닌 영화를 주로 사고 팔면서 서로에 대해 알게 된 후 나중에 남한 영화나 드라마를 구입하게 된다. 북한에서 남한 영상물을 구입하는 소비자와 판매자의 관계를 보면서 남한과의 차이점을 발견할 수 있다. 즉, 한국에서는 소비자가 판매자의 상품을 믿지 못해 이러저리 물건을 살펴보고 의심하는데 북한에서는 판매자가 소비자를 믿지 못한다는 점이다. 우리는 사례 3의 증언을 들으면서 북한 당국의 단속반원이 소비자로 위장하여 구입한 후 단속할 수도 있지 않을까 의문이 들었다.

실제로 이러한 염려가 있기 때문에 모르는 사람에게는 절대 구입할 수 없고 중간에 아는 사람을 껴서 구입한다고 말한다. 사례 43은 장마당에서 비디오를 파는 상인이 있다고 해도 그 사람을 모를 경우 절대로 남한 영상물을 직접 구입할 수는 없다고 한다. 보위부의 스파이 일지도 모른다는 의심에 덜컥 물건을 팔지는 않는다. 그래서 중간에 사람을 껴서 대신 구입한다는 것이다.

그게 공개적으로 파는건 아니에요. 파는데 가서… 그것도 모르는 사람이 가면 못 사요. 제3자를 거쳐서… 예를 들어 저 사람이 비디오 파는 사람이라고 해도 내가 모르는 사람이면 못 사는거에요. 안내놔요. 내가 스파이일지도 모르니까. 그래서 중간에 사람을 껴서 사요. 근데 다 대량으로 들여와서 아는 사람들 통해서 팔아요. 그전엔 잘 모르겠고… 그전엔 한국드라마가 있는 줄도 몰랐어요. 나중에 보면서 알았지. 그게 2002년도쯤, 2003년도쯤. 네, 막 퍼지기 시작한 게, 그때라고 봐요 아마도… (사례 43, 20대 여성, 2008년 탈북, 함경북도)

믿을만한 사람들끼리만 내통하는 한국-알

북한에서 남한 영상물을 직접 유통하다 단속에 적발되면 뇌물을 주고 사건을 무마하는 경우도 있지만 만약 시범사례에 걸리거나 특별기간 중에 단속되면 재산압수는 물론 경중에 따라 사형까지 당할 수 있다. 그

렇기 때문에 장마당에서 판매자들은 모르는 사람에게 물건을 함부로 판매하지는 않는다. 사례 49의 이야기를 들어보면 일명 '한국알'은 믿을만한 사람들끼리만 내통하는 판매구조를 갖고 있다.

또한 북한에서 유통되는 남한 영상물이 돈이 되기 때문에 중국에서 싸게 들여와 북한의 각 지역에 비싸게 받고 판매한다. 이 과정에서 중국에서 직접 물건을 갖고 오는 대행자들이 있는데 화교들이 주된 역할을 한다.

장마당에서 몰래 팔아요. 맨 처음엔 장마당에서 한국 알을 막 팔았어요. 처음에 한국 알이 들어왔을 때… 암튼 다 장마당이죠. 밀수로 들어오는거 다 몰래 사고팔고. CD알 전문으로 파는 사람들이 있어요. 그래서 사람 딱 봐가지고 팔기도 하고 안 팔기도 하고. 아는 사람들끼리 통해서 왔다갔다 하는 거에요. 한국 알은 믿을만한 사람들끼리 내통하는거죠. 그런 사람들은 극소수죠… 그리고 간부들이 한국 드라마 많이 봐요. 안전원들도 많이 봐요. 단속해서 자기네들이 가져가서 자기네들이 많이 봐요. 윗대가리들도 많이 썩었지. 죽어 나는건 평민이지. 간부들은 더 잘 알아요. 대행자들이 갖고 오는 경우도 있어요. 부탁하면 갖다 주는 거 있어요. 중국사람한테 부탁해서, 중국에서 사면 싸요. 한 알당 2000원이라면 북한에 오면 한 만원씩 팔아요. 장마당에서도 팔고, 들고다니면서 아는 사람들한테 몰래 팔 수도 있는거고. 기본적으로 아는 사람들한테만 매매하는거죠. 중국에선 싸죠. 이윤이 높죠. 그러니까 막 목숨 걸고 하는거에요.
(사례 49, 30대 여성, 2009년 탈북, 양강도)

사례 49의 증언을 들어보면 결국 북한에 유입되는 남한 영상물의 유통거점은 북한을 왕래하는 중국 상인들과 북한 주민들의 밀수를 통해 이루어짐을 알 수 있다. 사례 54의 증언을 통해 이같은 내용을 좀 더 상세히 파악할 수 있었다. 중국 사람들이 공식적으로는 옷이나 신발, 담배 등을 팔겠다고 신고하고 들어오지만 몰래 뒤로는 남한 CD를 판매한다는 것이다.

어느 마을에 중국 사람이 물건을 갖고 들어왔다는 소문이 돌면 장사꾼들이 그 마을로 다 모일 정도라고 한다. 강냉이 1kg을 남한 영상이 담긴 CD와 교환하기도 한다. 사례 54와 45의 증언을 통해 중국에서 북한으로 유입되는 남한 영상물의 유통과정을 확인해 보자.

밀수하는 사람들, 중국에서 밀수로 들어오는게 있어요. 한 알에 200원. 강냉이 1킬로 주면 CD 다섯 개 줘요. 북한 사람이 밀수하는 경우도 있고 중국 상인들이 들어오기도 해요. 중국 상인들이. 중국 사람들이 들어와서 물건 파는건 불법 아니에요. 그 사람들은 세금

내고 국가에서 허가를 받고 들어온 사람이에요. 아무튼 밀수로 많이 들어와요. 그 사람들은 나라에서 허가 받을때 옷, 신발, 담배 그런거 팔겠다고 신고하고 들어와요. 하지만 그건 공개적으로 파는거지. 그것도 팔고 뒤에서는 CD 팔고 그러는 거죠. 만약에 동네에 중국 사람 들어왔다는 소문 돌면 우리가 다 거기로 가요. 중국 사람이 몇 안되니까. 중국 사람 왔다고 그러면 장사꾼들도 다 가거든요. 물건 넘겨 받으려고. 네. 싸잖아요. 그거 물건 넘겨 받고 다른 곳 가서 비싸게 파는거에요. 한 200원씩 더 붙여서. 대량으로는 많이 안가져오구요, 뒤로 밀수로 들어오는 경우가 따로 있어요. 아들들이 강을 헤엄쳐 가가지고 가져오는 거지.**(사례 54, 50대 여성, 2007년 탈북, 평안남도)**

CD를 여러 개 중국에서 복사해 와서 소리 안나게 팔아치우더라구요. 일부는 보관하면서 보고… 그 집이 화교거든요. 집이 중국에 있어요. 형님 한명은 북한에서 살고, 한 형은 왔다 갔다 하면서 장사하더라구요. 같은 화교들끼리 넘겨주는 경우도 있고… 화교들하고 친하게 지내는 북한사람들도 많거든요. 그런 사람들한테 팔면, 그 사람들이 또 건너건너 유포시키고… **(사례 44, 30대 남성, 2004년 탈북, 함경북도)**

사례 45의 증언 역시 아는 사람들을 통해서만 판매한다는 사실을 확인할 수 있다. 사례 45는 자신의 남편 친구가 중국에 있었는데 그 사람이 가지고 들어온 CD를 직접 구매했다. 그렇게 아는 사람들끼리 은밀히 거래가 이뤄진다.

그런 사람들은 중국 갔다 온 사람들. 몰래몰래 도강해서 왔다 갔다 하는 사람들… 어쨌든 그런건 내놓고 못파니까. 남편 친구분이 중국에 있었어요. 우리집은 국경 옆이니까. 그 분이 왔는데 CD를 갖고 온거에요. 섹스하는 CD 있잖아요. 그런걸 갖고 와서… 그냥 그걸 몰래몰래 파는거죠. 모르는 사람한테는 안 팔아요. 잘못되면 잡히잖아요. (사례 45, 40대 여성, 2005년 탈북, 함경북도)

사례 50 역시 남한 드라마 공유는 서로 잘 아는 믿을만한 사람끼리 이루어진다고 말한다. 어떤 지역의 경우는 장마당에서는 거래되지 않고 서로 아는 사람끼리 건너 건너서 판매가 이뤄진다.

사서도 보구요, 빌려서도… 서로 교환하면서도 봤어요. 한국드라마는 그저 아는 사람들끼리 교환하면서 봐요. 그리고 그런건 꼭 장마당이 아니라 그냥 아는 사람들끼리 파는 경우가 많아요. 내놓고는 못 팔고… 동무를 통해서 파는거에요. 서로 이런걸 건너건너서 사는 경우가 많아요. (사례 50, 20대 여성, 2010년 탈북, 함경북도)

결혼할 때 혼수로 해 간 중국산 DVD 플레이어

CD 외에 '록화기'로 불리는 DVD 플레이어로 시청하기도 하는데 결혼할 때 혼수품으로 DVD 플레이어를 해갔다는 사례도 있다. 중국산 저가 DVD플레이어지만 북한에서 혼수로 DVD 플레이어를 구매해 갔다는 사실. 사례 49는 DVD플레이어가 결혼할 때 '거의' 혼수필수품이라고도 했다. 물론 계층 및 지역에 따라 차이가 있을 것을 감안해 들어야 할 것이다.

어쨌든 사례 49의 증언에 따르면 2002년 당시 DVD플레이어가 장마당에서 거래됐었고 DVD플레이어가 단속물품이 아니라 노골적으로 파는 상인들도 있었다. 사례 49는 그 때 결혼 혼수품으로 DVD플레이어를 구입했다.

> DVD플레이어는 거의 다 필수품이에요. 결혼하면 사갖고 가기도 하고 선물로도 주고 받고… 저도 결혼하면서부터 갖고 있었어요. 혜산 장마당에서 구입했어요. 그건 뭐 노골적으로 파는 상품이니까. 밀수로도 들어오고 세관으로도 들어오고. 단속은 안해요. 그냥 개인이 파는거에요. 가격이 다 달라요. 2002년 당시 좋은건 15만원, 30만원까지 하는 것도 있고. 저는 9만원 정도에 산 것으로 기억해요.
> (사례 49, 30대 여성, 2009년 탈북, 양강도)

식량을 주고 바꾼 텔레비전

앞서 사례 49가 북한의 2000년대 결혼 혼수품을 보여준다면 사례 45는 90년대 결혼 혼수품이 무엇인지 대변한다. 2000년대가 DVD플레이어라면 1990년대는 텔레비전이다. "텔레비전을 어떤 경로로 구입했는가"라는 질문에 대해 여러 가지 답변이 나왔는데 그 중 하나가 혼수로 텔레비전을 구입했다는 사례다. 다른 예를 보면 사례 45는 1980년도에 텔레비전이 집에 있었는데 전쟁참가자들에게 주어지는 선물로 받은 것이었다. 사례 45는 1997년도에 결혼했다. 그 때 혼수로 텔레비전을 식량과 맞바꿔 구입했다. 당시는 북한에서 지금과 같이 장마당이 활발히 형성되지 않았을 때이며 무엇보다 심각한 식량난을 겪던 시기였는데 쌀과 옥수수를 개인 상인에게 갖다 주고 텔레비전을 구입했다는 사실이 매우 흥미로웠다.

2000년대 들어 장마당을 통해 DVD 플레이어가 결혼 혼수품으로 등장했다면, 1990년대는 쌀과 옥수수 등 식량을 주고 텔레비전으로 바꿔왔다는 점은 북한 혼수의 시대적 변천을 보여주는 것은 아닐지. 물론 앞서 전제한 것처럼 혼수품 역시 지역과 계층에 따라 구입 능력이 달라진다.

> 86년도에 TV가 우리 아버지 앞으로 87년도에 선물로 들어온거고… 전쟁참가자들 혜택으로 들어온거에요. 그리고 내가 시집가서는 그냥 시장에서 구입한거죠. 97년도 그때쯤… 우리가 살때는 그냥 식량으로 바꿨어요. 옥수수 100kg랑 바꿨어요. 돈이 안되는 시골에선 쌀하고도 바꾸니까. 근데 그게 시장이라기 보다 그냥 전자제품들을 다 자기 집에 놓고 팔아요. 그래서 개인 집에서 파는 상인들한테서 산거죠. (사례 45, 40대 여성, 2005년 탈북, 함경북도)

제깍 제깍 빌려보는 게 낫지

지금까지 살펴본 사례들이 돈을 주고 직접 구입한 경우라면 남한의 대여점과 같은 방식으로 CD알을 빌려주는 대여업이 북한에도 성행하고 있다. 특히, 드라마의 경우 편수가 많기 때문에 직접 구입하지 않고 하루나 이틀 단위로 빌려서 시청하는 경우가 많다. 사례 46의 증언을 보면 오히려 구입해서 보관하는 것보다 한번 보고 돌려주는 것이 훨씬 더 안전하고 돈도 적게 든다고 한다.

> 줄이 다 있어요. 몰래 몰래 파는 사람들. 연결 연결 돼서… 천국의 계단 같은건 다 합해서 20알이에요. 그래서 비싸단 말이에요. 이런건 돈 주고 빌려 보는거에요. 대여점 같은거. 그런걸 들고 다니는

사람이 있어요. 그래서 천국의 계단 같은건 스무알이니까 6000원 주고 내가 빌려봤어요. 이틀동안 20편을 다 봐야 하는거죠. 밤이고 낮이고 문을 딱 채우고. 내가 6000원씩 두 번 주고 봤어요. 한번 보고 너무 재미나서 또 빌려 봤어요. 사지는 않았어요. 그냥 다 빌려봤어요. 그런거 가지고 있어봤자 불편하니까. 그냥 제깍제깍 빌려 보는게 낫지… 그런거 가지고 있다가 검열에 걸리면 안되니까. 다 빌려봤어요. 글쎄, 20알에 6000원 줬으니까… 그 정도 할거에요. 한 300원? 어쨌든 스무알에 6000원이었어요. 그 때 돈으로 대단했지. 비쌌지. 암튼 다 빌려봤어요. **(사례 46, 40대 여성, 2007년 탈북, 함경북도)**

돈은 어떻게 벌까

남한 영상물 DVD(CD)나 녹화기를 구입하기 위해서는 돈이 필요한데 과연 북한 주민들은 어떻게 돈을 벌수 있을까도 궁금했다. 시장에서 장사를 하면서 돈을 벌기도 하고 먼저 탈북한 가족들이 남한에서 보내주는 돈으로 생활하기도 한다는 것은 이미 알려진 사실이다.

사례 18은 북한에서 경제적으로 어려움 없이 생활했는데 '운전수'가 직업이었다고 했다. 운전수가 왜 돈을 많이 벌 수 있는가라는 질문에 그의 대답은 운전수가 북한에서 제일 인기있는 직업 중에 하나라 했다. 왜냐면 운전수를 하면서 차의 기름을 빼돌려 판매하고 돈을 벌 수 있기 때문이다.

사례 18은 MP3까지 구입하는 등 그의 북한에서의 삶은 남부러울 것이 없었다고 한다. 중국쪽과 밀수를 하며 정보에 익숙했던 그는 결국 중국에서 들여온 핸드폰을 비밀리에 유통시키는 브로커 일을 하게 되었는데 그것이 발각되어 탈북하는 계기가 되었다. 그의 이야기를 직접 들어보자.

> 면접자: 그럼 선생님은 집에 DVD플레이어도 있으셨고 MP3도 있으시면 경제적으로 괜찮으셨다는건데…
> 사례 18: 먹고 사는 거는 괜찮았어요.
> 면접자 : 뭘 하셨어요? 노동자월급으로는 그게 안되잖아요?
> 사례 18: 운전수 했습니다.
> 면접자: 운전수 월급으로 그렇게 안되잖아요?
> 사례 18: 북한에서 운전수 직업이다 하게 되면 아마 최고로 봅니다. 우리 운전수라는 게 남한하고는 좀 다릅니다. 남한사회는 다 차를 끌고 다니지 않습니까? 북한에는 차 타는 게 하늘에 별 따기고 차만 벌써 타게 되면 그집은 생활이 좋았습니다. 북한사람들 열이면 열 백 명이면 백명 다 만나 보십시요. 내하고 같은 소리할 껍니다.
> 면접자: 아니, 운전수 좋은 직업인데. 뭘 통해서 돈을 그렇게 벌 수 있죠?
> 사례 18: 그러니깐 기름을 팔아 먹죠. 기름가격 자체가 비싸니깐 기름을 팔아먹죠. 비록 국가에서 쌀은 안주고 생활비 있잖습니까. 월급은 안 해줘도 운전수 방식이가 그렇거든요. 기름 자체가 비싸고 우리 같은 경우는 ○○광산이란게 세계적으로 큰 광산에 들어가지 않습니까. ○○광산에서 운전수였으니깐… 그래도 ○○광산은 북한이 생활이 좀 어렵고 해도 ○○광산 노동자들한테는 일정한 배급은 주거든요. 한달에 보름치씩. 전혀 안주면 살기가 힘들어도 보름치씩은 주고… 더구나 내가 차타니깐 돈을 벌어 오는 일이 많죠. **(사례 18, 30대 남성, 2010년 탈북, 함경북도)**

지금까지 북한 주민들이 소비자 입장에서 남한 영상물을 어떻게 구입하는지 살펴보았다. 이제 판매자의 입장에서 어떠한 방식으로 남한 영상물 판매가 이뤄지는지 알아보자. 사례 85는 북한에서 전기제품을 판매하는 상인이었다. 그의 증언을 통해 북한에서 전기를 어떻게 얻는지에 대해서는 책 앞부분에서 상세히 설명했다.

이제 그의 증언을 바탕으로 판매자와 소비자가 만나는 과정을 알아보자. 사례 85가 장마당에서 판매한 물품은 텔레비전을 비롯해 냉동고(냉장고), 록화기(플레이어), 선풍기, 밥솥, 세탁기 등 우리가 흔히 생활 가전으로 부르는 모든 제품이다.

우리는 북한이탈주민 면접자들의 증언을 들으며 지금까지 우리 인식 가운데 북한 주민들의 일상생활이 얼마나 왜곡되어 있는가를 몇 번이고 확인할 수 있었다. 최첨단 디지털 시대를 살아가는 우리들에게 북한에서 밥솥이나 세탁기를 사용한다는 사실에 의문을 품고 있는 것. 분단이 만들어 놓은 생각의 장벽은 아닌지. 마음 한 켠에 '정말 북한에서 그러한 전자제품을 다 팔았습니까? 정말이세요? 잘 믿겨지지가 않습니다' 라는 말을 끝까지 숨겨두고 우리는 사례 85의 이야기를 계속 들었다.

사례 85의 이야기를 들어보면 장마당에 전자제품을 다 내다놓고 팔수 없기 때문에 시장 근처 집에 물건을 갖다 두고 손님이 오면 그곳으로 데리고 가서 거래를 한다. 손님을 데리고 멀리까지 움직이기 힘드니깐 시장 근처에 물건을 두는데 의심을 받지 않는 집에 물건을 둔다. 특히, 남한 영상물이 담긴 CD알은 가까운 사람들끼리 비밀리에 판매 하는데 그런 상품을 판매한다는 사실을 알고 있는 주변 사람들이 손님을 연결해 주는 역할을 한다.

장마당 앞에 일일이 다 내다놓고 팔 순 없으니깐, 그 시장앞에서 동생네 동네가 있거든요. 동생네 집에다 갖다두고 시장에 손님을 데려다가 상품을 보여주고 팔고 CD알 같은 거는 보여줄 수 없으니깐, 그거는 광고하면서 팔 수 없어요. 그것도 이렇게 가까운 사람들끼리 끼리끼리 우리가 이런 걸 한다는걸 알고 있거든요. 가깝게 진짜 비밀까지도 나눌 수 있는 사람들끼리 그런 사람들한테서 뭐 한국알 없니 하고 주문이 들어오면 무슨 영화있으면 달라고… **(사례 85, 50대 여성, 2009년 탈북)**

대량으로 복사되어 유통되는 남한 영상물

사례 85가 처음에 물건을 입수하는 것은 역시 밀수를 통해서다. 그의 동생이 밀수를 했는데 자연스럽게 밀수하는 사람들과 연결되어 상품을 입수할 수 있었다. 남한 영상물을 직접 복사해서 비밀리에 유통시키는 상인도 있었다. 그 역시 물건을 직접 건네받은 것이 아니라 중간상인에게 구입을 했기 때문에 남한 영상물을 직접 복사해 판매하는 상인의 규모가 어느 정도인지는 알지 못했다.

분명한 것은 그에게 지속적으로 남한 영상물 CD를 공급해 주는 중간상인이 있었다는 점, 그 중간상인이 받아오는 물건은 북한 지역내에서 직접 CD 복사기를 구비해 놓고 대량으로 생산해낸 것이란 점이다. 밀수를 통해서 공CD를 대량으로 들여와서 북한에서 복사기를 통해 대량으로 복제품을 생산하고 중간상인을 통해 유통시키는 방식이다.

제 동생이 거기 시장 그쪽에 살고 있으니깐 동생 친구들이 밀수를 많이 했어요. 가전제품이나 CD알 파는 사람들이 다 연결되어 있어요. 그러니깐 제가 밀수꾼한테서 직접 받지 못 한다하더라도 그 사람이 돈을 벌어야 되니깐 팔 수 있는 사람한테 나눠주거든요. 그리고 ○○에서 몇 집은 복사해서 파는 사람들이 있다고 했어요. 복사기를 가지고 있는 사람들인데 걸리면 진짜 엄중하게 처리되는데… 제가 그들을 직접적으로 알지는 못 하죠. 그 사람들도 최대한 극비로 움직이기 때문에… 그 가족들이 날라서 다니지 우리들이 직접 날라 가지고 오지는 못 하거든요. 그 사람들이 CD알 같은걸 많이는 못 날라오니깐 국경을 어쨌든 건너와야 되니깐… 그 빈알들을 가져다가 빈 알은 많이 가져올 수 있어요. **(사례 85, 50대 여성, 2009년 탈북)**

재산몰수: 국가가 하지 말라고 한 것이니
뺏겨도 당연한 것이지요

앞서 소비자로서 북한 주민들이 남한 영상물을 구매할 때 주변 아는 사람들을 통해서만 살 수 있다는 증언을 들었다. 판매자인 사례 85를 통해 이같은 증언내용을 또 확인할 수 있다. 사례 85는 시장에서 처음 만나는 사람들에게는 절대 물건을 팔지 않았다고 한다.

살려고 하는 사람이 누군지 잘 모를 때는 절대 팔지 않아요. 시장에 돌아다니다 우연히 만난 사람들인데 어떻게 믿겠어요. 아는 사람들끼리도 정말 몰래 하는데 그렇게 사러 온 사람한테 함부로 팔 수 없어요. **(사례 85, 50대 여성, 2009년 탈북)**

사례 85는 장마당에 오는 손님들을 통해 팔기도 했지만 더 많은 이윤을 남길 수 있는 다른 지역으로까지 물건을 운송해 팔기도 했다. 하지만 남한 영상물이 담긴 CD알은 절대 다른 사람 손에 넘겨주지 않고 직접 가지고 가서 거래를 했다고 한다.

처음에 테이프를 열 수 있는 중고품이 중국에서 들어오기 시작했어요. 테잎 녹화기들이 들어오기 시작했는데 어느 순간부터 중국이 CD를 들이밀기 시작했거든요. 장사꾼들이 아무래도 예민하니깐 CD가 처음에는 들어와서 잘 팔리지 못 했어요. 사람들이 모르니깐 안 샀지… 처음에는 묻혀놓고 그랬어요. 조금씩 되다보니깐 CD가 간편하고 사용하기 편하고 하니깐 전국에 다 나갔거든요. 그러니깐 제가 CD를 이렇게 집에서 소매해서 팔고 각 지방에 보내요. 여기서 받아서 팔고 하는 사람들이 있으니깐 평양, 함흥, 평성, 남포에 이렇게 보내거든요. 근데 CD알은 그렇게 함부로 보낼 수 없어요. CD

알은 대체로 가지고 가던지…그거는 정말 몰래몰래 비밀을 지킬 수 있는… 저희가 같이 사고 팔고 하는 동업자나 가까운 친지들, 친구들 몇 명 있거든요. **(사례 85, 50대 여성, 2009년 탈북)**

사례 85의 이야기를 들어보면 장마당에서 직접 소매를 하기도 하고 평양, 평성을 비롯한 다른 지역으로 물건을 보내서 더 큰 이윤을 남긴다는 점을 알 수 있다. 밀수를 통해 들여온 물품을 내륙지역으로 가지고 가서 이윤을 남기는 과정을 통해 그는 북한에서 큰 돈을 벌 수 있지 않았을까. 그와 면접을 하는 동안 내내 '북한에서 그렇게 큰 돈을 벌고 잘 살았는데 왜 남한으로 탈북했을까'라는 의문이 계속 들었다. 물론 돈이라는 경제적 가치 외에 다른 가치를 찾아 왔을 수도 있지만 그래도 여전히 그가 번 큰 돈을 과연 어떻게 했을지 궁금해졌다. 직접 그의 말을 들어보자.

처음에는 녹화기를 팔았는데 녹화기 파는 집들을 수시로 와서 몽땅 몰수하고… 자기집에 한 두 개 두고 대체로 이런 상품 팔지 않는 집에 숨겨두기도 하고… 우리는 단속도 많이 당하고. 고저 한번 통째로 뺐기면 밑바닥에서부터 다시 시작하고. 남의 돈도 있으니깐 빚지고 다시 시작하고 했죠. 여기 사람들은 그게 이해가 안되는데 우리는 그렇게 하고 살았어요. 당연하게 여기처럼 어디다가 항의를 할 수가 없어요. 이거는 내가 도적질한 물건도 아니고 사기 친것도 아니지만 국가에서 하지 말라는 것이기 때문에 몰수를 당해도 당연하게 생각해요. 하지 말아야 한다는 것을 알면서도 저희는 먹고 살아야 하기 때문에 한단 말입니다. 몰래몰래 하지 들켜서 단속당하면 당연하다고 생각하지… 국가가 하지 말라고 했으니깐… 우리는 가전제품 뿐만 아니고 다른 장사도 다 했는데 실과도 뺏길 수 있어요 야채도 뺏길 수 있어요. 여기서 누구도 인정 안하겠는데 우리가 어디다가 붙여서 가져간다 그러면 각 지방마다 생산품이 다 똑같을 수 없잖아요. 과일 지방이 있고 고기나는 지방이 있고 이렇게 하면 어떻게 시비거는가. 과일이 나는 지방에 가서 국경에 가서, 여기서 나는 것들 좀 팔고 올 때 또 돈을 만들어야 되니깐, 거기서 싸게 사가지고 여기와서 비싸게 팔지. 거기서 뭘 사가지고 여기서 뭘 잼을 만들어서 붙이면 이게 많다고 단속합니다. 너네가 먹고 살기 힘드니깐, 좋다 장사해라 장사해서 같이 먹고 사는 건 좋은데 왜 이런 큰 장사를 하느냐 무슨 장사다 해서 수화물 붙인 것 다 단속을 해요. 이렇게 해도 말 못 해요. **(사례 85, 50대 여성, 2009년 탈북)**

'그렇게 장사를 했으면 정말 큰 돈을 벌 수 있지 않았을까' 의문이 들었지만 결국 국가가 재산을 몰수하는 일이 자주 발생했기 때문에 돈을 모을 수 없었다는 사례 85의 증언을 통해 곧, 답을 찾을 수 있었다. 그런데 역시 우리가 이해되지 않는 것은 당시 국가의 재산몰수라는 행위 앞에 대응하는 사례 85의 인식과 태도였다. 도둑질한 물건도, 사기를 친 것도 아니지만 어쨌든 국가가 하지 말라고 한 금지대상이었기 때문에 국가가 단속을 통해 재산을 몰수한다고 해도 그것이 당연한 것이라 인식했다는 사실이다.

특정지역에서 생산되는 농산물은 당연히 다른 지역에서 판매하면 더 높은 이윤을 남길 수 있다. 하지만 북한 당국이 일부 농산물에 대한 장사를 허용했음에도 불구하고 규모가 큰 상인들이나 이익을 많이 남긴 사람들의 재산을 압수하는 경우도 있었다.

여기에 대해 국가가 하는 행위이기 때문에 항의할 생각은 전혀 하지 못했다고 한다. 사례 85는 탈북 후 남한에 정착해 자유민주주의와 자본주의를 경험했기 때문에 북한에 있을 때 자신이 당한 일들이 여기와 비교하면 도저히 이해할 수 없는 일이라고 생각하게 됐다. 하지만 북한에서는 그것이 당연한 일이라고 생각하며 항의를 하지 못했다. 국가가 하지 말라고 하는 일을 자신이 하고 있었다는 이유로…

국경 연선지역에서 내륙 지역으로… 더 많은 이익 남기기

남한 영상물을 시청하기 위한 녹화기나 남한 영상물 CD 등은 국경지방에서 내륙지방으로 유입되는 과정을 통한다. 이 경우 반드시 이동수단이 마련되어야 한다. 하지만 이런 물품들은 당국의 단속대상이기 때문에 공개적인 방식으로는 유통시킬 수 없다. 즉, 국경지방에서 내륙으로 물건을 들여보내는 과정에서 검열과 단속을 피해야 한다.

가령, 철도 승무원들은 금속탐지기를 동원해 사람들의 배낭까지 일일이 검사를 하는데 철저한 단속을 위해 수단과 방법을 가리지 않는다고 한다. 그럼에도 국경지방을 통해 들여온 물건을 북한 내륙 지방으로 가져가서 판매하면 더 많은 이익을 남길 수 있기 때문에 단속반원과 연계되어 유통이 이루어지고 있다.

검열을 많이 하는 정도가 아니에요. 철도승무원들이 금속 탐지기 그런 걸해서 검사해요. 살벌하게 하는데 거의 못 나가지. 만약에 혜산에서 그 때 당시 가격으로 13만원 했다면 안으로 가지고 들어가면 20만원까지 받을 수 있거든요. 그냥은 못 가지고 가고 열차 안전원 승무원 이런 사람들을 통해 갖고 거쳐 가는거에요. 뒤로 돈을 주고… 아니면 화물 자동차 그런데에 넣어서 나가기도 하고… **(사례 85, 50대 여성, 2009년 탈북)**

힘 있는 사람들이 팔지…

혜산 지역은 국경 무역도시라서 외부로부터 상품이 유입되는 기착지 역할을 한다. 때문에 당 중앙 검열 등 다른 지역에는 없는 비사회주의 그루빠 단속이 수시로 이루어졌다고 한다. 검열이 아무리 수시로 있어도 먹고 살아야겠기에 뇌물로 단속을 무마시키는 경우가 많아졌다. 결국 북한에서 자본주의 방식의 상품 유통은 북한 당국의 단속과 통제를 벗어나고자 하는 일반 주민들의 상행위와 단속반원에 주는 뇌물이 결탁해 가능한 것임을 알 수 있다.

우리는 이러한 면접내용을 바탕으로 또 하나 의문이 들었다. 즉, 북한과 같이 엄격한 통제와 감시시스템 그리고 처벌이 이루어지는 사회라면, 더욱이 남한 영상물 유통이 북한 주민들의 의식변화에 미치는 영향을 우려한다면 철저한 단속시스템을 통해 검열과 단속을 할텐데 왜 유통이 근절되지 않는 것인가이다.

설령, 하위 관할 담당 내에서 단속반원이 뇌물을 받고 단속을 무마해 주는 경우가 발생한다면 중앙 차원에서 검열반을 해당 지역에 투입하여 철저한 단속을 시행하면 되지 않을까라는 생각을 했다. 만약 단속실적이 없으면 그들을 문책하면 될 일이 아닌가. 그렇게 할 수 있는 곳이 우리가 지금까지 알고 있는 북한체제의 모습이니 말이다.

하지만 이들의 증언을 들어보면 중앙당에서 파견된 단속반원은 물론 겹겹이 단속시스템을 강화해도 뇌물을 통한 비리 구조가 결코 근절되지 않는다고 한다. 그렇다해도 이들이 북한체제 전반에 또는 핵심집권층은 아니라는 면에서 이들의 국가에 대한 충성도 결여가 북한체제의 내구력에 결정적인 영향을 미친다고 직접적으로 연결 짓기는 어렵다.

그럼에도 북한체제의 존속 요인을 철저한 감시와 통제, 그리고 위로부터의 일방적인 명령체계의 획일성이라는 점에서 본다면 하위직급으로 갈수록 점차 약화되는 명령기제는 북한체제 내구력 약화의 중요한 요인이 될 가능성도 생각해 봐야 할 것이다.

단속한다는게 당에서 그렇게 임무를 줬기 때문에 그렇게 하지만은 돈 있고 힘있는 사람들이 한다는 거지… 혜산 지역은 전국적으로 없는 그룹바가 계속 와요. 순차별로 쫙… 중앙당 그룹바, 그 다음에 비사 그룹바 별별 이름이란 이름 대가지고 그룹바라는 그룹바는 계속 조직되어 검열은 하죠. 근데 검열은 하는데, 그 속에서도 어쨌든 먹고 살고 돈은 벌어야 겠으니 살벌하게 한단 말이에요. 그러다 걸리면 죽고 산놈은 도로 돌리고… **(사례 85, 50대 여성, 2009년 탈북)**

사례 85의 증언을 들어보면 판매를 하다 단속이 되더라도 뇌물을 주고 사건을 무마하는 경우가 많은데 이미 판매 그 자체가 '보위부와 안전부'를 끼지 않고는 이루어질 수 없는 것이라고 한다.

사례 46은 이같은 정황을 증언해 주고 있는데 일반 평민들이 혼자 장사를 할 수는 없고 반드시 '보위부나 안전부(국가안전보위와 인민보안부를 지칭)'를 끼고 연계되어 있다는 것이다. 또 단속반원이 단속 과정에서 압수한 물품을 자신과 연계된 상인을 통해서 재판매하는 행위도 있다고 한다. 시장에서는 절대 팔지 않고 서로 아는 사람들끼리 연결되어 있는데 그런 연줄로 살아간다는 말도 덧붙였다.

근데 그런 사람들은 다 보위부나 안전부를 끼고 팔아요. 평민들은 못팝니다. 이런건 다 힘이 있는 사람들이나 팔지… 일반 평민들은 큰 일나지. 중국 갔다 오는 사람들이 숨겨 갖고 오고… 또 높은 사람들,

간부들 내부에서도 많이 나온대요. 또 간부들이 그런걸 회수해서 자기네들이 팔아먹는 경우도 있어요. 자기네들이 복사해서 넘겨 팔고… 주로 30대의 젊은 사람들이죠. 시장에서 파는건 아니고… 절대로 시장에선 못 팔죠. 다 아는 사람들끼리 연결이 돼 있어요. 그런 연줄로 살아가는거지… **(사례 46, 40대 여성, 2007년 탈북, 함경북도)**

06 컨텐츠 목록: 무엇을 보고(영상물) 불렀나(노래)?

▶▶ **영상물**

응답자들이 북한에서 시청한 컨텐츠는 드라마와 영화는 물론 일반 시사교양 프로그램과 시트콤 등도 포함되어 있었다. 응답자들이 단 한번이라도 시청한 적이 있는 컨텐츠의 목록을 정리하면 다음의 표 2-2와 같다.(자세한 컨텐츠 내용은 〈부록〉을 참조)

아래 드라마, 영화 목록을 보면 방영 내지 상영 시기가 주로 1990년대에서 2000년대까지로 근 20여년간을 포괄하고 있다. 그러면서도 최근 5년 내외의 작품들이 포함되어 있는 것을 볼 수 있다. 2009년 방영된 드라마 〈파트너〉, 2007년 작 〈쩐의 전쟁〉, 〈황금마차〉, 〈태왕사신기〉, 2006년 작 〈열아홉순정〉 등이 목록에 있다. 영화에도 〈가시고기〉(2007), 로망스(2006), 카리스마탈출기(2006) 등이 2000년대 중후반 작품으로 시청목록으로 자리 잡고 있다.

최근 5년내외 작품외에 1970년대 작품도 몇 개 눈에 띤다. 〈대형〉(1975, 신성일 주연), 〈거지왕 김춘삼〉(1975년, 이대근 주연) 등이 그것이다. 1989년 작인 드라마 〈달빛가족〉도 볼 수 있다. 이와 같이 1970년대~1980년대 작품 소수와 1990~2000년대 작품이 주를 이루면서 시청 목록이 구성되어 있다. 이는 북한이탈주민이 북한에서 한류를 접한 시기와도 무관하지 않다. 북한이탈주민과의 면담결과에서 이미 북한 내에서 남한 영화, 드라마를 시청하게 된 시기가 1990년대 초로 거슬러 올라감을 알 수 있었다. 그 이전의 시청상황은 이번 결과로는 정확히 파악되지 않으나 1990년을 전후해 남한 영화, 드라마를 시청하게 되었고, 당시에는 북한당국의 단속, 통제도 상대적으로 느슨했던 것으로 파악되었다. 한 사례는 당시 상황에 대해 일면 과장일 수 있으나 '문 열어놓고 볼 정도'라고 표현하기도 했다. 그러다 1994년 7월 김일성 사망 이후 사회 통제가 강화되기 시작했고 북한 주민들의 남한 드라마, 영화 시청에 대한 북한 당국의 인지도 확대되면서 남한 드라마, 영화 시청에 대한 단속과 처벌도 강화되어가는 것으로 파악되었다.

아래 목록에서 볼 수 있는 특징 또 하나는 〈천국의 계단〉, 〈올인〉, 〈가을동화〉, 〈대장금〉 등 우리가 소위 대표적 '한류 드라마'로 꼽는 작품이 상당수 포함되어 있다는 점이다. 즉, 우리 드라마, 영화 가운데 한류를 주도하는 작품들이 북한 내부에도 들어가 인기 작품으로 지목되고 있다. 이는 중국을 통해 북한으로 남한의 영화, 드라마가 유입되는 유통과정을 반영하고 있다고도 할 수 있다. 최근 한류 드라마가 세계적으로 주목 받으며 인기를 모으는 상황이 결국 중국-북한으로 이어지는 유통구조에도 반영되어 북한 내부에 영향을 미치고 있다고 볼 수 있는 것이다.

표 2-2 북한 주민들이 시청한 방송 컨텐츠

구분	제목	방송사 및 개봉일
드라마	줄리엣의 남자	SBS, 2000.09.14
	신귀공자	MBC, 2000.07.12
	명랑소녀 성공기	SBS, 2002.03.13
	달빛가족	KBS2, 1989.10.14
	대장금	MBC, 2003.09.15
	피아노	SBS, 2001.11.21
	수호천사	SBS, 2001.08.01
	보고 또 보고	MBC, 1998.03.02
	파트너	KBS2, 2009.06.24
	모래시계	SBS, 1995.01.10
	황금마차	MBC, 2007.07.01
	유리구두	SBS, 2002.03.02
	천생연분	MBC, 2004.01.01
	사랑이 뭐길래	MBC, 1991.11.23
	올인	SBS, 2003.01.15
	욕망의 바다	KBS, 1997.03.05
	토마토	SBS, 1999.04.21
	경찰 특공대	SBS, 2000.07.19
	가을동화	KBS2, 2000.09.18
	엄마는 출장중	KBS2, 1996.10.07
	지금은 연애중	SBS, 2002.01.07
	화려한시절	SBS, 2001.11.03

(계속)

표 2-2 북한 주민들이 시청한 방송 컨텐츠   (계속)

구분	제목	방송사 및 개봉일
드라마	아름다운날들	SBS, 2001.03.14
	태조왕건	KBS1, 2000.04.01
	목욕탕 집 남자들	KBS 2, 1995.11.18
	형수님은 열아홉	SBS, 2004.07.28
	팝콘	SBS, 2000.05.24
	폭풍속으로	SBS, 2004.03.13
	태왕사신기	MBC, 2007.09.11
	겨울연가	KBS2, 2002.01.14
	쩐의 전쟁	SBS, 2007.05.16
	앞집여자	MBC, 2003.07.16
	야인시대	SBS, 2002.07.29
	꼭지	KBS2, 2000.03.25
	그 여자네 집	MBC, 2001.04.28
	낭랑 18세	KBS2, 2004.01.19
	노란 손수건	KBS1, 2003.02.03
	완전한 사랑	SBS, 2003.10.04
	루키	SBS, 2000.12.11
영화	올가미	1997
	장군의 아들	1990.06.09
	약속	1998.11.14

	남자의 향기	1998.09
	가문의 영광 1	2002.09.13
	파트너(미국)	2000
	가시고기	2007
	조폭마누라	2001
	개같은날의오후	1995.09.08
	카리스마 탈출기	2006.03.30
	로망스	2006.03
	거지왕 김춘삼	1975.12.20
	내 남자의 로맨스	2004.07.16
영화	검은모자	1993.01.22
	깡패수업 1, 2, 3	1996
	찜	1998.05.16
	닥터봉	1995.4.29
	대형	1974.3.20
	두사부 일체	2001
	구미호	1994.7.23
	투캅스	1993.12.28
	시라소니	1992.08.08
	짱	1998.11.28
	튜브	2003.06.05
시트콤/예능	순풍 산부인과	SBS, 1998.03.02
일반교양	6시 내고향	KBS1, 1991.05.20

* 위 표의 방영일, 출연자, 줄거리는 포털사이트 daum 검색 결과를 바탕으로 작성되었음.

▶▶ 가요

면접에 참여한 북한이탈주민들이 북한에 거주할 때 한번이라도 들어본 적이 있는 노래와 가수는 다음과 같다.

표 2-3 면접참여 북한이탈주민들이 북한 거주시 들은 노래

제목	가수	제목	가수
너를 보내고	윤도현	님과함께	남진
사랑해도 될까요	유리상자	사랑의 트위스트	설운도
호랑나비	김흥국	사람이 꽃보다 아름다워	안치환
또 만났네	주현미	여행을 떠나요	조용필
가지마오	나훈아	휘파람 노래	
소양강 처녀	김태희	소양강 처녀	
다함께 차차차	설운도	낭랑 18세	한서경
칠갑산	주병선	우지마라	김양
가지마오	김부자	장모님	배일호
무조건	박상철	잡초	나훈아
언제라도 갈테야	문성재	갈무리	나훈아
바람 바람 바람	김범룡	사랑을 위하여	김종환
애모	김수희	찰랑찰랑	이자연
사랑	나훈아	어머나	장윤정
최진사댁 셋째 딸	조영남	님은 먼곳에	조관우
비가 〈비단향 꽃무〉 OST	우승하	혼자가 아닌 나	서영은
서울 대전 대구 부산	김혜연	사랑을 할거야	녹색지대
사랑은 아무나 하나	태진아	동반자	태진아
꽃 보다 아름다운 너	배일호	허공	조용필
사랑을 위하여	김종환	노란셔츠의 사나이	한명숙
진달래 꽃	마야	종이배	
와	이정현	아파트	윤수일
바위섬	김원중	해변의 여인	나훈아
기도 – 드라마〈가을동화〉 OST	정일영	사랑이여	유심초
		당신은 모르실거야	혜은이

(계속)

표 2-3 면접참여 북한이탈주민들이 북한 거주시 들은 노래 (계속)

제목	가수	제목	가수
보고싶다 -드라마 '천국의 계단' OST	김범수	찔레꽃	장사익
		사랑의 미로	최진희
우린 너무 쉽게 헤어졌어요	최진희	그때 그사람	심수봉
찬찬찬	편승엽	가랑비 오는 날	두나자매
고향역	나훈아	장미꽃 한송이	오승근
눈물의 부루스	주현미	당신이 최고야	이창용
신사동 그사람	주현미	홍도야 울지마라	나훈아

남한 노래를 듣고 "일주일 동안 기분이 떴다"

북한주민들이 즐겨보는 남한 영화나 드라마 이전에 이미 1990년대 초반부터 남한 가요가 북한에 유입되어 일부에서 인기를 누렸다는 점은 잘 알려진 사실이다. 특히, 한국가요를 중국 연변노래로 알고 공적인 자리에서도 부르는가 하면 "아침이슬"은 남한가요라는 사실을 알면서도 공공연하게 불렀다는 증언도 많이 있었다.

그렇다면 이런 증언들을 통해 제한적이나마 파악할 수 있는 북한에서의 남한 가요 인기 이유는 무엇일까. 무엇보다 남북한 노래를 비교해 보면 가사 내용에서 많은 차이가 있다는 점이다. 북한 노래는 대부분 혁명사상을 고취하고 정권에 대한 충성을 강조하는 정치적 목적을 담은 노래들이 주를 이룬다. 이에 반해 남한 가요는 남녀간의 사랑이나 생활을 주로 다룬다는 점에서 차이가 있다.

실제로 응답자들의 증언을 들어보면 자신들이 지금까지 북한에서 들었던 노래와는 가사 내용이 차원이 다르다고 표현한다. 사례 1은 북한노래는 혁명적인 것 밖에 없는데 남한 노래는 생활적인 부분을 담고 있어 듣기에 좋았다고 말한다. 그는 드라마에 나오는 음악을 들으며 가사를 받아 적고 직접 따라 부르기도 했다.

> 드라마에서 나오는 노래를 적고, 그 음을 생각하면서 적고… 노래가 좋구나하고 생각했어요.… 북한 노래는 혁명적인 내용 밖에 없는데, 남조선은 생활적인 노래도 있구나, 이렇게 생각을 하고… 특히, "존재의 이유"라는 곡을 많이 들었어요. 드라마 약속에 나오는 노래에요. 아들이랑 딸이랑 그런데에 관심이 많아서… **(사례 1, 30대 여성, 2007년 탈북, 평안남도)**

사례 2의 경우도 친구들과 모이면 북한 노래가 아닌 남한 가요를 함께 부르곤 했는데 북한 노래는 김정일에 관한 내용이 많은데 남한 노래는 정치적 내용이 없어서 좋았다. 그는 특히 가수 윤도현의 "너를 보내고"를 좋아했다. 사례 2는 가사를 직접 받아쓰고 외워 부르면서 친구들에게 가르쳐 주기도 했다.

> 노래가 재미있었죠. 노래가 되게 보면 뭐 북한 노래는 장군님에 관한 노래가 많잖아요.… 100%. 노래가 한 98%, 95%정도 거의 다 김정일에 관한 노래이구요. 뭐 장군님은 이래가면서… 그런 노래들 있잖아요. 근데 한국 노래 들었을 때는 노래가 내 마음에 와 닿는다. 노래가 진짜 재밌었어요. 윤도현의 너를 보내고, 유리상자인가 사랑해도 될까요, 그런 노래 정말 좋아했어요. 가사를 쓰고 외우라고 그러고 그 다음에 한번 MP3들려주고 같이 이렇게 들으면서 같이 불러보기도 하고 그러면서… 그냥 그렇게 재미삼아 그러는 거죠. **(사례 2,**

20대 남성, 2009년 탈북, 평안남도)

사례 5는 이미 1995년경부터 중국에서 장사하는 친척들이 구해 온 카세트 테이프로 남한 노래를 접할 수 있었다. 그는 당시에 들었던 노래 중에 현철과 주현미의 노래를 기억하고 있었다. 사례 5 역시 남한 가요를 좋아했던 것은 북한노래의 정치적 내용과 달리 '사랑을 맘대로 나눌 수 있는 내용'이 좋아서였다.

사랑을 맘대로 나눌 수 있는 노래도 부르고 우리는 그렇게 없잖아요. 노래라는 게 전부 정치적인 노래만 있고, 이 사회적인 일을 노래로 부르지도 못 하잖아요. 무슨 비사회적인 날라리 풍이라든지 뭐 날라리 풍의 그런 것도 걸려요. 주현미, 현철 노래랑 그 노랫말… 그 노래를 듣고. 사람이 일주일동안 기분이 떴어요. 기분이 좋았단 말이에요. (사례 5, 40대 여성, 2010년 탈북, 함경북)

북한 노래와 달리 정치사상적 내용이 아닌 사랑에 대한 감정을 솔직히 담아내는 남한 노래에 빠져들었다. 전투적인 멜로디가 아닌 감성적 멜로디는 더더욱 노래에 젖어들게 했다. 남북한 노래의 비교 차원에서 남한 노래를 처음 들었을 때 어떠한 느낌을 받았는지 계속해서 이들의 증언을 들어보자.

기동예술선전대라는 것은 한 사람이 노래 뿐 아니라, 악기 또 하나 다뤄야 되고, 그런 쪽으로 엄청 센스가 빨라요. 저희는 남한 노래나 연변 노래를 많이 불렀던 것 같아요. 지금 와서 생각하면… "바람 바람 바람", "애모" 노래 엄청 불렀어요. 바람 바람 바람 노래는 기타 치면서 엄청 많이 불렀어요. 북한 노래하고 감이 다르면서 하여간 재밌잖아요. 사상도 안 들어 가있고, 사랑 같은 것도 직접적으로 들어 있고… 애모는 가사가 애절하다고 해야되나… 저희는 뭐 그렇게 사랑에 대해서 표현한 노래가 없잖아요. 간접적으로 이렇게 너무 뭐라고 해야 되나 식상한 가사들이 많은데 한국 노래는 직접적으로 사랑을 이렇게 표현하는 식으로, 너무 호기심 나고 재미있었죠. **(사례 7, 30대 여성, 2004년 탈북, 함경북도)**

자기가 느낀 대로 노래하는 구나

사례 18은 북한에서 남한 방송 프로그램 가운데 〈가요무대〉를 보았다. 남한 노래는 북한 노래와 비교할 때 가사가 엄밀히 다르고 노래를 들으면서 자유라는 감정을 경험했다고 한다. 사례 35 역시 북한의 모든 노래와 가사에 김일성, 김정일이 들어가는데 남한 노래는 그렇지 않다는 점을 남북한 노래의 차이점으로 꼽았다.

가사가 엄밀하게 다르죠. 그걸 들으면서도 우리는 솔직한 소리로 북한에서 엄마 배꼽에서 태어나서 오기 전까지 사상만 베였던 사람들이니깐 자본주의 사회에서 예술은 그저 생활 그대로 엮어 나갔구나 생각했어요. 북한은 예술이 너무 제한성이 많잖아요. 오직 노래 가사에도 계몽가요나 몽땅 김일성, 김정일 장군에 대한 글자가 다 들어가 있잖아요. 한국은 그런 게 없잖습니까? 생활 그대로 하니깐 사람이 자유구나… 이런 느낌 세게 받아가지고 **(사례 18, 30대 남성, 2010년 탈북, 함경북도)**

그러니깐 한국은 사상이란게 없구나… 그저 생긴대로 자기가 느낀

대로 노래하는 구나… 한국 노래는 사상이 들어간 노래가 없지 않습니까. 북한은 오직 김일성이, 김정일이 이름이 들어가야 노래가 형성되고, 그 다음 어쨌든 사상이 주제가 김일성, 김정일이 노래가 들어가야 되는데 한국은 그런 사상이 들어간 노래가 없지 않습니까? **(사례 35, 50대 여성, 2006년 탈북, 함경북도)**

찬양하는 노래만 듣다가 사랑 노래 들으면 마음이 움직이죠

사례 12는 2000년 결혼하면서 회령에서 살게됐다. 국경지역인 회령에 살기 전까지는 '아무것도 몰랐다'고 하는데 두만강은 함부로 건너면 안된다고만 생각했다. 하지만 회령에 와서 남편과 함께 남한 영상물을 접하고 노래도 들으면서 생각이 달라졌다. 지금까지 들었던 북한 노래는 '김정일 찬양'노래였다. 그러다 마주친 남한노래… 사랑을 담은 그 가사와 애잔한 곡조에 빠져들지 않을 수 없었다.

탈북할 때 영향을 미쳤어요. 비디오나 노래 이거 들을때는 김정일을 찬양하는 노래만 듣다가 사랑하는 노래 들으면 마음이 그렇죠. 움직이죠. 문화에서 많이 움직이죠. **(사례 12, 30대 여성, 2004년 탈북, 함경북도)**

마음이 편안해 지는 남조선 노래…

북한 주민들이 남한 노래를 들으면 어떤 감정이 생길까. 남한 노래를 들으면서 좀 더 특별한 감정을 느낀 경우를 소개해 본다. 이들은 남한 노래가 정치, 사상적 내용이 없어서 좋기도 했지만, 무엇보다 들으면 마음이 편안해 지고 때로는 '애수에 젖고 촉촉'해졌다. 사례 51은 마음이 답답할 때 남한 노래를 부르곤 했는데 노래를 듣고 부르면 빨리 한국에 가야겠다는 다짐을 하게 했다.

"바람 바람 바람"이라는 노래를 들었어요. 노래가 좋았는데 좀 서글프고 쓸쓸한 감정도 생겼어요. 이런게 가요인가하는 생각이 들었어요. 우리는 일반 노래를 못 부르게 하거든요. 그래서 막 애수에 젖고 촉촉해지니까, 아, 이래서 남한 가요를 못 부르게 하는가보다 했어요. 뭔가 촉촉하고 감성적으로… **(사례 41, 30대 여성, 2005년 탈북, 함경북도)**

온화하고… 편안하고… 그런 느낌이 들었어요. 평온하고. 노래 구절 구절이… 좀… 북한노래하고 너무 판이하게 다르니까. 북한 노래는 뭐든게 다 단체적이고 좀 억세고 사상적이고 정치적인거니까. 북한 노래는 억세요. 한국노래는 많이 좀 부드럽고… 부르기 편하고, 듣기 좋고. 가사도… 주로 보면… 한국 가사 들어보면 사랑… 이런 대화가 많이 들어 가잖아요. 그리고 드라마에 나오는 노래들이 되게 좋더라구요. (사례 50, 20대 여성, 2010년 탈북, 함경북도)

사례 51은 마음이 답답하고 어디가서 마음을 말할 수 없을 때 이불 속에서 가만 남한 노래를 불렀다. 〈가랑비〉, 이 노래가 정말 좋았다. 노래를 부르다 보면 빨리 한국을 가야겠구나 다짐을 해보지만, 마음과 달리 몸은 움직여지지 않았다.

남한 노래를 들으면 좋죠. 남한 노래가 다 사랑노래잖아요. 우린 다 김일성 사상, 다 김일성… 근데 남한 노래는 다 사랑노래니까. 한국은 정말 사랑이 그렇게 중요하구나 생각했어요.… 한국 사람들은 대부분 마음이 곱겠구나, 이런 생각이 들었어요. 쓸쓸하지. 그 가랑비 노래는 쓸쓸할 때 부르던 노래에요. 이 노래가 나는 정말 좋았어요. 마음이 답답하고… 어디가서 내 마음을 말 할 수 없을 때 이 노래를 부르곤 했어요. 혼자서 가만히 가만히… 그죠. 빨리 한국을 가야겠구나… 근데 몸이 움직여지진 않고, 감시 대상은 많고. 그걸 표현을 못하는 거에요. 그래서 내가 이불 속에서 가만가만 불렀어요. 우린 한국에 대한 걸, 뉴스든 드라마든 보면, 완전 목숨을 걸어야 하는 건데… 난 한국 노래가 좋으니까… **(사례 51, 50대 여성, 2010년 탈북, 평안남)**

그냥 집에서 조용히 기타 치면서 불러봤어요. 그런 노래를… 뭐지? 온화하고… 편안하고… 그런 느낌이 들었어요. 평온하고. (또 구체적으로?) 노래 구절구절이… 좀… 북한노래하고 너무 판이하게 다르니까. 북한 노래는 뭐든게 다 단체적이고 좀 억세고 사상적이고 정치적인거니까. 북한 노래는 억세요. 한국노래는 많이 좀 부드럽고… 부르기 편하고, 듣기 좋고. (기억나는 가사는?) 가사도… 주로 보면… 뭐라 하지? 뭐라고 표현해야 하지? 한국 가사 들어보면 사랑… 이런 대화가 많이 들어 가잖아요. (또 기억에 남는건?) 그리고 드라마에 나오는 노래들이 되게 좋더라구요. 수호천사 이런데서 나온 노래들 그런게 되게 좋고… **(사례 50, 20대 여성, 2010년 탈북, 함경북도)**

사례 1은 북한에서 회식 자리에서 〈남자의 향기〉(드라마) OST인 '존재의 이유'를 불렀다. 북한에서 '혁명적인 노래'를 부르다가 '사랑'과 '생활'을 담은 노래를 들으니 마음에 와 닿았다. '아 노래가 너무 좋다' 감탄이 그냥 나온다.

네, 보면 거의 다 드라마에서 보면 사랑에 관한 노래잖아요. 근데 우리 북한에서는 혁명적인 노래 부르다가 사랑적인 노래, 생활적인 노래 들으니깐 마음에 닿는 거에요. 아 노래가 너무 좋다… 이런 걸로 해서 그 노래를 젊은 애들이 많이 가더라고요. **(사례 1, 30대 여성, 2007년 탈북, 평안남도)**

사례 47은 아들이 몰래 구해 준 '나훈아 알'(뮤직비디오)을 보고 느낀 감정을 이야기 해 주었다. 가사 내용을 잘 이해할 수 없었지만 가사를 읊조리며 아랫동네 노래라는 생각을 하게 되었다. 북한 가요는 너무 씩씩한데, 남한 노래는 가슴을 쓸쓸하게 했다. 옛날 생각에 빠져들게 하는 그 곡조란…

나훈아 알(DVD)이 우리집에 있었어요. 그게 우리 작은 아들이 어디서 갖고 와서 '어머니, 이거 단단히 건사하고 들어보세요' 그러더라고. 여기 와서 보니까 그게 나훈아라는거 알았어요.(북한에서는 누구 노래인지 모르고?) 응, 북한 노래 중에서도 내놓고 들으면 안되는 노래가 있어요. 북한 노래라고 해도 듣지 말라는 노래가 있어요. 그래서 우리 아들이, '엄마 이거 몰래 들으시오' 했을때는 이게 한국 노래인지는 몰랐지. 그런데 여기 남한에 오니까 나훈아더라구. 들어보니 와 노래 잘합디다. 우리 아들이 몰래 들으라고 했으니까, 이게 웬지 아랫동네 노래같긴 한데 하면서 들었죠. 치맛단을 자르고, 뭐 그런 노래도 있습디다. 그래서 난 저게 무슨 소리인가 했지… 북한 노래는 너무 씩씩하고, 남한 노래는 가슴을 쓸쓸하게 하는 면이 있었어요. 우리 늙은이들은 좀 서정적이고 시름이 가는 걸 좋아하는데, 북한 노래는 막 나가자!! 나가자!! 그런 거 밖에 없잖아요(웃음) 그러니까 그 차이가… 참 노래가 차분하고 듣기 좋고… 그 노래를 들으면 과거도 회상할 수 있는, 옛날 생각도 나고… 그럽디다. **(사례 47, 70대 여성, 2007년 탈북, 양강도)**

사례 48 역시 북한에서 좋아했던 가수가 나훈아 였다. 그는 나훈아가 부른 '고향역'이라는 곡을 즐겨 들었다. 가수 나훈아의 노래는 굉장히 '현실적인 음악'이라고 평가하기도 했다.

나훈아 선생을 좋아했지요. CD를 갖고 있었거든요. 그거 되게 좋아했어요. 뭐… 나훈아 선생 음반은 제가 다 좋아했으니까… 그것도 한 2006년도쯤… 고향역이라든가. 현실적인… 음악이 좀 현실적인… 가사가 그렇죠. **(사례 48, 30대 남성, 2010년 탈북, 양강도)**

한국 사람들은 대부분 마음이 곱겠구나…

남한 노래를 들으면서 남한 사람에 대한 인식이 변화된 사례도 있었다. 사례 51은 남한 노래가 대부분 사랑을 표현한 가사가 많은데 그래서 한국 사람들 대부분 마음이 곱겠구나 라고 생각했다. 마음이 답답하지만 마음 놓고 말할 사람이 없었기 때문에 이불안에서 조용히 숨죽이며 부르면서 한국을 동경했다고 한다.

가랑비 오는 쓸쓸한 거리~ 이 노래요. 이건 내가 정말 즐기는 노래에요. 장미 한송이, 찔레꽃, 이런거 다 북한에서 듣던거지. 좋죠 한편으로는 남한 노래가 다 사랑노래잖아요. 우린 다 김일성 사상, 다 김일성… 근데 여긴 다 사랑노래니까. 한국은 정말 사랑이 그렇게 중요하구나… 한국 사람들은 대부분 마음이 곱겠구나, 이런 생각이 들었어요. 그 가랑비 노래는 쓸쓸할 때 부르던 노래에요. 이 노래가 나는 정말 좋았어요. 마음이 답답하고… 어디가서 내 마음을 말 할 수 없을때 이 노래를 부르곤 했어요. 혼자서 가만히 가만히… 빨리 한국을 가야겠구나… 근데 몸이 움직여지진 않고, 감시 대상은 많고. 그걸 표현을 못하는거에요. 그래서 내가 이불 속에서 가만가만 불렀어요. (사례 51, 50대 여성, 2010년 탈북, 평안남도)

사례 55는 남한 노래를 들으면서 노래 가사에 등장하는 세상을 동경하게 되었다. 그가 즐겨들었던 노래는 가수 남진이 부른 "님과함께"라는 곡이었는데 가사의 내용처럼 그런 세상에서 한번 살았으면 하는 생각을 하게 된다.

님과 함께. 남진이 불렀나… 곡도 그렇고 가사도 그렇고… "저 푸른 초원위에 그림 같은 집을 짓고…" 그리고 "멋쟁이 높은 빌딩 위에…" "님과 함께면 반딧불 초가집…" 뭐 그런 가사요. 나도 참 그 가사처럼 그런 세상에서 살았으면 하는 생각이 들죠. 마음에 와 닿더라구요. (사례 55, 50대 남성, 2011년 탈북, 평안남도)

〈바위섬〉, 세 번 입당원서 냈다 떨어진 내 마음

북한 노래는 사상만 있는데 남조선 노래를 들으면 자신의 현재 생활과 마음을 잘 표현해 주기 때문에 너무 좋았다. 사례 36(30대 남성, 2006년 탈북, 황해북도)과 37(30대 여성, 2007년 탈북, 함경북도)은 그룹면접을 한 사례다. 사례 36은 〈바위섬〉의 가사 내용이 마치 세 번이나 입당원서를 제출했다가 떨어진 자신의 마음과 너무 같았다는 것이다. 사랑을 주제로 한 〈바위섬〉의 유행가사가 북한에서 노동당에 입당하지 못해 슬픈 마음을 위로하는 노래가 될 줄이야.

   사례 37 역시 남편과 사별한 자신의 처지와 너무 잘 어울리는 노래 "별처럼 아름다운 사랑이여 꿈처럼 행복했던 사랑이여"를 즐겨 불렀다고 한다. 사례 37은 앞서 사례 47과 같이 북한 노래는 "수령을 위한 것으로 박력 있는 노래만" 하는데 남한 가요는 "간드러지고 표현 자체도 생활적인 부분"이 있다고 말한다. 이들과의 면접내용을 그대로 옮겨본다.

면접자: 북한에 계셨을 때 들었던 남한의 배우나 가수들 있으세요?
사례 37: 남한 가수… 나훈아
면접자: 어떻게 알게 되신거죠?
사례 37: 그 노래 카세트 테이프 있잖아요.
면접자: 그거는 어떻게 구하신거에요?
사례 37: 그것도 밀매로 샀거든요. 북한 노래보다는 저희도 홍도 나고 그랬죠. 바위섬도 그래요. 바위섬도 북한에서 계속 불렀던 노래죠. 쉽게 말하면 연변 노래인줄 연변 노래다 이렇게 들렸거든요.
사례 36: 한 다섯가지 정도 되나? 남한 노래인줄 모르고 불렀던… 그 노란 셔츠의 사나이 북한에서 많이 불렀던 노래에요. 그러니깐 노래나 이런 것은 이 사람이 옆에서 가르쳐 달라고 하잖아요. 그러면 연필꺼내서 가사 이렇게 적고, CD처럼 보다가 현장 체포되는 그런 위험성이 적은 거죠…
면접자: 남한 노래라도 어쨌든 북한노래하고는 달랐을 텐데 어떤 느낌이 드셨어요?
사례 36: 그러니깐 젊은 사람들이 보게 되면 제대되자마자 친구들을 만나서 카라오케라는게 없어요. 그 때 나오면 마이크 같은 게 있어서 그걸 통째 마이크를 쥐고 야외에서 놀거든요. 근데 연변노래

라고 해가지고 아파트랑 바위섬 이런걸 부르고…

사례 37: 놀음판에서는 그런게 있어야지.

사례 36: 난 대체로 바위섬 좋더라고요. 그러니깐 아무도 없는 무인도 섬에서 자기하고 자기혼자 남고 그러다 보니깐 저도 제 자체도 적응을 하다가 그렇게 되가지고 아빠 가고 누나 마저도 가니깐… 북한에서 입당이라는게 있거든요. 그 입당 세 번올렸다가 다 부류되고 그 군사 복무하다가 많은 슬픔이… 그 가사가…

사례 37: 저는 제목은 모르는게 별처럼 아름다운 사랑이여 꿈처럼 행복했던 사랑이여 머물고 간 바람처럼 기약 없이 멀어져간 내 사랑. 여성이라서도 그렇고 제가 좀 솔직히 사별을 해가지고 그런지…. 애절한 그런 거를 보면은 막 빠져들더라고요. 북한 가요하고는 이렇게 표현 자체가 틀리죠. 그 가사를 또 보면은 뭐라고 할까 표현이 되게 좀 북한에서는 그냥 뭐 수령을 다 이런데서 노래를 박력있는 노래만 하는 게 간드러지는 노래… 그리고 가사 자체도 표현이… 저는 북한체제에 대한 이런 생각을 했다기 보다는 내가 나도 이렇게 빠져드는데 이런 거를 당 간부들이나 쉽게 말하면 김정일이나 보지 않겠나 이런 생각을 했어요.

북한 노래는 '사상'만, 남한 노래는 '사랑'만…

사례 11(40대 여성, 2003년 탈북, 함경남도)의 경우는 앞선 사례와 달리 처음 남한 노래를 들었을 때 사상적 내용보다는 사랑만 이야기해서 오히려 거부감을 느끼기도 했다. 북한 주민들의 사상적 무장 정도를 잘 보여주는 사례인데, 남한 노래에 사상이 들어있지 않아 오히려 나쁜 것이라 생각할 정도였다. 남한 노래를 들을 당시에 '오로지 머리에 사상'만 들어 있었기 때문에 '사랑'만을 이야기하는 남한 노래를 잘 이해하지 못했다고 한다.

남한 노래를 들으면 그냥 그때는 느낌이라기 보다 사상이 없다 오직 사랑에 대한 그런 것 밖에 없다 생각했어요. 우리 북한에서는 사상을 기본으로 하는데 남한은 모든게 사상이 다 없다… 사상 없이 부른다고, 그냥 저 사랑 그런 것만 들어간다고… 그때는 솔직히 까놓고 말해서 사상밖에 몰랐어요. 사상밖에 모르다 보니깐 그냥 남한 노래는 사상이 하나도 없다… 사상이 없다는 것은 그냥 그렇죠. 사상만 우리는 머리에다 입력시켜 놓니깐… 앉아서도 서로 다들 그랬어요. 야 저 한국은 사상도 없이 오직 사랑만 한다 그렇게 생각했어요.(사례 11, 40대 여성, 2003년 탈북, 함경남도)

한국 노래 한 두곡쯤은 부를 줄 알아야 밀리지 않죠…

남한 노래를 혼자만 조용히 부르는 것이 아니라 오락회나 생일파티 때 부른 사례도 있다. 북한에서 남한 노래 확산은 남한 노래인지 모르고 부르는 경우가 많기 때문이라고 한다. 특히, 중국 국경지역에는 '옌벤 가요'로 알고 공개적인 자리에서 남한 가요를 부르는 경우도 많았다고 한다. 공식적인 오락회나 친구들끼리 몰래 마련한 생일파티 때도 남한 노래를 부르며 함께 즐겼다는 사례도 있었다.

사례 29(30대 여성, 2009년 탈북, 함경북도)는 북한에 있을 때 정치적으로 노동당원이면서 경제적으로도 잘 사는 축에 속했다. 그래

서 못사는 사람들을 표현하는 '하바닥' 사람들과 어울리지 않고 비슷한 부류끼리 어울렸다. 경제적 수준이 높았기 때문에 남한 영화나 드라마 DVD를 쉽게 구하고 거기에 나오는 노래를 따라 익히기도 했다. 생일파티나 오락회를 할 때 한국 노래 한 두곡쯤은 부를 줄 알아야 밀리지 않는 사람으로 여겨진다고 하니 한국 노래의 인기를 실감할 만하다.

좀 빨랐죠. 테이프를 완강하게 본다는게 어느 정도 수준이 있어야 보지. 완전 밑에 하바닥 사람들은 먹고 살기도 힘든데 그런 걸 사지 못 하죠. 우리는 좀 사니까 친구들이랑 생일 파티를 좀 요란하게 했거든요. 친구들이랑 모이면 춤추고 노래하고 그래도 북한에서도 추세를 따라간다 여기로 말하면 그러는데 생일 파티에서 한국 노래를 불러야 밀리지 않는 애로 치고 했거든요. 그래서 모이면 한국 노래를 누가 또 민감하게 그때 그때 새로나온 노래를 빨리 부르는가가 그랬어요. (사례 29, 30대 여성, 2009년 탈북, 함경북도)

사례 13 역시 친구들과 함께 '놀음장소'에서 남한 노래를 따라 부르며 놀았다. 사례 13은 언니가 구해 온 남한 영상물과 테이프를 통해 노래를 배우고 다시 친구들에게 노래를 가르쳐 주었다. 친구들과 함께 '놀음장소'에서 노래 테이프를 틀어놓고 춤도 추고 노래도 따라 불렀다. 북한도 역시 사람 사는 곳이기에 친한 친구가 있고 그들과 함께 어울리는 시간이 자연스러운 일상이다. 사례 13을 비롯해 북한에서 생활할 때 함께 지내던 친구들과 고향 사람들을 그리워하며 눈물 적시던 북한이탈주민들을 종종 볼 수 있었다.

사례 13은 인터뷰 과정에서 그 때 함께 노래 부르며 춤 추던 동무들이 빨리 한국에 왔으면 좋겠다는 아쉬움을 감추지 않았다. 또한 그 친구들을 데려 오기 위해서 자신이 직접 돈을 모으고 준비할 것이라는 각오도 내비쳤다.

우리 언니가 집에 테이프를 잘 갖다 놉니다. 저보다는 언니가 말 해 가지고 노래로 말하고 배워서… 언니 한테 배워가지고 동료들한테 또 배워주고… 동료들 하고 놀음장소에서 만나서 놀 때도 일반적으로 그런 노래를 부르고… 학교 다닐 때 친구가 테이프를 가지고 온 적이 있어가지고 서로 재밌어 하고 했어요. "사람이 꽃 보다 아름다워" 이 노래 지금도 있습니다 (본인이 탈북하기 전까지도 불렀다는 의미). (사례 13, 20대 여성, 2010년 탈북, 함경북도)

사례 21도 친구들 사이에서 남한 노래 한 두곡쯤은 부를 줄 알아야

인정받는다고 했다. 사례 20은 가수 나훈아의 "갈무리"를 좋아했다. 친구들과 함께 이른바 '노래수첩'을 함께 가지고 다녔는데 여기에 남한 노래 가사와 곡을 빼곡이 적어서 친구들과 함께 서로 나누었다고 한다.

> 고저 사람들이 흔히 부릅니다. 저도 많이 부르고요. 갈무리를 좋아했습니다. 저 혼자 있을 때도 부르고 그 다음에 가까운 친구들이랑 모였을 때 고저 노래수첩 가지고 서로 가르쳐 주고… 친구 집에 가서요, 노래수첩 보며 남한노래 불러요. (사례 21, 20대 여성, 2011년 탈북, 함경북도)

4/4박자보단 약삭한 노래로!
"먹자놀음"(회식자리)에서 남한 노래는 최고 인기

사례 7(30대 여성, 2004년 탈북, 함경북도)은 예술선전대 활동을 했다. 선전대 사람들끼리 대장네 집에서 회식을 하면 각자가 조금씩 음식을 들고왔는데, 그 자리에서 남한 노래를 불렀다고 한다. 남한 노래를 모르면 오히려 '세련되지 못하다'고 할 정도로 남한 노래는 인기가 있었다.

그가 일한 기동예술선전대는 농장, 기업소에 배치되어 노래를 부르고 선전구호 등을 외치며 북한 주민들의 사기를 진작하는 기능을 한다. 기동예술선전대의 직제, 회식 과정, 회식 자리에서의 남한 노래 부르기 등의 내용을 파악할 수 있기에 그와의 인터뷰 내용을 그대로 옮겨 본다.

사례 7: 저희 선전대라는 것은 활동을 하면 저녁에 먹자 놀음이라고 해야 되나요 그러니깐 오늘 저녁에 여기 말로 회식 이면 북한 말로 오늘 저녁에 먹자 놀음하자 그래요.

면접자: 남한으로 치면 회식과 같은 것인가요?
사례 7: 네, 회식이에요. "야 오늘 먹자 놀음 하자" 완전한 표현 용어는 아니지만 그냥 생활 용어에요. 오늘 이렇게 다 모인다는 그런 뜻이거든요. 그러면 저희 사람들만 있어요. 그때는 선전 비서들도 없고…
면접자: 선생님 계신 곳이 기동 예술선전대인데 직제가 어떻게 되나요.
사례 7: 초급당 비서가 있고요. 초급당 비서 옆에 오른 쪽에는 조직 비서가 있어요. 그리고 선전 비서는 완전히 홍보 쪽 이거든요, 선전 비서 있고 선전 비서 밑에 직맹 위원장이 있고, 직맹 위원장 밑에 선전대가 있고, 거기 대장이 있는데 제가 지금 말하는 대장이 바로 이 사람을 말하죠.
면접자: 그러면 회식은 이 선전 대장네 집에서 하는 거에요?
사례 7: 네 대장네 집에서 주로 많이 하고,… 대원들하고 직급은 같은데 그냥 대장이라고 하죠.
면접자: 직맹 위원장이나 거기까지 가서 회식 하고 그런 것은 아닌거죠?
사례 7: 그렇죠. 그 사람도 간부인데요. 요 밑에 있는 간부고요. 저희는 그냥 직속, 소속된 직속이라고 해요.
면접자: 그러니까 결국 대원들 끼리 회식을 한다는 거죠.
사례 7: 네, 저희 대원들끼리 그냥 놀죠. 이분들이랑 있을 때는 저희가 그렇게 함부로 행동을 못하는 거죠. 그리고 여기서 이 세포비서라는 사람이 하나의 그 당원들을 총괄하는 사람인데요. 선전대 안에서 제대 군인들이 당원이거든요. 그러니깐 제대 군인들의 당 생활 총화를 이 사람이 하거든요. 이 사람이 참석 하는 밑에서… 저희는 상관이 없어요. 세포 비서는 근데 이 사람이 아무튼 암행어사나

같죠. 누가 말 한마디 잘못 하는가, 사회적으로 어떤 비방을 하는가요, 사람이 가서 우리 선전 비서한테 알려지면 이게 선전 비서가 보위부에 가서 고발 하죠. 다 그런 체제가 되어있어요. 이 사람이 괜찮으면 같이 놀아요, 근데 이 사람이 약간? 좀 이상하면 저희가 좀 빼 놓으려고 저희가 노력을 하죠.

면접자: 자, 그러면 선전대 대장 집에 회식하러 갔어요. 거기서 부터 다시 얘기해 줄래요?

사례 7: 오락회라는 게 말하자면 여기, 한국 말로 하면 장기자랑 이에요. 예를 들어 북한에서는 기차를 타고 가다가 기차가 연착이 됐어요. 그러면 심심하잖아요. 어떤 사람이 선동 되가지고 추운데 앉아있지 말고 오락회라도 하자 이래서 자기가 먼저 부르고, 저기 저 사람이 불러 줬음 좋겠다 막 (박수) 이래요. 오락회는 어디나 다 있는 거에요. 북한은 직장에서 일을 하다가도 아 잠깐 사람들이 맥이 없다고 열의를 띠어 줘야 되겠다고 막 직장 사람들이 나와서 율동체조를 하지 않으면 오락회를 해요. 이건 뭐 하나의 일과처럼 자리가 잡혔어요. 어디나 그게 어떤 단체든 예를 들면 교화소라고 해도 학교에도 있고 기차타고 가다가 이렇게 알지 못하는 장소에서도 뭐 어떤 역에서 기차를 기다리는 장소에서도 오락회라는게 갑작스럽게 조직 될 수도 있고…

사례 7: 오락회 하죠. 집으로 들어가서 그럼 대장이 이렇게 엄청 그런 남쪽 노래에 센스가 빠른 분이셨어요. 엄청 그런 옛날 노래 같은 것 있잖아요. 건넛마을에 최진사 댁에~ 이 노래 있잖아요. 아주 옛날 노래잖아요.

면접자: 최진사 댁 셋째 딸

사례 7: 네. 맞아요 이게 한국 노래잖아요. 저희는 연변 노래로 알았어요, 아주 그 노래를 잘 불렀어요. 그리고 여기서 놀때는 다른 사람이 없잖아요. 저희끼리 놀잖아요. 그러니깐 서로 외국 노래 부르는게 인기가 있는 거에요. 그냥 식상한 북한 노래만 부르면 재미 없다 그러거든요. 맨날 우린 들었던 노래고 맨날 보던 노래고, 텔레비전에서 나오는 노래고 다 아는 노래인데, 남들이 알지 못 하는 이런 특이한 남들이 들어 보지 못한 멜로디나 곡 같은 것, 사랑의 내용이 담긴 것, 그 노래를 하면 야 너 대단한데 야 너 멋있다 이렇게 말해요. 저는 그때 "비단향 꽃무"(한국 드라마) 에서 나오는 그 주제가를 배우고 싶었는데…

면접자: 비단향꽃무?

사례 7: 네, 남쪽 드라마를 봤어요. 거기에 박진희라는 여자가 나오잖아요. 선생님을 사랑했다가 그 선생님의 부모가 허락 안 하는데, 자기네끼리 교회에서 이렇게 자기 네끼리만 둘이서 이렇게 결혼을 했어요. 그래서 애도 낳고 사는데, 남자가 어느 날 진짜 결혼식을 해준다고 약속을 했는데, 남자가 차 타고 오다가 자동차 사고 나서 죽어요. 그런 드라마 였거든요. 그거 엄청 재밌었어요. 그래가지고 그 드라마에서 나오는 노래제목이 "비가"였어요. 주제곡이… 노래가 엄청 지금 말하면 발라드죠. 엄청 재밌었어요. 근데 배우고 싶었는데 배울 수가 없었어요. 북한에서는 맨날 4/4박자 노래 행진가 같은 노래만 부르는데 이 노래는 북한 말로 약삭하잖아요.

사례 12(30대 여성, 2004년 탈북, 함경북도)의 기억으로는 2000년대 초반 즈음 윤도현 밴드가 평양에 왔다. 그 때 '색텔레비'가 나오는 친구집에 모여 함께 시청했었다. 조선중앙TV로 전파를 탄 윤도현 밴드의 공연. 무대 마지막에 불이 '번쩍 번쩍'하며 무대를 치고 올라가는 듯한 모습. 노랑머리에 화려한 조명… 북한에서는 볼 수 없는 모습이었다. 노골적으로 좋다고는 안해도 의외로 '어머어머'하며 좋

아했다고 기억한다.

> 보여줬죠. 보여줘가지고 윤도현 밴드 왔을 때 동네 사람들 이렇게 다 모여가지고 봤거든요. 근데 마지막에 그 불이 번쩍 번쩍 하면서 막 이렇게 치잖아요… 조명이 번쩍 번쩍 하는데 처음 보잖아요. 노랑머리에… 기타치고 그러니깐 북한사람들은 그런 것 안 하잖아요. 그때 뭐 사람들이 다 좋아하는 것 같더라고 … 좋아하죠, 아 어머어머 하면서 좋아하죠. 하하 노골적으로 좋다, 이러진 않아도 처음 신기 하니깐… **(사례 12, 30대 여성, 2004년 탈북, 함경북도)**

교화소에서 부른 '다함께 차차차'

남한 노래가 북한에서 인기를 누리는 중요한 이유 중 하나는 정치 사상적 내용이 아니라 사랑을 이야기하고 생활 그 자체를 그리기 때문이다. 그런데 일반 생활에서뿐 아니라 교화소에서도 남한 노래를 불렀다는 놀라운 증언이 있었다.

사례 5는 탈북 과정에서 북송되어 교화소에 들어갔다. 거기에서 남한 노래를 다른 사람들과 함께 불렀다고 한다. 사례 5는 2010년에 탈북해 한국에 입국했는데 2003년부터 수차례 탈북을 시도하다 북송되는 등 고초를 겪었다. 인터뷰 중에 그 때 당시를 회상하며 조금은 흥분하고 과장된 모습을 보이기도 했다. 하지만 그 때 당시의 기억을 또렷이 기억하고 있었고, 무엇보다 교화소에서 나지막하게 읊조리던 남한 노래가 그에게는 작은 희망이 되었다고 말한다. 특히, 옆에 있던 장기수들은 죽음을 두려워 할 필요가 없기에 남한 노래를 못부를 이유가 없었다. 이내, '끼리끼리' 7명 정도가 모여 남한 노래를 부르게 됐다. 뼁두(마약) 팔다 들어온 교원에 돈 떼 먹고 들어온 할머니까지… 함께 교화소에서 노래부른 '한 컵(끼리끼리 모이는 사이)'이었다. 일반적으로 교화소에서 남한 노래를 불렀다는 사실은 선뜻 이해하기 어려운 사실이라 사례 5와의 인터뷰 내용을 그대로 옮겨본다.

사례 5: 감옥 생활 했죠. 들어오다가 잡히고 중국까지 왔다가 북송되서 왔단 말이오. 3번을 그래가지고 감옥을… 교화소 몇 번 갔지요. 거기에서 남한 노래 듣고 불렀어요.

면접자: 교화소 안에 어떻게 그게 가능한가요?

사례 5: 그러니까는 우리 교화소에 나랑 같이 앉은 애들은 장기수들이에요. 15년 짜리, 15년 짜리면 오랜 장기수들이잖아요. 그런 10년부터 15년들하고 내가 같이 불쌍하잖아요. 난 3년 받긴 해도 난 살 수 있는 희망은 있지만 걔네는 그런 희망도 없잖아요. 걔네는 내일 죽이겠음 죽이고, 오늘 죽이겠음 죽이고…

면접자: 그럼 교화소 김 선생님이 계신 방안에는 몇 분이 계셨어요?
사례 5: 180명 정도 있었어요.

면접자: 한 방안에?
사례 5: 네, 1, 2층 하단 상단 이렇게 되어 있어요.

면접자: 180명이 같이 생활을 한단 말이에요?
사례 5: 밤에 잘 때 자지도 못 해요. 좁아가지고 공기는 말을 하지도 못해요. 잘 때는 거의 앉아서 다 자요. 자리가 비좁아가지고…

면접자: 그 180명 안에 서로 감시하거나 그런 사람들은 없나요.
사례 5: 있어도, 보면 다 알아보니깐 그런 아이들 보면 다 떼놔요.

면접자: 그럼 그 방안에서 노래를 부르셨다는 건가요?
사례 5: 통째로 아예 부른게 아니라, 끼리끼리… 그 180명 있는 구석에서 있잖아요. 상단 있죠, 그 통때에도 사람이 살고, 그 통때 밑에 어둡 잖아요, 그 통때 밑에 사람이 들어가 있는데…,

면접자: 그거를 제가 말씀드리기 죄송하긴 한 대 지금 교화소가 다시 기억을 더듬으셔가지고 제일 처음에 노래를 하게 된 계기 그러니깐, 뭐 갑자기 이렇게 있다가 노래를 부르진 않았을 것 아니에요. 그 정황을 자세히 말씀해 주실 수 있으세요?
사례 5: 그때 어떻게 돼서 노래를 부르게 됐는가 하면 000이라는 아이인데 뻥두로 7년 받고 들어온 여자가 있어요.

면접자: 뻥두를 하다가? 팔다가?

사례 5: 네, 팔다가… 근데 그 여자가 OOO에서 교원을 했어요. 중문학교 교원하다가 들어왔는데, 삥두 잘못 팔아가지고 걸려가지고 7년 받고 들어온 여잔데 대단히 똑똑해요. 그 여자가 웅변도 있고, 노래 부르기 좋아해요. 나랑 나이도 같고 그래가지고선 서로 통했어요. 걔가 중국 사람들하고 삥두를 중국 사람들이 팔잖아요? 그래서 중국 사람들하고 많이 이렇게 조선족들하고 거리가 좀 있었더군요. 그래서 이렇게 해서 중국 노래를 많이 알고 있었어요. 연변 사람한테서 배웠데요. 걔가 한국 노래인것도 모르고 우린 중국 조선족 노래 그걸로 생각을 해가지고 둘이 통하는 거에요. 그래서 나는 야 나도 노래 아는 게 하나 있다. 그래서 그 때 대화가 그래가지고 걔가 뭐야? 이래서 내가 아랫동네 노래 아는게 하나있다. 그래서 노래를 부르기 시작했어요. 그래서 내가 그때 처음 부른 노래가 '또 만났네, 또 만났네 야속한 그사람~' 그 노래를 불렀어요. '야 재밌다'고 그래요 그래서 내가 좀 이따가 근심을 털어놓고 다함께 차차차 그 노래를 둘이서 신나서 그 노래를 부르는데, 그 다음에 58세 할머니가 돈 떼먹어가지고 들어온 게 있어요. 그 할머니도 좀 들으래요. 그 할머니도 놀기 좋아해요 노래 부르고, 또 그 안에서 우울 한 것 보다 좀 이렇게 성격이 이런 사람들도 서로 좋아한단 말이에요. 모이기 시작한게 한 7명이 모였댔어요.

면접자: 교화소 안에서?

사례 5: 그날에 처음 만난 날에 하하 아 부르데요 OOO이 이 할머니가 노래를 부르잖아요. 사랑해 사랑해요~ 무슨 그 다음에 2절은 나를 두고 가지를 마오. 그래서 애들이 이 노래 재밌다 배우자 해서 그 노래를 다 배웠어요. 할머니가 배워줘 가지고 그 애들이 아는 게 많이 있었어요 한국 노래 그래서 부르기 시작했는데… 양배추 무지를 쌓아둬요, 나는 양배추를 무지하게 쌓아놨단 말이에요 보안원 가족들이 먹을거란 말이에요. 그 가족들이 자기네 구루마에다가 실어가 지고 겨울에 김장 해먹는단 말이에요. 그 양배추를 운반해 주기 위해 들고서 끼리끼리 가요. 노래를 부르는 끼리들이 한 컵이 됐단 말이에요.

면접자: 한 컵이 됐다는 말은 무슨 뜻이죠?

사례 5: 끼리끼리 모이는 사이가 됐단 말이죠. 운반 갈 때 우리 컵 말고 다른 애들은 끼지 못하게 해요.

연변방송, 중국 상인을 통해 전파되는 한국 노래

북한에서 한국 노래의 확산은 영화나 드라마 같은 영상물과 비교하면 전달방식이나 이용면에서 용이하기 때문에 북한 당국의 감시를 피해 쉽게 전달될 수 있다. 전기사용이 많은 것도 아니고 일반 건전지로도 사용이 가능한 카셋트 테이프를 통해 이용할 수도 있다. 설령 본인이 직접 듣지 못했다고 하더라도 주변사람들로부터 가사와 음을 배워가면서 부를 수 있다는 점도 확산의 주요인이라 할 수 있다.

북한에서 한국가요가 확산되는 주된 요인으로 무엇보다 중국 국경지방에서 유입되는 것과 연변방송을 꼽을 수 있다. 물론 남한 드라마나 영화 역시 연변방송을 통해 방영되는 것을 볼 수 있지만 드라마나 영화는 시리즈로 구성되어 있어서 몇 편을 봐야 한다면 가요무대와 같은 음악프로는 짧은 시간 시청만으로도 가요를 접할 수 있다.

연변방송에서 나오는 곡이기 때문에 남한 가요가 아닌 소위 '옌벤 가요'로 통칭되는 노래로 알면서 남한 가요가 버젓이 공식자리에서 불려지는 것이다. 또한 중국에 장사를 위한 목적이나 친지 방문 시 카세트테이프나 녹음기는 영상매체에 비해 반입이 수월하기 때문에 북한 주민들 사이에 인기가 높다고 할 수 있다.

사례 8(40대 남성, 2008년 탈북, 함경북도)은 가수 김연자는 물론 주현미, 현철, 태진아, 송대관 등 트로트 가수들의 노래를 즐겨 들었다고 하는데 중국에서 테이프를 사서 듣게 되었다. 사례 8은 국경지방에서 밀수를 했었다. 거기에서 만난 중국 상인으로부터 남한 노래를 접하게 되었고 이후 북한에서 다른 친구들에게 가르쳐 주기도 했다. 막 군에서 제대하고 나와 본인 스스로 그 때 '새빨간 사상'이 여전했을 때인데도 남조선 노래가 사람 마음을 간드러지게 하며 좋았다고 고백한다.

> 처음에 중국 들어갈 때 초저녁 9시, 10시에 들어간단 말이에요. 그 때 들어가면 식사하고, 중국 애들이랑 어디 돌아다니고, 그러면 12시 이렇게 되는데… 새벽에 자고 일어났는데 그 노래가 나오는데 아주 멋있더란 말입니다. 그 노래 소리 때문에 깨어났지… 아 그 무슨 노래 소리가 요런가…그래서 거기에서 그 느낌이 아 정말 좋은 노래다. 이게 무슨 노래냐 하니깐 중국애가 너네는 들으면 안된다 이거 남조선 노래다 이러더라고, 제일 처음에 들었을 때가, 그 때 당시에 아주 군대에서 제대해가지고 나왔을 때니깐, 새빨간 사상이 있을때 인데도… 아주 그 사람이 간드러지게 하고 흥에 겹고 어쨌든 음이 나… 아무래도 내가 그런 짓 하는 사람이니깐 주변에 다 친하니까 함께 부르고… **(사례 8, 40대 남성, 2008년 탈북, 함경북도)**

사례 9(40대 남성, 2005년 탈북, 함경북도) 역시 중국 연변방송을 통해 나오는 가요무대를 시청할 기회가 있었다. 이후 '가요무대' DVD를 직접 구입해 남한 노래를 즐기게 되었다. 영화나 드라마의 경우 전파사정에 의해 화질이 좋지 않으면 보기가 어렵지만 가요무대와 같은 가요프로그램은 굳이 화면이 잘 잡히지 않아도 노래만이라도 들을 수 있었다고 한다.

나중에 탈북해 중국에 머물 때 노래방에 갈 기회가 있었는데 한국 노래가 낯설지 않았던 것이 북한에서 이미 한국 노래를 불렀기 때문이라고 한다. 사례 9는 가수 태진아의 "사랑은 아무나 하나"를 좋아했는데 북한에 있을 때 마음대로 부르지 못해 아쉬웠다. 중국에 나와서 그 노래를 마음껏 부르게 되어 좋았던 기억을 이야기한다.

> 처음에 보기는 중국 연변방송 해가지고 텔레비전으로 많이 봤죠 뭐. 전부다 나오기 시작한건 아니고, 일부에서 나오기 시작하던데요… 텔레비전도 이렇게 화질이 안 좋아가지고 전기가 나쁘니깐… 그러니깐 화면은 밝게는 못 봤지, 노래들 나오는 것 주로 보게 되죠. 사랑 노래들이 많아 좋더란 말입니다. 남 녀 간에 사랑이야기… 이런 전부 그런 노래니깐, 그걸 내놓고 부르지는 못하지 그러다가 가요무대 알을 몇 개 얻어가지고… 처음에는 그게 중국 것인줄 알고 빌려왔는데 켜 보니깐 한국 것이지, 그래 가지고 노래는 아마 2, 3일에 한 번씩 매일 듣다 했지. 그러다가 중국에 들어오니깐, 중국에 이런 노래방 가니깐 한국 노래들이 좀 많대요. 집에서 많이 듣던 기억이 있으니깐… 중국에 와서 노래제목은 거의 다 알았습니다. "사랑은 아무나 하나"… 그게 엄청 좋아가지고 북한에서는 그걸 내놓고 부르지 못하니깐… **(사례 9, 40대 남성, 2005년 탈북, 함경북도)**

남한 노래를 부르거나 듣는 행위는 단속대상이기 때문에 공개적으로 들을 수 없음은 당연하다. 그런데 북한 주민들이 남한 가요를 연변 노래인 줄 알고 공개적으로 부르며 사회적으로 확산되는 경우가 많았다. 특히, '바위섬'이나 '너무 쉽게 헤어졌어요', '바람바람바람', '아파트', '갈무리' 같은 노래는 북한에서 연변가요로 알려져 주민들 사이에서 자주 불리는 곡이라고 한다.

들을 땐 연변노래인줄 알고 들었어요. 남한노래인줄 모르고. 노래는… 음악을 별로 안좋아해서. 그냥 애들 듣는거 듣고… 음… 저는 노래는 특별하게 부르지는 않았거든요. 그냥 여기 와서 보니까 그게 다 한국노래더라구요. (사례 43, 20대 여성, 2008년 탈북, 함경북도)

북한에서 남한노래라고 알고 있던건 없구요, 그냥 다 연변 노래라고 알았어요. 근데 여기 오니까 남한노래더라구요. 바위섬이 기억나요. 칠갑산은 한국노래인거 알았는데 나머지 노래는, 너무 쉽게 헤어졌어요, 바람바람바람 이런건… 중국노래, 연변 노래인줄 알았어요. (부르면서 어떤 감정이 들었는지?) 음… 감정적인거. 북한노래는 좀 딱딱하잖아요. 근데 한국거는 되게 부드럽고 그런 느낌이 들었어요. (사례 44, 30대 남성, 2004년 탈북, 함경북도)

남한 노래 많이 봤는데 저는 처음에는 남한 노래라고 생각 안하고 불렀어요. 지금도 제가 트롯트 노래가 많아요. 지금 제가 오기 전에도 젊은 애들이 부른 노래가 팝송 같은 그런 노래가 있어요. 갈무리라는 노래는 끊이지 않더라고요, 모일 때 불렀다니깐요. 북한 사람들은 한국 노래인지 생각을 못 하는거에요. 우리 북한에서도 성년식 하거든요. 북한말로 망년회라고 하거든요. 망년회에서 제가 그 노래 할 때도 모르고 아파트 불러도 모르고 저도 한국 와서 진짜 갈무리가 한국 노래인가 알았거든요. 진짜 갈무리나 아파트가 그 다음에 제목도 모르고 부른 노래가 많습니다. 당신은 모르실꺼야… 그 노래도 그것도 나는 한국 노래인줄 몰랐습니다. (사례 38, 40대 남성, 2009년 탈북, 평양시)

뮤직비디오, '미친여자에게 말려들다'

국경지역의 북한 주민들은 밀수를 위해 중국에 직접 가거나 중국 상인들의 방문으로 외부정보에 대한 노출이 상대적으로 많은 편이다. 또한 앞서 살펴본 것처럼 중국 방송이 직접 수신되는 지역이기 때문에 중국에서 유행하는 노래나 가수들에 대한 정보도 쉽게 얻을 수 있다. 가수 이정현이 중국에서 상당한 인기를 누리고 있는데 북중 국경지역에 거주하는 북한 주민들은 이정현의 노래는 물론 뮤직비디오까지 즐겨보았다고 한다.

북한 주민들이 드라마나 영화가 아닌 뮤직비디오를 시청한다는 것은 남다른 의미가 있다. 자본주의 퇴폐문화로 상징되며 사상교육을 받았던 남한 가요, 랩이 가미된 빠른 템포, 곡, 쉽게 알 수 없는 가사 내용까지. 뮤직비디오를 보고 들으며 어떤 느낌을 가졌을지 참으로 궁금해진다. '정신나간 여자'에게 이내 말려들어갔다는 사례 12. 이정현의 뮤직비디오를 즐겨보았다는 사례 12의 이야기를 들어보자.

그 노래를 들을 때에는 가사가 무슨 뜻인지… 잘 이해를 못 하겠던데…걔(가수 이정현을 지칭) 노래 부르는게 목소리가 특이 하잖아요. 걔 목소리가 참 좋아요. 되게 이쁘게 나오잖아요. 어리니깐 이쁘잖아요. 아 그 노래 제목이 뭐던가 그 손가락 이렇게 하고 춤 추가지고 처음 보니깐… 설마 했던 니가 나를 떠나버렸어 그 노래… 처음에는 깜짝 놀랐죠. 저 미친것처럼 춤춘다고 댄스곡 같은 것 처음보니깐 저거 정신나간 여자라고… 머리를 막 풀어놓고 그때 나올 때 좀 특이하게 하고 나왔잖아요. 여기서 볼 때는 아무렇지도 않고 그러는데, 거기서 볼 때는 되게 고지식 했어요. 그래가지고 저 정신이 좀 이상한 여자라고 생각했죠. 그런데 은근히 그게 말려들어가는 거죠. 저 미친 여자 이러면서 은근히 좋긴 좋네 멋있다. 문화에 딱 갇혀 있다가 새로운 문화를 보니깐 이상하게 보이면서 막 말려드는 거죠. (사례 12, 30대 여성, 2004년 탈북, 함경북도)

사례 12는 이정현의 뮤직비디오를 처음에 볼 때 댄스곡에 익숙하지 않았고 가수 이정현이 머리를 풀고 춤추는 모습을 보면서 정신나간 여자로 표현할 만큼 고지식했다고 한다. 하지만 자꾸 보면 볼수록 "은근히 말려들어갔다"는 그의 표현대로 새로운 문화를 접하면서 받게된 충격이 이내 완화되고 동화되기까지 하는 과정을 볼 수 있다. 가수 이정현의 춤추는 모습을 보며 "미친여자"라고 말하면서도 동시에 그러한 문화적 표현이 "멋있다", "좋다"는 감정으로 바뀌게 되었다는 것이다.

다음으로 살펴볼 사례 20 역시 가수 이정현의 뮤직비디오를 시청했다. 북중 국경지방에 거주했던 사례 20은 자신이 살았던 지역에는 중국에 다녀온 사람들의 입소문을 통해 이정현에 대한 인지도가 굉장히 높았다고 한다.

흥이 나니깐 고저. 이정현 하게 되면 소문 난 여자라는 건 알고 있고. 고저 중국 갔다 온 사람말로 이정현이라 하게 되면 공연한번 나가면 돈을 많이 벌어가지고 온다. 이정현이 부른 건 다 다르니깐 뭐 모르겠습니다. 화면 밑에 자막을 봐야 내용을 알지 그냥 들어서는 알아 듣기 힘듭니다. (사례 20, 30대 남성, 2011년 탈북, 함경북도)

한편의 노래가 때론 백만대군 위력보다 더 크다

북한에서 남한 가요가 인기가 있다면 북한 당국은 과연 이를 어떻게 받아들일까. 북한 당국은 남한 가요의 확산에 대해 "한 편의 노래가 백만대군 위력보다 더 크다"고 표현할 만큼 외부문화 유입과 확산을 엄격히 차단하고 있다.

북한에 있을 때 실제로 비사회주의 문화 행위를 단속하는 일을 한 사례 15의 이야기를 통해 북한 당국이 남한 노래에 대해 어떻게 대응하고 있는지 알아보자.

사례 15: 평양 그 다음에 평안북도 종주. 신의주 그 쪽에 단속을 많이 했죠. 이게 그대로 나뒀다가는… 김정일이가 뭐라고 그랬냐면 "지금 제도가 오염됩니다." 그런 말이 나왔어요. 이러한 문화를 방관해두면 완전히 뒤집어질 가능성이 있다. "한편의 노래가 백만대군의 위력보다 더 크다 그걸 무조건 막아라" 해가지고 단속하기 시작했죠 근데 그 확산 속도가 엄청 빨라요. 딱 조여가지고 싹 일망타진 해버리면 이젠 끝났겠지 하는데 그 주변에 계속 퍼지는 거에요. 젊은 사람들 20~30대 사람들 유행에 세니깐… 노래를 다 이런 수첩에다가 적어요. 적고 그 이제 북한식 숫자 악보로 서로 공유하고 기타로 그런식으로… (사례 15, 40대 남성, 2000년대 중반 탈북, 평양시 · 평안북도)

면접자: 저도 북한식 숫자 악보를 북한이탈주민을 통해서 봤어요. 그러니깐 음을 숫자로 적는 거잖아요.

사례 15: 네. 그거 제일 대중적이에요. 쉽잖아요. 그게 바로 우리식이죠. 도레미파솔라시도 이런 건 유럽에서 온 말이고… 이 오선지 악보는 전문가용이라면 숫자 악보는 오선지 악보보다 구속되는게 없어요.

사례 15의 증언에 따르면 남한 노래의 확산은 일반 영화나 드라마보다 그 확산속도와 범위가 큼을 알 수 있다. 이는 역시 전달 방식이 간단하기 때문이라 볼 수 있다. 저자 역시 인터뷰에서 언급한 바와 같이 북한이탈주민을 통해 북한식 악보(?)를 본 경험이 있다. 북한식 악보라 하기보다 표 2-4에서 보는 것처럼 그저 음을 숫자로 표시한 것인데 마치 암호문과도 같지만 북한주민들이 쉽게 음을 익히는 방식이다.

간단한 방식으로 노래가 전해지기 때문에 하나의 곡이 북한에 유입되면 그 확산을 통제하는데 한계가 있다. 사례 15의 증언과 같이 분명 한 지역에 대해 철저하게 단속을 했다 하더라도 그 주변 지역으로 또 확산되는 경향을 보였다는 점은 주목할 만한 현상이라 할

표 2-4 북한주민들의 음표 표기

7 7 7 7 8 7 6 씨 씨 씨 씨 도 씨 라	6 7 5 라 씨 쏠	3 5 5 6 5 2 2 미 쏠 쏠 라 쏠 레 레	3 5 6 미 쏠 라
7 7 7 7 8 7 6 씨 씨 씨 씨 도 씨 라	6 7 5 2 라 씨 쏠 레	3 5 6 4 미 쏠 라 파	5 쏠
7 6 7 씨 라 씨	5 쏠	8 7 8 도 씨 도	6 라
7 7 6 7 씨 씨 라 씨	5 6 5 쏠 라 쏠	7 7 8 ⌣ 7 6 씨씨도 ⌣ 씨 라	5 쏠

수 있다.

조선중앙TV로 생중계된 '윤도현 밴드' 공연

지금까지 살펴본 내용이 남한 가요가 북한 주민들 사이에 몰래 유입되고 확산된 경우라면 북한 당국의 공식적인 통로를 통해 남한 노래가 확산된 경우도 있다. 지난 2002년 남북정상회담 이후 남북간 교류협력이 활발히 추진되면서 사회문화 분야에서도 다양한 협력사업이 전개되었다. 2002년 9월에는 MBC와 조선중앙TV 공동제작으로 동평양극장에서 공연이 이루어졌고, 2003년 8월 KBS는 광복절 특집 프로그램으로 평양 노래자랑을 개최했다.

당시 북한이 남한 대중가수들의 공연을 조선중앙TV를 통해 북한 전역에 방송한 것이다. 우리가 만난 북한이탈주민들은 북한에 있을 때 이 공연을 조선중앙TV로 직접 시청하면서 남한의 대중가요을 접할 수 있었다고 한다.

남한의 '미남 청년 윤도현의 자유분방한 이미지, 그리고 윤도현이 목이 메어 노래를 잠시 중단했던 사건'은 북한 관객들에게 강한 인상을 남겨 한 때 북한에서 '윤도현 신드롬'을 일으키기도 했다고 한다.[2]

윤도현 밴드는 이 공연에서 "너를 보내고"라는 곡을 불렀는데 우리는 면접자들로부터 이 곡이 이후 북한에서 인기를 누리며 주민들 사이에 확산되었다는 사실, 그리고 윤도현과 함께 공연한 기타리스트의 노란색 헤어스타일에 굉장히 충격을 받았다는 증언을 들을 수 있었다.

노란색 머리로 물들인 남한의 공연진이 빠른 템포의 락 버전으로 부른 아리랑을 과연 어떻게 받아 들였을지 궁금하다. 북한의 주체음악론을 보면 "록 음악은 사회주의 사상을 오염시키고 자본주의의 광란적이고 퇴폐적인 정신을 유입시킬 독소적인 음악"이라고 묘사되어 있다.

사례 12는 당시 그 공연을 보며 두 가지 문화충격을 받았다고 고백한다. 첫째는 공연진 중 기타리스트의 노란색 헤어스타일이고, 둘째는 꽃장식이 그려진 바지를 남자가 입었다는 점이라고 했다. 북한에서는 이불에나 꽃장식이 있지, 꽃장식을 한 바지는 입지 않는다고 한다.

우리의 시선으로 보면 그저 윤도현 밴드의 공연에 불과하지만 분단 60년이라는 시간동안 문화적 이질감이 형성되어서인가, 북한 주민들은 남성 가수가 입은 꽃장식 바지에 충격을 받는다.

> 공연 마지막에 아리랑을 불렀어요. 울면서 부르는 거에요. 아 진짜 통일이 되는 것 같고 그런 생각 했죠. 서로 말은 안해도 각자 자기 머리로선 생각 하는게 있잖아요. 노랑 머리도 충격이었고… 아 저렇게 머리를 기를 수 있고 색도 들이는구나… 또 옷이 있잖아요. 와이셔츠에 바지 이런 것 북한에서는 그렇게 못 입잖아요. 체크나 단색 이런 것 꽃이 이렇게 있잖아요 남방에… 북한에서는 이불에나 꽃이 있지 북한에서는 꽃 장식이 있는 바지를 안 입거든요. (사례 12, 30대 여성, 2004년 탈북, 함경북도)

주현미의 또 만났네: 가수가 자꾸 부르면 운명처럼 그렇게 된다

윤도현 밴드의 인기와 함께 또 한명의 인기 있는 가수는 주현미를 들 수 있다. 우리가 만난 면접자들 가운데 주현미의 노래를 특별히 좋아한 사례가 많았는데 특히 주현미가 평양에 와서 노래를 부른 장면이 인상적이었다고 한다. 앞서 언급한 것처럼 지난 2003년 8월 KBS는 광복특집 프로그램으로 평양에서 전국노래자랑을 개최했는데 주현미는 이 때 초청가수로 노래를 불렀다.

이 프로그램 때문인지는 몰라도 북한주민들에게 전국노래자랑도 친숙하게 보는 프로그램 중 하나였다. 특히, 진행자인 송해 씨에 대한 인지도도 높았다. 당시 공연 녹화자료를 보면 주현미 씨는 자신의 곡을 소개하면서 "가수가 자꾸 그 노래를 부르면 운명이 그렇게 된다고… 그래서 제 노래 중 또 만나고 자꾸 만나고 싶어서 또 만났네요를 불러드릴게요"라는 말을 한다. 북한에 "다시 만나요"라는 노래가 있다면 남한 가수 주현미가 부른 곡은 "또 만나요"였다. 남북한 노래의 내용을 비교한다는 점에서 이 곡들의 가사를 한번 비교해 보는 것도 의미가 있을 것 같다.

실제로 주현미의 평양 공연을 기억하고 있는 사례 49는 주현미의 노래가 다른 남한 노래와 마찬가지로 사상이 들어 있지 않고 무엇보다 "사랑을 구걸하는 애절한 마음을 그대로 담은게 너무 좋았다"고 한다.

표 2-5 남북한 가요 가사 비교

남한가요(또 만나요)	북한가요(다시 만나요)
또 만났네, 또 만났어 야속한 그사람 약속이나 한 것처럼 또 만났네. 어쩌다 눈길이 마주칠때면, 자꾸만 가슴이 두근거리네. 그 언제쯤 말을 붙일까. 때가 되면은 때가 되면은 사랑을 고백할거야.	백두에서 한라로 우린 하나의 겨레. 헤어져서 얼마나 눈물 또한 몇 해였던가 잘 있으라 다시 만나요, 잘 가시라 다시만나요, 목메어 소리칩니다. 안녕히 다시 만나요

주현미 CD알로 나온거 있었어요. 주현미 독창곡이라는 CD알. 북한에도 왔다갔잖아요. 와서 공연할 때였는데 정확히 연도는 잘 기억이 안나는데… 그래서 주현미라면 꽤나 좋아하거든요. 신사동 그 사람… 그리고 영동교…, 비내리는 영동교를 홀로… 남한노래들이 테이프로 들어오거든요. 바람바람바람 그런 노래만 쫙 나오는거. 이걸 누가 부른다든가 그런건 모르는데 그것까진 알수가 없는 거에요. 그냥 녹음 테이프로 들어오니까. 그리고 알려고도 안하고. 남한에 살지 않는 이상, 그냥 흥취감만 느끼니까. 노래들이… 실생활하고 너무 많이 동반돼 있는거죠. 우린 다 틀에 매여 있는거잖아요. 오직 사상성이 동반되어야 하는거잖아요. 근데 여긴 사상성이라는게 없고 실생활 그대로… 사랑하면 사랑을 구걸하는, 애절한 마음을 그대로 표현한게 참… 우리도 감정이 있는데 그런게 듣기 좋죠. 북한 노래엔 무조건 사성성 들어가고 김정일이 들어가야 하는데, 이런 노래들은 실생활 그대로니까 애창하게 되죠. 와닿죠. 그냥 한국노래들은… 다 사랑노래더라구요. 하여튼 너무 재밌죠. 우린 느끼지 못했던 그런 감정… 정말 노래 들으면서 눈물도 나오고 웃음도 나오고… **(사례 49, 30대 여성, 2009년 탈북, 양강도)**

사례 45 역시 주현미의 평양 공연을 기억하고 있었다. 당시 평양 노래자랑은 남한의 송해씨와 북한 여성 아나운서가 진행을 맡았다. 그 북한 아나운서가 주현미와 함께 나눈 대화의 내용도 어렴풋이 기억하고 있었다.

사례 45는 남한 노래를 들으면 흥이 나고 좋았는데 가사의 내용은 잘 알아들을 수 없었다고 한다. 들을 때는 전혀 몰랐는데 남한에 와서 보니 이제야 가사의 내용이 이해된다는 말도 덧붙였다.

또 만났네, 불렀던 그 여자. 주현미! 맞아요, 주현미. 주현미가 많이 생각나더라구요. 북한에서 공연했잖아요. 그때 주현미가 북한 아나운서랑 그런 말을 했어요. 그래서 뭐 어쨌든 가사는 잘 모르겠고… 그런 이야기 했던 것만 기억이 나요. 가사야 뭐 그때 다 아나요. 그때 우리 딸내미도 참 좋아했어요. 노래가 참 흥이 나고, 흥겹고… 근데 흥겨운데 가사가 나오질 않으니까, 저게 뭐라 하는지 잘 모르겠더라구요. 저게 대체 뭐라고 하는지… 가사를 잘 모르겠는거에요. 근데 이제 남한 와서 들어보니까 아, 저 가사가 저랬구나… 노래는 참 흥겹고 재밌었어요. 많이 들었어요. **(사례 45, 40대 여성, 2005년 탈북, 함경북도)**

사례 17의 경우는 주현미의 또 만났네요 곡은 알고 있었지만 그 가수가 주현미인지는 잘 기억하지 못했다. 북한에 있을 때 남한 가수들의 공연을 조선중앙TV를 통해 본 적이 있는가라는 질문에 대해 주현미는 기억하지 못해도 "또 만났네"는 분명히 기억하고 있었다. 그 외에 북한에서 이미 1990년대부터 인기가 있었던 가수 김연자를 알고 있었다.

김연자 하나 알았구나. 그건 북한에서도 잘했지… 김연자 북한에 와서 공연하지 않았습니까, 일본으로 해갔구. 99년돈가 2000년돈가 김연자 카세트 북한에서 못듣게 했단말입니다. 날마다 정전시키고 잘 못봤지 뭐. 맘대로 전기를 못볼때니깐 중계할 때… 주현민줄은 모르는데 또 만났네요. 그때 그여자 하는거 봤습니다. **(사례 17, 40대 여성, 2007년 탈북, 평안북도)**

10대도 좋아하는 트로트 '어머나'

10대인 사례 27은 트로트곡인 '어머나'를 불렀다. 북한노래와 남한 노래는 '영 딴판'이었다. 그냥 재밌다 정도였지 외워 부르자면 '비판서'도 써야 하고 노래 부르다 들키기라도 하면 생활 총화 시간에 비판을 받아 즐겨부르기는 엄두도 낼 수 없었다.

사례 27: 어머나? 그거 노래가 어떻게 되더라? 어머나, 어머나. 아니 근데요. 북한은 여기 남한 사람들 노래가 널리지 않잖아요? 그니까 처음 들으니깐요. 확실히 북한노래하고 남한노래가 영 딴판 이니깐요. 노래가요 노래 가사까지 외울 정도는 아니에요. 그냥 들으면 재밌다는 느낌이지. 외울려고 하면 언니처럼 외우면 뭐랄까? 비판서도 많이 써야 되구요. 들키기만 하면은 학생으로서 좀 뭐랄까…
면접자: 그럼 생활 총화 할 때도 그런 얘기해요?
사례 27: 예, 많이 비판해요.
면접자: 학생들 간에 다 봤는데 학생들 간에 또 비판하나?
사례 26: 하는척해야죠.
사례 27: 안하면 안 되니까요.

사례 27은 북한에서 중학교(남한 중·고등학교를 합친 학제)에 재학할 당시 '어머나'라는 트로트를 부르곤 했었다. 한국산 옷을 사입기도 했는데, 혜산 지역으로 상표를 뗀 한국산 옷이 들어왔다. 사례 27, 28은 한국 산 옷을 사 입어보기도 했다.

혜산은요, 다른 지역보다 그런 게 많잖아요. 한국꺼나 중국꺼나 그런게 많이 들어오거든요. 요즘엔 현대판께 많이 나와요. 여기서 쓸

수 있는 건 거의 있는 것 같아요. 다 있는 것 같아요. 비싸죠. 상표 떼고… (사례 27, 10대 여성, 2010년 탈북, 양강도)

07 새로운 매체의 등장과 한류 확산

남한 영상물이 북한에서 확산되는 배경에는 당연히 영상물을 시청할 수 있는 영상매체 보급 및 확산이 있다. 북한에 남한 영상물이 본격적으로 유입되기 시작한 2000년대 초반 무렵에는 CD, DVD 등을 재생할 수 있는 녹화기가 주로 유통되었다. 물론 이 시기 이전에는 북한에서 '밴또'라 불리우는 VHS(가정용 비디오 테이프)가 유통되기도 했다. 하지만 북한에서 이 시기에 16mm 비디오테이프는 일반 주민들이 쉽게 접할 수 있는 매체라기 보다 간부들을 비롯한 특권계층에 한정되었으며 무엇보다 상품이 유통될 수 있는 장마당이 아직 활성화 되기 이전 시기였기 때문에 북한 주민들이 주로 시청하는 매체는 아니었다.

본격적으로 북한에 남한 영상물이 퍼져나간 계기는 장마당의 확산 때문이라고 할 수 있다. 1990년대 후반 고난의 행군기를 거치면서 지역간 이동에 대한 통제와 경계가 느슨해지면서 시장을 통해 CD, DVD 등이 본격적으로 유통, 확산되었다.

이후 북한에서 남한 영화나 드라마가 인기를 끌고 이른바 '알판'이 돈이 되기 시작하면서 저가의 중국산 EVD(Enhanced Versatile Disc) 플레이어가 본격적으로 북한내에서 유통되기 시작했다. EVD 플레이어는 비디오 압축기술인 DVD를 대체하기 위해 새로운 포맷으로 중국이 개발한 영상기술 방식이다. 2005년부터 생산된 EVD 제품은 이후 저가로 공급되면서 북한 지역에 대량으로 유통되었다.

EVD 플레이어의 장점은 CD, DVD 재생은 물론 최근 파일저장 매체로서 인기가 있는 USB를 직접 재생할 수 있다는 점이다. 더욱이 EVD 플레이어는 단순히 영상물 시청용으로 사용되는 것이 아니라 게임을 하기 위한 게임플레이어 단자가 내장되어 있다는 점도 주요한 특징으로 꼽을 수 있다.

우리는 인터뷰를 위해 찾아간 사례 8의 집에서 직접 중국산 EVD와 연결해 사용하고 있는 게임용 플레이어를 볼 수 있었다. 사례 8은 북한에 있을 때 EVD를 통해 남한 영화나 드라마를 시청했지만 주 용도는 게임용 플레이어 단자를 연결해서 게임을 즐겼다고 한다. 현재 40대의 나이인 남성이 북한에서 게임용 플레이어를 연결해서 게임을 즐겼다는 사실이 상상은 안되지만 그의 증언을 통해 북한 주민들이 나름대로 게임을 어떻게 즐기고 있는가를 알 수 있었다.

더 흥미로운 사실은 사례 8이 한국에 입국한 후 북한에서 즐기던 게임을 하기 위해 한국산 DVD 제품을 구매하려 했지만 가격이 너무 비싸서 살 엄두를 못 냈고, 더욱이 이 제품에는 게임용 플레이어 연결단자가 없어서 결국 중국 가는 길에 중국산 EVD 제품을 사 왔다고 한다.

그러니깐 여기와서 오락을 하려니깐 못 하겠더라고, 하던게 아니라서 그런지, 그래서 조국에서 들고와서 여기 안에 오락 CD알이 있단 말이에요. 그러니깐 심심할 땐 이 텔레비전에 넣고 오락 한다고. 집에 혼자 있으면 심심한데… 북한에 있을 때 하던 오락이 자꾸 생각이 나가지고. 내 것은 중국에서 사 가지고 왔는데… 그래 여기와서 사자 하니까는 비싸더란 말이에요. 되게 비싸더란 말에요. 또 게임은 안되고 영화만 볼 수 있다고 하더란 말이에요. 이것은 (중국산 EVD를 지칭) 여기 게임선이 이렇게 달려있단 말이에요. **(사례 8, 40대 남성, 2008년 탈북, 함경북도)**.

감시를 피하는데 제격인 USB

이같은 EVD 플레이어는 자연스럽게 USB의 확산을 이끌었다. 막대형 메모리카드 'USB'는 북한에서도 인기리에 사용되는 제품으로 주로 영화나 음악을 듣기 위해 사용된다. 특히, USB는 휴대가 간편하고 북한 당국의 검열을 피할 수 있다는 장점 때문에 최근 북한주민들이 선호하고 있다. 북한의 하나전자합영회사에서 생산되는 공식제품인 DVD 녹화기에도 USB를 사용할 수 있는 단자가 구성되어 있다고 한다.

DVD 그게 북한에서는 하나전자에서 만든 긴데 하나 DVD란 그거 USB도 꼽고 봤단 말입니다. 지금 집에 가지고 있었던 게 하나전자에서 나온 거였어요… 하나전자에서 나온 거. 그 하나전자에서 나온 게 USB도 꽂을 수 있어요. **(사례 20, 30대 남성, 2011년 탈북, 함경북도)**

북한 주민들은 USB를 주로 장마당에서 구입한다. 사례 25는 북한에서 USB 사용이 많다고 하는데 주로 음악을 듣거나 집에 컴퓨터가 있어서 문서를 저장하는 용도로까지 사용했다고 한다. 사례 25의 북한에서 직업이 국가공식 무역원이었다는 점을 감안하면 그가 USB를 사용했다는 것은 그리 특별한 일만은 아닌 듯 싶다. 하지만 그의 증언을 들어보면 다른 사람들은 USB를 주로 "한국영화를 잡아서 보는" 용도로 사용했다고 한다.

> 북한에 USB 많아요. 북한에 파는 거 많아요. 근데 따른 사람 그런 거 한국영화나 잡아서 보는 게 많았죠. (사례 25, 40대 여성, 2010년 탈북, 함경북도)

USB를 활용하여 한국영화와 음악을 즐겨 들었다는 사례는 여럿이었다. 사례 38의 경우 역시 집에 컴퓨터가 있었는데 USB를 통해 한국 영화와 음악을 즐겨 들었다고 한다. 친구들끼리 USB를 서로 돌려가며 파일을 공유했다고 하는데 컴퓨터가 있는 다른 집에 가서 USB에 파일을 담고 이를 자신의 MP3에 옮겨 음악을 듣기도 했다고 한다.

> 노래는 CD알도 많이 있지만 USB로 많이 돌아요 저는 집에서 컴퓨터 키고 할때 USB하고 MP3가 있으니깐 저는 그랬어요. 파일 받아 오는게 애들끼리 우리 큰 애가 잘 받아왔어요. 그러다가 복사하다가 삭제하다가 하잖아요. 그걸 담아와서 MP3에 옮겼다가 이렇게 하잖아요. 애들도 듣는 것도 처음에는 한국 노래인줄 모르고 듣고 하다가 나중에는 트롯트가 아니고 팝송 많이 듣더라고요. (사례 38, 40대 남성, 2009년 탈북, 평양시)

사례 86의 증언은 북한에서 USB의 확산이 그리 어려운 일이 아님을 잘 보여준다. 즉, 북한에서 유통되고 있는 USB는 주로 중국산인데 그 안에 내용이 비어 있는 것이 아니라 이미 거래 당시부터 한국노래가 들어 있는 USB가 거래된다는 것이다. 한국 노래가 200-300곡 정도 들어 있는 중국산 USB를 구입해서 이를 친구들끼리 서로 공유한다고 하는데, 이러한 방식이라면 한국 노래를 북한에서 들을 수 있는 것은 그리 어려운 일이 아닐 것 같다.

그렇다면 USB가 본격적으로 북한에서 유통되기 시작한 것은 언제부터일지 궁금해 진다. 물론 각 지역마다 당연히 차이가 있겠지만 사례 28의 기억으로는 2006년경부터 USB가 자신의 지역에서는 많이 유통되었다고 한다. 한국영화를 시청하고 쉽게 지워버릴 수 있다는 장점 때문이라는 것이다.

중국쪽에서 돌아 들어오니깐 남포로도 들어오고 뭐 이러니깐. USB에 파일을 잡아서 보고 완전 지워버리고 이러거든요. 처음엔 CDR로 조금 조금씩 들어왔는데, 나중에는 USB메모리가 돌아다니면서 그게 흐름이 돼가지고 2006년도 쯤… 4G, 8G짜리가 기본적으로 그 때 많이 들어 왔거든요. (사례 28, 20대 남성, 2010년 탈북, 평양시)

MP3로 즐기는 남조선 노래

최근 디지털 매체의 발달이 이루어지면서 북한 역시 기존 매체를 넘어 디지털 기기의 확산 현상이 나타나고 있다. 앞서 보았던 USB와 더불어 MP3의 확산이 그것이다. 기존의 CD나 DVD 재생방식이 아닌 영상이나 음악 파일이 공유되고 있다는 것을 의미한다. 특히, 신세대로 대변되는 북한 젊은층들의 MP3 보유 현상에 대한 증언이 많이 있었다. 주 용도는 남한 노래를 듣기 위한 것인데 평양의 대학생들은 어학용으로 공식적으로 허용된 MP3를 갖고 있다는 증언도 있었다.

　남한 노래를 듣기 위해 위장을 하기도 하는데 북한 노래를 몇 곡 넣어놓고 그 사이에 남한 노래를 저장하는 방식으로 단속을 피해간다고 한다. MP3는 주로 중국과 연계된 주변인을 통해 구입하게 되는데 구입 당시 이미 남한 노래가 수록되어 있는 경우가 많다고 한다.

북한 신세대, MP4에 빠지다

　EVD와 USB가 일반적 매체 확산이라면 영상시청 면에서 그 보다 더 진화된 MP4를 사용하는 북한 주민들도 목격할 수 있었다. 물론 MP4의 경우 세대별 차이에서 소위 신세대로 일컬어지는 젊은 층에서 사용빈도가 높다는 것이 주요한 특징이었다.

우리는 몇 번이고 면접과정에서 정말 북한에 있을 때 MP4를 사용했는가라는 반문을 수차례 제기하며 면접내용에 의혹을 품기도 했다. 하지만 교차검증을 통해 면접자들의 증언에 대한 사실여부를 수차례 검증하고, 또한 여러 면접자들의 동일한 증언내용을 조합하면서 결국 MP4의 사용이 일반적인 현상은 아니더라도 북한에서 그리 특별한 행위만은 아니라는 점을 확인할 수 있었다. 오히려 북한에서 MP4를 사용했다는 증언에 의심을 갖고 반문을 제기한 우리의 인식 자체가 하나의 고정된 이미지 안에 북한을 가두어 놓고 끼어맞추기를 하는 것은 아닌가 라는 생각이 들었다.

사례 3은 카메라 기능까지 달린 MP4를 갖고 있었는데 사진기가 달려 있었기 때문에 보안서에 회수를 당했다고 한다. 사례 3의 경우 대상에 따라 단속형태가 달라진다고 말하는데 MP4는 등록되지 않은 것은 무조건 회수 물품인데 반해 MP3의 경우 대학생들이 주로 영어회화를 듣기 위해 소지하고 다니기 때문에 회수 대상은 아니라고 한다.

MP4를 갖고 있었는데 그것이 사진기가 달린거에요. 가지고 다니다가 거기에는 다른 것 안 넣었어요. 거기다가 북한 노래 넣고 사진 몇 장 넣어서 다녔어요. 근데 그게 사진기가 달려있다고 회수 당했어요. 보안서에… MP4같은 경우는 일체 다른 사람이 가지고 다닌다던가 촬영을 못 하게 되어 있어요. 근데 저 같은 경우는 등록도 안 되어 있고 하니깐 회수 당한 거에요. MP3같은 경우도 거기에 연변 노래라던가 일체 한국 노래도 들어 가 있으면 무조건 회수에요. 평상시 이렇게 대학생들은 MP3 같은 걸 영어 회화라던가 영어 회화법

해가지고 그것을 들으면서 가지고 다녀요. 그거를 이제, 그것을 회수 못해요 대학생들은 공부해야 하니깐 근데 일반 사람들이 들고 다닌다던가 하면 그것을 회수해요. 그런 차이점이 있어요. (사례 3, 20대 남성, 2010년 탈북, 함경북도)

10대 청소년인 사례 27은 MP4가 주로 10대 후반의 청소년들이 사용한다고 했다. 물론 가격이 비싸기 때문에 많이 소유하고 있는 것은 아니고 잘사는 집 아이들이 주로 갖고 있었다고 한다.

근데 학생들이 저희 나이 또래는 담이 크지 않아서요. 그런 거 못 갖고 다녀요. 저보다 한 살 위에 16살 오빠 언니들은 잘 모르겠는데, 오빠들이 많이 그런 걸 갖고 다닌 것 같아요. 많이는 모르겠고 하여튼 MP4라고해서 비싸잖아요 엄청. 그러니깐 잘사는 집에는 한 개씩 있겠는지. 요즘엔 청소년들 속에서 한국드라마랑 노래가 제일 많이 퍼지는 것 같아요. MP4는 별로 많이 없거든요. 근데 사진기 있잖아요. 그걸로 촬영도 하고 영화도 볼 수 있고 MP4 작용하는 따라한 그런 게 있거든요. 집에 있었거든요. 그걸로 몇 번. 근데 그걸 론 드라마 같은 건 못 봐요. 짧은 영화 같은 거나 보죠. (사례 27, 10대 여성, 2010년 탈북, 양강도).

보안원으로부터 구입한 MP4

그렇다면 이같은 MP4를 북한주민들은 어떻게 구입할지 궁금해진다. 사례 20은 MP4를 평소에 잘 알고 지내던 보안원으로부터 구입했다. 평소에 알고 지내던 보안원의 아내가 MP3로 음악만 듣지 말고

MP4라는 기계는 영상까지 볼 수 있다면서 구매를 권유했다고 한다. 보안원이 직접 라진에 가는 길에 사왔다고 했지만, 사례 20은 그것이 분명 압수한 물건이라고 생각했다.

사례 20이 보안원 아내로부터 구매한 MP4 안에는 중국영화를 비롯해, 여러편 영상물이 저장되어 있었는데, 보안원 아내는 자기가 직접 저장한 것이 아니고 물건을 살 때 이미 저장되어 있었던 것이라 했다.

> 보안원들이 그런 불법적인 거 더 많이 들고 다닙니다. 아마 더 많이 봤을 겁니다. 그 애(보안원의 아내를 지칭)가 MP3로 음악듣고 그러니깐… 중국 다니는 사람한테 말해서 하나 사야 되겠다. 그러니까 자기한테 있다고 그러더라구요… 라진 갔을 때 사왔다는데… 인민폐 300원에 사왔다고 300원에 도로 팔겠다는데 내가 볼 때는 압수한 거 팔지 않나 생각했어요. 중국영화도 있었습니다. 다른 나라 영화도 있었는데, 그 지우겠다고 했는데 안 지우고. 자기가 잡은 게(저장한 것이) 아니라고 말을 하던데… 영화들이 대 여섯개 들어 있었습니다. (사례 20, 30대 남성, 2011년 탈북, 함경북도)

북한식 파일공유: 컴퓨터 사진관을 통한 불법 거래

MP3나 MP4 모두 파일저장방식으로 기능하기 때문에 초기 구입 당시 파일이 저장되어 있지 않으면 파일을 구해야 하는데 북한에서 이같은 파일이 서로 공유되고 있다는 점도 놀라운 사실이다. 무엇보다 인터넷을 사용할 수 없기 때문에 웹상에서 구매를 할 수 없고 P2P

방식과 같은 파일공유 사이트도 당연히 존재하지 않는다.

북한에서 파일 공유는 그야말로 사람과 사람간의 직접 대면을 통해 친분이 있는 사람끼리 몰래 이루어진다. 한마디로 디지털매체를 아날로그 방식으로 이용하고 있는 것이다. 사례 20 역시 USB에 음악과 영화를 받아서 MP4로 옮기곤 했는데 새로운 영화나 음악 파일을 친분이 있는 사람들과 함께 공유했다.

그런데 흥미로운 것은 북한에서 파일 공유는 흔히 친분이 있는 사람들끼리 나누는 것인데 이른바 '사진관'으로 불리는 기업소에서 이러한 역할을 한다는 증언이 있었다. 일명 '사진관'이라는 곳에 가면 컴퓨터가 있기 때문에 거기에서 파일을 구할 수 있었다고 한다. 북한에서 사진기업소를 통해 음악이나 영상파일이 공유된다는 점이 놀라웠다.

> 컴퓨터 그니깐 사진관에 컴퓨터 사진관에 가서 영화를 받습니다. 영화나 음악을 받을 수 있는 사진관이 따로 있습니다. **(사례 20, 30대 남성, 2011년 탈북, 함경북도)**

사례 20을 통해 우리는 북한에서 사진관이라는 곳이 성업중이라는 사실도 확인할 수 있었다. 사진관에 대한 궁금증은 2011년 2월에 입국한 사례 13을 통해 좀 더 자세하게 알 수 있었다. 사례 13과의 만남은 그가 하나원 교육을 마치고 나온지 이틀만에 이루어졌다. 그의 가족들이 먼저 남한에 입국해 북한에서 사례 20을 데려온 경우로 우리는 평소 알고 지내던 사례 13의 가족들을 통해 그가 하나원을 나오자 마자 바로 면접할 기회를 얻게 되었다. 하나원을 수료한지 이틀밖에 지나지 않았기 때문에 아직 사례 13은 서울에서 대중교통을 이용하는데 익숙하지 않았고 지리를 잘 모르기 때문에 먼저 탈북한 외숙모와 함께 면접장소에 왔다.

갓 20세를 넘긴 사례 13은 탈북한지 오래지 않은 지난 일들을 상세히 기억하고 있었다. 중요한 것은 아직 북한에 남아 있는 그의 언니가 바로 우리가 관심을 갖고 있던 사진기업소에서 근무했었다.

사례 13은 USB를 통해 영상이나 음악을 공유했었는데, 대학에서 컴퓨터를 배운 것이 계기가 되었다고 한다. 특히, 사례 13은 자신의 언니가 사진과 기업소에서 일했기 때문에 USB를 많이 구할 수 있었다. 그 안에 중국영화를 비롯해 영화나 음악파일이 들어 있었다는 것이다. 사례 13은 자신의 언니로부터 컴퓨터나 어학 등의 공부를 배우곤 했는데 외삼촌이 한국에서 보내주는 돈으로 나름대로 경제적 어려움 없이 컴퓨터나 영어, 중국어와 같은 어학을 별도로 공부할 만큼 경제적 상황이 좋았다고 한다.

컴퓨터를 해가지고 배워가지고 처음으로 북한에서 그때 한창 컴퓨터 바람이 불었단 말입니다. 그때 한창 대학서 배우느라고 샀단 말입니다. 그때까지는 칩이 그렇게 왕성하지 않고 2009년도부터 많이 나온것 같습니다. 그거 USB를 우리 언니가 컴퓨터를 잘 하니깐 해달라고 하면 해주고 하니깐 일반 사람들에 많이 얻어주고 하니깐… 내용은 고저 중국영화… 중국영화도 보지말라는 것들 좀 많습니다. 영화도 보지 말라 이래가지고 그런거 잡아가가지고… 보고, 살 때는 빈 걸 팝니다. **(사례 13, 20대 여성, 2010년 탈북, 함경북도)**

사례 13의 언니는 북한에서 생활편의 관리소(사진 현상소)에서 일했었다. 그의 증언을 통해 북한에서 사진 현상에 관한 상황을 들을 수 있었다. 사례 13의 언니는 디지털카메라나 MP4에 내장된 카메라에 찍힌 사진을 현상해 주는 일을 했다고 한다.

사례 13의 언니가 사진을 현상해 주기 위해서는 컴퓨터가 있어야 하는데 바로 그 컴퓨터를 활용해 불법적으로 USB에 영화나 음악 파일을 공유해 주기도 했다고 한다. 실제로 우리는 면접과정에서 이같은 사진기업소를 통해 영화파일을 입수한 사례를 만날 수 있었다.

컴퓨터 사진관에 거기 가서 영화를 받습니다. 사진관이 따로 있습니다. 거기 가가지고 거기 컴퓨터가 있으니깐… **(사례 20, 30대 남성, 2011년 탈북, 함경북도)**

북한에서 사용되는 개인컴퓨터

앞선 사례에서 생활봉사 편의점에는 컴퓨터가 구비되어 있어 사진도 출력해 주고 불법적으로 영상파일을 제공해 주기도 한다는 증언을 들었다. 그렇다면 북한 주민이 가정에서 보유한 컴퓨터는 없을까라는 의문을 갖게 된다. 아직까지 북한에서 개인 컴퓨터를 보유한다는 것은 지역과 계층에 따라 현격한 차이가 있다.

운영체제인 윈도우 시스템은 대학에서나 사용하며 가정집이나 초등학교 교육용 역시 아주 오래된 사양의 컴퓨터가 구비되어 있다고 한다. 그 용도 역시 인터넷을 사용할 수 없기 때문에 단순 타자용이나 수학 공식계산 정도인데 CD복사기능은 가능하기 때문에 영상물의 불법복사용으로 활용되는 것으로 짐작된다.

> 우리 북한에서는 인터넷을 마구 못해요. 윈도우 같은 것은 고급한 이런 대학들이라던가 그런데서는 많이 써요. 근데 이런 개인 집에 놓는 다던가, 일반 초등학교 학생들에게 배워 주는 타자 훈련, 타자 연습이라던가 수학공식을 계산 한다던가, 그런 프로그램을 맞추기 위해서 제일 싼 것, 진짜 뭐 컴퓨터를 보게 되면 눈이 감길 정도로 옛날 것을 다 놓고 있거든요. 근데 보게 되면 복사는 다 하게 되어 있어요. 그걸로 일체 복사를 못 하게 단속을 해요. 그렇지만 기술이 전기를 다룰 줄 아는 사람들을 우리 북한에서는 약전제라고 하거든요. (사례 3, 20대 남성, 2010년 탈북, 함경북도)

08 북한이탈주민의 대북송금과 한류

북한 주민들이 남한 영상물을 시청하기 위해서는 남한 영상물 CD나 DVD를 직접 구입하거나 최소한 빌려볼 돈이 있어야 한다. 남한 영상물을 시청할 정도의 생활수준이라면 본인들 스스로 인식하기에 "그래도 먹고살만한 정도"는 된다고 하는데 이들의 경제적 수입은 어떠한 방식으로 이루어졌을까. 대부분 장사나 밀수를 통해 돈을 버는 경우가 많았지만 이미 먼저 탈북해 남한에 정착한 가족들로부터 돈을 받아서 그나마 안정적인 생활을 누리는 사례도 많았다.

특히, 남한에 먼저 입국한 가족들이 보내주는 돈으로 기본적인 생활을 지속함은 물론 이 돈으로 남한 영상물을 구입, 대여하는 경우도 있었다. 사례 6은 북한에서 자신의 경제적 위치를 하층이라고 인식했는데, 북한 경제사정이 어려워 진 이후 직장에 나가도 배급을 받을 수 없어 생계 자체를 걱정할 정도였다고 한다. 하지만 먼저 탈북해 남한에 정착한 동생이 매년 보내주는 돈으로 기본적인 생활을 할 수 있었고 이 돈으로 남한 영상물을 주변 사람들과 함께 빌려보는 것도 가능했다고 한다.

> 고저… 하층에 속했죠. 일을 해도 생활 못하고 일을 안 해도 같아요. 경제는 직장에서 임금도 안주고 쌀도 안주는데 안 나오면 안 나온다고, 강제 노동 거기서 하는데, 아무것도 안주면 안나온다고 잡아간다고 한단 말이에요. 그러니까는 돈 바라지 않고 쌀 바라지 않아도 나가야 된단 말이에요 바라지 못 해도, 그러니깐 직장 나가나 안 나가나 똑같아요. 그래서 제가 정말 죽을 고생 했어요. 그래도 한 3년간 동생이 돈을 보내줘가지고 그 돈으로 살았죠. 여유가 조금 생기니까 남한 드라마 CD도 빌려볼 수 있었고… **(사례 6, 40대 남성, 2010년 탈북, 함경북도)**

남한에서 보내준 돈으로 뇌물 주고 사건 무마하기

사례 6과 같이 남한에 먼저 정착한 가족이나 친지들이 보내주는 돈으로 기본적인 생활비로 사용하는 것은 물론 남한 영상물 구입비로 쓰기도 한다. 다음 사례를 보면 남한 영상물을 시청하다 단속에 걸려 처벌을 무마하는 과정에서 남한에서 가족이 보내준 돈이 뇌물로 쓰였다는 것을 알 수 있다. 사례 13은 먼저 탈북한 외삼촌이 남한에서 매달 돈을 보내줬다. 사례 13의 외삼촌은 북한에서 자신의 부모님을 모시고 있는 누나의 생활을 위해 매달 송금했던 것이다. 2004년에 남한에 입국한 사례 13의 외삼촌은 2005년부터 2010년까지 거의 매달 100만원 정도의 돈을 보내주었다고 한다.

그러던 어느날 사례 13이 친구들과 남한 노래를 함께 듣다가 단속되었는데 단속반원이 공개적으로 돈을 요구했다고 한다. 결국 외삼촌이 보내준 돈을 뇌물을 주고 그 사건을 무마할 수 있었다.

외삼촌이 2004년에 와서 거의 2005년부터 매달 돈을 보내주었어요. 집에 외할머니와 외할아버지가 계셨는데 그래서 계속 보내주신 것 같아요. 여기 와서 들으니 빚지면서도 계속 돈을 보내주었다고 그러네요. 제가 친구들과 남한 노래 듣다가 걸렸는데 돈을 요구했어요. 그 때는 그렇게 돈을 주지 않으면 사건이 커진다고 겁 주어서 우리 엄마가 돈을 직접 줬어요. **(사례 13, 20대 여성, 2010년 탈북, 함경북도)**

사례 34의 증언을 통해서도 남한에 먼저 입국한 가족이 보내주는 돈으로 뇌물을 주고 단속을 무마한 경우를 확인할 수 있다. 사례 34는 자신의 고모가 남한 영상물을 소지하고 있다가 109상무조에 적발되었는데 먼저 남한에 정착한 고모의 딸이 보내준 돈으로 뇌물을 주고 사건을 무마했다.

우리 고모가 청진에서 109상무한테 잡혔어요. 한 지암(박스) 정도 갖고 있었다고 그래요. 중국에서 갖고 들어온 것인데 재수없게 잡힌 거죠. 단속반원에게 휘발유를 바치고 풀려났데요. 그 때 장사를 해서 돈이 있었지만 고모 딸이 남한에 있었는데 그 때 보내준 돈으로 해결했습니다. 그래서라도 살아나야지 방법이 있습니까. 사건 커지기 전에 손 써야지 여러 사람이 알면 안됩니다. **(사례 34, 50대 여성, 2010년 탈북, 함경남도)**

북한에 있는 동생에게 보내는 돈…

사례 17은 면접할 당시도 북한에 있는 동생에게 돈을 보내고 있었다. 우리는 면접과정에서 북한에 있는 가족들이 남한에 있는 가족들로부터 송금받아 생활하면서 주변사람들에게 "부러움의 대상"이 되기도 했다는 증언을 여러 차례 들을 수 있었다. 사례 17의 동생이 지금 북한에서 어떠한 생활을 하고 있을지 정확히 모르지만 사례 17과 전화통화할 때 동생은 누나 덕분에 그래도 잘 살고 있다는 말을 빼놓지 않는다고 한다.

지금도 연락합니다. 내가 북한 나와서 하나원 졸업하고 4월말에 나왔는데 북한과 연결하니까 9월달에 연락이 왔더란 말입니다. 기래서 2009년 10월에 돈을 한번 내보내 주고 우리 동생하고 통화도 하고… 기 다음에 12월에 한번 보내주고 또 전화 했습니다. 기케 알아가지고 작년에 한번더 돈 갔다 주고 왔습니다. 중국에 가서 돈을 보냈단 말입니다. 남들은 20-30프로 떼는데 난 그런거 없습니다. 내돈이 고대로 북한으로 갑니다. 나하고 밀수 하던 사람들이 고대로 내 동생한테 전해 줍니다. **(사례 17, 40대 여성, 2007년 탈북, 평안북도)**

누나 '이가탄' 사서 보내주라…

　북한에 있는 가족들은 남한에 있는 가족과 전화 통화를 하면서 자신들이 필요로 하는 물품을 사서 보내달라는 요구를 하기도 한다. 사례 14의 경우 아직까지 동생이 북한에 있는데 동생이 전화로 "누나 이가탄 좀 사서 보내달라"했다. 사례 14 역시 처음에는 자신도 그 뜻이 무엇인지 몰라서 몇 번이고 물었는데 남한 프로그램을 시청하다 잇몸치료제인 '이가탄' 상품 광고를 보았다는 것이다.

　남한에 먼저 온 탈북자 가족이 북한의 가족들에게 돈을 보내준다는 것은 이미 잘 알려진 사실이지만 북한에서 남한 방송의 광고를 보고 그 상품을 직접 보내달라고 하는 경우는 잘알려지지 않은 흥미로운 증언이었다.

　남북한이 분명 지리적으로 분단되어 있지만 이들 가족들이 전화를 통해 나누는 대화는 이미 분단을 넘어선 일상의 가족사가 아닐까 하는 생각까지 들었다. 또한 북한에서 남한 방송의 상품광고를 보면서 그것을 구매하고자 하는 욕구가 발생한다는 것도 북한 내 외부정보 유입이 소비행태에 미치는 영향을 확인하게 하는 대목이다.

> 동생이 회령까지 왔댔거든요. 거기에서 통화를 했는데 이가탄을 보내달라고 그래요. 처음에는 당연히 무슨 말인지 몰랐죠. 몇 번 이야기 하면서 약 맞냐고 그러니까 맞다 맞다 그래요. 넌 그거 어떻게 아는데 그러니깐 내가 남한 텔레비전을 거의 매일 보는데 그걸 왜 모르겠냐고 그러더라구요. **(사례 14, 40대 여성, 2004년 탈북, 함경북도)**

3장

한류와 만난 북한주민의 주체별 의식

북한에서의 한류 현상에 관한 분석은 단순히 북한 주민들이 남한 영상물을 시청하고 있다는 흥미수준의 관심을 넘어 누가, 어떻게, 왜 관심을 갖는지, 그리고 이러한 관심이 북한주민의 의식 변화와 사회 전반에 미치는 영향은 무엇인지 등에 대한 심도 있는 논의로 전환될 필요가 있다.

이에 본 연구에 참여한 북한이탈주민 응답자의 사회경제적 배경변인에 따라 북한에서 남한 영상물을 접촉한 빈도를 교차분석해 보았다. 그 결과, 응답자의 북한 내 경제적 계층에 따라 남한 영상물 접촉 빈도가 통계적으로 유의미한 차이를 보였다($p<.01$). 상관관계분석 결과에서도 마찬가지로 매체접촉빈도와 경제적 수준이 양적인 상관관계가 있었고(.468), 통계적으로 유의미한 결과를 보였다($p<.001$).

경제적계층 외에 응답해 준 북한이탈주민들이 거주했던 지역, 연령, 성별, 학력수준 등에 따른 남한 영상물 접촉빈도를 교차분석해 보았는데 통계적으로 유의미한 상관관계는 나타나지 않았다. 하지만 부분적으로 간과할 수 없는 결과들을 볼 수 있었던 만큼 향후에도 관심을 가지고 지속적인 추적과 분석이 필요할 것이다. 그럼 관심 깊게 봐야할 내용은 무엇인지, 응답자의 거주 지역, 정치·경제적 계층, 연령, 성별, 학력, 직업 등에 따라 남한 영상물 접촉 빈도, 그리고 의식변화의 특징을 집중적으로 살펴보자.

[01 지역]

북중·접경 지역에 위치한 북한 내 지역의 경우 정보 유입의 확산 경로가 내륙 지역에 비해 짧기 때문에 당연히 시청 빈도가 높은 것으로 나타났다. 우리는 면접자들의 시청지역을 나열하는 방식으로 북한의 어느 지역에서 남한 방송이 직접 수신되는지 또한 시청할 수 있는 가능성이 높은지를 질문했다.

지난 『한류, 북한을 흔들다』 (서울: 늘품플러스, 2011) 내용에서는 남한 영상물 시청과 전달 지역을 표시했지만 이번 조사에서는 면접자들에게 그 시청지역이 갖는 의미를 찾고자 했다. 이 가운데 사례 41의 증언을 통해 북한 주민들의 거주지역에 따른 의식 차이를 엿볼 수 있다. 사례 41은 북한 지역 중 함경북도 주민들이 북한 내부 상황 변화에 대한 욕구가 가장 클 것으로 보고 있었다. 이유는 바로 그곳이 제일 살기 어려울 뿐 아니라 외부 정보 유입이 거리상 가장 쉽기 때문이기도 하다.

황해도는 땡해도?

우리는 조사에서 함경북도 지역이 중국 국경과 인접하고 있기 때문에 당연히 남한 영상물 유입이 가장 빠른 지역이라는 점을 확인할 수 있었다. 더군다나 이 지역은 북한 내에서도 가장 살기가 힘든 지역이라는점… 이 두 가지가 교차하며 지역 주민들의 변화에 대한 욕구를 자극하고 있다는 증언은 의미있게 볼 필요가 있다.

한편, 북한 주민들은 황해도를 "땡해도"라며 놀림섞인 단어로 부르기도 한다. 왜 그럴까. 황해도는 내륙 지역이라 지역 사람들이 정세에 밝지 못하고 "시키면 시키는 대로 하는 사람들"이기 때문에 그리 불린다는 것이다.

사례 41의 증언을 통해서 보면 황해도 지역 사람들의 의식변화 수준이 가장 낮은 것으로 표현되고 있다. 그리고 북한 전체의 변화를 위해서는 함경북도 지역의 변화가 중요한데 바로 이 지역에서 외부 세계의 이야기가 퍼져 나가기 때문이라는 것이다. 철저하게 외부정보를 통제하는 북한 사회의 특징을 감안한다면 현재 외부정보의 유입이 이루어지고 있는 함경북도 지역이 외부세계와 연결되는 창이라 해도 과언은 아닌 것이다.

전쟁을 제일 원하는 지역이 함경북도래요. 살기가 제일 어려우니까. 그래서 빨리 전쟁 나서 뒤집어져라 하고 바라는게 함경북도래요. 저희 언니랑도 얘기 해보니까 평양 쪽에도, 군부대 와이프들끼리 수군수군 그런 얘기 한 데요. 대놓고는 못해도… 옛날엔 군 간부들은 잘 살았거든요. 근데 어려워지니까, 배급도 줄고 그러니까 수군수군 한 데요. 근데 황해도 쪽은 별로 안그런거 같고… 황해도는 지역상 쌀이 많이 나서 그런가… 거긴 사람들이 순하고 그래요. 시키면 시키는대로 하고. 근데 지금은 잘 모르겠어요. 저는 함경북도 지역이 변해야 북한 전체가 변화한다고 봐요. 국경이랑 제일 가까우니까. 함경북도랑 양강도 그쪽에… 다거기서 얘기가 퍼지니까.
(사례 41, 30대 여성, 2005년 탈북, 함경북도)

깨어 있는 함북도

사례 43 역시 함북도 지역은 중국 국경과 가깝기 때문에 남한에 대한 정보를 쉽게 접할 수 있어 "사람들이 많이 깨어 있다"고 했다. 반면 국경지역과 거리가 먼 황해도 지역은 명확히 차이가 난다. 북한의 어느 지역이 변화해야 북한 지역 전체로 확산될 수 있을 것으로 보는가라는 질문에 사례 43은 당연히 국경지방인 함북도라 했다. 사람들의 입소문을 통해서 새로운 정보가 계속 유입, 확산될 수 있기 때문이다.

정리해 보면 북한에서 정보의 유입 및 확산은 외부세계와의 연결통로로 기능하는 국경지역에 얼마나 많은 정보가 유입되는가의 문제이고 아울러 이러한 정보유입이 국경지방을 넘어 내륙으로 얼마나 확산되는지의 여부는 북한사회 전체의 변화에 주요한 지표 중 하나가 될 수 있지 않을까 생각됐다.

> 북한에서도 북쪽이 있고 남쪽이 있잖아요. 함북도 쪽은 북한에서도 완전히 북쪽이잖아요. 거긴 중국하고 가깝다보니까 중국 넘어갔다 온 사람들도 있고, 넘어가고 들어오고, 그렇게 사람들이 왔다 갔다 하니까 얘기가 많이 전달이 돼요. 남한이 어떻다, 저기가 어떻다… 그래서 함북도 사람들은 많이 깨어 있는 상태에요. 근데 저쪽 황해도 쪽이나 그 외 지역은 그렇지 않죠. 차이가 많죠. 그런 지역은… 음. 한국은 모든 교통이 다 잘 돼 있잖아요. 다 자가용 있어서 자기가 가고 싶은 곳 다 갈 수 있잖아요. 근데 북한은 그렇게 할 수가 없으니까요. 시간이 좀 걸리겠죠. 그게 어느 지역이라고는 딱히 없구요. 그냥 사람의 입을 통해서… 어느 지역이라고는 딱히… 굳이 짚으라고 하면 함경북도… 국경지대니까… **(사례 43, 20대 여성, 2008년 탈북, 함경북도)**

사례 44의 증언을 들어보면 국경지방과 내륙지방의 차이를 실감하게 된다. 내륙 지방 역시 남한 영화나 드라마를 보기는 하지만 이미

"유행이 한참 지난 것"을 본다. 남한에 대한 정보 역시 차이가 있다고 말한다. 국경지방의 사람들은 이미 남한이 잘 산다는 것을 알고 있기에 북한당국도 과거와 같이 남한에 거지가 많고 굶주린다는 내용의 선전이나 사상교육을 하지 않는다고도 했다. 사례 44는 국경지방에서 내륙으로의 이동 보다 내륙지역의 사람들이 국경으로 이동하는 것이 엄격히 제한되어 있기 때문에 내륙 지역 사람들이 더더욱 외부 소식에서 뒤쳐질 수밖에 없다고 본다.

> 국경하고, 아예 국경을 접해보지 못한 지역하고 차이가 많이 나요. 그 쪽은 드라마 같은것도 잘 못보고… 그쪽에도 보긴 보는데 이미 유행 다 지나간거죠. 국경지대가 제일 최신 드라마 같은거 빨리 보거든요. 그리고 아주 나중에 내륙 쪽으로… 그래서 그 쪽 사람들이 제일 늦게 변할 수 밖에 없죠. 국경 사람들이 제일 빨리 변하고. 근데 예전엔 북한이 남한 못 산다고 선전 많이 했거든요. 남한엔 전부 다 거지떼들이고 판잣집 산다고… 근데 이젠 그런 선전을 안해요. 이미 사람들이 다 알고 있으니까. 남한이 잘 사는거 다 아니까. 근데 북한은 국경지대 가려면 허가를 해줘야 가는거에요. 그래서 국경지대를 자유롭게 왕래를 못해요. 그래서 빨리 전파가 못되거든요. (사례 44, 30대 남성, 2004년 탈북, 함경북도)

그렇다면 국경지역에서 내륙지역으로 정보유입이 이뤄지는 과정은 어떠할까. 사례 47의 증언으로 내륙지역으로의 정보유입 과정을 엿볼 수 있다. 상품 거래를 위해 내륙지방에서 국경지방으로의 이동이 이루어지고 이 과정에서 당연히 뇌물을 통한 불법적 거래가 있게 된다. 이는 북한 내부에서 상품의 유통 자체가 정보 공유나 지배계급의 부정부패 확산 등 다양한 현상을 복합적으로 추동하고 있다는 점을 의미한다.

> 함북도 외에는 잘 몰라요. 안쪽 지역은 보통 오기 힘들지. 통행증 떼야하고… 기차가 그저 한 정거장 갔다가 세 시간이고 다섯시간이고 서 있으니까. 그래도 통행증 떼는 사람 다 돈 먹이고 다 들어와요. 다 떼고… 우리 양강도 쪽으로… 여기 와서 다 중국상품 받아가니까… 북한은 이제 진짜 팬티 한 장 생산을 못한다구. 그러니까 다 중국상품… 어떻든 함경북도 회령, 무산, 양강도, 혜산, 김정숙군… 양강도 이쪽은 다 국경이에요. 그리고 국경경비대들도 이제는 다 변했어요. 자기네들도 국경 경비 서면서, 저 나라가 잘 먹고 잘 입고 잘 놀고 자유고 그런걸 다 안단 말이에요. 군대들도 이제는…(사례 47, 70대 여성, 2007년 탈북, 양강도)

지역별 정보 유입과 의식 차: 강원도, 평북도는 아직도 '미개해요'

남한에 대한 인식에 있어서도 북한 국경과 내륙지역 차를 읽을 수 있다. 사례 44는 국경지방의 사람들은 남한이 못살고 거지가 많다는 북한 당국의 선전을 믿지 않으며, 북한 당국 역시 이제 이러한 교육은 하지 않는다고 했다. 사례 46은 강원도나 평북도 지역은 아직까지도 남조선이 못살고 나쁘다는 인식이 지배적이며 남한에 대한 북한 당국의 선전을 사실 그대로 받아들인다고 보았다.

이는 외부정보의 유입이 북한 주민들의 남한에 대한 인식변화에 미치는 영향을 생각하게 하는 대목이라 할 수 있다. 외부정보 유입으로 북한 당국의 남한에 대한 선전이 거짓임을 인지한다는 것은 그만큼 북한 당국의 지배이데올로기가 약화된다는 것을 의미하는 것으로 사회주의 체제의 집단성과 체제내구력을 평가할 수 있는 지표 중 하나가 될 수 있다.

> 함북도 쪽이 제일 발전했어요. 사람들 생각이. 국경지대, 함북도, 압록강쪽, 양강도… 어쨌든 국경연선, 그쪽이 사람들 생각이 제일 발전했어요. 그리고 황해도, 강원도, 평북도 이런 쪽은 아직도 미개해요. 아~무 생각이… 지금도 안 바뀌었어. 글쎄 강원도 쪽이 조금 봅니다. 강원도 고성, 통촌, 이쪽은 한국 TV가 나오더라고. 근데 거긴 전기가 안 들어가. 그래도 발전기 같은걸 돌려서 한국거를 보더라고. 암튼 황해도 사람들, 함남도 사람들, 저쪽 평북도… 이쪽은 아~예 몰라요. 그리고 남조선이 나쁘다는 인식밖에 없어요. **(사례 46, 40대 여성, 2007년 탈북, 함경북도)**

사례 49는 신의주나 청진, 무산 지역 등 주로 중국 국경지방의 사람들이 "많이 깨어 있는 반면 자강도 지역은 아직 인식이 덜 깨인 곳"이라고 표현한다. 자강도 지역의 경우 군수공업기지가 많아서 국가가 배급도 주고 통제를 하기 때문에 외부로부터의 정보 유입이 쉽게 이루어질 수 없기 때문이라고 한다.

> 황해도 사리원 쪽에, 그쪽에 우리 오빠가 있었거든요. 거기서는 남한이랑 가까워서 주파수가 짱짱하게 들어온데요. 그래서 거기는 CD알 필요없이… TV로 바로, 한국 TV가 바로 들어온데요. 그래서 단속이 심하죠. 전기가 잘 안들어와서 밧데리 같은걸로 집에서 몰래몰래… 주로 국경 사람들이 많이 깼죠. 신의주라든가 청진, 무산

쪽에. 아무래도 국경연선이 사람들이 많이 깬 건 사실이에요. 아직 인식이 덜 깨인 곳이 자강도 지역. 그쪽은 군수공업기지가 많아서 국가가 많이 투자해요. 그래서 배급도 주고 사람들 일 시키고. 그러니까 사람들이 그런데에 몰두하지… 평안남도라든가… 이런데는 아직 다 고지식한 편이죠. **(사례 49, 30대 남성, 2009년 탈북, 양강도)**

사례 12는 국경을 접하고 있는 회령은 외부 문화가 많이 전해졌다면 상대적으로 함흥은 '고지식'하다고 했다. 회령 사람들이 80~100%가 외부 문화를 접한다면 함흥은 30% 정도에 그친다는 평가다.

수도 평양과 대도시가 변해야 한다

지금까지 살펴본 함경북도와 양강도 등 중국 국경 지역보다는 오히려 평양을 비롯한 대도시 중심 지역 변화가 북한 전지역으로 파급되는 효과가 클 것이라는 의견도 있었다. 사례 42는 황해도 지역에 있을 때 남한 방송이 직접 수신되어 시청했었다. 장사를 위해서 온성 지역에 갔을 때도 방송을 직접 시청했다고 한다. 이미 1990년대 후반 국경이 조금씩 열리면서 중국 가까이 있는 압록강변 지역 사람들의 의식이 많이 변화되었는데 그래도 수도인 평양이 개방 되어야 북한 지역 전체의 변화로 이어질 수 있을 것이라 한다. 또한 국경지역이라 하더라도 대도시를 중심으로 변화가 있어야 한다는 말도 덧붙였다.

90년대 후반에는요, 주로 국경연선이나 중국 가까이 있는 압록강 쪽이 많이 변화됐어요. 청진이나 라진, 신의주 쪽. (어떤 지역의 변화가 북한 변화를 선도할 것이라 보는지?) 일단은요, 평양이 수도니까. 수도가 개방을 해야 지방 사람들도 마음대로 드나들 수 있고… 저는 평양 한번도 못 가봤거든요. 다 통행증 있어야 하거든요. 평양 같은데는 아주 심해요. 진짜 웬만한 간부들도 다 몰래가지… 평양이라든가 지방의 도시들, 함경북도 청진이나… 큰 도시들이 변하면 어차피 작은 곳도 변화할 수 있고… **(사례 42, 40대 여성, 2004년 탈북, 함경북도)**

사례 55 역시 국경 연선 지역 보다 평양이 우선적으로 변화되어야 다른 지역의 변화를 이끌 수 있다고 말한다. 평양과 평안도의 문화가 다른 지역에 미치는 영향이 크기 때문이다. 오히려 국경지역보다 평양 사람들이 외부정보를 더 많이 알고 깨어 있다고도 했다.

다른 지역에 미치는 영향이 큽니다. 왜냐하면 평양하고 평안도에서 일반적으로 문화가 많이 퍼져나가거든요. 어쨌든 평양이 중심이거든요. 수도이기도 하고… 외국출장이나 외국으로 나가는 사람이 평양에 있으니까, 그 사람들이 나가서 보고 들어와서 이야기 하는게 있으니까요. 실제로는 국경보다 평양사람들이 더 많이 알고 있는거죠. 깨어 있고… **(사례 55, 50대 남성, 2011년 탈북, 평안남도)**

평양사람들은 체제를 지키기 원하죠

사례 54도 다른 지역보다 평양이 먼저 변화해야 한다는 주장에는 동의한다. 하지만 그가 생각할 때 평양사람들은 토대가 좋고 거기서 잘 먹고 하고 싶은 대로 하면서 살기 때문에 굳이 북한체제의 변화를 바라지 않을 것으로 생각한다. 그렇기 때문에 그곳의 변화가 다른 어느 지역보다 어렵기도 하면서 의미가 크다는 생각이다.

> 평양이 변해야 다른 지역의 변화도 있겠죠. 평양은 기본으로 토대 좋은 사람들만 있잖아요. 평양사람들은… 함경도 사람들은 옛날에 다 과오를 범해서 쫓겨난 사람들이거든요. 근데 평양은 수도잖아요. 수도는 누구도 감히 못들어가요. 토대가 나쁜 사람들은 못 들어가요. 딱 번호가 떨어져야 친척도 방문하지… 그러니까 평양사람들이 외국 많이 왔다 갔다 하면서 알긴 잘 알지만 그 사람들은 토대가 좋고 하니까. 그 사람들은 거기서 잘 먹고 자기 하고 싶은대로 하고 사는데, 그러니까 그냥 체제를 지키기를 원하죠. 그러니까 그 사람들이 바뀌어야만 돼야 하는데, 그 사람들이 바뀔 수가 없죠. 정치적으로 볼 때… **(사례 54, 50대 여성, 2007년 탈북, 평안남도)**

사례 51 역시 중국과 국경을 맞대고 있는 함북도 지역이 아닌 앞쪽 지역인 평안남북도와 황해도 지역 변화가 있어야 한다고 말한다. 국경 지방의 사람들은 남한에 대한 정보를 습득하고 탈북을 하기도 하지만 나머지 지역의 사람들은 아직까지 "바보처럼 모르고 지낸다"고 한다. 국경지방과 가까운 함북도 지역은 상대적으로 외부정보가 유입, 확산되기 쉬운데 그렇다고 "함북도만 들끓어서는 안된다"고 표현했다.

> 함경북도하고 평안남도하고 차이가 크죠. 평안남도 쪽에는 국경이 아니에요. 근데 함경북도는 국경연선이란 말이에요. 그러니까 함경북도 사람들이 더 깼죠. 한국에 대한 생각은 여기 사람들은 다 못 깼어요. 우리처럼 가만가만 아는 사람들은 다 남한 넘어오는 거고 모르는 사람들은 지금도 바보처럼 모르는 거지. 근데 함경북도 사람

들은 누구나 다 알기 때문에 다 넘어오려고 하지. 평안남북도, 황해도 이쪽이 변화가 있어야 해요. 함북도만 들끓어선 안된다는 거에요. 함북도는 뒤쪽이니까 앞쪽에서 변해야지. 앞쪽이 깨지를 못했으니까. (사례 51, 50대 여성, 2010년 탈북, 평안남도)

국경 지역에서 평양으로 유입되는 남한 영상물

우리는 면접과정에서 국경지역에서 평양으로 남한 영상물이 유입되는 하나의 경로를 발견할 수 있었다. 평양에 거주하는 사람들이 외부세계를 경험하는 것은 곧 공무상의 목적으로 해외에 다녀온 경우인데 이들을 통해 외부정보 및 물건이 국경에서 평양으로 유통되기도 한다.

사례 38은 김일성종합대학을 졸업하고 평양에서 직장생활을 했다. 국경지역 친척방문 길에 남한 영상물을 구입해 평양에 유입한 사례다. 그의 행위를 통해 국경 지방에서 평양으로 유입되는 남한 영상물의 확산 경로를 확인할 수 있다. 그의 증언에 따르면 1998년 경부터 남한 영상물이 평양에 유통되었는데, 그 때까지만 해도 정작 본인은 시청하지 못했었다.

평양에서 남한 영상물을 시청한다는 소문이 돌고 실제로 사람들이 서로 제한적이나마 공유할 수 있었던 시기는 2000년대 초, 2003년부터로 보았다. 평양에 살고 있던 사례 38의 고향은 국경 연선 지방이었다. 어느날 사례 38이 고향에 다녀갈 일이 있었는데, 평양에 친한 직장 동료들이 사례 38에게 국경지역에서 남한영상물을 구입해 줄 것을 부탁했다고 한다.

98년도 그때에… 처음으로 평양에서 돌기 시작했어요. 그래서 보지 못 했고요. 막 돌아가면서 이야기를 하더라고요. 그 때 한국 영화들이 많이 들어오고 도중에 잡혔다는 이야기 많이 들었어요. 그때 보면요, 북한말로 섹스영화가 많이 들어왔거든요. 그게 잡혀서 감옥 가고 하는건 많이 봤어요. 근데 저는 한번도 보지 못 했는데… 98년 그때부터는 많이 돌았거든요. 그때, 해외 나갔다온 사람들이 그때 제가 보지 못 했으니깐 말로만 들었어요. 그러다가 2003년도가 그 때 그때는 지방에서 평양 이렇게… 하여튼 어디가나 소문이 쫙 퍼지고 많이 보기 시작하는거에요. 그러깐 평양시도 바람이 불어가지고 제가 고향이 그쪽이다 보니깐 자꾸 부탁을 하는거에요. 가까운 친구니깐 부탁하는 거죠. 그거 재밌는 것 있다는데 그것 좀 보자… 고저 동무들 막 이렇게 가까운 친구들 이렇게… 그래서 제가 한번 구입한다고 갔어요. 이런 드라마 연재물 그런건 구하지 못 했고요. 그때는 비쌌습니다. 단편으로 되어 있는 영화를 샀습니다. 몇 편 가져갔는데 그 다음부터는 믿음이 가니깐 그 다음부터 그 친구 집에 가서 봤죠. 너무 가까우니깐 서로 술 마시고 둘러 앉아서 그때 술마시고 얘기하고 그 친구도 술마시면 애국에 대한 이런 많이 투철한 사람이에요. 나는 그 때 술마시면 막 울거든요 상을 치면서 조선… 뜨끔하는 사람이었어요. 우린 자주 얘기하고 한게 왜 이렇게 이 꼴이 되고 말이 아니냐… 그런 얘기 많이 하니깐 저절로 한국 이야기를 이렇게 얘기를 하는거죠. 그러다 놓으니깐 제가 이미 전에 한국 라디오를 고향에 왔다가 들었거든요. 98년도에 처음 한국 라디오를 들었어요. 그 이야기를 친구하고 공유하면서 하다 놓으니깐 친구하고 그런데서는 그런 게 없었어요. 결과적으로 서로 그 정보를 더 좀 공유하자 그런 마음이 있었으니깐, 집에 가서 보면 항상 그 친구하고 가까운 친구도 오고는 합니다. TV볼 때는 문을 딱 걸어 잠그고 보지만 마음 맞는 사람들끼리 앉아서 보고 그랬어요. 그 때보면 평양에 대학 졸업하고 문화건설업을 했었어요. 아버지가 유럽 나라에 대표국이라는게 있잖아요 대사관으로 나가는 그런 정도로 토대 좋은 사람인데 그 친구도 와서 보고⋯ **(사례 38, 40대 남성, 2009년 탈북, 평양시)**

국경지역에서도 시골 마을과 도시의 정보 격차
"마을이 작고 법이 쎄기 때문에"

사례 50은 국경지방이 내륙보다 상대적으로 남한 영상물 시청 등으로 외부 정보 습득률이 높지만 같은 국경지방이라도 시골에 사는 사람들이나 "생활 수준이 낮은 농사를 짓는 사람들"은 전혀 정보를 알지 못한다고 한다.

국경연선은 사람들이 많이 깼어요. 좀 많이 깼어요. 그리고 중국하고 거래를 자주 하니까⋯ 그러니까 국경 사람들이 좀 잘 살고, 많이 깼고, 하고 다니는 것도 지방사람들보다 자본주의 물을 좀 많이 먹었다고 하나? 세련되게 하고 다녀요. (인식 차이가 많이 나는 곳은?) 지방 사람들도 남한에 대해서⋯ 한 20%는 모르는 사람들이 있어요. 고지식하고 좀 모르는 사람들이 있어요. 드라마도 못 보는 사람들이 있어요. 한 20% 정도⋯ 그런 사람들은 그런 수준에서 살고. 지역으로 따진다면⋯ 따로 있는건 아니구요. 시골에서 사는 사람들은 모르는거구. 농사나 짓고 사는 사람들은⋯ 고지식하고 그런 사람들은⋯ 황해도 쪽 사람들은⋯ 좀 떨어져요. 이런 드라마를 시청하는 사람들은 함남도쪽 보다도 함북도 쪽 사람들이나 양강도쪽 사람들. 그쪽 사람들이 이런걸 많이 시청해요. **(사례 50, 20대 여성, 2010년 탈북, 함경북도)**

사례 50은 평양에서 살다가 ○○이라는 곳으로 추방을 가게 되었다. ○○이라는 시골 생활에서 대도시와 얼마나 많은 인식 차이가 있는지 절실히 깨닫게 된다. 무엇보다 사회적 일탈행위가 만연하면 단속을 하는 보안원들의 부정부패가 뒤따르기 마련인데 시골의 경우 여전히 단속과 통제가 엄격히 이루어지기 때문에 남한 영상물 시청과 같은 사회적 일탈이 있기 어려울 뿐 아니라 특이한 생활로 조금이라도 다른 사람보다 잘 사는 사람이 생겨나면 그 즉시 시기와 악의의 대상이 된다고 한다.

사례 50이 경험한 ○○지역의 경우 남한 영상물을 시청할 수 있는 여건 역시 크게 제약되어 있고 남한 영상물을 입수한다고 하더라도 그 지역에서는 특별한 행위가 되기 때문에 확산되는데도 한계가 크다. "마을이 작고 법이 쎄기 때문에" 단속되면 돈으로 처리하기도 어렵고 무엇보다 서로 통하는 게 없기 때문에 변화를 기대하기가 어렵다.

내가 ○○에서 살때요, ○○에서는 남한 영상물을 잘 볼 수가 없어요. 너무나도 작은 군이고… ○○에서 1년 살았는데, ○○에서 살 때하고 너무나도 판이하게 달라요. ○○에서 장사를 다닐때는 '아, ○○에 바다도 있고 살기 괜찮겠구나' 했는데 거기서 살림을 살아보니까, 정말 살기가 힘들더라구요. 왜냐면 너무나 이 법이 쎄거든요. 그리고 마을이 아주 작아요. 쪼끄마한 곳이에요. ○○는 그래도 많이 깼어요. 고위급 간부들 자체도 너무 달라요. 너무 통하지가 않아요. ○○정도만 돼도, 만약에 단속됐다 해도 돈으로 좀 처리가 돼요. 근데 ○○에서 살아보니까 그게 통하지가 않고 안먹히고 무조건 법처벌로 가는거에요. 그래서… 내가 한 생각이 '이 ○○은 이 모양이니까 그저 그렇게밖에 못 살겠구나' 하는 결론이 들더라구요. 서로가 통해야 하는데 그런게 없어요. ㅇㅇ는 그래도 단속을 해도, 뭐라고 해야 하나 서로가 좀 무마를 시켜주거든요. 돈 먹이고… 근데 ○○에서 살아보니까 그게 완전히 안통해요. 어느 법관이든 똑같아요. ○○군 사람들 인식 자체가 다 고만고만하고, 그러다보니까 다른 군 사람들이 와서 좀 튀게 사는걸 시기하고, 그런걸 따라 하려고도 안하고. 그런게 있더라구요. 우선은 간부들 자체가 너무 쎄다보니까 거기 사는 시민들도 고지식하고. 내 생각엔 거기 사는 사람들은 한국에 대해서 대부분 잘 모르는거 같아요. 국경지역 하나가 변한다고 해서 거기에 영향을 미치지는 않더라구요.
(사례 50, 20대 여성, 2010년 탈북, 함경북도)

사례 50은 북한 주민들이 주변 사람으로 인해 어떻게 의식이 변화되어 가는가를 이야기 해 주었다. 사례 50은 원래 장사를 열심히 하면서 법에 어긋나는 일은 안했다. 하지만 사례 50은 남편을 통해 생활방식이 180도 바뀌었는데 그녀는 남편을 '완전 튀는 사람'이었다고 표현한다. 사례 50은 북한 사람들이 자신의 남편과 같은 생각만 한다면 짧은 시간 내 의식이 변화될 수 있을 것이라고 말한다.

그들이 ○○이라는 시골 지역으로 추방되어 가서 한 일은 사진이나 영상을 찍어주고 돈을 버는 일이었다. 평소 남한 드라마를 보면서 감각을 익힌 사례 50의 남편은 그 지역 사진사들과는 전혀 다른 방식으로 작업을 해 주었다. 이른바 '한국식으로 진짜 드라마보다 멋있게' 촬영해 준 것이다. 그것이 작은 시골 마을에서는 도저히 받아들일 수 없는 사건이 되었다. 고객(?)이 사례 50의 남편에게만 몰리자 그 지역의 사진사들이 이의제기를 했다고 한다.

사례 50의 표현에 따르자면 길주지역만 하더라도 그러한 방식이 통할텐데 ○○이라는 지역이 워낙 시골이었기 때문에 사람들의 의식이 여전히 고지식하다는 것이다. 시골지역과 도시 지역의 의식 격차를 알 수 있는데 이는 역시 새로운 문물과 정보의 습득 여부와 관련이 있음을 알 수 있다.

문제는… 내가 ○○에서 애기아빠랑 살아봤는데, 사실 우리도 고지식하게 살았는데, 애 아빠네 집안이 보통 집안이 아니거든요. 평양에서 살던 사람들이라… 평양에서 추방돼서 ○○으로 내려온거에요, 우리 애기 아빠네 집안이 평양에서 영화제작 같은거 했었어요. 그래서 옛날부터 이런 매체를 많이 봤던거 같아요. 애 아빠랑 살면서 나도 많이 달라진거에요. 원래 우리 애기 아빠를 보기 전에는 나도 고지식하게 살았어요. 드라마는 몰래 보긴 했지만 국가에서 하라는 장사만 열심히 하고, 법하고 어긋나는 일은 안했었어요. 그러다가 우리 애 아빠랑 살면서 생각이 많이 달라진거에요. 그래서 이 사람이랑 살면서 우리집 전반적인 생각이 바뀌었어요. 생각이나 생활 방식이 180도 바뀌었다고 보면 돼요. 그러다보니 ○○에서 살았을때 우리 애기 아빠는 완전 튀는 사람이었거든요. 이 사람이 내려와서 살면서 사진을 했는데, 만약에 결혼식 녹화 촬영을 한다고 치면 그걸 한국식으로 진짜 드라마보다 멋있게 해줬어요. 한국드라마 보면 진짜 멋있게 하는 것처럼. 근데 우리 애 아빠가 하는 일들은 다 법에서 단속하는 일들인 거에요. 사진을 찍어줘도, 사진이 김정일이 김일성이 초상화보다 더 멋있다고 그래서 이의가 다 제기돼서, 단속에 걸린거에요. 너무 화려하게 하니까. 너무 멋있게 하니까 다른 사진사들한테 다 이의 제기가 걸린거에요. 사람들이 애 아빠한테만 죄다 와서 하겠다고 하니까 다른 사진사들이 돈을 못 버니까, 사진사들이

제기하고… 그러다보니까 ○○군에서 진짜 튀는 사람이 되버린 거에요. 만약에 북한 사람들이 애 아빠처럼 생각하고 살아가면 좀 전반적으로 바뀔텐데… 길주 정도만 해도 그게 통해요. 근데 ○○군에서는 혼자 튀는 인물이고… **(사례 50, 20대 여성, 2010년 탈북, 함경북도)**

02 계층

북한 당국은 성분 분류에 따라 북한주민들을 관리하며 통제하고 있다. 북한 당국은 계급구조 혁신과 계급투쟁을 위해 우선적으로 주민성분 분류작업을 시행했다. '성분'에 따라 혜택과 제한이라는 통제가 가해지게 되는 것이다. 주민성분 분류 작업은 1958년 중앙당 집중지도사업으로 시작되어 1966년 4월~1967년 3월까지 주민재등록사업과 1967년 6월~1970년 9월까지 주민성분구분사업을 실시하면서 주민들을 핵심, 동요, 적대계층의 3계층 51개 부류로 분류 관리해왔다. 그러나 1990년대 중반 이후 경제난으로 인해 주민들 중 상당수가 불법월경, 행방불명, 방랑, 도주 등 각종 범죄전력을 갖게 되면서 이를 고려할 필요성이 생겼고 이에 따라 주민들을 3계층 4개 부류(핵심, 기본, 복잡계층)로 재분류했다.

그런데 북한에서 이른바 장마당으로 대변되는 시장이 늘어나면서 북한 주민들의 계층적 분화가 나타나고 있다. 특히 출신성분이나 당원 여부에 따른 정치적 계층보다는 경제적 계층 변화가 나타나고 있다. 이 과정에서 기존의 정치적 계층과 경제적 계층이 일치하지 않은 경우도 발생하게 된다. 즉, 정치적으로 출신성분도 좋고 국가에 대한 충성도가 높아서 상층에 속한다고 해도 경제적으로는 하층에 속한다고 자평하는 계층이 있으며, 그 반대의 경우도 나타나고 있다.

이번 연구에 참여한 100명의 면접자들에게 북한 거주시 정치적, 경제적 계층을 〈상 – 중상 – 중 – 중하 – 하〉 5단계로 구분하여 본인이 판단하는 자신의 해당 계층을 응답하도록 했다. 먼저 정치적 계층의 응답률을 살펴보면 〈중〉이라는 응답자가 36.7%로 가장 많았고, 다음으로 〈하〉(31.1%), 〈상〉(15.6%), 〈중상〉(11.1%), 〈중하〉(5.6%) 순으로 나타났다.

본인이 정치적으로 〈중〉계층 정도에 속한다고 인식한 응답자들은 대부분 당원이나 중앙의 핵심간부가 아니기 때문에 〈상〉층에는 속하지 못하지만 지방의 초급간부나 가족 중에 6.25전쟁에 참전한 공적으로 출신성분이 좋았기 때문에 〈중〉계층 정도에 해당하는 것으로 인식하고 있었다. 본인이 정치적으로 〈하〉계층에 속한다고 응답한 경우는 북송재일교포 가족들이나 남한에 가족이 있는 경우 등 일반적

표 3-1 응답자 특성: 북한거주시 정치적 계층

항목	구분	유효 퍼센트
정치적 계층	상	15.6
	중상	11.1
	중	36.7
	중하	5.6
	하	31.1
	합계	100.0

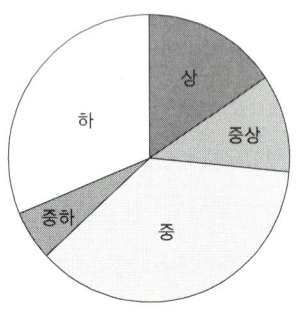

으로 북한에서 정치적 계층을 구분할 때 동요계층에 속하는 경우에 해당되었다.

다음으로 경제적 계층에 대해 질문한 결과 정치적 계층의 응답율과 마찬가지로 〈중〉 계층에 속한다는 응답자가 41.3%로 가장 높았다. 그 다음 〈상〉(18.5%), 〈하〉(16.3%), 〈중상〉(13.0%), 〈중하〉(10.9%) 순으로 나타났다.

주목할 점은 정치적 계층에서 〈하〉라는 응답자가 31.1%인 것과 달리 경제적 계층이 〈하〉라는 응답자가 16.3%에 그치고 있어 정치적 계층과 경제적 계층의 응답률이 15% 가량 차이를 보이고 있다. 정치적 계층이 〈하〉라도 경제적 계층마저 〈하〉는 아닌 것이다. 경제적 계층이 〈상〉이었다는 응답자는 18.5%로 정치적 계층이 〈상〉이라는 응답자 15.6% 보다 3% 가량 높은 응답률을 보였다. 경제적 계층이 〈중상〉이라는 응답자는 13.8%(정치적 계층 〈중상〉 11.1%), 중하는 10.9%(정치적 계층 〈중하〉 5.6%)로 나타나 전반적으로 정치적 계층과 경제적 계층의 불일치 현상이 두드러지게 나타나고 있다. 이는 앞서 언

표 3-2 응답자 특성: 북한거주시 경제적 계층

항목	구분	유효 퍼센트
정치적 계층	상	18.5
	중상	13.0
	중	41.3
	중하	10.9
	하	16.3
	합계	100.0

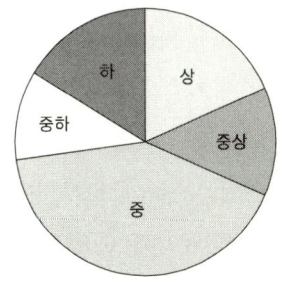

급한 것처럼 기존 북한주민들의 정치적 성분 분류가 아닌 경제적 상황을 중심으로 계층 분화가 이루어지고 있다는 점을 의미한다.

또한 이번 조사가 북한 거주 시 남한 영상물을 시청한 경험이 있는 사람들을 대상으로 했다는 점에서 북한에서 경제적으로 〈중〉계층에 속하는 사람들이 주로 남한 영상물의 주된 시청자임을 다시 한번 확인할 수 있는 대목이다. 뒤에서 다시 언급하겠지만 이러한 경제적 계층에 따라 분명 남한 영상물의 시청 빈도에서도 큰 차이가 나타남을 알 수 있다.

그렇다면 응답자 가운데 스스로가 인식하는 경제적 중, 상계층은 어느 정도의 위치를 의미하는지 궁금해진다. 그들의 증언을 통해 자신들이 왜 그러한 계층에 속한다고 보는지 들어보자.

왜 경제적으로 중, 상 계층에 속한다고 생각하는가

100명의 면접자 가운데 자신들이 경제적으로 〈중〉 이상의 계층에 속한다고 대답한 응답자들은 대부분 먹는 문제에 그다지 어려움을 겪지 않았다는 공통점이 있다. '하바닥'이라고 표현하는 하층계층과 자신들의 위치를 엄격히 구분하였는데, 그들이 인식하는 경제적 〈하〉층은 먹는 문제를 해결하지 못하는 계층으로 인식했다.

또한 정치적으로는 〈하〉층에 속하는데 경제적으로 〈중〉, 〈상〉에 속하는 계층들은 대부분 장사를 통해서 돈을 번 경우이거나 중국이나 한국에 있는 친척들로부터 도움을 받은 사례들이다. 사례 46의 증언은 이를 잘 보여주고 있는데 자신이 정치적으로는 '하바닥'에 속하지만 경제적으로는 상층에 속한다고 말한다. 본인이 직접 중국을 오가면서 장사를 해 돈을 벌기도 했고, 동생이 한국에서 보내주는 돈 때문에 경제적으로 어려움이 없었다고 했다.

> 정치적으로는 제일 하바닥이고(웃음) 경제적으로는 상층에서 살았어요. 정치적으로는 토대가 나쁜 집안이고. 경제적으로는… 중국에 친척이 있고 동생이 한국 와 있고 하니까 도움을 받아서 잘 살았어요. 제가 또 중국 많이 다니면서 장사도 하고…옷 같은거 갖고 와서 팔고. **(사례 46, 40대 여성, 2007년 탈북, 함경북도)**

사례 48역시 정치적으로는 하층에 속한다고 인식했지만 경제적으로는 〈중상〉정도에 해당한다고 답변한 경우이다. 사례 48도 장사를 해서 돈을 번 경우인데 탈북브로커 일을 겸하면서 북한에서 여느 사람보다 상대적으로 부유한 생활을 했다고 한다.

> 정치적으로는 하층에 속하죠. 집안이 좀… 저같은 경우는 안좋았죠. 경제적으로는 중상정도 된다고 봐야죠. 장사를 많이 해서요. 집에 DVD플레이어, 나훈아 음반도 갖고 있고. 오디오, 엠피3도 있었죠. TV는 당연히 있었구요. **(사례 48, 30대 남성, 2010년 탈북, 양강도)**

사례 55도 정치적으로 〈하〉층에 속하지만 경제적으로는 〈중〉계층에 속한다고 응답했다. 정치적으로 〈하〉계층으로 인식하는 것은 재일 북송민 출신이기 때문에 차별을 받아서다. 하지만 반대로 경제적으로는 일본에서 돈을 보내주었기 때문에 〈중〉계층에 속할 수 있었다고 한다.

> 정치적으로는 하층이요. 재일 북송민 출신이라서요, 아버지가. 그래서 차별을 받았어요. 경제적으로는 중 정도… 장사도 좀 하구요. 일본에서 돈을 좀 보내오는게 있어서… 근데 일본하고 관계가 나빠지면서 돈은 더 이상 못 받았구요. 장사 하면서… **(사례 55, 50대 남**

성, 2011년 탈북, 평안남도)

계층이 다르니 집에 방이 따로 있는 것에 별 감흥이…

사례 1은 드라마 〈천국의 계단〉에 등장하는 호화로운 저택에 별로 부럽거나 놀라지 않았다. 북한에서 자신이 경제적으로나 정치적으로 상층에 속했다고 평가하는 사례 1. 사례 1은 무엇보다 남한 드라마에 등장하는 인물들의 인간적인 면모, 그리고 생활 속에서 신용카드 사용하는 장면, 보험 가입 등이 새롭고도 놀라운 남한의 모습으로 다가왔다.

그러니깐, 북한에서는 은행 카드 쓰는 게 없잖아요. 보험이란 것도 없고, 알아야 뭘 의미있게 보는데 뭔지 모르니깐 의문이 들었지요.
(사례 1, 30대 여성, 2007년 탈북, 평안남도)

경제적 계층에 따라 달리 나타나는 매체 접촉 빈도

북한 주민들의 남한 영상물 시청은 당국의 감시를 피함은 물론 일상생활의 통제로 인해 시청시간의 제약을 받을 수밖에 없다. 주목할 점은 경제적 계층에 따라 남한 영상물 시청 빈도가 현격한 차이를 보인다는 점이다. 무엇보다 경제적으로 〈상〉층으로 갈수록 매일 보는 비율이 높게 나타났다.

〈상〉층의 경우 매일 시청하는 비율이 53.8%, 1주일에 한 두 번 본다는 비율이 38.5%인 반면, 〈중〉층의 경우 매일 보는 비율은 8.1%, 1주

표 3-3 북한거주시 경제적 계층에 따른 매체접촉빈도

			매체접촉빈도				전체
			매일	1주일에 한번	한달에 한두번	1년에 몇번 정도	
북한계층_경제	상	빈도	7	5	0	1	13
		북한계층_경제 중 %	53.8%	38.5%	.0%	7.7%	100.0%
		전체 %	8.9%	6.3%	.0%	1.3%	16.5%
	중상	빈도	3	0	4	1	8
		북한계층_경제 중 %	37.5%	.0%	50.0%	12.5%	100.0%
		전체 %	3.8%	.0%	5.1%	1.3%	10.1%
	중	빈도	3	11	11	12	37
		북한계층_경제 중 %	8.1%	29.7%	29.7%	32.4%	100.0%
		전체 %	3.8%	13.9%	13.9%	15.2%	46.8%
	중하	빈도	1	1	3	4	9
		북한계층_경제 중 %	11.1%	11.1%	33.3%	44.4%	100.0%
		전체 %	1.3%	1.3%	3.8%	5.1%	11.4%
	하	빈도	1	1	3	7	12
		북한계층_경제 중 %	8.3%	8.3%	25.0%	58.3%	100.0%
		전체 %	1.3%	1.3%	3.8%	8.9%	15.2%
전체		빈도	15	18	21	25	79
		북한계층_경제 중 %	19.0%	22.8%	26.6%	31.6%	100.0%
		전체 %	19.0%	22.8%	26.6%	31.6%	100.0%

표 3-3 북한거주시 경제적 계층에 따른 매체접촉빈도

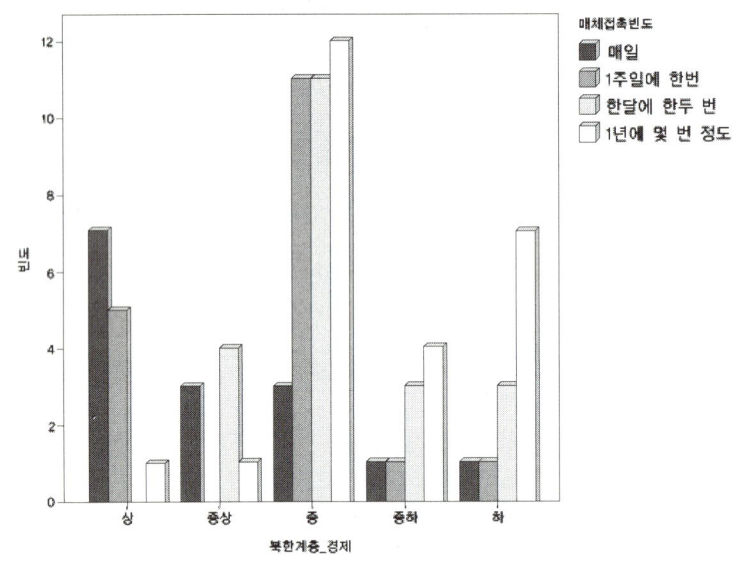

일에 한번과 한달에 한 두 번 본다는 비율이 29.7%로 조사되었다. 〈하〉층은 1년에 몇 번 정도 보았다는 응답률이 상대적으로 높았다. 이는 경제적 계층에 따라 〈상〉에 속하는 계층은 매일, 〈중〉 계층은 1주일에 한번이나 한달에 한 두번, 〈하〉 계층은 1년에 몇 번 정도 보는 것이 통계적으로 유의미하게 나타났다는 점에서 주목할 만하다.

03 세대

'장마당 세대', 그들이
외부 정보와 만났을 때…

최근 북한의 새로운 세대를 지칭하는 용어로 '장마당 세대'라는 말이 언론 등에서 회자되고 있다. 1990년대 중반 북한에 경제난이 심해지면서 북한 당국이 대내외에 내세웠던 무상교육, 무상의료, 무상배급이라는 복지 구호가 무색할 만큼 북한의 복지체계가 제대로 가동되지 못했다. 바로 이 시기를 전후로 출생해 사회주의체제의 복지혜택을 경험하지 못했거나 실감하지 못한 세대를 일컫는 말이 장마당 세대다. 지금쯤 이들은 20대를 전후한 나이일 테고 많게는 30대 초·중반에 다다랐을 것이다.

이들 세대는 지금 어떤 생각을 하고 있을까? 이들이 남한 영화, 드라마, 가요를 비롯해 외부 정보에 노출된다면 윗세대와 구분되는 무언가가 있지 않을까. '세대'를 키워드로한 우리의 조사는 이런 의문에서 시작됐다.

▶▶ **연령대별 시청빈도**

'매일 시청 했다': 20대 21.4%, 30대 26.7%, 40대 33.3%

우선, 연령대별로 남한 영화, 드라마 등을 얼마나 시청하고 있는지 알아보자. 연령대별 매체 접촉빈도에서 나타나는 두드러진 특징은 30~40대 연령층에서 매일, 1주일에 한두번 시청한다는 응답률이 다

표 3-4 북한거주 시 연령대별 남한 매체접촉빈도

			매체접촉빈도				전체
			매일	1주일에 한번	한달에 한두번	1년에 몇번 정도	
나이	10대	빈도	0	0	3	3	6
		나이 중 %	0%	0%	50.0%	50.0%	100.0%
		전체 %	0%	0%	3.8%	3.8%	7.7%
	20대	빈도	3	2	6	3	14
		나이 중 %	21.4%	14.3%	42.9%	21.4%	100.0%
		전체 %	3.8%	2.6%	7.7%	3.8%	17.9%
	30대	빈도	4	5	2	4	15
		나이 중 %	26.7%	33.3%	13.3%	26.7%	100.0%
		전체 %	5.1%	6.4%	2.6%	5.1%	19.2%
	40대	빈도	5	4	3	3	15
		나이 중 %	33.3%	26.7%	20.0%	20.0%	100.0%
		전체 %	6.4%	5.1%	3.8%	3.8%	19.2%
	50대	빈도	0	5	5	2	12
		나이 중 %	0%	41.7%	41.7%	16.7%	100.0%
		전체 %	.0%	6.4%	6.4%	2.6%	15.4%
	60대 이상	빈도	2	2	2	10	16
		나이 중 %	12.5%	12.5%	12.5%	62.5%	100.0%
		전체 %	2.6%	2.6%	2.6%	12.8%	20.5%
전체		빈도	14	18	21	25	78
		나이 중 %	17.9%	23.1%	26.9%	32.1%	100.0%
		전체 %	17.9%	23.1%	26.9%	32.1%	100.0%

표 3-4 북한거주 시 연령대별 남한 매체접촉빈도

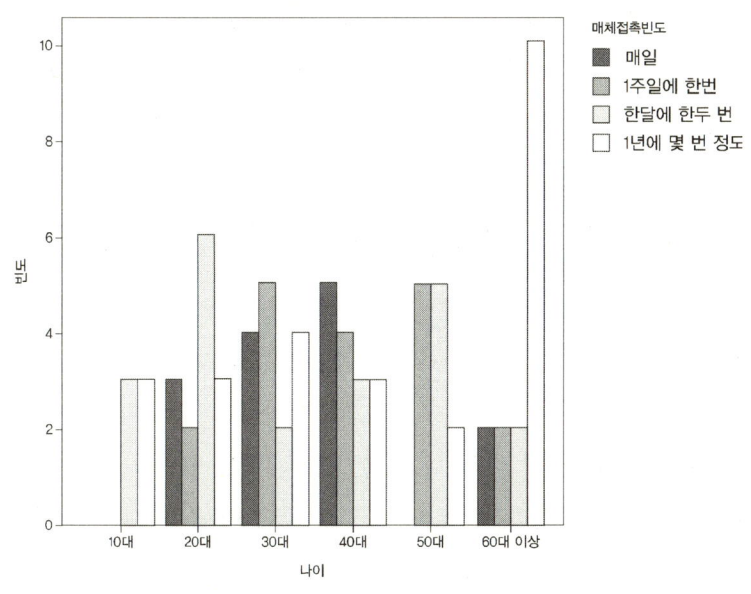

른 연령대에 비해 높게 나타난다는 점이다. 30대는 매일 시청한다는 응답이 26.7%, 1주일에 한번 시청한다는 응답이 33.3%였으며, 40대의 경우 매일 시청한다는 응답이 33.3%, 1주일 한 두번이 26.7%였다.

20대의 경우 한 달에 한두번 본다는 응답자가 42.9%로 가장 많았고 매일 시청했다는 응답이 1년에 몇 번 시청했다는 응답률과 같은 21.4%로 나타나 20대 청년층의 시청률도 관심 깊게 봐야할 것이다.

▶▶ 30대를 기점으로 한 '충성심'

우리가 만난 북한이탈주민들에게 북한의 세대를 어떻게 구분할 수 있는가 질문했다. 여러 가지 견해가 엇갈리기도 했지만 대체로 30대를 전후로 세대구분을 했다. 앞서 보았던 장마당세대를 중심으로 한 구분법이자 생애주기상 특성이 반영된 구분이었다.

충성심 완전히 높은 혁명 1-4세대,
충성심 같은건 모르는 혁명 5-6세대

사례 28(20대 남성, 2010년 탈북, 평양시)은 '혁명세대'를 기준으로 세대 구분을 했다. 20대 초반인 자신은 북한에서 혁명 5-6세대 정도 되는 것 같다고 했다. 북한의 권력엘리트는 '빨치산파', 소위 '혁명 1세대'로 불리는 세대를 중심으로 구성되어 왔으며 현재는 혁명 2세대-3세대까지 권력층으로 부상되었다. 사례 28은 이러한 '혁명세대' 구분법으로 세대를 구분하며 20대인 자신은 혁명 5세대쯤 된다고 보았다. 50~60대가 혁명 3-4세대라 할 수 있는데 이들과 5-6세대인 청(소)년들의 '생각이 완전히 차원이 틀리다'고 했다. 바로 '충성심'에서 다. 20~30대는 개인주의가 많이 발달돼 충성심이 상대적으로 떨어지는 반면 그 윗세대는 '충성심이 완전히 높은' 특성을 지닌다는 것이다.

그 사람들이 그냥 생각이 완전히 차원이 틀리고 5, 6세 애들은 생각이 완전히 틀리고… 그러니깐 우선은 3, 4대 사람들 하고 충성심만 대략 비교해 볼 때 완전히 차원이 틀린 거죠. 이 사람들은 충성심이 완전히 높은데 이 사람들은 없는 반면에 비타적인거 자기만을 추구하고, 이런 게 있어가지고 좀 아닌 것 같다 하는 그런 것들 외에는…
우선 여하튼 충성심 같은 건 모르고 개인주의가 많이 발달돼가지고
사람들이 보면은 자기밖에 모르는 그런 경향이 있어요. 5, 6세 부터
는… (사례 28, 20대 남성, 2010년 탈북, 평양시)

'자폭용사 세대'에서 '북한 당국에 대한 어떤 미련도 환상도 없는 세대'로

사례 16은 북한의 세대를 1985~88년을 기점으로 나누는 것이 의미 있을 것으로 본다. 앞서 사례 28과 같이 '혁명세대'를 언급하지는 않았지만 대략 30대를 기점으로 한 세대구분이라는 점에서 일치한다. 사례 16은 현재 30대 이하의 경우 북한 지도부에 대해서 '어떤 미련도 환상도' 없다는 생각이다. 면접 당시 30대 후반의 나이였던 사례 16은 자신들 세대만해도 '눈물 흘리면서 충성한다'고 했겠지만 30대 이하의 청(소)년층의 경우 고난의 시기를 지나며 식량은 물론 교육, 의료 등 복지 혜택을 받은 기억이 없어 충성을 생각하기 어려운 세대라는 것이다.

30대 중후반 연령대만 해도 '자폭용사'가 되겠다는 신념의 세대였다면 그 이하는 국가가 자신들을 속이고, 폐쇄 체제를 유지하고 있다는 것을 아는 세대라 했다. 최근 언론 등에서 보도된 '장마당세대'론과 유사한 논리다. 그러면서 한국 대중문화의 북한 내 유입은 특히 젊은층을 중심으로 '북한의 우상을 마비'시킬 것이라 이야기 한다.

나이로 볼때 지금 서른 이하는요. 30세 이하는 아마 북한 정부에 대

해서 그 어떤 미련도 우리때처럼 환상도 없을 걸요. 우리땐 눈물 흘리면서 충성한다고 했거든요. 73년생인데 눈물 흘리면서 충성한다고 입대 할 때까지만 해도 총쏘다가 총탄 떨어지면 수류탄을 입에 물고 자폭하는 자폭테러는 아니지만 일단 그런식으로 자폭용사가 되자. 그런 생각까지 있었어요. 근데 지금 애들은 아니에요. 지금 30세 이하는요 내가 39세니깐 지금 20대는요 20대 말기까지래도. 제 생각엔 지금 고등학교 학생들이랑 비슷할 걸요, 지식의 차이 교육의 차이가 있을 뿐이지. 아마 그 정부에 대한 미련도 환상도 없고… 국가가 속이고 있다는거 알아요. 정부가 속이고 있다는거 폐쇄하고 있단걸 다 압니다. 20대는 압니다. 빠른사람들은 30대 중반까지도 알고 있고… **(사례 16, 30대 남성, 2006년 탈북, 함경북도)**

▶▶ **10대·20대의 호기심, 그리고 반항심**

북한의 경제 위기가 심해지던 1990년대 중후반 이후에 10대를 보냈던 지금의 북한 청년들… 이들이 윗세대에 비해 북한체제에 대한 기대를 저버리게 되고 회의감을 느끼게 된다는 점과 더불어 윗세대와 자신들을 구분지으려는 청년 세대의 특성은 남한 영상물에 동화되는 기폭효과가 윗세대에 비해 강화될 수 있음을 생각하게 한다. 즉, 기성세대와 자신들을 구별하려는 성향, 그리고 생애주기 특성상 또래 집단을 중심으로 동류의식을 지향하려는 특성은 남한 영상물을 또래 집단끼리 시청하고 공유하며 함께 모방하는 형태로 나타나고 있었다. 남한 드라마, 영화에 대한 관심은 세대를 막론하고 동일하다는 의견이 지배적이었다. 단, 10대, 20대의 청소년, 청년층의 경제사회적 특성이 그들 연령대에 나타나는 호기심과 합쳐지고, 사회에 대한 반항심으로까지 나아갈 수 있다는 증언도 있었다. 이들은 남한 영상물에 대한 통제가 가해진다고 해도 대담하게 반복 시청을 한다는 특성도 지적되었다. 또한 단순 시청으로 그칠 뿐 아니라 시청 내용을 직접 말과 행동으로 '모방'하려는 효과가 젊은 세대를 중심으로 나타난다는 의견도 볼 수 있었다.

영상물을 보고 북한도 젊은이나 늙은 사람이나 같습니다. 북한 전 지역은 말할 수 없지만 연선지구 연변 이런 지구에서는 나이 있는 사람이나 그저 한국영화나 해도 있는 사람이고 젊은게고 후닥닥 보자 이런 판이니까는 중국영화다 하게 되면 피곤해서 난 자겠다 이러겠는데 벌써 한국영화다 미국영화다 홍콩영화다 일본영화다 하게 되믄 악을 딱 쓰고 보니깐 피곤하겠으면 피곤하고 낼 직장에 출근해야 하는디 자지 못하더라도 불이 오면 이러고 보는 판이니깐 **(사례 18, 30대 남성, 2010년 탈북, 함경북도)**

영화보는 아들은 고저 깼다고 봐야죠

20대 여성인 사례 21은 남한 드라마, 영화 시청이 청소년들에게 '세게' 영향을 준다고 보았다. 남한 영상물을 시청한 청소년들은 의식이 '깼다'는 것이다. 청소년들의 모방하려는 특성 상 어느 세대보다 남한 영상물로 인한 파급이 클 것으로 보았다. 사례 21은 북한에서 청소년기에 남한 영화에서 '깡패'들이 등장해 폭력을 휘두르며 돈을 빼앗는 장면을 시청하면서 무섭기도 하면서 재미있기도 해 자신도 모르게 모방해 보고 싶은 충동을 느끼기도 했다.

네 세게 근까나 우리 같은 청소년들이 보면 세게 영향… 지금도 그런 영화 보는 아들은 고저 다릅니다. 깼다고 봐야죠. 그저 깡패들이랑 고저 막 싸움하고 고저 그까나 보면 북한에는 이런 게 없는데, 그러니까 별세상 같기도 하고 한편으로 보면 이 나라가 무섭기도 하고…. 깡패들이 칼로 찌르고 총이나 쏘고 돈이나 뺏고 막 그런 장면이나 무섭기도 하고, 한편으로 재밌기도 하고, 나도 그러는 거 하고 싶기도 하고… **(사례 21, 20대 여성, 2011년 탈북, 함경북도)**

더 좋은 세상에서 살고 싶은 10대들

사례 26, 27은 모두 10대 청소년이다. 이들은 다른 세대보다 청소년들 사이에서 한국 드라마와 노래가 가장 많이 확산되고 있다고 보았다. 이들 청소년들은 윗세대에 비해 '호기심', '반항심'이 더 크다는 특성을 이야기 한다. 남한 영상물이 호기심에 보고 싶고, 보지 못하게 하니 더 보고싶은 것이 청소년들의 특성이라는 것이다.

이들 청소년들은 처음 남한 영상물을 시청할 때는 호기심에 '무의식적'으로 계속 보게 되다가 '더 좋은데서 살고 싶다'는 의식으로 발전해 나간다. 영화나 드라마 배경을 통해 본 남한은 '북한하고 영 딴판'이었다. 지하철도 타보고 싶었고, 직발기로 직발 머리(스트레이트 퍼머)도 해보고 싶었다. 북한에서는 사용하지 않는 남한 억양의 말들, '괜찮아', '사랑합니다'라는 말도 조용히 읊조려 보았다. 그리고 더 좋은 세상에서 살고 싶었다.

사례 27: 그러니깐 사람들은 남한 드라마라는 게 모르고 보잖아요.

처음엔 무의식적으로 보다가 계속 보게되면은 재밌잖아요. 그럼 그냥 그렇구나 하는 느낌이구요. 지금 청소년들은요 조금 좀 어른들보다 많이 발전한 것 같아요. 근데 저는 느꼈어요. 보는 순간에 배경도 다르구요. 하여튼 전 좀 그런대 관심 있거든요. 더 좋은 세상에서 살고 싶다는 그런 느낌을…. 그거 보면서 그냥 뒷배경도 영 멋있구요. 하여튼 북한하고 남한은 영 딴판이니깐 (사례 27, 10대 여성, 2010년 탈북, 양강도)

사례 26: 지하철은 타고 싶었는데 (사례 26, 10대 여성, 2008년 탈북, 함경남도)

사례 27: 그러니깐 단발머리는 직발 하는데요. 절대 기르지 못하게 해요. 짧은 머리에다가 요즘에 현대판에 와서 언니들이 요즘엔 여학생들이 직발머리 많이 하는 것 같아요. 직발기도 많이 나와요.

사례 27: 조그만 단어. 괜찮아 뭐 이런거…억양도 따라하고…

사례 26: 북한에서 사랑합니다 한번도 못 들어 본 것 같다.

사례 27: 청소년도 재밌으니깐 보겠죠. 근데 청소년들하고 어른들 호기심 다르잖아요. 딱 보면 청소년들은 좀 젊었으니깐 그런 게 있잖아요. 반항심. 보지 말라니깐 더 보고 싶은.

사례 32(10대 남성, 2010년 탈북, 함경북도)는 면접 당시 21세로 북한 10대들의 최근 변화를 이야기 했다. 북한의 경제적 어려움이 커지면서 10대들의 인식이 예전 10대와는 다르게 변해가고 있다는 것이다.

14세부터… 엄청 요즘 이 애들 인식이 나이가 어려도 생각이 바뀌고 있어요. 부모들의 영향인지는 모르겠지만 아무튼 예전부터 바뀌죠. 부모들도 말하거든요 요즘 애들이 다르다고 우리 때하고 다르다고.

받아들이는게 아마 가뭄이나 이런데서 달라진다고… 제가 보게 되면… 정치적으로는 CD플레이어는 완전히 돌면 정치적이로 완전히 떨어지고 저희 나이 때 친구들이 군대를 가잖아요. 정치 상태가 완전히… 전쟁이 일어나면 한국가죠. 왜냐면 너무나도 힘드니깐… **(사례 32, 10대 남성, 2010년 탈북, 함경북도)**

충성, 그걸 해서 뭐하나

20대인 사례 2는 12세 경 부터 남한 영상물을 계속 시청해 왔다. 가족들과 함께 보거나 친구들과도 함께 시청했었다. 언제부터인지, '왜 그랬는지 모르겠는데' 주변에서 국가, 지도자에 대한 '충성' 이야기가 나오면 속으로 '그걸 해서 뭐하나' 생각이 들었다. 북한에서 중학교(남한 중·고등학교)를 졸업하고 군대를 가야 했지만 어떻게든 피하고 싶은 마음이었다.

저는 별로 없었어요, 다른 우리 친구를 보면은 이상하게 충성을 다하고 그런데도, 속으로 그걸 해서 뭐하나 이런 생각도 가지게 되고… **(사례 2, 20대 남성, 2009년 탈북, 평안남도)**

사례 12도 남한 영상물이 '후대' 청소년들에게 미칠 영향에 주목했다. 앞으로 북한 사회를 '개척'해 나가야할 주역들로 이들의 변화에 관심을 기울여야 한다는 생각이다. 10·20대의 경우 다른 연령층과 다르게 '좋은 건 좋은거고', '물불안가리고 쫓아가는' 그들의 특징이 남한 영상물 시청 시 의식 및 태도 변화로 이어질 것으로 보았다. 나이가 많은 사람들은 '설마 설마'하면서 많이 재어 보겠지만 20대들은 물불 안가리고 집중하며 쫓아간다.

그 빨리 문화를 들이는게 빨리 머리가 도는 사람들을 보게 되면 교육을 20년 받은 사람들하고 60년을 교육 받은 사람하고 다르죠. 이 사람들은 설마설마 하면서 많이 재고 20살 20대들은 물불 안 가리잖아요. 거기만 쫓아가는 거에요. 좋은 건 좋은 거고 거기만 집중하잖아요 그런 것 같아요 아무래도…

청소년들한테는 많이… 청소년들이 제일 무서운것 같아요. 저는 자라나는 청소년들이 아무래도 나라를 개척해나가야 할 사람들이잖아요. 아무래도 그 사람들이 젊은 애들한테 문화를 하면 세뇌적으로 빨리 들어갈것 같아요. (사례 12, 30대 여성, 2004년 탈북, 함경북도)

같은 노래를 들어도 20대는 다르다. 20대의 사랑에 대한 갈망은 남한 노래 가사에 더 푹 빠질 수밖에 없다. 하지만 사례 12는(30대 여성) 30대 임에도 다른 이야기를 한다. 자다가 깨어나도 오로지 김정일, 북한을 칭송하는 노래를 너무 많이 들어서인지 남한 노래가 담고 있는 남녀간의 사랑에 마냥 감성적으로 젖어들기 어려웠다.

네, 영화도 좋지많은 제일 처음 와닿는게 노래에서부터 난 북한을 칭송하는 노래를 너무 많이 들어가지고 뭐 김정일은 자다가 깨어나도 김정일이잖아요. 눈만 뜨면 김정일이고 그런데 다 사랑에 대한 노래잖아요 20대들 사랑에 대해서 갈망하고 열망하고 그러잖아요 20대에서 제일 갈망하고 열망하는 사람들 많고 20대들 그래도 좀 그렇잖아요 무서울 나이고 20대가 그때보면 20대가 그런 걸 많이 듣게 되면 빨리 그럴것 같아요. 노래를 듣게되면은… (사례 12, 30대 여성, 2004년 탈북, 함경북도)

젊은층, 더 빠르고, 더 민감하고, 더 따라하고

사례 41의 경우도 한창 호기심 많은 나이인 젊은층이 더 빠르고 민감했다. 사례 41이 보는 젊은층은 미혼인 20대. 남한은 30대도 젊은층에 속하겠지만 북한은 나이 27~28세만 되어도 노처녀라하고 22~23세에 여성들이 결혼한다는 점을 고려해서다. 최근에는 북한에서도 결혼하는 나이가 늦어지고 있다는 소식도 들린다. 결혼하고 나서는 살림하고 가족들 먹여살려야 하니 다른 데 신경 쓸 수가 없기에 20대 미혼들이 다른 연령대에 비해 남한 영상물에 더 많은 영향을 받을 것으로 보았다.

내가 자랄땐… 어차피 중산층, 상류층, 잘 사는 사람들이 잘 아니까… 우리같은 노동자들은 아무것도 없으니까. 그래서 차이가… 글쎄… 어릴때부터 평양에 있는 사람들은, 막 좋은 대학 다니는 사람들, 잘 사는 사람들은 컴퓨터도 다 있고 컴퓨터로 교육받잖아요. 근데 우리같이 못사는 사람들은 컴퓨터 없잖아요… 그게… 고등학교 지나서쯤? 한 스무살? 그때부터 갈리는 거 같은데. 대학생들이… 대학가면서 부모랑 멀어지면서… 음… 잘 사는 사람은 차이가 심하겠지만, 못사는 사람은 비슷할 거 같아요. 20대나 30대나… 자기가 돈 벌러 시장 다니고 먹고 살아야 하니까. 그냥 비슷할 거 같아요. 젊은 사람들은 다르니까… 사랑도 해보고 싶고 외국도 가고 싶고. 근데 어르신들은… 자꾸 못사니까… 그런 부분에선 다르죠. 부모들이 볼때는 연애를 안시키려고 하니까. 그냥 중매를 시키려고 하니까. 그런 차이가 있을거 같네요. (사례 41, 30대 여성, 2005년 탈북, 함경북도)

사례 42도 결혼 상태에 따라서 남한 영상물에 대한 반응이 달라질 것으로 생각했다. 결혼, 학업 등의 생애과제에 놓여 있는 젊은 층들이 남한 드라마를 시청하면서 연애도 해보고 싶고 외국 여행이나 유학도 가보고 싶다는 점에서 윗세대의 가치관과 부딪치며 영향을 받을 것으로 생각했다. 예를 들어 젊은층은 드라마를 시청하면서 연애를 해보려 하지만 부모 세대에서는 중매를 더 선호하면서 세대간 의견차가 발생할 수 있다는 것이다. 사례 43(20대 여성, 2008년 탈북, 함경북도)도 20대까지를 젊은층으로 보면서 30~50대가 중년층이라고 세대구분을 했다. 25세가 넘어가면 다 노처녀가 되고 30대가 되면 아이들도 어느정도 커가고 집에 먹을 쌀도 없어 가족 먹여살릴 걱정이 클 수밖에 없다. '야한 장면'을 보더라도 20대는 눈을 동그랗게 뜨고 본다면 중년층은 아연실색 했다. '아, 저런건 너무 심하다', '저렇게 막 내보네' 놀라며 이해할 수 없다는 반응이다.

음… 한 서른살? 20대까지는 젊은 축으로 봐요. 그리고 30부터 40대까지는 중년층으로 봐요. 아니다, 한 30대? 아니다. 20대까지는 젊은 층이고, 30대부터 50대까지 중년층. 한 서른 넘어가면 다 중년층으로 봐요. (연령대별로 보이는 특징은?) 네, 그런게 좀 있죠. 북한에서 야한 장면들 보면 충격을 받는데, 젊은 사람들은 그런걸 눈 똥그랗게 뜨고 보거든요. 저렇게 막 내보네? 그러면서 봐요. 근데 나이 좀 있는 분들은 "아 저런건 너무 심하다" 그러긴 하죠. 근데 그러면서도 볼 건 다 보니까. 나이가 있든 없든. (왜 30대를 기준으로 삼았는지?)

음… 그냥 흐름이 그래요. 결혼을 빨리 하든 늦게 하든. 북한은 결혼을 되게 빨리하긴 해요. 25살 넘어가면 다 노처녀라고 그러거든요. 근데… 벌써 서른 넘어가면 애들도 어느정도 커 가고, 집에 쌀이 없고, 먹고 살기 없으니까… 나를 가꿀 수가 없는거에요. 그러니까 자연히 중년층에 들어갈 수 밖에 없는거에요. 아줌마! 이렇게 부르게 되고. 나를 가꾸지 않으니까 아줌마밖에 될 수가 없는거에요. 그냥 흐름이 그래요. 근데 여기 오니까 애들이 벌써 다 컸는데 밖에 나가면 아가씨 소리 듣잖아요, 여기 여자들은. 여긴 그런 흐름이 있으니까 아가씨 같고… 근데 북한에선 그런 흐름이 있으니까 아줌마고… 사는게 힘드니까 나를 가꿀 수가 없는거에요. 화장도 안하고. 북한에선 스킨 로션도 안발라요. 바르는거 자체를 몰라요. 그러니까 자연히 중년층에 들어갈 수 밖에 없는거에요. **(사례 43, 20대 여성, 2008년 탈북, 함경북도)**

한편으로는 오히려 청년층이 '정치적' 성향이 가장 강하다는 소수 의견도 있었다. 학교 교육을 통한 정치사회화가 한창 진행 중인 세대라는 생각에서다. 일면 고려되어야 할 견해다. 그러면서도 청(소)년의 생애주기적 특성과 사회경제적 배경 등을 생각할 때, 나아가 이들 세대의 변화가 야기할 미래 북한의 모습을 그려본다면 청(소)년층의 변화에 관심을 기울여야 할 것이다.

▶▶ 시청 내용이 누적된 30대 이상

지금까지 10대·20대들의 남한 영상물 시청과 의식·행동 변화에 대한 이야기를 다뤘다. 많은 사례들이 10대와 20대, 그리고 30대 초·중반까지의 남한 영상물 시청과 그 효과에 대해서 이야기했었다. 그러면서도 한편으로 1990년대 초반을 전후해 북한 내에서 남한 영상물 시청이 진행된 만큼 그 당시부터 반복적으로 남한 영상물을 시청해 10년 이상 지나온 세대들의 의식변화도 주목해야 한다는 의견이 있었다. 이른바 머릿속에 시청내용이 '누적'된 세대들… 그들은 어떤 생각일까?

머릿속에 본 것이 '누적'된 세대, '한국은 자유다'

사례 15(40대 남성)는 남한 영상물을 1990년대 말부터 시청했다. 남한 영상물을 시청하고 의견을 공유하지는 못했지만 10년이 넘게 시청하면서 개개인의 머릿속에 '누적'되고 있는 의식 변화를 이야기 했다. 바로 '한국은 살기에 북한보다 더 합리적이다'는 생각이다. '합리적'이라는 것은 바로 '자유'였다. 남한 영상물을 보면서 다른 것 별로 부럽지 않았다. 자유로운 것 외에는… 북한의 권력층 조차 자유를 누릴 수 있는 것이 아니다. 오히려 어느 부분에서는 더 제약이 있기 마련이었다. 그런데 남한은 누구나에게 자유가 드리워져 있었다.

가능 정도가 아니라 이게 그러고 제가 본것은 한 90년대 말쯤에… 표현은 못 하죠. 공유는 못 하는데, 머릿속에 누적된게 있으니깐 한국은 살기에 북한보다 더 합리적이다. 그 합리적이라는게 자유를 의미하는 거거든요. 자유롭다. 자유로운 것 외에는 뭐 별로 부럽지는 않아요 사실 자유롭다 북한의 권력층일수록 자유가 없거든요.
(사례 15, 40대 남성, 2000년대 중반 탈북, 평양시 · 평안북도)

사례 13은 남한 영상물을 이르면 10대 · 20대 초반부터 봐 온 30대들의 의식 변화를 이야기 했다. 10년이 넘게 남한 영상물을 접해 온

셈이다. 북한 정권에 너무나도 속아왔다고 생각하는 이들은 앞으로는 지금까지처럼 힘들게 살지 않겠다는 다짐과 욕망이 강할 것이라는 의견이다.

이제는 너무도 속고 살았으니깐 사람들이… 사람들이 이렇게 힘들게 살았잖습니까. 그런것도 있고 그러니깐 편안하게 살고 싶다 앞으로는 그렇게 안 살겠다. **(사례 13, 20대 여성, 2010년 탈북, 함경북도)**

자유 북한이 되길 바라는 40~50대들…

사례 15의 생각에는 특히, 40~50대는 현 북한 체제가 망해서 '자유 북한'이 되길 바란다. 40~50대는 그 아래 연령층보다는 아무래도 외부 정보를 접할 기회가 많은 세대이고, 60~70대 보다는 기득권 보장이라는 집착도 덜하다.

우리 같은 지금 현 40~50대 사람들은 망하길 바래요. 지금 현 체제가 망해서 자유 북한이 됐으면 좋겠다. 우리 윗 세대 60~70대 사람들은 김정일이가 잘못하고 있다 그건 알아요. 알지만 나의 기득권이 없어져 이게 망하면… 그들은 필사적으로 유지해야지만 자기의 영예를 누리는게 이게 보장이 되요. **(사례 15, 40대 남성, 2000년대 중반 탈북, 평양시·평안북도)**

사례 15는 때로 남한 영상물과 관련한 의견을 믿을만한 친구끼리 공유하기도 했다. 때로는 자신들의 바람이 토론으로 이어졌다. 의식이 좀 있다는 사람들은 한국에 강경파가 나와서 평양을 '좀 까고', '빨리 좀 어쩔 수 없을까'하는 논쟁까지 벌이기도 했다. 이런 정치적 논쟁까지 벌이게 되는 면모는 나이에서 묻어나는 연륜, 그리고 누적된 외부정보가 결합되면서 여느세대와는 다른 40~50대의 상황을 전해주고 있다.

> 그런 긍정적인 생각을 계속 하고 있고 그 말을 서로 공유할수 있는 친구들 모이면 참 발전된 결론이 나와요 대화가 예를 들어서 뭐 다음 대에 한국에 대통령이 강경파가 나오면 바라는게 그거죠 평양을 좀 까고 빨리 좀 어쩔수 없을까, 이런 논쟁을 벌이는 거에요. 토론, 자기 상상이나 꿈상을 벌이는 거거든요 그게… **(사례 15, 40대 남성, 2000년대 중반 탈북, 평양시 · 평안북도)**

일반 주민들도 남한 영상물을 통해 머릿속에 딱 베긴 것이 '한국은 우리보다 더 발전됐다.' 이 생각이다. '남조선 못산다' 아무리 당국에서 교육 해도 '몸뚱아리만 앉아서 예, 예'할 뿐 마음의 문을 닫아 버린 북한 주민들… 사례 15의 이야기이다.

> 서민들은 그 정도까지는 못 하고 에이 남조선… 너희들은 남조선 못산다고 교육했지만 아닌걸 알았어요. 알았으니깐 안 들을 것 아니에요. 이제는 그러니깐 공유는 못 하지만, 머릿속에 딱 베겼어. 한국은 우리보다 더 발전되있어 이 생각이 되있어요. 그래서 그렇게 생각하고 있는 사람이 40%를 넘었다 전국 합해서… 안 먹히죠. 어쨌든 몸뚱아리만 앉아서 예 예 하지, 이걸 받아들이지 않죠. 이제 마음의 문을 닫았어요. **(사례 15, 40대 남성, 2000년대 중반 탈북, 평양시 · 평안북도)**

'(김)정은이가 관리가 될까'

사례 15는 남한에서 들어온 영상물이 그동안 튼튼했던 사상적 뿌리를 '다쳐놨다. 흔들었다'고 표현한다. 북한 당국의 체제선전, 그리고 남한이 '못 산다'고 했던 선전… 이것이 '거짓말이었구나' 알기 시작했다. 지금까지 북한당국이 선전하며 교육했던 내용을 흔들고 있다는 것이다. 사례 15는 '한국에서 들어간게… 이걸 다쳐놨다'며, 지금까지 북한 주민들 속에 뿌리 내렸던 사상이 다치기 시작한 것 같다고 했다. 그리고는 반문한다. '(김)정은이가 관리가 될까!'

뿌리가 흔들렸다는 의미로 받아들이면… 왜냐하면 뿌리가 튼튼했어요. 왜냐면 정권이 발생해서 이때까지 쌓아온 경력을 보면 방식이나 그런 것을 보면 탄탄했다고요, 그런데 이게 뿌리가 흔들렸어요. 뿌리가 흔들렸다는게 뭐냐면 지금까지 북한 당국이나 수령의 우상화로 인해서 잘 다져놨어요. 이게 이때까지 한게 선전이 거짓말이었구나 하는게 알기 시작했어요. 이건 뿌리라고 뿌리 뭘 못 살고 뭘 못 먹고 한국은 잘 먹는데… 이건 하나의 현상이고 뿌리를 다쳤거든요 한국에서 들어간게… 이게 뿌리가 교육 정신 교육이었어요 이걸 다쳐놨어요 지금 그게 흔들렸어요. 그게 정은이가 관리가 될까라는 회의를 가지고 있어요. **(사례 15, 40대 남성, 2000년대 중반 탈북, 평양시 · 평안북도)**

'대중문화예술' 칼이며 핵이다

사례 15는 흔들린 뿌리, 지도자에 대한 신뢰를 잡기 위해 북한 당국이 앞으로 벌일 일들을 걱정했다. 더불어 '대중문화 예술이 칼, 핵'이 될 수 있지 않을까 기대하고 있었다. 남북한 사람 모두 예술, '집단적 이벤트'에 열광하는 습성을 봤기 때문이라며, 대중문화가 갖는 힘에 남북한 사람의 특성이 더해져 나타날 파급력을 이야기 했다. 나아가 '비폭력', '효과적' 방법인 대중문화를 통한 북한 변화에 '투자'가 이어지길 기대하고 있었다.

> 문화 예술 대중 문화예술 이게 칼이다 이게 핵이다 핵. 왜그러냐면 북한이나 남한이나 집단적 이벤트에 열광하는 습성을 가지고 있어요. 월드컵 응원과 같은… 이게 하나의 속성이나 같죠 그런 식으로 유도하기 쉬운게 문화 예술이거든요. 뭐 한국에서 이걸 투자하고… 그거는 차라리 북한을 향해서 문화 예술이라는 것으로 이건 남 보기에도 비 폭력적인 효과적인 방법이에요 그러니깐 뭐 뿌리는 것 말고 계속 중국쪽에 보내기만 해도 그게 가거든요. **(사례 15, 40대 남성, 2000년대 중반 탈북, 평양시·평안북도)**

▶▶ 어느 父子와 조카의 이야기를 통해본 한류와 세대

'신념과 재미'의 세대차, '꺾지 못해요. 막지 못해요'

사례 30과 48은 부자지간이다. 사례 48은 아버지인 사례 30과 자신의 남한 영상물 시청에 있어 차이점을 이야기 한다. 아버지가 남한 영상물을 시청하고 '자신의 (정치적) 신념'에 따라 분석도 해보지만 자신과 같은 젊은 세대는 '재미, 흥미'에 이끌려서 '오늘 잡혀갔다 내일 나와도 또' 남한 영상물을 시청할 정도다.

아들 사례 48은 예를 하나 들었다. 아는 집 딸이 MP3로 노래를 듣다가 단속반에 걸려 한 달 간 구금됐었다. 간신히 뇌물을 써서 데리고 나왔는데 한달 후 즈음 다시 붙잡혀 들어갔다는 소식이 들려왔다. 지난번에 단속된 일이 잘못되어 다시 들어갔나 했더니 그게 아니었다.

구금됐다 나와서 또 남한 영상물을 시청해 거듭 단속에 걸린 것이다. '꺽지 못해요. 막지 못해요' 하는 게 아들인 사례 48이 보는 젊은 세대의 모습이다.

사례 48: 아버지는 그걸 자기 자신의 신념과 그런 면에서 정치적으로 분석도 해보고 이렇게 했지만은 애들은 그렇지 않아요. 재미, 흥미 그걸 느끼고 그거에 대한 정리를 한다. 그런거를 해서 애들은 끔찍이 그걸 보려고 많이… 오늘 잡혀갔다 내일 나와도 또 그걸 봐요 그래요. 우리가 오기 전에 어떤 일이 있었냐면 우리 같이 있는 아들의 소장 딸이 있었어요. 걔가 mp3에 노래를 듣다가 단속을 당했어요. 단속을 당해가지고 이렇게 그룹바에 잡혀갔어요. 그룹바에 잡혀갔는데 그 집에 돈이 좀 있고 생활이 있으니깐 애를 꺼냈어요. 꺼냈는데 뭐 한달 후… 한달 후라 그런 것 같아요 또 그 애가 잡혀갔어요. 그래서 우리는 먼저번 일이 잘 마무리 안돼갖고 또 잡혀갔는가 했는데 그게 아니었어요. **(사례 48, 30대 남성, 2010년 탈북, 양강도)**

사례 30: 또 봤단 말이에요. **(사례 30, 60대 남성, 2010년 탈북, 양강도)**

사례 48: 그런걸 우리가 직접 목격하고 왔거든요 그래서 내가 생각하는 것은 고저 이 통제가 심하고 그 어떤 형벌이 내려도 지향하는 마음을 그걸…

사례 30: 꺽지 못 해요, 막지 못해요. 그리고 그 북한 사회의 이런 그런 참사의 안단 말이에요. 그 다음에 중국 영화, 한국 영화를 통해서 한국의 생활 발전모습에 대한 걸 알기 때문에 그걸 노래도 가사를 예측을 했고, 영화를 보고 그 다음에 마지막에 탈북하게 된거죠.

사례 9의 조카는(북한 거주 시 19세) 남한 영상을 보고는 머리나 옷 스타일을 따라했다. 머리도 이상하게 하루는 폈다가 또 다른 날은

올렸다가 내렸다가. 옷도 별났다. 치마도 아닌 것이 바지도 아닌 것이 종잡을 수 없었다. 다른 사람과 달리 튀는 스타일을 고집하는 조카를 보며 애가 이상하게 된 것이 아닌가 걱정했었다. 조카를 보고 싫은 말도 많이 했는데 막지 못했다.

> 나는 그 조카가 그런 것 많이 보니깐… 그 많이 따라하더니 머리도 이상하게 하고 다니고… 하루는 다 폈다가, 하루는 올림했다가 내림했다가 옷도 별나게 입고 다녀서 내한테 옷 태바이 했습니다. 야 니는 옷을 치마도 아니고 바지도 아니고 그렇게 입고 다니냐고… 북한에는 그런 것 없었습니다. 여자들은 좀 창피해가지고… 이런 바지를 입고 다녀서 그건 치마도 아니고 바지도 아니고… 싫죠, 당연히, 북한에서는 그렇게 안해다니는데 혼자 그래가지고 다니니깐, 조금 잘못 됐나 걱정도 있고 여성으로서 창피한 걸 모른다… 싫은 소리 많이 하긴 하는데 못 막겠더란 말입니다. (사례 9, 40대 남성, 2005년 탈북, 함경북도)

▶▶ **세대간 교차점**: 사랑 얘기는 모두 다 좋아해!

사례 53(20대 여성, 2010년 탈북, 함경북도)도 북한에서 남한 영상물에 제일 빨리 '적응'하는 연령층을 20~30대로 보고 있었다. 나이가 많다고 해서 남한 영상물을 좋아하지 않은 것은 아니다. 북한에서 사례 53의 남자 친구 부모님들도 60세가 넘으셨건만 남한 영화라면 몰래 문걸어놓고 볼 정도였다. 세대를 초월해 '사랑 얘기'는 다 좋아했다. 사랑 영화는 별다른 거부감 없이 호기심을 자극했다.

그런게… 뭐 이런거 접하는… 비디오나 이런거에 제일 빨리 적응하는게 20대죠. 20대부터 한 30대까지? 이 정도는 젊은 층. 대부분… 제 남자친구네 부모들도 60세 넘으셨거든요. 그 분들도 뭐… 좋아하고. 남한 드라마나 남한 영화라고 하면 문까지 걸어놓고 볼 정도인데, 그런거엔 세대 구분이 안돼요. (구체적으로 다시 질문) 나이 드신 분들이 싫어하는 장면이라면… 야한거? 야한건 좀 싫어하는거 같고… 그 나머지 사랑 얘기나 그런건 다 좋아하고… 드라마에서 야한 부분만 없다면 다 좋아해요. (젊은 사람은 야한 장면에 대해 어떻게 생각하는지?) 거부감 없지요. 호기심 많아요. 북한에서는 야한 영화, 그런거 자체가 없으니까. 그런거 못 보고 사는 사람들이 대부분이라 호기심이 많죠. **(사례 53, 20대 여성, 2010년 탈북, 함경북도)**

사례 54(50대 여성, 2007년 탈북, 평안남도)는 자신과 같이 50대 중년층은 영상물을 시청해도 '저게 진짜려나' 하는 의구심이 들 수밖에 없다는 생각이다. 젊은층이 호기심을 가지고 더 적극적으로 수용하는 반면 중년층은 의구심을 가지고 시청하기는 해도 시청 내용을 따라하기는 무리라는 것이다. 그저 드라마나 영화 속 '먹는거'에만 신경 쓸 수밖에 없었다.

그렇죠, 그렇죠. 새것에 민감한 사람은 그걸 그대로 받아들이는거고. 사람마다 생각이, 자기 조건마다 생각이 다르잖아요. 못살고 본 게 없고 모르는 사람은 그걸 그대로 받아들일 것이고. 40대 전은 그대로 받아들인다구요. 새것에 민감하기 때문에. 근데 50대는… '저게 진짜려나?' 하고 고려를 하죠. 우리 같은 사람은. 우리는 그저 영화로써 호기심을 갖고 보는거지, 따라하거나 그런건 아니잖아요.

자식들을 먹이려고 하니까. 그러니까 40대부터 많이 따라하고 받아들이려고 하죠. 자식들도 그렇게 해주려고 하고. 50대 이상은 그냥 뭐… 우린 끝났지. 그저 자식들 뒷바라지나 해주고 먹는 문제에 신경이나 쓰죠, 한마디로. 근데 그건 그냥 예술적으로 영화에 빠졌을 뿐이지… 그래도 거기는요, 뭐랄까, 영화를 전부 다 사람들이 본다면 세대에 따라서 다르겠지만, 거기는 어쩌다 하나씩 생기면 드문 드문 보다 보니까… 다들 빨려서 보는거지. 40대 전에는 새것에 민감하니까 따라하려고 하고 호기심으로 받아들이지만, 우리 50대는 별로 흥미가 없고 그저 먹는거에만 신경쓰는거지. **(사례 54, 50대 여성, 2007년 탈북, 평안남도)**

▶▶ **어느 세대나 단하나의 고정관념**

세대에 따라 나타나는 남한영상물 시청 행태와 의식변화의 특징을 대부분의 사례들이 지적했지만 소수 의견으로 어느 세대나 막론하고 의식변화의 한계가 크다는 지적도 있었다. 사례 9는 남한 영상물을 보면서 이뤄지는 의식변화에 있어 세대차를 느끼지 못했다. 아이나 어른들이나 생각은 그저 '고정적인 개념'이 있었다. 어렸을 때부터 사상교육을 받다보니 '단하나의 생각밖에 못하는' 사람들이었다.

그때는 내 생각인데, 그 때는 아이나 어른들이나 생각은 다 그저 고정적인 개념이지요. 그게 어렸을 때부터 교육으로 받다 보니깐 생각하는 것도 단 하나의 생각밖에 못 하는 거죠. 북한에서 선전하는 데로… **(사례 9, 40대 남성, 2005년 탈북, 함경북도)**

▶▶ 70대 노모의 한마디, '국가는 저래야 발전을 하는데…'

다음 사례 9의 70대 어머니의 이야기는 분단 이후 50년이 넘게 북한체제에서 정치사회화 과정을 거쳤지만 그들의 판단력을 완전히 제어하기에 역부족이었다는 생각을 하게 했다. 사례 9의 어머니(70대)는 남한에서 시위하는 TV 속 장면을 시청하면서 '국가는… 저런 속에서 발전한다'라는 말을 나지막히 하셨다. '토대'도 좋았던 어머니였는데… 자식들은 '저 사람들 잘 먹고 잘 사는데 왜 그러냐' 했지만 어머니는 '국가가 저래야 발전을 하는데…'라며 말끝을 흐리셨다.

사례 9는 지금 남한에 와서야 그 때 어머니 말씀을 이해한다고 했다. 그 때 어머니의 말씀 속에 한국이 발전한 것이 '옛날 선대들이 그런 투쟁'을 했기 때문이라는 의미가 담겨 있을 것으로 보았다. 분단과 전쟁을 경험한 70대 노모의 한마디가 아들의 마음을 움직이고 있었다.

그 때 당시 그런 소리를 하더라고… 우리가 앉아서 엄마랑 같이 밥을 먹으며 우리는 뭐 직장 생활한다고 살기 바쁘니깐 저 사람 잘 먹고 잘 사는데 왜 그러냐, 이러는데 국가가 저래야 발전을 하는데…네, 그때는 그게 무슨 말인지 나도 이해를 못 했습니다. 근데 여기 와보니깐 지금 한국이 많이 발전 한게, 옛날 선대들이 그런 투쟁이 있었길래… 많이 발전하고 많이 살게 되니까는… 그걸 지금에 와서 많이 느끼게 되는 거죠. (사례 9, 40대 남성, 2005년 탈북, 함경북도)

04 젠더

북한은 1970년대 이래 김일성 유일지배체제 구축과 후계체제가 이행되면서 수령을 중심으로 한 국가 가부장제가 강화되었으며, 이는 사적 영역에까지 투영되어 가정 내에서 남성을 중심으로 한 권위주의가 재생산 되어 오고 있다. 가부장적 권력은 가부장제 사회와 남성의 이해가 대변되는 정치권력화된 구조를 뜻한다고 할 수 있다.3)

남녀평등을 실현하기 위한 법제도적 기반 구축은 남한보다 북한에서 먼저 있었다. 정권 수립 이전부터 '남녀평등권에 대한 법령' 제정이 이뤄졌고, 이후에는 전통적 가족제도의 물적, 법제도적 토대가 되었던 상속세와 호적제를 폐지하였다. 이와 더불어 가사노동의 사회화와 자녀양육의 국가 보장을 위한 조치 등이 이루어졌으며, 여성의 '노동계급화'가 추진되어 여성 노동력이 급증하였다. 여성노동력이 증가하면서 북한도 자본주의에서 나타나는 성별분업이 확대되었다. 여성은 '헐한 일, 값싼 임금'을 받는 '여성 고유의 일'에 국한된 성별분업이 존재해 오고 있는 것이다. 이후 북한 경제가 침체와 하강기로 접어드는 1980년대에는 여성 노동력 수요가 줄어들게 되면서 다시 여성을 가정으로 돌려보내는 정책을 취하게 된다. 과거 국가가 보장했던 가사노동과 자녀 양육에 대한 법제도적 구속력도 1998년 헌법 개정에서 약화되는 것을 볼 수 있다.4)

이와 더불어 북한 여성은 노동자로서의 역할 뿐 아니라 노동자의 어머니로서 역할을 감당해야 하며, 여성과 남성의 전통적 성역할 위계와 역할 구분으로 가정 내에서 가사 노동을 모두 겸해야 하는 이중 삼중의 역할고를 겪게 된다. 더욱이 경제 위기가 가중되는 1990년대 중반 이후에는 가족 경제를 책임지는 주체로서 여성의 역할이 중요해 지면서 여성들은 비공식적 영역에서의 경제활동 부담이 더욱 커져갔다.5)

이와 같은 남녀간에 사회적 성역할과 위계 속에서 성별에 따라 남한 영상물 접촉빈도, 그리고 의식 변화는 어떻게 나타나고 있을까. 우선 성별로 남한 영화나 드라마 시청 빈도를 살펴본다.

▶▶ 성별 매체접촉빈도

북한에서 남한 영상물을 시청한 빈도를 성별로 보면 무엇보다 매일 시청한다는 응답자가 남성은 32%, 여성은 13%로 나타나 성별에 따라 응답률 차가 비교적 크게 나타났다.

성별에 따른 시청 빈도의 차이는 다음 사례의 이야기를 통해 가부장적 성역할 인식, 그리고 성성(sexuality)에서 어느정도 기인하고 있음을 파악할 수 있다.

여자가 질펀하게 앉아 본다? 여성성이 좀 애매하죠.

사례 16은 여자들이 '질펀하게 앉아서 뭘본다'는 것은 '여성성이 좀 애매'한 것이라 표현했다. 북한에서 여자는 남자에 비해 자유가 없었다. 또 무시당하기도 했다. 그러기에 남자에 비해 여자가 남한 영상물을 더 많이 볼 수 없을 것으로 생각했다. 여자들이 혼자 몰래 볼 수는 있어도 몇몇 사람들끼리 몰려서 본다는 것은 남자에 비해 하기 어려울 것이라며 시청 형태에서도 남녀간 차이를 이야기 했다. 그러기

표 3-5 성별 영상매체접촉빈도

			매체접촉빈도				전체
			매일	1주일에 한번	한달에 한두번	1년에 몇번 정도	
성별	남성	빈도	8	4	6	7	25
		성별 중 %	32.0%	16.0%	24.0%	28.0%	100.0%
		전체 %	10.1%	5.1%	7.6%	8.9%	31.6%
	여성	빈도	7	14	15	18	54
		성별 중 %	13.0%	25.9%	27.8%	33.3%	100.0%
		전체 %	8.9%	17.7%	19.0%	22.8%	68.4%
전체		빈도	15	18	21	25	79
		성별 중 %	19.0%	22.8%	26.6%	31.6%	100.0%
		전체 %	19.0%	22.8%	26.6%	31.6%	100.0%

표 3-5 면접참여자의 북한 내 성별 남한 영상매체접촉률

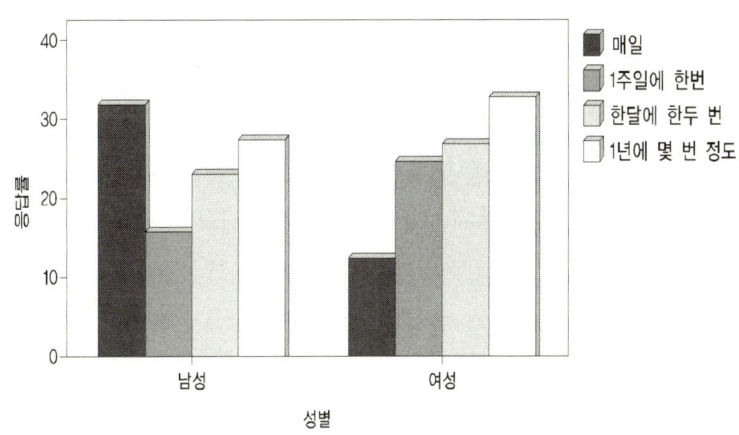

에 남자들이 남한 영상물을 더 많이 접하고 의식 변화도 더 빠를 것으로 생각하고 있었다.

> 사례 16: 대체로 여자들은 그때 당시에는 흥미를 조금 못 느꼈어요. 여자분들은. 왜냐면 북한에는 아직까지 한국처럼 여자자유가 별로 없거든요. 또 여자가 질펀하게 앉아서 뭘본다 하면 여자의 여성성이 좀 애매하게 돼요.
> 면접자: 주부는 그럴수도 있잖아요?
> 사례 16: 아니죠. 주부도 손님이 왔을때 같이 앉아서 한다는 건. 혼자서는 볼 수 있죠. 근데 그것을 전문 보려고 하는건 남자들이지 여자들은 제가 보기엔…
> 면접자: 의식의 변화도 차이가 있을것 같아요? 남성과 여성이?
> 사례 16: 남자가 더빠르죠. 북한은. 왜냐면 북한은 아직 여자들이 무시당하는 사회거든요. 여자들이 무시당합니다. (사례 16, 30대 남성, 2006년 탈북, 함경북도)

여자는 '한국가야겠다', 남자는 '한국가면 다 죽겠다'

남자에 비해 여자의 남한 영상물 시청 빈도가 낮게 나타나고 시청 형태도 다를 것이라는 통계 결과와 앞서 본 사례 16의 이야기에도 불구하고 여자의 남한 영상물에 대한 선호도, 호기심, 몰입도 등은 남자 못지않다는 것을 알 수 있다.

50대 여자인 사례 51은 남자에 비해 여자들이 남한 영상물에 대해 호기심이 더 많은 것으로 생각하고 있었다. 그 뿐 아니다. 시청 태도도 여자에 비해 남자는 '뚱 하게' 앉아 있는다. '사랑하는 장면'에서 여자들의 반응은 남자보다 폭발적이다. 무엇보다 '남자는 위신이 없고 여자는 좀 쎈' 한국 드라마 내용에 여자들은 한국에 가야겠다는 생각까지 이르게 된다.

반면 남자들은 한국에 가면 여자들한테 눌려서 '값이 없겠구나' 한다. 여자들은 남한 드라마에서 여자들을 위해주고 설겆이 하는 장면을 보면서 잘 믿겨지지 않을 때도 있지만 어느 정도 사실에 기초했을 것이라는 기대에 남한행을 꿈꾸기도 한다.

> 어쨌든간에 여자가 더… 호기심이 많죠. 남자는 좀 덜하구요. 그런거 같아요, 나는. 같은 청년이고 20대라고 해도 여자가 더 빠르죠. 남자는 좀 뚱하구요. (주로 어떤 장면에서 다른지?) 사랑관계에서. 드라마 보면 사랑하는 장면에서, 여자들은 그런 장면만 봐도 막 흥분해서, 근데 남자들은 뚱~하게 앉아 있는게 있거든요. 어쨌든 여자들은 반응이 빠른거 같아. (다시 질문) 어쨌든간… 남자는 위신이 없고 여자는 좀 쎄잖아요. 한국드라마에선. (그런거 보면 남자들이 뭐래요?) '한국가면 우린 다 죽었구나' 이러지. 여자들은 한국가야겠다, 생각하고 남자들은 '야, 우린 한국가면 여자들한테 다 눌려서 값이 없겠구나' 그러지. 그런 차이점이 있겠지. 다르지. 생각이 좀 차이가 있지. (남자들이 집안일 하는 장면은 어떤지?) 그거 보면 '와, 실제로 저럴까?' 그러지. 잘 믿겨지진 않지만. 그래도 저게 어느정도 사실에 기초했긴 했겠지. **(사례 51, 50대 여성, 2010년 탈북, 평안남도)**

▶▶ **결혼상태별 매체접촉빈도**

그렇다면 북한에서 결혼여부에 따라서 남한 영상물 시청빈도에 차이가 있을까? 결혼여부에 따라서도 남한 영상 매체 시청 빈도가 차이를 보였는데 기혼이 미혼보다 더 자주 시청하고 있었다. 기혼의 경우 매일 시청한다는 응답이 21.3%, 1주일 한두번 시청이 25.5%로 과반

표 3-6 북한주민의 결혼상태별 매체접촉빈도

			매체접촉빈도				
			매일	1주일에 한번	한달에 한두번	1년에 몇번 정도	전체
결혼여부	기혼	빈도	10	12	11	14	47
		결혼여부 중 %	21.3%	25.5%	23.4%	29.8%	100.0%
		전체 %	14.3%	17.1%	15.7%	20.0%	67.1%
	미혼	빈도	3	3	7	6	19
		결혼여부 중 %	15.8%	15.8%	36.8%	31.6%	100.0%
		전체 %	4.3%	4.3%	10.0%	8.6%	27.1%
	기혼이나 배우자 없음 (사별, 이혼 등)	빈도	1	1	2	0	4
		결혼여부 중 %	25.0%	25.0%	50.0%	0%	100.0%
		전체 %	1.4%	1.4%	2.9%	0%	5.7%
전체		빈도	14	16	20	20	70
		결혼여부 중 %	20.0%	22.9%	28.6%	28.6%	100.0%
		전체 %	20.0%	22.9%	28.6%	28.6%	100.0%

표 3-6 면접참여자의 북한 내 결혼상태별 남한 영상물 시청률

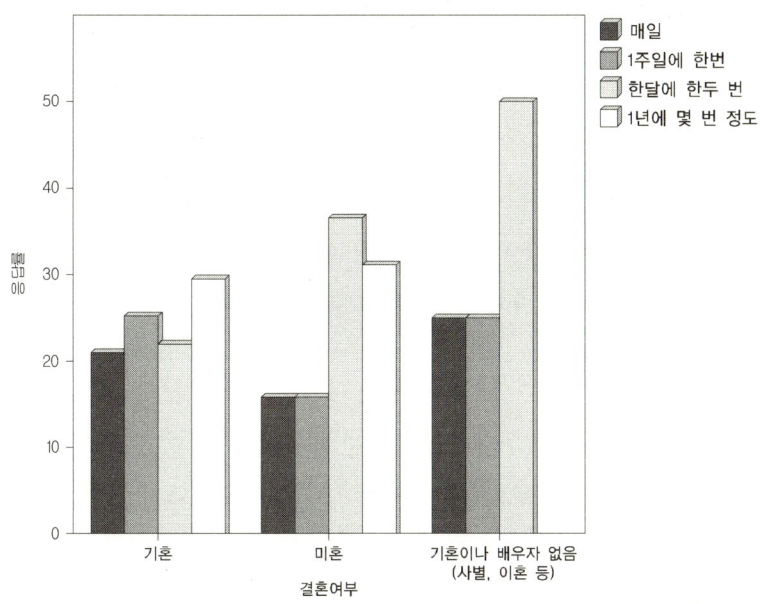

수 가까이 1주일에 한두번 내지 매일 시청하고 있었다. 이에 비해 미혼은 매일, 일주일에 한두번이 각기 15.8%로 모두 합해 30%에 머물렀다. 기혼이 미혼에 비해 매일 시청하거나 일주일 한두번 시청한 응답자 비율이 20% 가량 많게 나타난 것이다.

그럼 이제부터 북한에서 면접참여 여자, 남자들이 각기 남한 드라마, 영화에 등장하는 남한 여자, 남한 남자를 보고 어떤 생각을 하는지, 그리고 시청이 거듭되면서 어떠한 의식 변화가 있는지 보도록 하자.

▶▶ 북한 여자가 본 남한 여자 (북한 여자 → 남한 여자)

남한 여자 '너무저런다'에서 북한 남자 '여자 부려먹는다'로…

사례 11은 남한 영상물을 처음 시청할 때는 '너무 저런다' 싶을 정도로 드세게 나오는 여자들의 태도가 이해되지 않았다. 몇 번 시청하면서 남북한 남자들이 너무 '대조'된다는 인식을 하게 됐다. 여자들은 북한 남자들이 '김정일이 처럼 논다'고 수근거릴 정도가 되었다. 김정일이 통치하는 것처럼 남자들이 집에서 여자들을 '부려먹는다'는 생각이 들었다. 여자들이 집에서 일 할 뿐 아니라 '생활전선'에까지 나가야 했으니 말이다.

제일 처음에는 인식 못 할때는 너무 저런다 그랬죠. 북한은 옛날 처럼 그렇잖아요. 근데 지금에 와서 보면 너무나도 진짜 북한 사람들하고 북한 남자들하고 한국 남자들하고 너무 대조적이니깐, 지금에 와서 보면 너무 깨지 못 했구나 그런 생각이 들죠 북한이… 북한 남자들이 너무 김정일이 처럼… 우리도 말해요. 북한 남자들은 김정일이 처럼 논다고, 집에서도. 그러니깐 김정일이 통치하는 것처럼 남자들도 아직도 집에서도 그리고 여자들을 부려먹고 그러니깐 여자들이 다 생활전선에 나가고. **(사례 11, 40대 여성, 2003년 탈북, 함경남도)**

남자 하나 놓고 막 싸우는 여자들

사례 41은 드라마 〈천국의 계단〉에서 남자 한 명을 놓고 여자들이 서로 질투하며 싸우는 장면을 떠올렸다. 그 장면에서 남자들은 '저런 놈이 뭐 잘생겼냐'며 은근히 자존심 상해하기도 했다. 하지만 여자들은 달랐다. 저렇게 부잣집에 멋있기까지. 빠져들지 않을 수 없었다.

음… 천국의 계단 봐도, 남자 하나 놓고 여자들이 막 싸우잖아요. 그럼 남자들이 볼때는 저런 놈이 뭐 잘생겼나, 그러면서 자존심 때문에… 뭐 저런 남자를 좋아하냐 그렇게. 여자들은 틀리죠. 여자들은 막 멋있고 잘살고 그러니까. 부잣집이니까. **(사례 41, 30대 여성, 2005년 탈북, 함경북도)**

드라마 〈순풍산부인과〉에 등장하는 남자, 여자들은 더했다. 남자들이 부엌에 들어가 요리를 하고 설겆이도 했다. 여자들은 '막 짧은 거'를 입고 나타났다. 당시로선 이해할 수 없었다.

아 맞아요. 순풍산부인과에서도… 근데 우리도 그거 볼때, 남자는 저런거 하는거 아니라고 그러거든요. 근데 남자들은 더하죠. 불알 달고 뭐 저런걸 하냐 그렇게. 우리도 남자가 부엌에 들어가면 안 좋다고 생각은 해요. 그러니까 남자들은 더하죠. (또 다시 질문) 음… 근데 사실 뭐 비슷한데. 여자들이 막 짧은거 입고 그런것도… 그냥 우리도 보기엔 안 좋다고 생각하니까. **(사례 41, 30대 여성, 2005년 탈북, 함경북도)**

남자가 우상인 북한, 여자가 우상인 남한

50대인 사례 52는 북한에서는 '남자를 우상'으로 여기는데, 남한 영상물에서 '남자들이 여자를 우상'으로 생각하고 남자를 얕보는 장면들이 나오면 안좋게 여겨졌다.

여긴 남자들이 여자들 우상하고 남자들을 얕보는거 나오면 아무래도 남자들이 아무래도 안좋지. 북한에선 남자를 우상하니까. **(사례 52, 50대 여성, 2010년 탈북, 평안남도)**

▶▶ 북한 남자가 본 남한 남자 (북한 남자 → 남한 남자)

영화가 남자를 '머저리'로 만드네

남편이 애 업고 가방 드는 장면에 여자들은 환호했다. '야, 우리도 저래야 하는데' 하는 반면 남자들은 '아니다' 했다. 영화가 남자를 '머저리'로 만드는 것 아닌가. 지금 남한에 와서 사례 49는 부인과 함께 설겆이도 하고 청소도 조금씩 하게 됐다. 북한에서와는 많이 달라졌다. 이제는 '좀 되먹었다 하는 남자'는 여자를 잘 도와 주는 남자, '되먹지 못한 남자'는 여자를 잘 도와주지 않는 남자라는 생각까지 하게 됐다.

그런 장면을 보면 여자들은 좋아하죠 '야, 우리도 저래야 하는데' 근데 남자들은 '아니다' 하죠. 다 지 좋을대로인거죠. 남자들 반응은 완전 머저리 만든다고 그러지. 영화가 남자들을, 자기네들을 머저리 만든다고 그러지. 근데 이제 부엌에서 설겆이 하고 청소하는건 이제 조금씩 돼 가는거 같아요. 조금씩… 옛날하곤 많이 달라졌어요. 예전하곤 좀 달라진거지. 사람들마다 인식이 달라요. 좀 되먹었다 하는 남자는 집안일 잘 도와준단 말이에요. 근데 되먹지 못한 남자들은 그렇질 못하고. 어디든 사람마다 다 차이가 있는거에요. **(사례 49, 30대 남성, 2009년 탈북, 양강도)**

사례 55(50대 남자)는 한국 남자들이 여자들을 위해 주는 장면에서 '좀 모자란가?' 생각했다. 사랑 때문에 고민 할 수는 있지만 도대체 사랑에 목숨 거는 남자. 진짜 그럴까? 북한에서는 여자를 사람 취급 안 했다. 자신부터도 몹시 가부장적이었다. 그런데 여자를 위해 목숨 거는 남자라니… 여자들은 동경할 수밖에 없었다. 남한에 입국해 있는 동안 남한 남자가 다 그런게 아니다, '드라마는 드라마'일 뿐이라는 이야기를 들었다. 사람들 호기심을 끌려는 극적 구성이라는 것이다.

여자들은 주로 옷차림이나 말투… 그리고 평양 같은데 살면서 유행에 민감한 여자들은 한국말 거의 다 따라 합니다. 저절로 그렇게 나오는거에요. (견해차이는?) 견해… 음… 메이크업? 이런 측면에서… 아무래도 좀 뭐랄까… 그리고 한국에선 굉장히 여자들을 위해주는게 있잖아요. 그런걸 남자들이 보면 '한국 남자들은 좀 모자란가?' 그런 생각을 하게 되고. 뭐 따귀 때리고 그런건 있을 수 있다고 보는데요. 사랑 때문에 고민을 할 수는 있겠지만, 어떤 경우에는 남자가 정말 목숨을 걸고 사랑 때문에… 근데 제가 하나원에서 물어보니까 다 그런건 아니라고 하더라구요. 역시 드라마는 드라마라고… 사람들의 호기심을 끌어야 하니까요. 여자들은 참 좋아합니다. 여자들은 정말 동경하고… 북한에서 여자를 사람취급 안하니까요. 가부장적이고. 나부터도 그런 견해를 바꾸려고 노력은 하는데 잘 안돼요. **(사례 55, 50대 남성, 2011년 탈북, 평안남도)**

'애 업고 가방까지 드는 남편', '머저리'에서 '좀 되먹은' 남자로 보이다.

사례 49는 북한에서 여자는 남자에게 무조건 복종해야 한다는 생각이었다. 남존여비 의식이 강했었다. 그런데 한국 드라마에 등장하는 남자들은 여자들이 의자에 앉으려 하면 의자를 빼 주질 않나, 이해되지 않았다. 여자를 많이 위해주고, 사랑해주는 모습. 점차 남한의 '문화수준 상태가' 높다는 생각으로 바뀌게 되었다. '우리 남자들도 저렇게 변했으면 좋겠다'는 동경에 이르기도 했다.

북한에서는 남자들이 집에 들어오면 무조건 큰 소리를 치곤 했었다. 그런데 한국 드라마에 비친 남자들은 아무리 밖에 나가 돈을 벌어와도 집에 들어오면 '아주머니들한테' 정말 잘해줬다. 그 뿐 아니었다. 남한 남자들은 아이를 업고다니며 돌보기까지 한다. 북한에서는 상상도 할 수 없는 일. 잠깐 안고 다니는 일은 있어도 아예 애를 업고 다니다니. 그러면서 부인 가방까지 들고 있었다. 북한에서는 여자가 애도 업고 짐도 여자가 들었다. 남자들은 빈몸으로 걸어가야 했으니…

음… 남녀간의 차이가… 있긴 있는거지. 그리고 북한은 남존여비가 쎄요. 남자들이 자존심이랄까? 여자는 무조건 복종해야 한다… 근데 한국드라마 보면 남자들이 여자들 많이 위해주고, 사랑해주고, 어디가서 앉으면 의자 받쳐주고… 그래서 그런거 보면 문화수준 상태가… 남자들은 그게 이해가 안되는거에요. 이해가 안되지. 여자들은 저랬으면 좋겠다 그리고. 우리 남자들도 저렇게 변했으면 좋겠다 그리고. 그런게 있죠 아무래도. (또 예를 든다면?) 그리고… 음… 우리는 그저 남자들이 무조건 큰소리 치는거 하는거에요. 근데 한국을 보면, 내가 밖에 나가서 돈을 벌어도 집에 들어오면 아주머니들한테 정말 잘해주는거에요, 부인한테. 그런 장면을 보면 남자들이… 그리고 아이들을 막 안고 다니고 업고 다니고… 북한에선 상상도 못하는거에요. 북한에서는 남자들이 아이를 업는다든가 그런거 생각도 못하는거에요. 잠깐 안고는 다닐수 있는데 여기 남자들은 막 애를 업고 다니잖아요, 부인 있어도. 부인 있어도 막. 가방을 들어도, 우린 북한에선 다 여자가 드는거에요. 애도 안고 짐 두 개씩… 부인이 애를 안았으면 남편이 짐을 진다든가 그래야 하는데, 애도 부인이 안고 짐도 부인이 지고, 남자들은 빈몸으로 걸어가야 하고… 아직 수준이 많이… 그런게 아직 많이 남아있지. 여자가 시장 봐 온 거 채소 이런걸 남자가 지면 거기선 웃는다구. 여자가 응당 지어야 하는거지. 남자가 그런 짐을 지면 웃는거에요. (사례 49, 30대 남성, 2009년 탈북, 양강도)

▶▶ 북한 남자가 본 남한 여자 (북한 남자 → 남한 여자)

여자배우는 좀 여성스러운 면이 없더라고요.

사례 44는 북한에서 연인들끼리 쑥쓰러움에 스킨십은 생각도 못했다. 한국 드라마에서는 '막 내놓고' 연인들끼리 애정표현을 했다. 그런 장면에서 남자들은 '내놓고' 좋하면서 '멋있다'를 연발했다. 반면 여자들은 쑥쓰러워했다. 영상에 등장하는 여자배우들은 여성스러운 면이 없이 굉장히 활발했다. '서양적'이란 느낌도 들었는데, 남자 '귀빰'을 막 때리지 않나 활발하다 못해 드셌다. 여자라기 보다 남자 같았다.

북한은 연인끼리 스킨십 같은걸 전혀 못해요. 사람들이 쑥스러워가지고… 근데 한국은 드라마 보면 스킨십도 막 내놓고 하고… 남자들

같은 경우엔 그런거 보면서도 내놓고 좋아하는데, 여자들은 그런거 보면 쑥스러워하더라구요. 남자들은 저런거 보면 막 멋있다고 하죠. 막 농담식으로… 남한 영화배우에 대한 생각은 북한하고 똑같을 거 같아요. 쟤네들도 다 이쁘고 멋있는 애들 뽑았을거다… 이렇게. 그렇게 생각했죠. 근데 여자배우는 좀 여성스러운 면이 없더라구요, 북한에서 봤을때. 오히려 되게 서양적인 느낌? 되게 활발하고… 여자라는 느낌보다는 남자같은 스타일로… 드세기도 하고 활발하기도 하고 쑥스러워하는 것도 없고, 자기 감정을 막 표현하고, 그리고 남자 귀뺨을 막 때리고. 그런거 봤을때 되게 이해가 안가죠. 놀랬어요. **(사례 44, 30대 남성, 2004년 탈북, 함경북도)**

여자, '시집만 가면 끝'이 아닌 '남위에 올라설 수 있는' 존재

남성인 사례 9는 북한에서 〈가슴달린 남자〉(영화)를 시청했었다. 영화를 보면서 사례 9는 남북한을 비교했다. 북한에서는 '여자는 대학 졸업해도 크게 쓸데 없다. 시집만 가면 그걸로 끝이다'는 생각이었다. 그런데 영화에 등장한 여자 주인공은 자신의 성공을 위해 남장을 감행하기도 했다. 그 장면에 적잖이 놀라면서도 여성에 대한 생각이 바뀌었다. 영화를 통해 본 한국은 여성이 결혼을 해도 '남 위에 올라설 수 있고, 자기 능력을 발휘 할 수 있는' 곳이었다.

그러니깐 우리 생각하기는 북한 여자들은 대체로 이래. 여자는 대학 졸업해도 크게 쓸 데 없다, 여자는 시집만 가면 그걸로 끝이다. 배워도 시집만 가면 왠만한 이런 그 기질이 없어가지고는 대학 몇 개 가지고는 필요 없는 거지. 현실이 그렇습니다. 북한 실정은… 근데 그런 영화를 보면 한국은 그게 아니지. 자기가 시집을 가도 남 위에 올라설 수 있고, 자기 능력을 발휘 할 수 있는 그런 얘기를 했거든요. 북한에는 뭐 시집만 가면… 이렇게 뭐야. (사례 9, 40대 남성, 2005년 탈북, 함경북도)

▶▶ 북한 여자가 본 남한 남자 (북한 여자 → 남한 남자)

남한 남자, '꽃'에서 '뻔뻔'함으로: '드라마 환상 속에 빠져 있던 여자'

사례 7은 북한에서 남한 영상물을 시청하면서 남한 남성들이 '꽃' 같이 여겨질만큼 '드라마 환상 속에 빠져 있던 여자'였다. 그런데 남한에 입국해서 남한 남성과 막상 만나 보니 환상은 깨지고 말았다. 마치 자신을 '미개'하게 취급하는 듯 했다. 집에 있는 가전제품을 다룰 줄은 아느냐 라거나, 먼저 전화하라고 하는 거만함이 자존심을 상하게 했다. 한마디로 '뻔뻔'해 보였다. 그러면서 왜 자신이 남한의 결혼 문화를 진작 파악하지 못했을까 자책하기도 했다.

북한에서 본 남한 드라마 속 결혼은 조건을 따지지 않는 사랑으로 맺어진 것이었건만… 실제는 달랐다. 주변 친구들 중에는 '남한 남자'다 하면 그 사람이 어떤 사람인지, 어떤 '계급'인지도 생각하지 않고 그냥 결혼해 갈등을 겪기도 한다며 안타까워했다.

네, 막 이렇게 남한 남자들이 꽃처럼 빠져 있었던, 진짜 좋은 이미지만 그득 그득 했어요. 근데 딱 상대해 보니깐 음으로 양으로 속에는 너 지금 경제적으로 아주 약한 데서 왔지, 너희 집에 무슨 기계가 있긴 있는데, 그걸 제대로 작동이나 할 줄 아냐. 좀 미개적으로 생각하는게 저는 딱 자존심이 상하더라고요 그래서…

네, 맞아요 제가 저기서 한 번도 아니고 2번 3번 나가 봤는데, 그리고 어떤 남자는 전화주세요 하는게 자존심 상하더라고요. 자기가 나를 맘에 들면 먼저 전화를 주면 되지 왜 내가 먼저 남자한테 전화를 줘야 되지, 아 이놈들이 재수 없는 사람이네… 이렇게 하하 나도 그렇게 남쪽 남자라면 침을 질질 흘리면서 너무러지는 그런 여자 아니다. 나도 자존심이 있거든, 이런 생각이 드는 거에요, 속으로. 네… 이렇게 대답을 하면서도 내가 왜 전화를 먼저 줘, 네가 줘야지 이렇게 생각을 했거든요, 제가 잘못된 생각이죠.

걔네는(주변 탈북여성 친구) 딱 보면 한국 남자다 여기에 터가 있다. 이 남자가 이 사회에서 어떤 계급인지, 어떤 상황인지 모르고 그냥 한국 남자를 갖고 가버려 가지고, 갈등을 겪는 애들이 있어요. 그러니깐 저보다도 오히려 더 한심하게 사는 애들도 있어요. 애나 낳고… 뭐 어떤 정보가 있는지, 어떻게 해야 되는지 이런 것도 아예 잘 모르는 애들도 많고, 저는 그렇게 살고 싶지 않아요. 지금 생각하면 내가 아 그 나라에 가서 내가 먼저 문화를 안다는게 엄청 중요하구나… 왜 여기 와서 결혼관에 대한 문화를 먼저 캐치 못했을까… 그래서 조금 후회스러운 부분으로 잠깐 생각되기도 해요. 근데 후회하면 안되죠? 하하 그런 생각이 들어요. 엄청… 그런 교육도 이젠 필요 한 것 같아요. 그리고 음… 여자들은 후회를 하면 후회를 할 수 없잖아요. 남자들하고 다르게 그러니깐 여자를 상처를 입지 않게 교육을 왜 하나원에서 해주지 않았을까… **(사례 7, 30대 여성, 2004년 탈북, 함경북도)**

고급스런 남자와 상스런 남자

사례 29(여)는 '자연스럽게' 남한 드라마에 나오는 남자들의 모습에 마음이 끌렸다. 여자를 대하는 너무나도 부드러운 모습… 남한 남자들 거의 100%가 여자를 위한다고 생각했다. 북한남자들이 '상스러운게 많다'면 남한남자들은 배운 게 많아서 그런지 '고급스럽게'까지 여겨졌다.

거의 뭐 100%는 아니더라도 사람들이 다 저렇는가 그럼 여자들한테 대해준게… 대하는 이렇게 한마디로 말해서 북한 남자들에 비하면 고급스럽다 배운게 많고 든게 많아서 그런지 분명한 나라에서 자라서 그런지 고급스럽구나… 이런 걸 많이 느꼈어요. 좀 상스럽고 북한 남자들은 막 상스러운게 많잖아요 막 이렇게 하하 **(사례 29, 30대 여성, 2009년 탈북, 함경북도)**

하지만 사례 29는 이내 한국 영화에서도 '상스러운 남자'를 봤다. 북한과 마찬가지로 저 나라에도 '조폭스러운 상스러운 남자'가 있다는 것을 보고 '어디나 사람 나름'이라고 생각을 고쳐먹었다.

근데… 한국 영화도 보면 상스러운 남자들이 나오는 남자들도 있어요 조폭이나… 그런 걸 보면 그런 것도 보면 저 나라에도 저렇게 조폭스러운 저런 상스러운 남자들도 있구나… 근데 저런 것도 천한 사람들이겠다… 우리 북한도 그렇잖아요. 각 사람이 그 형편에서 되먹지 않게 사는 사람들은 천하게 놀아요. 근데 부모님한테 제대로 교육받은 사람들은 천하래도 천하지 못 해요. 그것처럼 역시 그걸 보고 느낀게 아 조폭들도 장난삼아 했다던가 힘들게 살아서 안 그런 것도 있고 한 데… 그런 측면은 북한 하고 같은 것 같아요. 사람 나름이구나… 배운 사람이고 가족들이 제대로 자란 사람들은 역시 고급스럽고 그런 걸 느꼈어요. 근데 이제난 한마디로 그걸 느꼈어요 남자들이 여자들을 대하는 측면은 많이 이렇게 어떻다고 할까 부드럽다고 할까요? **(사례 29, 30대 여성, 2009년 탈북, 함경북도)**

여자한테 존댓말 쓰는 남자들

북한에서 본 남한 드라마에서 여자들한테 존댓말 쓰는 남자들의 모습도 인상적이다. 남자가 여자한테 존대말을 하며 존중해 주는 모습을 북한 남자와 대비해 보기도 한다. 그게 남북한 남자의 차이점이라며 말이다.

글쎄요. 그거는 잘 모르겠는데… 이 한국 남자들은 여자들한테 다 존칭어를 쓰잖아요. 존댓말을. 근데 북한 남자들은 아니거든요 (웃음) 그게 다르고… 한국말이 많이 좋다고 해요. 남자들도 한국말을 많이 쓰고 싶어해요. (존댓말 쓴다고 나쁘게 생각은 안하는거 같아요. 그저 한국말을 써봤으면 하는 생각을 해요. 남자들이 싫어하는 장면은 없는거 같아요. 음… 드라마를 보면… 여자가 못되먹게 나오는 경우가 있잖아요. 막 못된 여자가 중간에 끼어들어서 나쁘게 굴고 그런 장면을 볼때는 욕하기도 하고… **(사례 50, 20대 여성, 2010년 탈북, 함경북도)**

집에서 밥하다 태운 남자… 여자에게 혼나다

남북한 남자들의 가장 큰 차이로 '남자가 주방에서 요리'하는 모습을 떠올리는 사례도 있었다. 북한에서는 여자건 남자건 모두들 남자가 주방에서 요리하는 건 상상할 수 없었다. 그런데 남한 영화에는 여자가 나가서 일하면 남자가 요리를 하고 있었다. 남자가 앞치마를 두르고 밥을 하면서 수다를 떤다. 이내 밥을 태우자 밖에 나가 있던 여자가 집에 돌아와 남편을 혼내기까지 했다. '감히 어떻게 저렇게…' 지금까지 상상도 못했던 일이었다. '남한 여자들이 남한 남자를 잘 때리더라'며, '남한은 정말 여자들 살기 좋은 세상'으로 각인된다.

> 한국하고 북한 남성하고 되게 큰 차이점이 북한에서는 여자도 그렇고 남자도 그렇고 남자가 주방에서 요리 하는 걸 상상을 할 수가 없어요. 근데 많은 남자들이 요리를 하잖아요, 어떤 영화를 보면 그런 게 나와요. 두 집이 그 여자들이 나가서 일을 하는데 남자들은 밥을 하거든요. 앞치마를 두르고 밥을 하고 밥을 앞혀놓고 서로 이렇게 만나서 수다를 떨어요. 남자들이 부인을 흉하는 거죠. 막 수다를 떨다가 밥을 태우게 되요. 한 집 남자가 그래서 여자가 돌아와서 그 남편을 혼내는 거죠. 그런 걸 볼 때 북한에서 상상도 못 하는 감히 어떻게 저렇게… 남한 여자들이 남한 남자들 잘 때리더라고요. 우리 북한에서는 상상도 못 해요. 그러니깐 남한은 정말 여자들 살기 좋은 세상이구나. 정말 이렇게 생각도 많이 가졌고요. **(사례 29, 30대 여성, 2009년 탈북, 함경북도)**

북한에도 물론 '괜찮은 남편'들이 있다. 주변 언니들 남편을 보면 언니에게 매너있게 대했다. 하지만 아내가 남편 눈치를 보며 가족을 위해 '하루 벌이'에 나서는 동안 남편은 집에서 술만 먹는 '한심한 집'도 있었다. 그런 집을 보면 '나는 저런 남자 안만나겠다. 그런 남자 보지 않겠다' 다짐했다.

북한에서도 괜찮은 남편들은 괜찮을 수 있어요. 제가 아는 언니들도 남자들이 이렇게 매너있게 대하고 이런 집들도 많이 봤어요. 당연히 남자가 외화벌이를 하던 도둑질을 하던 여자는 집에 이렇게 앉아서 애기를 잘 키우고 이렇게 하는걸 이런 언니들도 많았고요. 제가 놀러도 많이 다녔거든요. 그런데 제가 이렇게 여자는 정말 눈치를 보는데 하루 벌이를 하느라고 하는 데, 신랑은 집에서 술만 퍼먹고 밥도 안 해놓고 이렇게 한심한 집들도 있어요. 근데 저는 그런 걸 보면서 어떤 느낌이었는가 나는 저런 남자는 안 만나겠다. 남자를 만날 때도 내가 이 정도니깐 남자를 보는 눈이 그 정도 밖에 안되니깐 저 정도 밖에 안되는 남자를 보고 사는게 아니겠어요. 그러니깐 나는 내가 그렇지 못 하니깐 나는 그런 남자를 보지 않겠다 나는 이렇게⋯ (사례 29, 30대 여성, 2009년 탈북, 함경북도)

사례 29는 탈북한 후 남한에 가면 '무조건 남한 남자 만나서 연애해 보고 마음에 들면 결혼'하겠다 생각했다. 하지만 막상 남한에 와보니 생각과 다른 현실에 부딪혔다. 직접 부딪쳐 본 남한 사회에서 사는 남자들⋯현실과 드라마는 많이 달랐다. '우리 북한 여자들⋯' 직접 경험하지 않고 드라마 속 환상에 빠져있었다고 말한다.

한번 연애는 해봤음 좋겠다⋯ 탈북할 때 어차피 북한에서 가정을 안이뤘으니깐 저는 제가 선택할 수 있는 조건이 있잖아요. 그러니깐 저는 남한에 가면 무조건 남한 남자만나서 연애해 보고 마음에 들면 결혼해서 살겠다. 이게 우리 북한 여자들 북한에서 몸으로 부딪히지 못하고 그냥 이렇게 드라마를 접하면서 환상적으로 많이 생각했구나, 현실하고 많이 다르구나, 너무 완전히 다르지는 못 해도 이렇게 부딪히니깐 내가 좀 생활을 겪어보니깐 다른 점이 너무 많구나⋯

(사례 29, 30대 여성, 2009년 탈북, 함경북도)

'발전하고 애정 받는 여자'로서의 삶을 위한 탈북

사례 29는 드라마를 보면서 남은 인생을 '여성으로서'의 삶을 살아보겠다는 생각을 했다. 바로 저기 남한에 가서… 누구와 사랑도 연애도 해보고 싶었다. 그 뿐 아니라. 북한에서 생각 못했던 여자들의 일과 성공, 외국도 마음대로 나갈 수 있고, 돈도 일한대로 벌 수 있는 곳. 남한행을 꿈꿔본다.

드라마를 접하니깐 저기가서 남은 내 인생을 여성으로서 삶이라던가 난 아직 여자의 삶을 한번도 못 살아봤잖아요. 북한에서 다 군복입고 보내고 사회생활 하다보니깐 나도 누구말 따라 사랑이란 것도 연애란 것도 해보고싶은 감정이 그 때부터 생기더라고요. 그 전에는 사실 뭐 고저 그렇게 생각 안 했어요. 근데 그 일있어가지고 제가 북한에서 제 인생을 포기 했잖아요. 거의 나 발전 못 하겠구나 하는 것 그렇게 생활 하면서 했어요. 너무 하다 그러면서 남한 드라마 접하면서… 남자하고 여자하고 둘이 이렇게 삼각 연애를 하면서 이렇게 하면서 부모들은 이쪽 남자하고 결혼을 하라고 하는데 이 여자는 자기가 마음에 드는 남자는 저쪽 편에 남자인 거에요. 근데 이렇게 부모들이 강요하니깐 둘이서 손을 잡고 미국으로 뛰는 거에요. 그런 장면 보면서 어쨌든간 남한은 자기가 마음먹은 대로 외국도 다닐 수 있고 돈도 자기가 벌고 싶으면 벌수 있고 북한은 나갈 때가 없잖아요. 실제 그런 측면도 그렇고… (사례 29, 30대 여성, 2009년 탈북, 함경북도)

'간나'라 한번 부르지 않은 남편, 남한 드라마로 기억하다

남한 드라마에 등장하는 남한 남자를 보며 자신의 남편과 비슷하다고 생각하는 사례도 있었다. 사례 4의 남편은 뱃사람이었는데 사례 4에게 '간나'라는 말 한번 써 본적 없이 잘 해주었다. 남한 드라마에서 남자가 여자를 위해 희생하는 장면을 보면서도 우리 남편 같다는 생각이 들 정도다. 남편과 함께 배를 타던 사람들의 부인들은 사례 4의 남편 덕에 자신들의 남편 말투가 많이 바뀌었다는 소리를 들었다. 남편이 북한에서 사망한 뒤 혼자 남한으로 온 사례 4는 지금도 돌아보면 '우리 신랑이 참 좋았구나' 생각이 든다.

> 그러니깐 저 어… 그 뱃사람들이 사는 게, 아줌마들 따라… 그 와이프들이 저보고 그래요. 자기 아이 이름이 ○○인데, ○○이 아버지는 ○○(사례 4의 아이 이름) 아버지 하고 배 같이 모는 데, 같이 따라 다니면서 말투가 많이 달라졌데요. 그래서 친구가, ○○이 친구를 잘 만나야 자기 신랑도 좋은 사람되지… 그래서 저보고 그런 소리를 하니깐 고저 그랬죠. 근데 이렇게 남한으로 오는 과정에 삶 과정을 쭉 들어보니깐, 야 진짜 우리 신랑이 참 좋았구나… 그런 생각이 들더라고요. (사례 4, 40대 여성, 2009년 탈북, 강원도)

05 기타: 탈북시기, 북한 거주 시 학력과 직업

▶▶ **탈북시기**

면담에 참여한 북한이탈주민들의 탈북시기에 따른

남한 영상물 접촉 빈도도 살펴볼만하다. 눈에 띄는 특징은 2010~ 2011년도에 탈북한 응답자의 경우 한 달에 한 두번, 1년에 몇 번 정도 남한 영상물을 접했다는 응답이 각기 40.7%, 37%로 나타나 두 응답의 합이 80%에 가깝게 나타났다. 반면 매일 시청은 14.8%, 일주일에 한 두 번은 7.4%로 나타나 두 응답의 합이 20%를 조금 넘어서는 수준이다.

이와 같은 경향은 2004~2009년도에 탈북한 사례들의 시청 빈도와는 차이를 보이는 것이다. 2004~2009년도에 탈북한 사례들의 경우 남한 영상물을 매일 시청했다거나 일주일에 한두번 시청했다는 응답자가 50% 내외에 육박하고 있는 것과 비교해 볼 때 30%가량 차이를 보이는 것이다. 이와 같은 결과는 2009년 화폐개혁, 그리고 김정일 사망과 김정은으로의 후계구도 전면화 과정에서 북한 내부 통제가 강화되고 남한 영상물에 대한 통제도 강화되고 있다는 그간의 논의와 일맥상통한다. 다음 2010년 10월에 탈북한 사례 50은 최근 1~2년 사이 한국드라마 CD가 사라져 가고 있다고 까지 파악하고 있었다. 내부 통제가 특별히 강화되는건 체감 못했지만 남한 영상물이 북한으로 들어오는 선에 문제가 생긴것 같다고 진단했다.

> 이런 한국드라마 알이 많이 말랐어요. 갑자기 1~2년새 한국드라마 CD알이 완전히 없어졌어요. 네, 완전히 없어졌어요. 한 재작년까지만해도 한국드라마가 많이 돌았어요. 매일이다시피 돌아다녔는데, 근데 갑자기 선거 이후로부터는 CD알들이 서서히 없어지더니 완전히 없어졌거든요. 네, 그때부터 서서히… 언제라고 딱 하긴 그렇지만 한 1~2년 사이에… 그 전엔 한국드라마 자주 봤는데 갑자기 딱 마르더라구요. 1~2년 새에 갑자기 CD알들이 다 말라버렸어요. 많이 보고 싶어 하는데, 언제부터인지 알이 서서히 없어지더라구요.

표 3-7 탈북시기에 따른 남한 영상물 접촉빈도

		매체접촉빈도				전체
		매일	1주일에 한번	한달에 한두번	1년에 몇번 정도	
탈북시기	2000~2001년도					
	빈도	0	0	0	1	1
	탈북시기 중 %	0%	0%	0%	100.0%	100.0%
	전체 %	0%	0%	0%	1.3%	1.3%
	2002~2003년도					
	빈도	0	1	0	0	1
	탈북시기 중 %	0%	100.0%	0%	0%	100.0%
	전체 %	0%	1.3%	0%	0%	1.3%
	2004~2005년도					
	빈도	1	2	1	2	6
	탈북시기 중 %	16.7%	33.3%	16.7%	33.3%	100.0%
	전체 %	1.3%	2.5%	1.3%	2.5%	7.6%
	2006~2007년도					
	빈도	4	7	4	4	19
	탈북시기 중 %	21.1%	36.8%	21.1%	21.1%	100.0%
	전체 %	5.1%	8.9%	5.1%	5.1%	24.1%
	2008~2009년도					
	빈도	6	6	5	8	25
	탈북시기 중 %	24.0%	24.0%	20.0%	32.0%	100.0%
	전체 %	7.6%	7.6%	6.3%	10.1%	31.6%
	2010~2011년도					
	빈도	4	2	11	10	27
	탈북시기 중 %	14.8%	7.4%	40.7%	37.0%	100.0%
	전체 %	5.1%	2.5%	13.9%	12.7%	34.2%
전체	빈도	15	18	21	25	79
	탈북시기 중 %	19.0%	22.8%	26.8%	31.6%	100.0%
	전체 %	19.0%	22.8%	26.6%	31.6%	100.0%

표 3-7 탈북시기에 따른 남한 영상물 접촉빈도

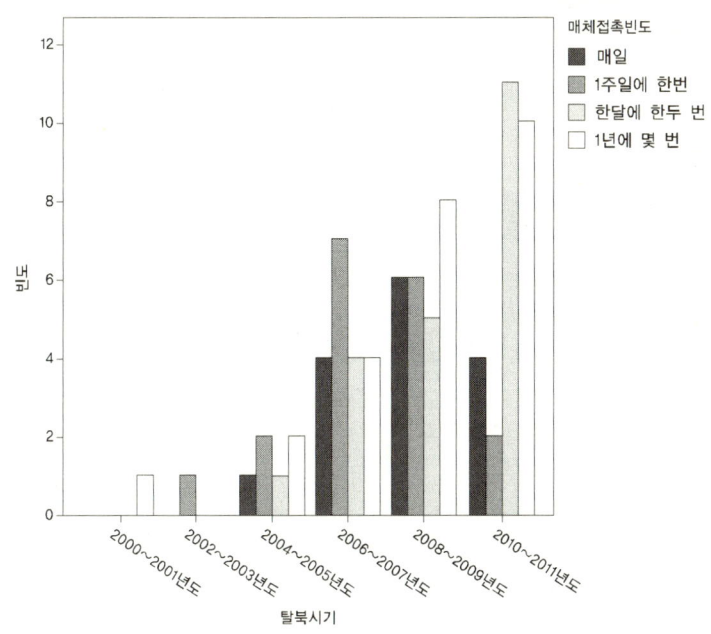

(단속이 심해지는 것인가?) 글쎄요, 그렇게 갑자기 단속 심하게 한 것도 별로 없는데 어떻게 된건지 알이 마르더라구요. 그러니까 CD 알이 마른다는게, CD알이 마르는 이유는요, 원래 돌던 알들이 하도 돌고 돌고 하다보면 나중엔 못쓰게 돼요. 하도 많이 보니까, 화면이 막 뚝뚝 끊어져요. 나중엔 못보게 돼요. 고장난 건 깨뜨려서 버리고. 그러니까, 더 이상 한국드라마가 들어오지는 않고 기존에 있던 알들은 돌고 돌다가 못보게 되니까 마르게 되는거 같아요. 새로 들어오는건 없고… 들어오는 선이 막혀서 그런건지… (새로 유입이 안 된다는 얘기인지?) 네. 그러니까… 들어오는 선이 없으니까 마른거 같아요. **(사례 50, 20대 여성, 2010년 탈북, 함경북도)**

▶▶ **북한거주 시 학력과 직업**

학력과 직업은 앞서 보았던 정치, 경제적 계층 수준과도 무관하지 않다는 점에서 주목해 볼 필요가 있다. 북한에서 대학 진학 가능성은

표 3-8 북한거주시 학력 수준에 따른 남한 영상물 접촉빈도

			매체접촉빈도				전체
			매일	1주일에한번	한달에 한두번	1년에 몇번 정도	
북한학력	소학교	빈도	0	1	0	1	2
		북한학력 중 %	0%	50.0%	0%	50.0%	100.0%
		전체 %	0%	1.3%	0%	1.3%	2.5%
	고등 중학교	빈도	8	12	12	16	48
		북한학력 중 %	16.7%	25.0%	25.5%	33.3%	100.0%
		전체 %	10.1%	15.2%	15.2%	20.3%	60.8%
	전문 대학	빈도	1	2	4	4	11
		북한학력 중 %	9.1%	18.2%	36.4%	36.4%	100.0%
		전체 %	1.3%	2.5%	5.1%	5.1%	13.9%
	대학교	빈도	6	3	5	4	18
		북한학력 중 %	33.3%	16.7%	27.8%	22.2%	100.0%
		전체 %	7.6%	3.8%	6.3%	5.1%	22.8%
전체		빈도	15	18	21	25	79
		북한학력 중 %	19.0%	22.8%	26.6%	31.6%	100.0%
		전체 %	19.0%	22.8%	26.6%	31.6%	100.0%

표 3-8 북한거주시 학력 수준에 따른 남한 영상물 접촉빈도

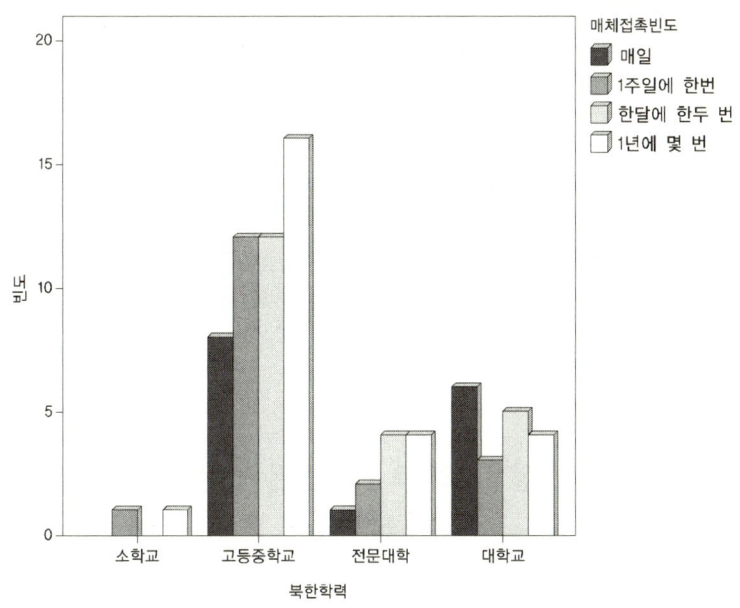

성분, 계급적 특성과 일정부분 연관성이 있다. 북한 교육체계의 기반이 되고 있으며 북한 교육개혁의 시작이라고 할 수 있는 1956년 대학 '입학규정 개혁'은 계급정책의 일환이었다. 입학규정 개혁 이후 대학 입학 자격 할당 비율은 연구 조사 결과마다 다르게 나타나 정확히 파악할 수는 없으나 각 결과를 종합해보면 직장인 20%, '직통생'(고등학교에서 곧바로 대학교 진학) 10%, 제대군인 70% 비율로 대학 입학 할당률이 정해지는 것으로 정리될 수 있다.

1980년대에 이르러서는 고등교육 과정에 입학하는 학생들의 학업수준 반영률을 높이기 위해 직장인, 제대군인 비율을 줄이고 직통생 입학 비율을 늘이기도 했다. 그럼에도 여전히 북한에서 대학을 비롯한 고등교육과정은 제대군인, 직장인 등을 우대하며, 주요 대학들의 경우 출신성분에 좌우되는 경향이 나타나고 있어 계급정책과 무관할 수 없는 상황이다. 나아가 주요 대학 졸업생들은 북한 내에서 정치·경제·행정 부문 등에서 엘리트로 성장할 가능성이 크다는 점에서 고등교육 이수자, 그리고 직업 별 남한 영상물 시청 상황과 의식변화는 앞으로도 주목해 나가야 할 부분이다.

▶▶ 대졸자, 매일 시청 33.3%로 가장 높은 접촉빈도

북한거주시 학력 수준에 따라서도 남한 영상물 시청빈도의 차이를 읽을 수 있었다. 다음 조사 결과를 보면 북한에서 대학을 졸업했다는 응답자들이 여타 응답자 보다 남한 영상물을 매일, 또는 일주일에 한두번 접했다는 비율이 높게 나타났다. 즉, 대졸자들의 경우 매일 시청했다는 응답률이 33.3%로 여타 응답자들이 같은 답변에서 0~16% 사이의 응답률을 보인것 보다 높은 응답률을 보이고 있다.

응답자를 북한에서의 직업군별로 구분해보면 노동자가 22.8%로 가장 많았고, 다음이 주부로 21.5%, 사무원 15.2%, 학생 12.7%, 농어민 7.6%, 기타 7.6%, 전문직 5.1%, 무직 3.8%, 군인 2.5%, 당정간부 1.3% 순이었다. 각 직군별로 남한영상물 접촉 빈도의 특징을 보면 학생, 노동자의 경우 남한 영상물 시청 빈도가 다른 직군에 비해 낮게 나타나는 것을 볼 수 있다. 이에 비해 당정간부, 전문직, 사무원, 노동자, 군인, 무직인 경우는 매일시청 · 일주일에 한두번 시청했다는 응답률 Vs. 한달·일년에 한두번 내지 몇 번정도 시청했다는 응답률

표 3-9 북한에서의 직업군별 남한 영상물 접촉빈도

			매체접촉빈도				전체
			매일	1주일에 한번	한달에 한두번	1년에 몇번 정도	
북한직업	당정기관 간부	빈도	1	0	0	0	1
		북한직업 중 %	100.0%	0%	0%	0%	100.0%
		전체 %	1.3%	0%	0%	0%	1.3%
	기타	빈도	1	2	3	0	6
		북한직업 중 %	16.7%	33.3%	50.0%	0%	100.0%
		전체 %	1.3%	2.5%	3.8%	0%	7.6%
	전문직	빈도	0	2	1	1	4
		북한직업 중 %	0%	50.0%	25.0%	25.0%	100.0%
		전체 %	0%	2.5%	1.3%	1.3%	5.1%
	사무원	빈도	4	2	2	4	12
		북한직업 중 %	33.3	16.7	16.7	33.3	100.0
		전체 %	5.1	2.5	2.5	5.1	15.2
	노동자	빈도	3	5	4	6	18
		북한직업 중 %	16.7	27.8	22.2	33.3	100.0
		전체 %	3.8	6.3	5.1	7.6	22.8

계속

북한직업	군인	빈도	0	1	1	0	2
		북한직업 중 %	0	50.0	50.0	0	100.0
		전체 %	0	1.3	1.3	0	2.5
	학생	빈도	0	1	5	4	10
		북한직업 중 %	0	10.0	50.0	40.0	100.0
		전체 %	0	1.3	6.3	5.1	12.7
	농어민	빈도	0	1	1	4	6
		북한직업 중 %	0.	16.7	16.7	66.7	100.0
		전체 %	0	1.3	1.3	5.1	7.6
	무직	빈도	2	0	0	1	3
		북한직업 중 %	66.7	0	0	33.3	100.0
		전체 %	2.5	0	0	1.3	3.8
	주부	빈도	4	4	4	5	17
		북한직업 중 %	23.5	23.5	23.5	29.4	100.0
		전체 %	5.1	5.1	5.1	6.3	21.5
전체		빈도	15	18	21	25	79
		북한직업 중 %	19.0	22.8	26.6	31.6	100.0
		전체 %	19.0	22.8	26.6	31.6	100.0

이 별다른 차이 없이 비슷한 응답수준을 보였다. 북한에서 당정기관 간부였다는 사례는 단 1명밖에 응답자가 없어서 이를 일반화시킬 수 없으나 그 한명이 매일 시청했다고 응답한 것은 앞서서 북한에서 대

졸자 시청 빈도가 여타 학력의 응답자보다 빈번하다는 점, 그리고 경제적 계층 수준이 높을 수록 남한 영상물 시청 빈도가 높다는 점과 연관지어 볼 때 그 의미를 간과할 수 없게 한다. 다음과 같은 추측과 분석도 가능하리라 생각된다.

'위에서 아래로의 변화 Vs. 단순 기호와 통제 강화'

위의 내용을 종합해 보면 북한의 정치·경제적 핵심계층에서 남한 영화, 드라마 등을 여타 계층보다 더 자주 접할 가능성을 엿보게 된다. 이는 북한 내부 변화가 위에서 아래로(top-down) 향할 가능성을 전혀 배제할 수 없다는 것이자 달리 해석하면 한류가 북한 주민 의식 변화에 미치는 영향에 있어 한계로도 작용할 수 있다는 점을 의미하기도 한다. 북한에서 기득권층이 남한 영상물을 자주 시청한다는 것은 북한 변화의 바람을 일으키는 힘이 될 수도 있지만 오히려 기득권을 놓치지 않으려는 내부 변화의 방어막과 통제 강화 현상으로도 이어질 수 있다는 점이다.

또한 남한 드라마, 영화에 등장하는 부유층의 생활문화에 대한 단순 선호와 모방, 물품 구매 등으로 한정되는 변화 양상도 가정해 볼 수 있다. 따라서 과연 북한 내 정치, 경제적 상층부의 남한 영상물 시청이 북한 변화를 위에서부터 이끄는 동력이 될지, 아니면 그저 남한 상류층 생활문화 선호와 모방, 그리고 북한 상층부의 기득권을 지키려는 방어기제를 자극해 북한 내부 통제 강화로 이어질지… 이 양자 간의 비중이 어디로 향할 것인가는 앞으로도 지켜봐야할 쟁점이다.

4장

한류와 만난 북한주민의 분야별 의식

01 의식변화 과정

북한주민들이 남한 드라마나 영화를 시청한 후 어떠한 과정을 거쳐 생각의 변화를 보일 것인지. 미디어 이론으로 보면 이러한 생각의 변화를 야기하는 데에는 미디어 내용 또는 프로그램의 특이성(program specificity), 그리고 미디어 수용자(audience)가 처한 상황 특이성(situation specificity)이 중요하다. 우선 미디어의 내용 그리고 프로그램의 특이성이란 미디어에서 주로 부각되는 내용이 무엇인가이다. 수용자 상황 특이성이란 미디어를 시청하는 수용자의 개인·사회적 환경을 의미한다.

여기에서 생각해볼 것은 남한의 영화, 드라마가 주로 다루고 있는 내용과 이미지가 무엇인가이고 미디어 수용자로서 북한 주민이 처한 개인·사회적 환경은 무엇인가이다. 우선 영화, 드라마가 지닌 일반적 특징은 다양한 소재로 인간 삶의 전면을 다루고 있다는 것이다. 그러면서도 상업적 영화, 드라마가 지향하는 대중성은 어느덧 영상의 내용에서 선정성과 폭력성 등 자극적 내용과 구성을 전면에 내세우기도 한다. 이는 남한의 상업 영화, 드라마에서도 흔히 나타나는 현상이다.

이상의 내용을 고려하면 북한 주민들이 남한 영화, 드라마를 시청한다는 것은 반세기가 넘는 분단의 시간을 넘어 남한 영상물이라는 '상상의 세계'를 통해 남한의 정치, 경제 상황 뿐 아니라 남한 사람들의 사는 모습을 속속들이 만나볼 수 있는 기회가 되고 있는 것이다. 그러면서도 상업성을 지향하는 선정적, 폭력적 내용 등 자극적인 내용 구성은 오히려 남한체제, 사람들에 대해 거리감을 더해 가고 있을지도 모른다.

그렇다면 미디어 수용자로서 북한 주민이 처한 개인 사회적 환경, 즉, 상황 특이성은 어떠할까. 개인적으로는 성별, 연령대, 학력수준, 정치·경제적 계층 등에 따라 영상물 내용에 대한 평가와 의식 변화 방향이 달라질 수 있다는 생각이 가능하다. 그리고 사회적 환경으로는 북한에서 선전 교육하고 있는 남한에 대한 모습, 남한 영상물에 대한 통제 수준, 외부 정보 접촉 정도 등을 고려할 수 있을 것이다.

다시 정리하자면 남한 드라마, 영화의 내용상 특이성, 그리고 북한 주민이 처한 개인·사회적 환경이 만나서 의식변화의 내용과 방향을 결정하게 된다는 것이다. 여기에 더불어 생각할 개념이 기폭효과(priming effect)와 기폭효과를 활성화시키는 요인이다. 기폭효과는 여러 가지 내용으로 설명되지만 요지 중 하나는 영상물의 내용과 관련된 정보들이 수용자 인지체계에 쌓여갈 경우 영상물 내용이 수용자에게 미치는 효과가 커진다는 것이다. 이것은 바로 북한 주민의 의식 속에 쌓여 가고 있는 북한 내에서의 교육 선전 내용, 그리고 통제 상황, 남한 영상물 외에 접할 수 있는 외부정보 등이 북한 주민의 머리 속에서 남한 영상물의 내용과 만나 상호작용을 일으키게 되고 북한 주민 의식 변화의 방향을 결정짓고 있는 것이다.

이 외에도 기폭효과가 활성화되기 위해서는 미디어 수용자가 미디어에 등장하는 인물에 감정 이입을 하며 동일시하는 정도도 간과할 수 없다.[6] 남한 영화, 드라마의 구성과 내용이 갖는 대중적 흡입력은 북한 주민들에게도 남한 영화, 드라마에 집중하며 등장인물과 정서적 네트워크를 형성하고 동일시하며 의식변화로 나아가는 요인이 될 수 있으리란 가정이 가능하다. 지금부터 살펴볼 북한주민의 의식변화과정에서 직접 확인해 보자.

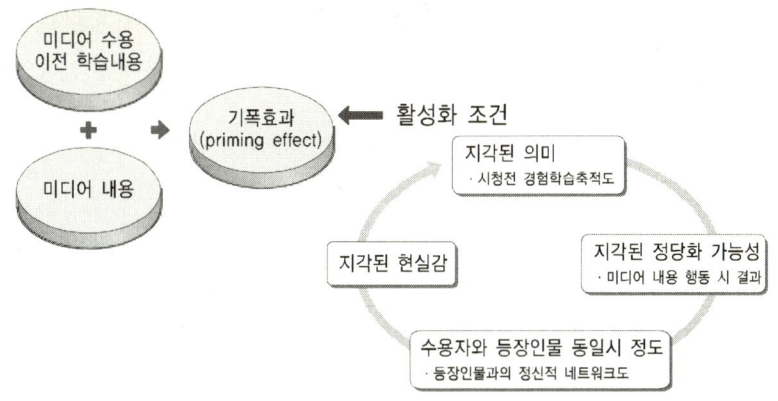

출처: 제닝스 브라이언트·수잔 톰슨 지음, 배현석 옮김, 『미디어 효과의 기초』(서울: 한울아카데미, 2005), p. 140의 내용을 토대로 그림.

▶▶ **의식변화의 첫 단추, 이유가 궁금해지다**

　북한 주민들이 남한 영화, 드라마를 시청하면서 의식변화를 일으키는 과정을 보면 그동안 북한에서 교육받던 남한의 모습과 다른 남한의 현실을 목격하게 되고, 그 현실에 대해 '왜 그럴까'라는 궁금증을 갖게 되는 것에서 시작되고 있었다. 다음 사례 3은 남한 영상물로 남한의 발전상을 목격하면서, '도대체 어떻게 발전했을까' 스스로에게 질문하고 있었다. 그 질문은 남북한 비교로 이어지고 남북한체제에 대한 인식 변화 과정의 첫단추가 되고 있었다.

　사례 3은 궁금했다. 왜 남한은 쌀이 남아돌까? 남한 영화를 보면서 들었던 생각이다. 지금까지 남한은 먹을 것이 진짜 없어서 굶주리는 사람도 많다 들었는데… 어떻게 발전 됐을까. 남한 농촌에서는 농부가 손으로 농사짓는 것이 아니라 기계가 하고 있었다. 짧은 시간에 발전을 이룬 남한… 그 이유가 궁금해 졌다.

그래서 보는 과정에 아 진짜 발전된 나라에 대한 경제적이라던가, 그리고 한국에서 쌀이 남아돌고 먹을 것이 남아돌고 그대로 나오는 거에요. 아니 한국, 우리가 알고, 지금 까지 생각 했을 때는 대한민국 진짜 먹을 것이 없어서 굶주리는 사람들도 많고, 어떻게 그렇게 되냐고 느끼는 거에요. 그리고 농사 논에서 농사를 하는 사람들을 보게 되면, 직접 농사꾼들이 농사하는 것이 얼마 없어요. 기계가 하는 거에요, 그래서 아 저게 어떻게 저렇게 발전이 됐지? 그 때 당시 60년대 까지만 해도 한국이 우리나라 보다 못 살았잖아요. 북한 보다 못 살았잖아요. 어떻게 이 짧은 시간에 발전 됐지? 이렇게 자연히 생각이 가는 거에요. (사례 3, 20대 남성, 2010년 탈북, 함경북도)

▶▶ **북한 당국의 교육과 선전, 의구심을 갖다**

한국은 거지만 있다더니, 핸드폰 하며 차 모는 여자들…

북한에서 남한 영상물을 접한 북한이탈주민들은 우선 북한 당국의 사상교육과 학습으로 주입받는 남한에 대한 기존 정보와 다른 남한을 경험하게 된다. 사례 2는 한국에 거지가 많다는 북한 당국의 교육내용이 드라마와 영화를 보면서 전혀 사실과 다름을 인지하게 된다. '한국은 거지만 있다더니…' 사례 2는 남한 드라마를 보면서 의아스러웠다. 신기하기까지 했던 것이 여자들이 운전하면서 핸드폰 통화까지 하는 장면이다. 어느 날은 〈개같은 날의 오후〉라는 영화를 봤다. 여자가 전화하며 차 모는 장면 외에도 '아줌마들이 시위'하는 장면은 신기하기만 했다.

근데 뭐 한국은 거지들만 있고 그런 것 많이 봤는대, 갑자기 여자가 진짜 신기 했던게 차 이렇게 타고 다니면서 핸드폰 이렇게 하잖아요. 그게 되게 신기한 거에요. 저게 가능한가? 그렇게 생각했었는데, 뭐… 아무튼… 뭐 지… 그러니깐? 뭐 아무튼 그렇게 많이 봤어요. 아줌마들이 시위하고 그래가지고 전국에 아줌마들이 다 일어나는 영화 그런 영화가 있었어요. 개 같은 날의 오후인가?(사례 2, 20대 남성, 2009년 탈북, 평안남도)

▶▶ **남북한 비교**

능력 대 뇌물

남한 영화나 드라마를 보고 난 후부터 사례 2는 남북한을 더 많이 비교하게 됐다. 남한 드라마를 보면 '진짜 아무것도 없는 사람'이 '오직 능력'으로 일어섰다. 노력과 능력으로 일어설 수 있는 남한과 그렇지 못한 북한의 모습이 대조적으로 다가온다. 북한에서 잘살게 된 사람들은 '비겁'하게도 권력에 가까이 지내며 '돈'을 주고 얻은 것이었다. 자기 힘으로 일어날 수 있는 기회라고는 느낄 수 없는 북한의 현실을 직시하게 된다.

이런 진짜 아무것도 없는 사람이 마지막에 오직 자기 능력으로 회사에 사장이 되는 자기가 능력만 있으면 얼마든지 진짜 부자가 되고, 우리 북한은 그런 게 없어요. 잘 사는 사람은 다 비겁적이에요. 비겁적으로 무슨 도 보위부 부장이라던가 이런 높은 급 이렇게 가깝게 지내가지고 그 사람들한테 돈을 주면서, 이렇게 부자가 되는 그런 사람들이 있어요. 근데 그 사람들은 다 비겁이에요, 오직 자기 힘으로 내가 살겠다, 하는 사람들은 뭐 발 밑 축에도 못가요. **(사례 2, 사례 2, 20대 남성, 2009년 탈북, 평안남도)**

경찰한테 막 욕하잖아요. 우리와 하늘과 땅 차이

사례 1은 남한 영화에서 경찰관에게 욕하는 장면을 보고 놀랐다. 북한에서는 보안원들이 주민들한테 욕을 너무 많이 한다. 그럴 때면 속으로만 나직이 '개새끼야' 했을 뿐 대놓고 뭐라 방어조차 할 수 없다. 아니면 집에 와 식구들한테만 슬쩍 욕을 늘어놨다. 이런 점은 남북한이 '하늘과 땅 차이'였다.

우리는 너무 하늘과 땅 차이라고 생각했어요, 여기서는 경찰한테 저 개새끼들 하면서 막 욕하잖아요. 우리는 그런 욕을 못하는 거에요, 장사를 하다가도 보안관들이 "개 같은 갓나들" 그 사람들 평민들한테 쌍욕을 너무 많이 하는 거에요. 속으로 "개 새끼야" 이렇게만 하고 그 앞에서 대놓고 이런 소리를 못하는 거에요. 그저 속으로만 욕을 하지. 식구들한테도 예를 들어 영남이다 하면 영남 지도원 그 새끼 죽어야지 이런 소리만을 하지… **(사례 1, 30대 여성, 2007년 탈북, 평안남도)**

▶▶ 주인공과 동일시

북한 당국은 주민들에게 남한은 '미제국주의 식민지', '헐벗고 굶주린 사회', '썩고 병든 자본주의' 등으로 교육·선전해왔다. 그렇기에 북한주민들이 '한국'산에 접촉한다는 것은 북한 주민들에게 있어 단속으로 인한 두려움도 있지만 거부감도 있는 것으로 나타났다. 하지만 한국영화, 드라마 내용에 몰입하면서 등장인물의 상황이나 정서에 공감하면서 한국산에 대한 거부감을 해제하고 남한 영상물 내용에 동화되는 과정을 볼 수 있다. 다음 사례 3의 이야기를 들어보자.

한국영화라는 것을 알고도 '감정적'으로 우는 사람들

사례 3은 처음부터 자신이 보는 영화가 한국산인것을 알고 있었다. 중국 친척으로부터 직접 구한 '곽테이프'이기에 한국 영화인 줄 알았다. 하지만 굳이 함께 보는 사람들에게 말하지는 않았다. 가까운 친구들이 물으면 한국영화라고 해주었고 눈치 빠른 사람들은 영화가 상영되면서 말투를 보고 자연스레 한국영화임을 알게 됐다.

처음부터 한국 영화라는 것을 알았던 친구들도 한국 영화, '남조선'에 대한 거부감이 언제 있었냐는 듯 어느새 영화에 몰입 됐다. '진짜 감정'으로 몰입 되면서 영화의 등장인물들과 함께 울고 있었다.

> 네, 알고 봤어요. 제가 직접 구입해서 보니깐. 제가 한국 영화인 것을 알고, 그리고 저와 가까운… 곽 비디오로 구했는데, 이렇게 중국에서 직접 왔어요. 중국에서 강을 건너서 직접 온 것을 구한 거에요. 그러다 보니깐, 저는 그것을 알고 저와 좀 가까운 친구들이라던가, 이런 누님들, 젊은 사람들은 보고 야 이것이 한국 영화가 아니냐 물어봐요. 그러면 한국영화라고… 처음에 보면서 아는 사람들이 있어

요. 그러면 그 사람들도 아 이영화가 한국영화구나 라고 알고 보지만 진짜 감정적으로 우는 거에요. 그래서 우리 북한에서 배울 때는 남조선 겨레 도당 뭐 이렇게 배우잖아요. 그러면 아… 남조선에도 저런 것이 많이 있구나… 이런 것을 감정적으로 많이 느껴요.(사례 3, 20대 남성, 2010년 탈북, 함경북도)

▶▶ 북한영화=사실, 남한영화=사실 VS. 북한영화≠사실, 남한영화≠사실

북한에서 영화나 드라마는 사회주의 혁명과 지도자에 대한 충성을 이끌어 내기 위한 수단으로써의 목적이 있다. 그러기 위해 북한 주민들이 쉽게 이해할 수 있는 생활 속 소재를 찾아 설득력 있게 다가가는 것을 중요하게 여긴다.

이런 북한 영화에 익숙해진 북한 주민들에게서 한국 영화, 드라마는 어떻게 비춰질까. 다음 사례에서 보면 북한 영화에 대한 인식이 한국 영화로까지 이어지고 있다는 것을 보게 된다. 북한 영화를 '현실'로 보는 사람들은 남한 영화를 '현실'로 믿게 되지만 북한 영화가 현실이 아닌 '거짓'이라고 생각하는 사람은 남한 영화도 '거짓'으로 인식해 내용을 받아들이지 못하기도 했다.

북한 영화가 사실이라 하니 한국영화도 현실로 믿다.

사례 3은 북한의 예술 영화는 사실을 담고 있다고 생각하고 있었다. 북한영화에 대한 인식이 이렇다 보니 남한영화를 시청하면서도

'현실'로 받아들이고 있었다. 그러면서 남한 영화에서 재연되는 '자본이 많고', '돈 많은 사람들이 살판치는 나라'를 현실 그 자체로 각인하게 된다. 북한 당국이 남한에 대해 교육·선전했던 모습이 남한 영화에 그대로 재연되면서 남한의 현실을 다시금 확인하게 된다.

> 북한에서는 우리 북한에서 예술영화다 하게 되면 그게 거기에도 기술적인 내용은 있지만, 거기에도 기본적인 내용이 들어가서 하니깐 영화를 보게 되면 감동되고 그런게 많아요. 예술이 많이 들어 간 것이니깐 북한은… 그러니깐 그것을 많이 본 사람들이니깐, 한국 드라마나, 영화를 보게 되면 현실적으로 믿는 거에요. 그래서 저도 아 남조선은 진짜 어떻게 보면 돈이 많은 사람들이 살판치는 나라로구나… 진짜 자본이 많고, 가난한 사람들은 많이 죽여도 되고 그런 나라로구나… 그렇게 저도 인식이 됐어요, 그 당시 내가 학교를 졸업해서 거기서 쭉 보게 되면, 제가 이렇게 USB를 구했는데, 그게 한국 뉴스라던가 많이 나왔어요… (사례 3, 20대 남성, 2010년 탈북, 함경북도)

남한도 영화니까 진짜 저럴거라고 이해를 못하죠.

반면 북한 영화가 사회주의적 사실주의를 지향한다고 하면서도 상당부분 내용 상 '허구'라고 생각하며 불신했던 사례는 남한 영화에 대해서도 불신감을 드러냈다. 그러다 반복적 시청으로 허구만이 아닌 사실도 담겼다는 인식의 전환을 겪는 사례도 볼 수 있다.

사례 54(50대)는 북한에서 영화를 '다 거짓말로' 찍기 때문에 남한 드라마, 영화를 시청하면서도 '진짜 저럴 것'이라고 생각하지 못했다. 북한 영화는 실생활에서 잘 사용하기 어려운 냉장고, 세탁기 등을 어디서 구해다 놓고 찍기 때문에 남한 영상에 등장하는 소품도 실제 생활을 그린 것으로 생각하기 어려웠다. 그저 '감정적'으로 빠질 뿐이었다. 남한 영상물은 '사람 사는 걸 그대로' 표현하면서 거짓이 아닌 것처럼 사람을 빨아들이는 매력이 있었다. 남한에 와보니 북한에서 시청한 남한 영상물과 '진짜 같구나' 내지 오히려 '더 낫다'고 생각하기도 했다.

> 이게 현실적이라는, 그런 공감을 한거지. 세상 사는 애기들을 거짓없이 진짜처럼, 사람 사는걸 그대로 표현했잖아요. 그러다보니까 감정적으로 빠졌다 뿐이지, 저 나라에 가고 싶다, 저 사람이 진짜 저럴까? 그런 생각은… 그냥 영화니까. 북한에선 영화를 다 거짓말로 찍거든요. 현실적인게 아니거든요. 그래서 남한도 영화니까 진짜 저럴거라고 이해를 못하죠.
> 북한도 다 어디서 빌려다가 영화를 찍거든요. 냉장고도 다 갖다 놓고 찍고. 그래서 남한도 그렇겠거니 생각했지. 이게 진짜라고 생각은 할 수가 없지. 여기 와서 보니 진짜 영화하고 같구나 싶더라고. 오히려 영화가 우리 생활보다 더 못한걸 찍었구나 싶어요. 전자제품도 다 멋있어요. 근데 옛날 영화보면 현실보다 오히려 더 못한거 같아요. (오히려 현실이 더 낫다?) 네. 그런걸 느끼는거 같아요. **(사례 54, 50대 여성, 2007년 탈북, 평안남도)**

▶▶ 누적된 정보와 확인의 계기

남한 영상물을 시청하면서 의식변화를 일으키는 과정을 보면 영상물 시청 이전이나 이후에 영상물 내용을 확인하는 계기가 있었다는 점이다. 즉, 영상물 내용과 관련된 경험이나 정보가 누적되면서 남한 영상물의 내용을 각인하고 확신하게 된다. 다음 몇 사례를 보면 탈북해 먼저 남한에 가 있던 누나의 전화 속 이야기, 북한에서 체제선전과 남한 비방을 위해 TV에서 방영했던 다큐멘터리 내용, 중국을 넘나들던 부모님에게서 들은 외부 정보, 남한 방송을 먼저 청취했던 오빠의 증언, 두만강에 떠내려온 시체를 목격하면서 남한 영상물의 내용을 되새기고 확신하는 과정을 볼 수 있다.

누나에게 걸려온 한통의 전화와 자유에 대한 확신

사례 3의 누나는 먼저 탈북 해 남한에 와 있었다. 어느 날 먼저 탈북해 남한에 있는 누나에게서 전화가 왔다. 누나는 '자유'를 전했다. 이념 속의 자유가 아니라 생활 속의 자유였다. 남한에서는 자고 싶으면 자고, 먹고 싶으면 먹는다. 누나는 일장연설을 늘어놓았다. 그 때 머리를 스치듯 '아 그 때 본 것이 맞구나' 남한 뉴스, 드라마 내용들이 확인되는 순간이었다.

아무리 남한 뉴스, 드라마 등을 보아도 지금까지 북한에서 받아온 교육의 틀을 깨기는 어려웠다. 남한 영상물에서 느낀 자유와 누나가 말하는 자유가 겹치면서 지금까지의 인식을 벗어나는 기폭효과가 나타나게 된다. 이제 사례 3은 언제 북한에도 자유가 올까 기대하게 된다.

거기 USB에 뉴스가 들어 있었어요. 거기에서 남한에 대해 법을 말해주고, 아 남한이 진짜 강하구나. 인권법에 대해서는 강하다는 걸 느꼈어요. 그리고 진짜 남한은 자유가 너무 많다. 그리고 거기서 쭉 하는 과정에 제가 저희 누나가 여기 먼저 왔어요. 전화통화를 하는데, 여기서는 자기가 먹고 싶으면 먹고, 자고 싶으면 자고 진짜 자유가 너무나도 많다는 것… 그것에 대해서 누나가 연설을 해주는 거에요. 근데 저는 솔직히 그 당시 뉴스도 보고 드라마도 보고 했지만, 거기에 대한 올바른 인식이 실제 잘 안들었어요. 왜냐하면 북한에서는 그렇게 배우지 않으니깐… 그런데 누나가 이렇게 연설을 해주는 것을 들으면서 아… 내가 본 그것이 다 사실이로구나. 이런 걸 많이 느꼈어요. 그래서 저도 솔직히 그때는 야 우리 북한은 언제면 그렇게 되겠는가. 그렇게 생각 했거든요. **(사례 3, 20대 남성, 2010년 탈북, 함경북도)**

중국을 넘나들던 부모님에게서 들은 남한의 발전상

사례 53은(20대) 남한 영상물 시청 이전에 이미 남한에 대한 정보를 알고 있었다. 부모님이 중국을 넘나들며 들려준 외부 세계에 대한 이야기 때문이었다. 북한보다 중국이나 한국이 더 좋다는 이야기를 들으면서 남한의 발전상은 익히 알고 있었다. 그러던 중 남한 드라마를 보게 되면서 말로만 듣던 남한의 발전상을 눈으로 확인하고 남한행을 동경하게 된다.

어느 정도 얘기는 많이 들었어요. 아빠나 엄마가 중국을 많이 들어갔다 나왔다 하면서… 예전서부터 여기보다 중국이나 한국이 더 좋다고 했는데, 한국드라마 보면서 한국 가고 싶단 마음이 들었죠. 또 나이가 어리고 하니까 나도 저런데 가서 저렇게 살고 싶다는 생각을 많이 했었는데 또 그럴만한 담이 없었죠. 중국까지 갈 담은 있었어도, 한국까지 갈 엄두를 못냈죠. 3개국을 거쳐야 하니까. **(사례 53, 20대 여성, 2010년 탈북, 함경북도)**

아버지가 그러셨다. 북한은 인디안 생활이라고…

다음 사례 4는 남한 영화나 드라마를 시청하기 전에 이미 남한이 잘 산다는 이야기를 아버지로부터 들어왔었다. 아버지는 남한 라디오를 몰래 청취하시면서 남한이 '박정희 시대에 많이 발전했다'는 말을 전하시곤 했다. 아버지는 남한에 비하면 북한은 '인디언 생활'이라고 하셨다. 하지만 믿어지지 않았다. 직접 보지 못했으니 받아들여지지 않았다. 그러나 그 이후 남한 영상물을 시청하면서 아버지의 말씀과 영상물의 내용이 겹쳐지며 남한 영상물의 내용을 수용하게 된다.

생활상이… 야 정말 우리 북한은 친정 아버지가 그랬어요, 인디안 생활이라고 항상 그랬어요. 남한은 엄청 잘 산다. 저희 아버지는 책도 많이 보고, 라디오를 몰래 몰래… 그래가지고 그걸 알죠. 그러니까는 항상 이 얘길 해도, 뭐 박정희 시대에 한국이 많이 발전했다는 등 이런 말씀 하셨어요. 전혀 본 것 도 없고… 뭐 그래서… 생각이 없었죠. **(사례 4, 40대 여성, 2009년 탈북, 강원도)**

남한방송을 먼저 청취한 오빠,
'열명 중에 아홉명이 가는길이 옳지 않겠어요'

사례 49는 남한 드라마를 보기 전에도 다른 사람보다 남한 사회를 많이 알았다고 자평한다. 이유는 사례 49의 친오빠가 러시아에 14년 정도 있으면서 오빠로부터 남한 소식을 들을 수 있었기 때문이다. 사례 49의 오빠는 러시아에서 남한방송을 들었었다. 남한 사회에 대해 더 많이, 더 빨리 알 수 있었다. 머리가 깨었던 셈이다.

북한에서는 사회주의 붕괴 이후에도 '북한이 세상에서 하나밖에 없는 사회주의'라고 선전했었다. 하지만 사례 49는 '열명 중에 아홉명이 가는길이 옳지 않겠어요'라는 생각이 머릿속을 채웠다.

우리 오빠가 소련에서 한 14년 있었어요. 소련에 들어가서 남한 방송을 들은거에요. 그래서 오빠가 남한 사회를 많이 알아요. 오빠가 머리가 깼어요. 그래서 많이 얘기 했죠. 그래서 남보다 남한 사회에 대해서 더 많이… 그리고 드라마를 통해서도. 자본주의가… 그리고 사회주의가 다 붕괴됐잖아요. 북한에선 세상에서 하나밖에 없는 사회주의라고 막 광고하거든요. 90년대 초에 다 붕괴됐잖아요. 저는 그런 거 보면서 그런 생각 들었어요. 열명중에 아홉명이 가는 길이 옳지 않겠어요? 아홉명이 자본주의 좋다는데 자본주의가 좋지 않겠어요? 전 그렇게 생각했어요. **(사례 49, 30대 여성, 2009년 탈북, 양강도)**

두만강에 떠내려온 사체를 보며, 김일성의 죽음을 다시 생각하다.

사례 16은 북한에서 국경 경비대에 복무 했었다. 남한 영상물을 처음 시청하기 전에도 이미 북한체제에 의심을 품게 됐다. 1994년 김일성 사후 금수산기념궁전에 그의 시신을 영구 보관했을 때만해도 별다른 반감은 없었다. 하지만 1996년 무렵이었을까. 군복무 시절 수많은 사람들이 죽어서 두만강에 떠내려 왔었다.

떠내려온 시체의 신원확인이 싫어서 몽둥이로 밀어버려 두만강 하류로 내려보내곤 했었다. 어떨 때는 키우던 개들이 시체를 뜯고 살을 찌우기도 했다. 군에서 동료들이 영양실조에 걸려 죽기도 했다. 많은 죽음을 목격하면서, 김일성의 죽음과 비교하게 됐다. 지금까지 봐온 죽음과 김일성의 죽음은 너무 큰 격차였다. 김일성 시체에는 '영원히 함께 있다'며 방부 처리를 해 영구 보존하며 호위한다고 한 개 여단이 지키는… '수많은 투자'를 한다는 것. 그 때 생각했다. 국가 원수라면 원수답게만 하면 되는데, 저렇게 까지 할 필요가 있나. 그 생각 이후 남한 영상물을 접하면서 북한체제에 대한 '의심점'은 더 커져 갔다.

> 제가 한국 영상물을 보기전에 처음 의심점을 가지게 된것은 김일성이 죽은 다음에 금수산기념궁전을 지어놓고 김일성을 넣었잖아요. 그런데 그때 당시에 그게 얼마나 들었고 얼마나 굶어죽었는지 왜 그런지에 대해는 몰랐어요. 그런데 죽은것을 보면서 또 그때 96년도 그때 수많은 사람이 죽어서 두만강에 떠내려 오면 시체 신원 확인하기 싫어서 몽둥이로 밀어버리고 두만강으로 떠내려 보내고 그랬거든요. 여자고 남자고 어떨때는 시체가 개중에 걸리면 개들이 놓아서 기르는 개들이 뜯어먹고 개들은 살찌고 그러는 시절이었는데 그러면서 저는 시체를 많이 본거에요. 우리 동료들이 영양실조 걸려서 죽은거 장례식도 지냈고 죽은 사람 옆에가서 연구 보초도 섰고 그러면서 죽음에 대해서 많이 봤는데 김일성이 죽은 다음에 김일성이 영원히 함께 있습니다. 거기에 수많이 투자하면서 죽은사람을 위해 저렇게 까지 할 필요가 있나? 일반 묘지 하나

해놓구서 국가 원수답게 해놓으면 되지 저렇게 까지 할 필요가 있나. 죽은사람에 대한 예의는 갖춰야 겠지만 저거는 아닌데 하는 생각을 가졌었어요. 그래서 한 개의 여단이 그것을 지킨다는게 군인 출신으로서 이해도 안됐고… **(사례 16, 30대 남성, 2006년 탈북, 함경북도)**

02 처음 보았을 때 느낌
신기함과 거짓, 그리고 진실 사이

북한 주민들이 남한 영화나 드라마를 보았을 때 처음 느낌은 어땠을까. 사상학습과 선전을 통해 "썩어빠진 자본주의"를 배우며 제국주의의 문화적 침투로 간주되는 남한 영화나 드라마에 대해 그들은 과연 어떤 느낌을 가졌을지 궁금하다. 첫 시청 때의 소감과 느낌을 들어보자.

▶▶ **남한의 발전상에 대한 오해와 진실**

북한 주민들이 남한 영상물을 처음에 접하면서 느끼는 소감은 무엇보다 남한의 발전상을 목격하고 받는 충격이다. 북한 당국으로부터 "굶주리고 헐벗은 남한"으로 교육받았지만 남한 영상물을 보면 발전된 모습이 너무나 사실적으로 묘사되어 있기 때문이다.

사례 11은 2000년 경에 함경남도 ○○에서 남한 드라마를 처음 보았다고 한다. 드라마 제목은 잘 기억나지 않지만 첫 느낌은 한국말이 너무 이쁘다는 거였다. 또 남한이 분명 못산다고 들었는데 드라마에 나오는 화려한 배경에 충격을 받았다고 한다. 배우들의 화장이나 좋은 피부, 옷 등도 관심사였다.

> 한국말 너무 이쁘게 말하고 그때는 한국이 우리나라보다 못 산다고 알고 있었는데…, 그 때는 정말 황홀 하게 봤죠. 저게 한국 사람… 저게 한국 여자야 이렇게. 그 때 생각에는 화장이랑 너무 이쁘게하고, 북한은 화장품이 없잖아요. 너무 희한한거에요, 옷도 이쁘게 입었지, 여자는 너무 피부가 좋아가지고 그때는 사상적인 개념은 모르고 그저 그런데만 황홀해가지고 그런데만 취해서 봤지… **(사례 11, 40대 여성, 2003년 탈북, 함경남도)**

우리에겐 당연한 장면도 북한 주민들에게는 신기함으로…

북한 주민들의 경우 남한 영상물을 시청하면서 우리가 당연하게 여기는 일반적인 장면에서도 새로운 인식을 경험하게 된다. 사례 33의 경우 아이들 방에 가득 놓인 '율동완구'(장난감)를 보면서 남한이 발전했다는 사실을 느꼈다고 한다.

사례 41은 길거리에 다니는 차들이 많고 아파트도 너무 좋아 보여서 드라마 내용보다 그 배경화면에 더 눈길이 갔다. 사례 42는 한국 드라마인데 외국의 모습이 그대로 배경으로 나오는 것이 신기했다. 외국에 가서 촬영을 할 정도면 얼마나 발전했을까 생각했다는 것이다. 또한 남한 영화나 드라마에서 배우 중에 살찐 사람이 많은데 북한

에서는 마른 사람이 많아 부러웠다.

> 살 좀 많이 찌고 싶어 하는게 많거든요. 북한사람들은 살이 못 찌고 빼빼 말라서요. 살찐 사람보면 살찌고 싶다 그래요. 거기서는 또 웃음이 그렇게 많지 않은데요. 남한 사람들 보면 잘 웃고 사는 것도 살 더라구요. (사례 23, 10대 여성, 2010년 탈북, 함경북도)

6시 내고향: 기계화로 농사짓는 농민들의 밝은 모습

그런데 면접자들의 증언을 들어보면 장르에 따라 어느것은 거짓, 어느 것은 사실로 받아들이고 있었다. 사례 1의 경우 처음에 남한 드라마를 시청할 때 거리 모습이나 배경 등이 모두 꾸며진 거짓이라고 인지했었다. 이후 드라마가 아닌 "6시 내고향"이라는 교양프로그램을 처음으로 시청하면서 남한의 발전상을 사실로 받아들였다고 한다. 드라마에서 보이는 화려한 거리나 건물의 모습이 아니라 "6시 내고향"이라는 프로그램에서 보여주는 농촌의 기계화된 모습이나 농민들의 밝은 모습을 보면서 남한이 정말 발전했다는 것을 믿었다고 한다. 드라마는 조작된 것이라는 인식이 큰 반면, 다큐멘터리는 실제 생활을 다뤄 믿을 만하다는 반응이다.

> 2003년도에 천국의 계단을 제일 먼저 봤거든요. 그 때 당시 한국 드라마가 나오는 처음 시기였던 것 같아요. 뻥이겠지… 영화는 좋은데 건물이라던가 거리가 나오는 그림이라던가 그걸보면서 저거 거짓말이겠지… 우리는 그렇게 교육을 안 받았으니깐 남조선이 설마 저 정도로 됐겠나 하는 생각을 했는데, 한국 방송을 접하면서 보니깐 한국 사람들 생활을 보니깐 생활은 거짓말을 못하잖아요. 6시 내 고향에 농사꾼들이 기계도 하고 춤추면서 먹고 하는 모습을 보면서 우리는 기계에 기름도 없고 농사꾼들 굶고 하는데, 진짜 하늘과 땅 차이다. 한국이 진짜 발전 됐구나 속으로만 생각을 했지 겉으로 어떻게 될지 모르니깐 표현을 못했어요. **(사례 1, 30대 여성, 2007년 탈북, 평안남도)**

경찰특공대, 실탄으로 비교하는 남북한

북한 주민들이 남한 영상물을 시청하고 처음 느끼는 소감 중에 주목할 부분은 남한의 모습과 자신들의 현 상황을 비교한다는 점이다. 사례 16은 국경경비대 근무 시절 이야기를 들려주었다. 우연히 자신이 근무하는 지역 외 다른 소대 관할 구역에 가서 "경찰특공대"를 시청한 적이 있다고 했다.

주목할 점은 경찰특공대에 나오는 무기를 보면서 자신들의 현재 상황과 비교했다는 점이다. 자신들은 탄창도 꿰매 쓰고 부대에 철모가 없어서 신병들에게만 지급할 정도인데 비록 드라마이기는 하지만 남한의 무기를 보면서 비교가 되었다는 것이다. 훈련용 실탄이 없어 사격연습을 하지 못할 정도인 자신들의 처지와 최신식 무기로 무장한 남한의 모습은 분명 비교대상이었던 것이다.

한번은 그 집이 아니라 다른 마을에 한번 갈 일이 있었어요. 저희 소대가 아니라 다른 소대 구역에… 우리 마을에 사는 사람인데 국경경비대는 보내만 주는데 여자니깐 무섭다고 같이 좀 가자해서 걸어서 20~30분 걸리는 이웃마을이거든요. 그 집에서 우연히 경찰특공대를 봤어요. CD로 한 석장정도… 저는 군인이었지만 보면서 물론 드라마지만 복장수준, 훈련수준에 좀 놀랐어요. 그때 저격하는 총도 그렇고 군인들의 자동총과 권총 휴대하고 이렇게 장비들 착용한거 보면서 우리는 솔직히 철모도 소대에 없었거든요. 국경이 계속 증편 됐거든요. 그러면서 장비가 부족해서 방독면도 견습용으로 5개 밖에 없었어요 소대에. 제대될 무렵에는 물론 공급이 됐지만 철모도 비상소집하면 제일 밑에 신병들한테만 씌우고 철모가 없었어요. 그정도로 이 부족했거든요. 탄창주머니 같은 것도 너무 메고 다니고 해가지고 부딪히고 구멍나고 실로 꿰메고 그랬는데… 북한에는 탄창주머니가 따로 있거든요. 가방처럼 메는 거거든요. 그런데 경찰특공대를 보면서 좀 허무하더라구요. 저기는 현역 군인도 아니고 경찰. 물론 경찰에서 우대받는 특수부대긴 하지만 장비를 보면서 유니폼도 그렇고 보면서 좀 부러웠어요. 왜냐면 군인이라면 나도 좀 싸움도 육체적으로 잘하고 총도 잘쏘는데 그렇게 생각 하잖아요. 훈련하면서 실탄도 마음대로 사격하고 하는거 보면서 물론 드라마겠지만 그때당시 지금 보니깐 그정도는 훈련할껀 뻔하고 그때 당시에는 총탄이 없어서 사정 때문에 신병들만 사격하고 고참들은 사격을 못했거든요 실탄이 없어서 보유 실탄이 없어서 물론 전투 물자는 있죠. 그러나 훈련용 실탄이 그 정도로 부족했기 때문에 그걸 보면서 그런 느낌도 들었죠. **(사례 16, 30대 남성, 2006년 탈북, 함경북도)**

▶▶ **남한 사람에 대한 재인식**

남한의 경제적 발전상 뿐만 아니라 남한 사람에 대한 인식을 새롭게 하기도 한다. 사례 6은 〈가시고기〉라는 드라마를 보면서 감동을 받았다. 가족을 위해 자신을 희생하는 모습을 보면서 평소 사상교육 받던 남한사람의 이미지와는 전혀 다른 모습에 놀랐다. 대한민국은 썩고 병든 자본주의이고, 거기에 사는 사람은 이기적이라고 교육받았다. 그런데 드라마 속 인물은 상대방을 배려하고 희생까지 했다.

가시고기는 한 댓 번 봤어요. 그거 보고 제일 많이 울었어요. 그건 처음부터 제일 마지막까지 눈물나던데… 사람들이 아무리 인간성이 사회주의라고 해도 우리같이 통하는 사람들은. 아무리 사회주의 가 개나발 쳐도 영화를 보면 한국보다 더 썩었다고… 우리 교육 방침은 대한민국은 썩고 병든 자본주의였는데 그게 아니더란 말이죠. **(사례 6, 40대 남성, 2010년 탈북, 함경북도)**

사례 8은 자본주의 인간이라면 다 자기만을 위해서 사는 이기적 인간으로 교육받아 왔고, 그렇게만 알고 있었다. 하지만 사례 8 역시 남한 드라마에서 남을 위해 희생할 줄 알고 눈물 흘리는 장면을 보면서 생각의 전환을 경험한다.

한국도 자본주의면 다 자기만을 위해서 살고… 사회주의는… 우린 다 남을 위해서 살고, 그 때 당시는 군대 제대해서 거기를 갔을 때니까는… 그런데 한국 드라마 보면 남을 위해 희생할 줄 알고 눈물 흘리고… (사례 8, 40대 남성, 2008년 탈북, 함경북도)

자유롭게 연애할 수 있는 남조선

사례 7은 "비단향꽃무"라는 드라마를 보면서 자유롭게 연애하는 모습이 인상적이었다. 남한의 발전상도 동시에 느꼈는데 주인공이 컴퓨터로 그림을 그리는(디자인 하는 것) 장면을 보면서 북한의 컴퓨터 교육상황과 비교하게 된다.

연변방송을 통해 비단향꽃무를 처음 봤어요. 처음에 남조선 드라마인지 몰랐는데 목소리가… 막 이렇게 들리는 거에요. 저희가 생각지 못하던 학생들에 대한 거였어요. 학생들이 이렇게 연애하는 장면이랑, 연애 하는 방식도 너무 다르고 또 그 남쪽 사회가 나오잖아요. 사회 모습이 비춰지고 생활하는 모습이 비춰지고 그러니깐, 컴퓨터에 그림 그리잖아요, 그거 평양에는 어떨지 몰라도 저희는 그게 너무 신기했어요. 저희는 학교 다닐 때 선생님이 그 컴퓨터 같은 것 그

한참 뒤에 볼록한 그 컴퓨터 있잖아요. 중국 것 싸구려 그거 하나 가져다 놓고 가르쳤거든요. 북한에는 아직도 그런 컴퓨터 많이 쓰잖아요. 그런데 남한 드라마 보면 컴퓨터로 그림을 그리고… 다른 여자가 와서 이 여자 것을 훔쳐가지고 어디다가 등록을 시켜서 내꺼다 이런 장면들도 놀라웠어요. (사례 7, 30대 여성, 2004년 탈북, 함경북도)

사례 17 역시 드라마에서 이성간의 사랑을 마음대로 표현할 수 있다는 것이 신기했다. 북한에서 개인의 감정이나 사랑 조차 국가와 김일성, 김정일에 대한 충성으로 연결 짓는 것을 감안하면 이성간의 자유로운 교제나 감정을 마음대로 드러낼 수 있는 것이 새롭게 다가왔을 것이다.

처음엔 거짓말로 생각했어요. 북한은 드라마 찍는 것도 여자 남자 포옹해 안아주고 입맞추고 기런게 없습니다. 긴데 다 그런게 나오니깐 참 신기하고,… 거짓말 같고 그런걸 어떻게 찍나 했습니다. 거리도 멋있구 우리가 쭉 생각할 때 남한이란 나라는 남조선은 눈감으면 코 베가고 끔찍한 세상이다 그랬는데 그게 아니더란 말입니다. (사례 17, 40대 여성, 2007년 탈북, 평안북도)

사례 13 역시 남녀가 관계를 숨기지 않고 자유롭게 연애하며 자신이 하고 싶은 일을 통제 없이 마음대로 할 수 있다는 것에 놀랐다고 한다.

우리 북한에서는 그러니깐 남녀가 관계를 이렇게 숨기는데 여기는 일반적으로 모든 것이 자유롭고 자기가 하자는 건 다 할 수 있지 않습니까… 거기서는 하자고 해도 통제가 너무 심하고 (사례 13, 20대 여성, 2010년 탈북, 함경북도)

사례 94는 남북한 영화에서 남녀간 사랑의 표현이 완전히 다르다는 점이 인상적이었다고 한다. 북한에서도 부부생활을 하지만 실생활에서 서로 행동으로 표현하지는 않으며, 영화에서 조차 그런 장면이 나오지 않는다고 한다.

그런데 남한 영화를 보면 남녀간의 사랑을 자유롭게 표현하며 행동하는 것이 너무 신기했다. 또한 남성과 여성의 성별 차이도 사례 94에게는 충격이었다. 북한에서는 결혼할 때 여성이 모든 것을 준비해 가는데 반해 남한 영화를 보면 데이트할 때 남성이 밥을 사는 것이나 결혼할 때 집을 사는 내용 등을 보면서 남한 남성들이 여성에게 잘 해준다는 인식을 가졌다고 한다.

북한 영화는 사랑에 대한 것을 잘 표현을 못 해요. 근데 남한 드라마는… 저희도 이렇게 부부생활을 하지만은 부부생활이라던지 가정의 생활이나 서로 업어주는 장면 등을 영화로 세세하게 표현을 하더라고요. 북한 영화는 고저 말로 내용을 다 표현을 해요. 근데 남한 영화는 행동으로 자기 몸가짐으로 행동하는걸 봤어요. 여성으로서 남자들이 잘해주는데 북한에서는 아니거든요. 남자들이 막 욕하고… 완전히 반대에요. 북한의 여자들은 아가씨들이 시집가려면 총각들한테 받쳐야 되요. 말하자면 여기는 남자가 데이트를 하던 밥을 사던 하잖아요. 한국영화에서 보니깐 서로 상견례하고 이렇게 하면서 고저 식사하고 뭐하겠다고 이렇게 하는게 참… 남자들이 많이 하는 거에요. 집도 남자가 사고 그러다 보니깐 여자들에게 남한 남자들은 저렇게 잘 해주는 구나 느꼈어요. **(사례 94, 50대 남성, 2006년 탈북, 함경북도)**

▶▶ 남북한 정치 상황 비교

　남한 영상물을 시청하면서 처음 느끼게 되는 소감 중에 정치적 소재의 내용을 보면서 남북한의 정치상황을 비교하는 사례도 있었다. 북한 영상물이 대부분 지도자에 대한 충성심 고양과 국가관에 대한 내용을 소재로 하기 때문에 남한의 영화나 드라마에 나오는 정치적 내용이 북한 주민들에게 흥밋거리가 되지 않을 수도 있다.

　하지만 남북한 정치체제 차이에서 비롯된 현실에서 분명 남한 영화나 드라마를 보면서 북한의 억압적 통치방식을 비교하게 된다. 또

한 우리가 보기에는 당연한 소재나 내용이 북한 주민들의 시선에는 새로운 정치적 도전으로 다가올 수 있다. 사례 44의 경우 "야인시대"를 보면서 남북한 정치상황을 비교하게 되었다. 대통령을 비방하고 정치적 발언을 하는 것 자체가 북한과는 전혀 다른 상황이기 때문에 인상적이었다고 한다. 그의 표현을 빌리면 "저렇게도 할 수 있구나"라고 생각될 정도로 정치적 표현의 자유가 있다는 것이 신기했다고 한다.

기억에 남는게 야인시대에서 정치적인 내용요… 북한은 독재정치이다 보니까 어디가서 대통령 비방하고 그런거 못하잖아요. 정치적인 발언을 한다던가. 근데 야인시대 보면 김두한이가 국회 앞에 나가서 연설하다가 똥물 막 붓는 장면 있잖아요. 그 장면 보면서 와, 저렇게도 할 수 있구나… 그게 기억에 많이 남더라구요. **(사례 44, 30대 남성, 2004년 탈북, 함경북도)**

사례 87은 남한 사회가 법이 준수되지 않는 사회로 사상교육을 받았는데 영화〈인간시장〉을 보면서 오히려 법이 잘 지켜지는 사회로 인식했다고 한다.

여기서도 단속하고 막히거나 제 생각에 남조선에서도 나쁜 것은 세게 단속하는 구나… 내 그때 생각하는게 거기서 남조선이라는 건 정말 무법 법이 없고 아주 정말 그런 사회인가 그렇게 생각했는데. 교육을 받을 때 그렇게 받았으니깐 그랬는데 영화를 보니깐 법이 상당히 있고 그렇더란 말입니다. 남조선사회도 우리 생각하는 것과 다르구나 생각했습니다. **(사례 87, 70대 여성, 2007년 탈북, 함경북도)**

[03 북한체제]

남한 영상물을 시청하면서 남북한을 비교하게 되고 그러한 과정에서 지금까지의 생각과는 다른 의식변화 과정을 경험하게 된다는 것을 앞서 살펴보았다. 그렇다면 특히 어떠한 부분에서 남북한을 비교하며 북한체제에 대해 생각을 달리하게 될까. 가장 많이 등장하는 의견은 바로 경제체제에 대한 것이다. 무엇보다 어디서부터 북한 경제난이 비롯되었는지, 그리고 일하고 싶어도 일할 거리가 없는 북한, 노동에 대한 보수가 주어지지 않는 북한 경제제도 등에 대한 것으로 집약된다. 남한 영상물을 시청하면서 자유란 노동에 대한 보수가 주어지는 것으로 정의하기도 했다. 그리고 북한의 뉴스가 사실을 다루지 않고 혁명과 지도자에 대한 충성을 유발하기 위한 수단으로써 실제 벌어지는 사실 내지 정보를 보도하지 않는다는 즉, 언론의 자유가 보장되지 않는 북한의 모습을 인식하게 된다.

▶▶ **노동에 대한 보수가 주어지지 않는 북한**

북한은 나가서 노는데 남한은 일을 해서 돈을 벌다니.

북한 경제가 어려워지면서 직장에 나가도 할 일이 없어 노는 사람이 늘어났다. 드라마 속에서 열심히 일하는 남한 사람들. 일할 땐 일하고 놀 때는 놀고… 일해서 번 돈으로 여가를 즐기는 모습은 '자유롭게 사는 것'이 무엇인지 생각하게 했다.

그리고 보게 되면 누구나 다 일을 하고, 진짜 놀땐 놀고 우리 북한은 그런 게 실제 일을 한다는게 나가서 놀아요, 일을 할 게 없어서, 근데 남한은 일을 해서 그 돈을 가지고 자유롭게 사는 것이 느껴지는 거에요. **(사례 3, 20대 남성, 2010년 탈북, 함경북도)**

돈 좀 많이 번 사람 체가서
'어떻게 이래 많이 벌었냐!' 꼬장하는 북한

사례 3은 북한에서 어떻게든 돈을 많이 번 사람도 단속 대상이었다고 말한다. '어떻게 이래 많이 벌었냐' 하지 않나 '자기네 도와달라' 하며 그냥 내버려 두지 않았다. 돈을 주거나 TV, 녹화기 등등… 해주지 않으면 작은 죄목이라도 들춰 내서 죄값을 치루게 했다.

근데 북한은 돈을 좀 많이 벌었잖아요. 그럼 바로 보안서나 보위부에서 그 사람을 체가요. 너 돈 어떻게 이래 많이 벌었냐, 이래요. 또 거기서 자기네를 도와달라, 도와 안주면 이 사람들은 꼬장을 해가지고 뭐 진짜… 쥐꼬리 만한 죄라도 잡아 내가지고, 또 감방보게 되고 그래요. 그래서 록상기 해달라, TV 해달라 이래요. 그 사람들은 또 해줘야 되요. 안해 주었다가는 또 잡아요 그리고 몇 배 손해배상금을 내라 이렇게 하니깐… 그것이 무서워서 이렇게 하는 사람이 있어요. **(사례 3, 20대 남성, 2010년 탈북, 함경북도)**

사례 3이 생각하는 자유는 일한만큼의 '보상', 자신이 번 돈으로 생활하는 것. 그것이었다. 남한드라마를 시청하면서 '언제면 진짜 저렇게 자유롭게 살 수 있을까' 생각을 많이 하게 됐다. 북한에서는 해가 뜨기 시작해 어두워질때까지 아무리 일해도 보상이 없었다. 그렇길래 북한에서는 '내가 먹고 살만큼만' 그만큼만 일하면 된다란 생각이었다. 이 때 2004년 경 탈북해 남한에 먼저 갔던 누나의 전화는 마침 남한의 자유로움을 생각하던 차에 남한행을 결심하게 했다. 누나는 남한은 자가용이 다 있기 때문에 운전면허를 꼭 배워와야 한다고 했다. 그래서 북한에서 남한에 가 자동차 운전을 할 수 있도록 2008년도에 북한에서 자동차 운전을 배우기도 했다.

북한에서는 내가 아무리 해가 뜨기 시작해서 어두워 질 때까지 일을 해도 그에 대한 북한에서는 보상이 없어요, 그래서 아이고 내가 먹고 살만큼 일하면 되지라는 생각이 있어요. 근데 남한에서는 제가 봤을 때 진짜 자기 돈에 관계에 대해서는… 북한도 언제면 진짜 저렇게 자유롭게 살 수 있을 까… 그런 생각을 많이 가졌거든요. 그런 과정에 저희 누나한테서 전화도 오고 저희 누나가 오라고 북한에 홀몸이니깐 오직 있다면 이웃이라던가 친구들 그것밖에 없으니깐. 그래서 이미 전에 네가 오자고 맘을 먹었는데, 남한에서는 누구나 다 개인차를 가지고 다닌다, 여기서 차 기술을 배우자면 돈이 많이 든다. 그래서 내가 여기서 차 기술을 배워가지고 가겠다 그래서 2008년도에 자동차 학교를 갔어요. **(사례 3, 20대 남성, 2010년 탈북, 함경북도)**

▶▶ **경제난에 대한 문제인식**

저 나라는 저렇게 잘 사는데, 북한은 왜 못사는지

사례 50은 북한에서 남한 영상물을 시청하면서 신기했던 게 있다. 왠만한 사람들은 다 차가 있었다. 너무 놀라웠다. 그러면서 남북한을 비교하게 된다. 어떻게 저 나라는 저렇게 사는지. 저런 나라는 저렇게 잘 사는데, 왜 북한은 못사는지.

아, 너무 발전됐으니까 꼭 꿈같고… 신기했던게, 드라마 보면 웬만한 사람들이 다 차가 있잖아요. 차를 다 가지고 있고… 생활수준이, 평균치 생활수준이 다 높으니까. 그게 너무… 놀랍고. 과연 어떻게 저 나라는 저렇게 살까. 저런 나라는 저렇게 사는데 이 북한은 왜… 왜 못사는지. (사례 50, 20대 여성, 2010년 탈북, 함경북도)

▶▶ 언론의 자유가 없는 북한

북한은 나쁜거는 안나와요. 여기는 생동하게 다 나오니까.

사례 50이 남한 영상물에서 남한의 좋은 모습들만 본 것은 아니다. 살인, 성폭력 사건을 보면서 남한 사회에 대한 두려움을 갖기도 했다. 그렇다고 남한에 거부감을 갖지는 않았다. 남한은 드라마나 뉴스에서 '진실하게', '생동하게' 다 다루는 반면 북한은 '나쁜거'는 나오질 않는다는 생각을 하게 되면서다. '북한이라고 해서 성폭력이 없는거'는 아니라는 생각에 거부감 보다는 '저기 가서 살아봤으면 하는 생각'이 더 컸다. 언론의 자유가 없는 북한을 생각하게 된 순간이다.

그런건… 옛날엔 어떻게 생각했는지 모르겠는데요. 내가 볼때는 거부감은 없는거 같아요. 그냥 저런데 가서 살았으면 하는 생각인거지. 근데 어떤 점에서 두려움이 들었냐면, 드라마 보다 보면 뭐, 살해 당하고, 그런거… 한국은 진실하게 그런 사건이 고대로 다 나오니까. 네, 아이들이 성폭력 당했다든가. 그런게 진실하게 다 나오잖아요. 북한은 나쁜거는 안나와요, 뉴스에. 다 좋은것만 나오지. 북한이라고 해서 성폭력이 없는거 아니거든요. 북한도 소리없이 그런거 있죠. 근데 그런건 다 안나와요. 안보이는데는 다 있겠지만… 근데 여기는 그런 사건들이 생동하게 다 나오니까. 그저 다 잘살고… 그저 다 저기 가서 살아봤으면, 하는 생각을 하는거지. **(사례 50, 20대 여성, 2010년 탈북, 함경북도)**

04 자유민주주의와 인권

▶▶ **자유민주주의**

많은 사례들이 남한 영상물을 시청하면서 느꼈던 것이 자유민주주의와 인권에 대한 것이었다. 처음에는 그다지 이해가지 않았다. 남한 영화, 드라마를 시청하기 이전 이미 북한 TV에서 남한의 시위장면을 종종 틀어줘서 남한의 모습을 마주하곤 했었다. 그 때마다 북한당국은 선전했다. 남한에는 자유와 권리가 없어서 저렇게 투쟁한다고… 다음 사례 9와 10도 처음에는 그런가 보다 했었다. 그런데 궁금해지기 시작했다. 시위하는 사람들의 옷과 신발을 보며 저렇게 잘사는데 도대체 왜 시위를 할까. 잘살아도 뭔가 추구해야할 또다른 가치가 있는 것인가. '자유'라는 가치에 한발짝 다가서게 된다.

저렇게 옷 잘입는데 왜 시위를 하냐, 자유가 뭔지 몰랐으니까.

사례 10은 북한 TV 보도로 남한 '시위 투쟁'을 보았다. 그것을 보면서 '이야 저렇게 옷 잘입고 하는데 왜 시위를 하냐' 했다. 굶주린 것도 아닌데 시위 하는 사람들을 이해할 수 없었다. 그 때는 '자유가 뭔지 민주가 뭔지' 몰랐다. 북한에서 배우기로 남한은 '깡통차는 사람들이 많고 시위투쟁'하는 혼란한 곳이었다.

왜 그런가 그건 사람따라 하기 나름인데, 이북이 모든 것은 다 깨져 있잖아요. 북한에서 내세우는 매체만 그러니깐 실제 우리 학교 다닐 때도 그랬어요. 이야 저렇게 옷 잘입고 하는데 왜 시위를 하냐. 그때는 자유가 뭔지 민주가 뭔지 우리는 몰랐으니깐… 그런게 점점 커가면서 어른들이 정치 신문도 보고 세계도 보면 아하 이래서 투쟁하는 구나, 배고파서 굶주려서 투쟁한게 아니구나… **(사례 10, 40대 남성, 2008년 탈북, 함경북도)**

사례 9도 시위장면을 보면서 생각했다. 왜 (시위하는) 저 사람들은 옷도 잘입고, 신발도 잘신고 그런데 왜 시위를 할까. 그게 참 궁금했었다. 북한에서는 남한 정부가 자유, 권리를 주지 않기 때문에 시위를 한다고 선전했다. 그러니 더 궁금했다. '참 먹고 살기도 괜찮고 하는데 뭐 때문에 저렇게 시위를 하겠냐!'

우리는 뭐 그런 생각을 못 했지. 단 한가지 그 기억에 우리가 그걸 보면 단 한 가지 생각 한게, 정치적인 그런 생각은 못 하고 저 사람들은 옷도 잘 입고, 신발도 잘 신고 그런데 왜 시위를 하겠냐 그게 참 이게… 많이 궁금했지요. 북한에서는 남한 정부가 자유를 주지 않고 권리를 주지 않고 그러니깐 시위를 한다 이러는데 우리 그때 생각은 참 먹고 살기도 괜찮고 하는데 뭐 때문에 저렇게 시위를 하겠냐… **(사례 9, 40대 남성, 2005년 탈북, 함경북도)**

광주민주화운동, '자유로움'을 느끼다

북한 TV에서는 남한의 광주민주화운동 당시를 다큐멘터리로 틀어주면서 남한에 대한 비방과 체제선전을 하곤 했다는 사례들의 증언을 종종 볼 수 있었다. 폭력으로 진압하는 장면을 특히 보여주곤 했는데, 그 장면에서 놀랍게도 사람들의 의견은 엇갈렸다. 저렇게 고통받는 남한 사람들을 위해서라도 빨리 북한이 남한을 통일해야 겠다고 의지를 다지는 사람들도 있었지만 북한 당국의 의도에서 크게 벗어난 사례들도 있었다. 이들의 정치사회적배경, 북한에서 말하는 토대를 보면 토대가 나쁜 사람만 북한 당국의 의도에서 벗어나 생각하는 것도 아니었다. 그들은 광주민주화운동, 그리고 폭력적 진압 장면을 보면서도 '자유'를 느꼈다.

사례 16(남)의 경우도 마찬가지다. 북한 TV에서 광주민주화운동 다큐멘터리를 시청하면서 '저 나라는 저렇게 정부를 반대해서 저래도 되나' 놀라웠다. 그러면서 '자유로움'을 느꼈다고 했다. 북한에서는 상상도 할 수 없는 일이었다.

> 그것을 볼때 자유로움을 느꼈어요. 세상에 저 나라는 저렇게 정부를 반대해서 폭력을 행사해도 서민들이 학생들이 대학생들이 저래도 되나? 아무리 단합 했다 해도?… 아무리 그래도 국가를 위해서 총을 든다? 북한에선 상상도 못할 일이거든요. **(사례 16, 30대 남성, 2006년 탈북, 함경북도)**

이처럼 북한에서 광주민주화운동 장면을 시청했던 사례중에 오히려 북한 당국의 선전 의도대로 받아들이지 않고 그 안에서 남한의 발전상, 자유를 느끼는 사례들을 다수 발견할 수 있었다. 그러면서도 다음 사례와 같이 남한이 빨리 북한에 의해 통일되어야 한다는 다짐을 되새기는 사례도 있었다.

사례 7은 북한 TV에서 1985년 경 광주민주화운동 다큐멘터리를 방영해 시청했었다고 한다. 사례 7의 경우는 광주민주화운동을 시청하면서 남한 사회가 빨리 뒤집어져서 북한이 이기는 통일이 됐으면 좋겠다는 생각을 했다.

> 85년도 광주 인민 봉기인지 뭐 대학생들… 그거 우리 텔레비전으로 봤어요. 중앙 고저 그 중계로 해서… 그거 봤을 때라 고저 우리 생각에도 한국이 그러니깐 대학생들이 일어나서 빨리 통일이 됐으면… 이런 생각이죠. 이 사회가 빨리 뒤집어 져서, 그러니깐 북한이 이기는 통일이 됐으면 했죠. **(사례 7, 70대 여성, 2007년 탈북, 양강도)**

'법치주의' 판사도 아들이 잘못하면 재판대에 세우는 남한

법 앞에 만인이 평등한 사회… 남한 영화에 등장한 한 장면을 보고 사례 5가 생각했던 것이다. 사례 5는 영화에서 충격적인 장면을 보았다. 아버지가 판사인데 아들이 교통사고로 사람을 죽였다고 아들을 재판대에 세우는 장면이었다. 감동이었다. '자본주의 사회도 잘못을 하면 법대'에 세우다니… 얼른 북한의 모습과 비교하게 된다. 북한은 토대가 나쁜데 잘못하면 죽지만 토대가 좋은 간부들은 다 빼내서 사는데… 남한은 출신이 어떻든 법의 심판대에 오를 수 있다는 것. 충격이자 감동이었다.

> 내가 어느 영화 한테서 충격받았는가… 그 영화가 법관영화래요 아들이 연애했어요. 아버지가 법관해요. 아들이가 재판소장에서 관리직을 해요. 아들이가 그 이렇게 여자하고 연애하는데 한 날은 아버지 차 끌고 나가서 사람을 죽였어요. 그래서 마지막에 아버지 차가

나오게 되는데, 마지막에 아버지가 판결해요. 그 아버지가 판결해 처해요 아들을… 그래서 야… 한국에는 법관도 아들이 잘못하면 재판대에 세우는 구나… 자본주의 사회도 잘못을 하면 법대에 이렇게 세우는 구나… 그래 거기서 아버지가 아들을 내보낸 다음에 그 영화에서 감동 많이 됐어요. 이 영화를 그렇게… 북한에서 알 판이 많이 돌아갔어요. 법대로 처리하는 것이 감명이 됐어요. 근데 우리는 그렇지 않잖아요 얼마나 간부들이 다 빼내잖아요. 우리는 토대가 나쁘면 우린 다 죽어야 되고, 이 영화에서는 그렇잖아요. 아버지가 재판 그런 것을 해도 아버지가 자기 차를 가지고 사고를 쳤으면… 영화에서 애인이 기다리겠다 울며 영화 봤어요. (사례 5, 40대 여성, 2010년 탈북, 함경북도)

이게 자유, 평화 :
'북한의 자유'는 '말만 자유', '남한의 자유'는 '참 자유'

남북한의 '자유'를 비교하는 사례도 있었다. 특히 어느 지역이든 허가 없이 오가는 영화 속 한 장면을 보며, '남한의 자유'가 '북한의 자유'와 무엇이 다른가를 생각했다는 사례 10. 북한에서 선전하는 자유의 개념과 남한의 자유 개념이 다르다는 생각을 하게 된 것이다. 북한의 자유는 '말만 자유'였다. 언론의 자유, 선거의 자유… 말 뿐이었지 사는 지역에서 다른 지역을 방문하려고 해도 정부 허가를 받아야 했다. 하지만 남한은 아니었다. 자기 '심중'만 있으면 어디든 갈 수 있었다.

자유라는 개념은 북한에서 선전하는 자유라는 개념이지, 한국에 자유 개념이 아니거든요. 그래서 북과 남의 생각차이가 하늘과 땅 차이다. 북한에 대해서 너무 모르고 단 한가지 그거죠. 여기 와보니깐 실제 자유라는게 어떤 거고, 북한의 자유는 말은 자유지 뭐 언론의 자유는 어떤 거고 무슨 선거의 자유는 어떻고… 다 하는데, 그 손과 발을 다 묶어놓고 자유가 아닌것처럼 말하는데, 여기에 와서 그런 생각 드는 거지 북한에 있을 땐 몰랐어요. 나는 그 한국 영화나 북한 영화를 보면서, 아 한국에는 어째 자기 심증만 있으면 뭐 가고 갈 수 있고 한데 북한은 여기 부산에서 서울 가는데도 정부에서 다 여권 대줘야 가고 안 그러면 못 가거든요. 이게 생활이… 그런 게 자유지 이명박이 무슨 일 해도… 잘못된 것 불쌍한 사람도 없고, 참 자유라는 게 내 생각에는… 김정일이 무조건 잡아서 족치는게 자유가 아니구나… 생각하는 거죠. **(사례 10, 40대 남성, 2008년 탈북, 함경북도)**

사례 10은 남한의 발전한 모습, 그리고 그 속에서 자유롭게 살아가는 남한 사람들의 모습이 겹쳐지면서 남한의 자유를 생각하고 있었다. 사례 10이 살던 지역은 ○○이었다. 사례 10은 바닷가였던 ○○에서 남한 방송이 80%는 수신될 것으로 기억했다. 사례 10은 드라마 〈남자의 향기〉, 〈천국의 계단〉, 〈가시고기〉 등을 보면서 '이게 자유구나', '평화스럽구나'했다. 떠오르는 몇 장면을 보면 남자 주인공이 국가에서 대출받은 돈으로 송어를 키우는 장면이라든가, 남녀 주인공이 컴퓨터에서 영상통화로 사랑을 키워가는 장면은 '대단히 발전했구나' 감탄하면서도 자유, 평화를 생각하게 했다. 영화가 아무리 '선전물'이라하지만 '진짜'로 느껴졌다.

남자가 돈을 국가에서 대출해가지고 송어를 키우는데 송어가 바다 고기 아니에요. 사장의 딸이 친해서 영상통화해서 남자가 컴퓨터를 배워가지고 그 때 당시 영화 주제가가… 그 때 당시 남한의 컴퓨터가 금방 나왔을 때 아니에요. 영상통화해서 사랑을 해서 열매를 맺어서 그건데 그저 본지 7년 정도 되니깐, 그 때 당시 보니깐, 아무리 영화가 선전물이라지만 외국영화에서 봐도 난 그런걸 보면서 내 자신을 위해서 혼자 느끼거든요. 아 진짜 대단이 발전 했구나… **(사례 10, 40대 남성, 2008년 탈북, 함경북도)**

자기가 생각하는대로 사는 남한

사례 53은(20대) 남한 영상물을 시청하면서 무엇보다 '자유'를 느꼈다고 했다. 특히 자유롭게 옷입고 머리스타일을 내고, 화장하는 모습을 보면서였다. 그에 비해 북한은 '단속'이 많았다. 옷 입는 것에서부터 머리스타일까지 단속하면서 '생활총화'를 자주했었다. 생활총화에서 '누구 머리가 어떻고 누구 옷차림이 어떻고'라는 비판이 오갔다. 하지만 남한 영상물에는 '누가 어떻게 하고 다녀도' 말하는 사람이 없었다. 남북한의 차이를 느끼며 '자유'를 생각한다.

제가 사회생활을 할때, 너무 단속이 많았어요. 입는 것부터 머리스타일까지 한국식 따라하지 말라고 엄청… 북한식으로 말하자면 생활총화 같은거 자주 하거든요. 그런데서 누구 머리가 어떻게 누구 옷차림이 어떻게 이런 비판 많이 하거든요. 그러니까 그런거에 대해서 불만이 많고… 한국 드라마 보면, 와, 저 나라는 어쨌든 자유가 많잖아요. 하고 싶은대로 하고 입고, 싶은대로 하고 누가 어떻게 하고 다녀도 말하는 사람 없고. 그런거에 대해선 차이점 많이 느꼈죠.
(사례 53, 20대 여성, 2010년 탈북, 함경북도)

사례 55는 남한 영상물을 보면서 거기에 등장한 아파트, 주택들이 북한과는 너무 달라 유심히 보게 됐다. 생활하기 편리하고 고급스러워 보였다. 부엌 가구, 가스레인지… 남북한 '생활수준이 너무 다르구나' 생각하게 된 순간이었다. 북한에서는 석탄으로 집 난방을 하는데 남한은 어떻게 난방을 하는지 궁금해지기도 했다. 그러면서 또 생각한 것이 있었다. 그 화려함 속에 '자기가 생각하는대로 사는' 남한사람들의 모습이 보였다. 사례 55는 생각했다. '내가 참 많이 모르고 살았구나!' 지금까지 접해보지 못한 '새로운 것'을 보면서 무엇이 '옳고 그른것'인지를 가리게 되었다고 했다. 무엇보다 좋아 보인 것은 '자기가 생각하는대로 사는' 거였다. 당연한 듯 보이는 것이지만 북한같이 폐쇄된 사회에서는 힘든 일이었다. 북한에서는 영화나 드라마에서조차 사상이 들어가 있었다.

내가 참 많이 모르고 살았구나 싶더라구요. 지금까지 접하지 못한 새로운 것을 보면서 옳고 그른것을 가리게 되거 같아요. 북한처럼 폐쇄된 사회에선 그러기가 힘들잖아요. 막 화려한 생활 보는 것도 좋았지만, 자기가 생각하는대로 사는게 참 좋아보이더라구요. 그리고 북한에서는 모든 영화, 모든 녹화물에 전부 다 사상이 들어가는데, 남한드라마는 그런거 없이 인간 세상에서 있을수 있는, 현실적인게… 제가 느낀건요, 〈앞집여자〉 보면서, 참 평범한 일반인들이 사는 아파트 주택이 정말 수준이 높더라구요. 생활하기 편리하고 고급스럽고… 정말 생활수준이 너무 다르구나… 그런걸 느꼈죠. 가구들… 부엌에 배치돼 있는 가구 같은거라든가 가스렌지, 제일 궁금했던건 겨울에 난방을 어떻게 하는지 궁금했어요. 북한에선 석탄을 때는데… (사례 55, 50대 남성, 2011년 탈북, 평안남도)

▶▶ **인권**

'겁탈' 당하자 완전 당돌하게 나오는 여자, 남한은 인권법이 있는가?

남한 영화 속에서 다루고 있는 여러 가지 장면 중에는 남녀간의 사랑을 다룬 이야기도 있고 성폭력 장면이 등장하기도 한다. 그 장면에서 뜻하지 않게 북한주민들이 인권을 생각하게 된다는 점도 발견할 수 있었다.

사례 3은 영화 제목은 생각나지 않는데 영화 한 장면에서 여자가 성폭행 당하기 직전이었다. 여자를 성폭행 하려던 '깡패'에게 여자가 '완전 당돌'하게 나오는 것이 아닌가. '몇조 몇 항에 의해서~' 법조항을 조목조목 대며 따져 드는 여자. 무슨 '인권법'이라나…

여자의 대사 중 언뜻 인권과 법이 어우러져 '인권법'으로 들려왔다. 남한은 저렇게 '인권법'이라는 것이 있나? 인권이 법률로 명시되는 남한. 인권을 생각하고 남한을 새롭게 보는 또 다른 창이 되고 있었다.

아 그것이… 아 지금 영화 제목이 잘 생각이 안나서, 근데 그 영화를 보면 아 남한에서는 진짜 잘 사는 구나, 그리고 남한에서는 인권이 보장되는 나라로구나, 그것이… 어떻다고 할까? 갑자기 생각나서 잘 기억이 안나는데, 어쨌든 드라마를 나오면 이 깡패들이 여자를 겁탈하다가 바로 체포 되는게 있어요. 거기서 여자가 완전 당돌하게 나오는 거에요. 거기에서 법적으로 해가지고 법 조항에 대해서 쫙 말해주는 거에요. 너는 법의 몇 조 몇 항에 의해서 이렇게 나오는데 거기에 인권법이라고 나와요. 그래서 아 남한은 인권법이라는 게 있는가? **(사례 3, 20대 남성, 2010년 탈북, 함경북도)**

여자와 같이 존칭 쓰는 남자, 도덕적 차이를 느끼다.

사례 49는 드라마에서 남자가 여자에게 존칭을 사용하는 것을 보며 남북한의 도덕적 차이를 느꼈다. 북한에서 여자는 남자한테 존칭을 쓰지만 남자는 여자에게 절대 존칭을 잘 쓰지 않는다고…

그리고 말투. 드라마에서 인사성도 바르고, 도덕도… 많이 표현되는 거죠. 도덕심… 부부지간에도, 남편이 부인한테 그랬습니다, 저랬습니다 하는거에요. 드라마에서. 북한에서는 여자는 남편한테 그런 말 많이 써요. 그랬습니다, 그렇게. 근데 남자는 그렇지 않아요. 다 반말하고. 근데 한국 드라마에선 남자들이 같이 존칭을 쓰는거에요. 거기서 꽤나 정신적 차이를 느꼈죠. 도덕적 차이 같은거. **(사례 49, 30대 여성, 2009년 탈북, 양강도)**

05 자본주의 경제

자본주의 경제에 대한 인식에서도 변화를 읽을 수 있었다. 첫째, 남한의 경제발전상 그 자체에 대한 놀라움도 있지만 경제발전이 실제 생활의 편리로 나타나는 모습에 몰입하게 된다. 둘째, 부도나 개인파산 등 경제제도에 대한 궁금증을 불러 일으키고 이해하는 계기가 되기도 한다. 셋째, 남한사회의 빈익빈 부익부 현상과 같은 발전의 이면에 있는 그림자를 목격하기도 한다.

▶▶ 남한의 경제발전과 생활의 편리

사례 46이 제일 처음 본 남한 드라마는 〈천국의 계단〉이었다. 드라마의 주인공으로 나온 배우 권상우를 무척이나 좋아했다는 사례 46. 놀이공원 장면을 보면서 남한의 발전상을 알게 되었다고 한다. 너무 신기해서 "보통 사람들도 들어갈 수 있는 곳인가" 의문이 들기도 했다. 또 핸드폰을 통해 문자를 주고 받는 낯선 모습도 그에게는 신기한 광경이었다.

제가 아주 천국의 계단에 미쳤더랬어요. 너무 좋아했어요. 권상우(드라마 주인공)가 놀이장 같은데서 쫙 내려다 보는 장면인데… 진짜 무슨 천국의 계단에서 내려다보는 것 처럼. 그걸 딱 내려다보는데 그 남자 얼마나 매력 있어요. 그거에 내가 미쳤지(웃음). 막 멋있다고 그랬지. 저런 남자 너무 멋있다고 그랬지. 나는 한국에 배우가 그 사람밖에 없는가보다 했어. 근데 와보니까 권상우보다 멋있는 사람 많더라고… 좀 희한했지. 한국이… 음. 천국의 계단 보면 놀이

공원이런거 나오잖아. 그게 대단히 희한했지. 정말 저게 보통 사람들도 들어갈 수 있는 곳인가. 막 사람들이 가서 말 같은 것도 타고… 그러니까 저런게 아무 사람이나 다 갈 수 있는 곳인가 의혹이 많이 갔지. 드라마에서 문자를 막 주고 받잖아요. 그게 대단히 희한했댔지. 멋있다, 잘 사는 곳이구나. 그렇게 생각했지. 그 전엔 잘 몰랐죠. 그 전엔 잘 몰랐는데 그 드라마를 보고, 아 되게 잘 사는 곳이구나… **(사례 46, 40대 여성, 2007년 탈북, 함경북도)**

진실과 거짓 사이

사례 1 역시 처음 접한 남한 드라마는 〈천국의 계단〉이었다. 앞서 사례 46과 같이 사례 1도 〈천국의 계단〉을 본 첫 느낌은 한마디로 드라마에 나오는 남한의 모습이 모두 거짓같다는 것이다. 자신이 평소 교육받은 남한과는 전혀 다른 모습이었기 때문이다. 특히 건물이나 거리의 모습 등은 완전히 꾸며진 것이라 생각했다. 이후에 시청 횟수가 늘어나고 다른 사람들과 남한에 대한 정보를 공유하면서 드라마나 영화에 나오는 남한의 경제적 발전상이 사실이라는 것을 알게 되었다. 첫 시청 때는 사상학습으로 인해 모두 거짓으로 꾸며진 것이라고 생각한 것이다.

사례 45는 "이브의 모든 것"이라는 드라마를 처음 보았는데 남한의 발전된 생활상을 보면서 자신들의 상황과 비교하며 남한이 부러웠다고 한다. 하지만 사례 45 역시 남한의 발전된 모습이 모두 꾸며진 거짓말은 아닐까 라는 의심이 들었다고 한다.

이브의 모든 것 볼 때는 집이랑 그런게 너무 다 좋았어요. 그래서 한국이 정말 저렇게 사는건가? 그런 생각을 했죠. 북한에서처럼 저게 다 거짓말 아닐까? 그런 생각했었어요. 우린 다 나무불 때고 아궁이 놓고 살잖아요. 근데 이브의 모든 것 볼때는 전부 다 침대에서 살고, 집도 크고, 다 가스레인지 쓰고, 다 서서 부엌 쓰고… 그래서 저게 진짜일까? 거짓말일까? 그런 생각 했었죠. **(사례 45, 40대 여성, 2005년 탈북, 함경북도)**

컴퓨터, 남에서는 '일반제품' 북에서는 '간부집'용

남한 영상물의 내용은 다 신기했다. 남한에서는 일반적인 '흐름'이라도 북한에서는 '상상' 할 수 없는 일들이었다. 과학, 교육 수준… 남한이 높다는 인식을 하게 되었다. 예를 들어 컴퓨터, 핸드폰이 그랬다. 여기서는 컴퓨터, 핸드폰이 '일반 제품'이지만 북한에서는 간부집이나 돈 있는 사람들이 사용할 수 있는 것이었다. 핸드폰 사용 장면에서 나도 한번 '짱짱'하게 사용해 봤으면 하고 부러웠다고… 북한에서는 '집 전화' 조차 비싸서 놓을 수 없었다.

다 신기해보이죠. 여기는 그냥 일반적인 흐름인데 우리는 그런거 상상도 못하는데다가… 수준도 높고… 과학이라든가 교육수준이… 남한이 높다. 여긴 컴퓨터 같은게 일반 제품이잖아요. 거긴 일반제품이 아니에요. 간부집이나 돈 있는 집이나 그렇게 하지. 그런것만 봐도… 그리고 전화가 우선… 거긴 핸드폰이 없어요. 근데 여긴 핸드폰이 일반화됐잖아요. 그러니까 그런데서 정말 수준이… 그렇죠. 나도 저렇게 핸드폰 한번 짱짱하게 써보고 싶고… 거긴 핸드폰도 다

속여요. 핸드폰도 못쓰게 해요. 집전화도 여기서는 놓고 싶으면 놓는거잖아요. 근데 거긴 놓고 싶어도 못 놔요. 너무 비싸가지고. 집전화도… (사례 49, 30대 여성, 2009년 탈북, 양강도)

앞서 살펴본 몇 가지 사례처럼 북한주민들의 남한 영상물 시청 첫 소감은 남한의 경제적 발전상을 보고 겪게 되는 충격이라 할 수 있다. 즉 북한 당국의 사상교육과 학습에 의해 남한이 굶주릴 정도로 가난하다고 생각했는데 영상에서 보이는 실상은 전혀 그렇지 않기 때문이다.

생활수준이 정말 높구나

사례 4는 남한 영화 〈올가미〉, 드라마 〈천국의 계단〉 등을 북한에서 시청하면서 아버지로부터 들었던 남한의 경제적 발전에 관한 말들을 현실로 받아들인 경우이다. 〈올가미〉에서 리모컨으로 차고를 여는 장면이라던지, 〈천국의 계단〉에서 벽에 그림을 그리는 장면을 떠올리며 남한의 발전된 모습을 이야기했다. 예술성 있는 영상미가 남한의 발전상으로 다가오기도 했다.

잘 산다는 생각은 들었어요. 사람들은 제껴놓고 일상 생활, 평상 생활 수준이 높구나… 천국의 계단 거기서도 그림을 그리면서 하는 장면 있잖아요. 벽에다가 그 그림을 쫙 그리는데… 그걸 보니깐 그걸 보고 뭐라고 하는가? 그 이런 예술 있잖아요. 그림도 예술인데, 야 정말 이게 엄청 발달 됐구나. 우리 북한 같은 것은 진짜 비교가 안 되죠. (사례 4, 40대 여성, 2009년 탈북, 강원도)

▶▶ **경제제도**

사례 7은 남한 드라마를 보면서 등장하는 말들이 언뜻 이해 되지는 않았지만 그래도 장면과 말이 겹쳐지면서 의미를 추측할 수 있었다. '부도'는 뭔가 깨졌다. 파산났다는 거. 회사가 망했다는 거구나 생각했다고 한다. 하지만 아무리 봐도 이해되지 않는 것도 있었다. 그런데 왜 집 구석구석 빨간 딱지를 붙이는지에 대해서는 도저히 알 수 없었다고…

아무튼 딱 들으면 무슨 말인지 이해는 되더라고요. 아… 부도 났다는 것은 뭔가 깨졌다는 소리고 파산났다는 것은 아… 이게 회사가 망했다는 소리구나, 고거는 이해가 됐는데 돈이 갑자기 다 불타가지고 집이 빨간 딱지가 붙고 이런 것이 그게 너무 이해가 안되는 거에요. 은행에 대한 개념을 모르니깐 아무튼간 북한 사회에서는 생각 할 수가 없는 그런 장면들이 막 펼쳐지잖아요. **(사례 7, 30대 여성, 2004년 탈북, 함경북도)**

▶▶ **기회가 주어지는 나라**

고운 마음 먹고 능력만 있으면 사람이 얼마든지 잘 살 수 있는

사례 55는 북한에서 남한에 대해 '빈익빈 부익부, 황금만능' 사회로만 교육받았다. 그런데 어느날 〈명랑소녀〉(드라마)를 본 후로 그동안 교육 받아 온 내용이 '꼭 그런게 아니고…' 라는 의구심이 일기 시작했다. 드라마 〈명랑소녀〉는 평범한 사람들이 등장했다.

원래는 사장 자리에 앉아있던 사람이었건만 자리는 박탈되고 최하층으로까지 치달았던 인물이 있었다. 하지만 '마음먹고 노력'하니 다시금 재기할 수 있었다. 지금까지 북한에서 선전하던 남한의 상황과는 달랐다. 북한 당국의 선전과 교육에 의문을 던지게 되는 순간이었다.

그 동안 북한에서는 자본주의를 빈익빈 부익부, 황금만능, 이런식으로 교육하는데… 저런 드라마나 영화를 보면 꼭 그런게 아니고, 돈보다… 제가 명랑소녀를 봤을때도 참 평범한 사람들이… 거기 보면 회사 사장이 사장 자리에서 물러나서 아예 최하층까지 떨어졌지만, 마음 먹고 다시 노력하니까 성공을 하잖아요. 고운 마음 먹고 능력만 있으면 사람이 얼마든지 잘 살 수 있는 것 같아요. 자본주의가 정부 선전하는 것과는 좀 다른게 아닐까, 하는 의문이 생기는거죠. 많이 생각하게 되고… **(사례 55, 50대 남성, 2011년 탈북, 평안남도)**

▶▶ 빈익빈 부익부

국가는 잘사는데 어떤집은 저렇게 잘살고 또 못사는가

사례 7은 드라마를 보면서 남한의 발전상을 봤다고 했다. 그러면서도 궁금해졌다. 저 나라는 어떻게 국가는 잘사는데… 어떤 집은 잘살고 또 어떤 집은 못사는 거지? 생소했다. 그러면서 한편으로 저 집이 못산다고 나오는데 저 집 정도면 살만한데 못사는 건가? 북한은 토대가 있는데 남한도 '토대'가 있는 건가? 궁금한 것이 한둘이 아니었다.

북한 같은 경우엔 토대가 있잖아요. 당원이나, 한국 전쟁에 나온 용사의 손자 손녀 인가 그런 토대가 있잖아요. 뭐 그쪽은 토대가 없나? 그런 생각도 많이 들고, 저 나라는 어떻게… 지금 생각하면 북한은 국가 기업이니깐, 국가에서 잘 사는 구나… 근데 어떤 집은 저렇게 잘 살지? 그게 사회를 이해 못 했으니깐 그게 너무 생소했죠.
(사례 7, 30대 여성, 2004년 탈북, 함경북도)

06 종교

북한은 정치적으로 유일지배체제를 구축하는 1960년대 말에 이르러 종교를 대부분 말살했다. 1970년대 들어 국제사회의 화해 무드와 1972년 7.4 남북공동성명이 채택되는 등 변화의 기운이 일자 종교를 말살하는 정책에서 역으로 이용하는 정책을 사용하게 된다. 대외 창구로서의 종교, 그리고 북한에도 종교의 자유가 있음을 알리기 위해 종교시설, 기관들을 재건해 왔다. 하지만 북한의 종교는 어용기구일 뿐 종교의 자유가 보장되지 못한다는 국제사회의 문제제기에 직면해 있는 상황이다. 이런 상황에 있는 북한 주민들이 남한 영화, 드라마에 등장하는 종교의 모습을 보며 어떤 생각을 하게 될까. 기도하는 모습을 보며 신기해 하면서도 종교의 자유를 생각하고 있었다. 자신들은 속상해도 속으로 삭혀야 하는데 저렇게 기도하며 풀어가는 모습에서 남북한을 비교하고 종교의 자유를 생각하는 북한사람들… 다음 사례를 통해 만나보자.

속상하면 성당에 가서 주절주절 얘기하고…
아침에 기도도 하고… 우리는 '아이씨'하고 참아야 되는데…

사례 7은 드라마에서 기도하는 장면을 보았다. 드라마에 등장한 여자가 머리를 쫙 풀어헤치고 생화로 화관을 만들어 쓴채 기도하고 있었다. 자기가 속상한 일, 잘못한 일을 '주절주절' 이야기한다. 그러면 신부가 뭔가를 말해주곤 했다. 그 장면이 너무 재미있었다고 한다. 성당에서 고해성사 하는 장면을 보면서 '우리나라는 저런 것도 없고 내가 속상해도 아이씨 그냥 이러고 자기가 그걸 참아야 되고 종교의… 그러니깐 자유라는 것을 생각도 못 했죠'라며 당시 아쉬웠던 마음을 이야기한다. 저렇게 마음이 상할 때는 아침 일찍 가서 기도도 하고 결혼식도 하다니… 너무 신기했다.

이 여자가 교회 나와서 머리에다가 이런 생화 있잖아요. 그걸 딱 끼고 머리를 쫙 풀어헤쳤어요. 직선 머리로… 거기서서 막 이렇게 천주교 인 것 같아요 수건 같은 것 쓰고 막 이렇게 기도를 하고 그게 아주 이렇게 속상하고, 그리고 이 여자가 가가지고 천주교 신자가 옆에 있는데, 자기가 예전에 나쁜 짓 한 것 그런 것…
　신부가 얘기 해주잖아요. 그게 너무 재미있었거든요. 저런 것도 있나? 속상하면 저기 가서 막 주절주절 얘기 하고 근데… 우리나라는 저런 것도 없고 내가 속상해도 아이씨 그냥 이러고 자기가 그걸 참아야 되고 종교의… 그러니깐 자유라는 것을 생각도 못 했죠. 그냥 아 외국에는 저런 천주교 성당이 있고, 속상 할 때 아침에 가서 저렇게 예배도 드리고 결혼식도 저런데 가서 해도 괜찮은 가보다… 그게 너무 신기 했죠 그것도… **(사례 7, 30대 여성, 2004년 탈북, 함경북도)**

왜 저쪽 사람들은 기도하는가? 정부에서 가만히 있는가?

사례 6은 어느날 남한 영상물을 시청하면서 기도하는 장면들을 접했다. 대통령 내외가 외국으로 가는 비행기에 오르며 찍은 사진에서 눈을 감고 기도하는 듯한 모습을 취하는가 하면 축구를 하면서 골을 넣은 다음 모여 기도하기도 했다. 도대체 왜 저런 기도를 할까? 정부에서는 가만히 있나 궁금했다.

그 다음에 영화 축구 많은데 다른 나라 축구 선수들이 볼을 찾잖아요. 볼을 차는데 중간에 사람들이 기도를 하는게 고거를 보고 사람들이 그렇게 해요. 왜 저쪽 사람들이 저런 기도를 하는가? 정부에서 가만히 있는가? **(사례 6, 40대 남성, 2010년 탈북, 함경북도)**

식량 지대에 딱 붙어있는 십자가, '무슨 종교(집단)간데 우리한테 저렇게 식량을 보내줄까?'

남한 영상물에서만 종교를 만나는 것은 아니었다. 대북지원으로 북한에 들어온 식량포대에서 만난 십자가. 사례 7은 그 십자가와 남한 영상물에서 보았던 기도하는 장면이 겹쳐지면서 종교에 대한 고민과 인식 변화를 계속하게 된다.

사례 7은 북한에서 종교는 '인간의 정신을 마비시키는 아편'으로 배웠다. 그러던 어느날… 식량 배급소에 들어온 쌀 지대(포대)에 '십자가'가 딱 붙어 있는 것을 보았다. 여기와서 보니 적십자 상징이었다. 사례 7은 북한에서 '십자가'가 종교를 상징한다는 것은 적십자 십자가를 보기전에도 알고 있었다. 남한 드라마를 통해서였다. 북한 영화에도 성당인지 종교 건물이 등장하기도 했었다. 쌀 지대의 십자가를 보면서 '와 무슨 종교 집단이 보내준 식량인가', '무슨 종교간데 우리한테 저렇게 식량을 보내줄까' 궁금했다. 사례 7은 머리가 복잡해졌다. 종교라는게 아편이라면서 왜 우리한테 식량을 줄까?

> 알았죠. 종교라는게 그 영화에서 보면 성당 같은 것 지어놓고 북한 영화에서도 있거든요. 십자가란게 이렇게 탁 해놓고 그리고 병원이란게 십자가가 있잖아요. 병원이란게 종교의 의미라는 것을 알았어요. 그 종교라는 게 아편이라는 그런 성향을 가진데서 우리한테 식량을 어떻게 줄까? 남쪽에는 다 국가 종교적인 것을 가지고 있는가? 뭐 이런, 생각도 했어요. 국가가 민간이 보내준 차원인줄 몰랐어요. 국가가 보내준 것으로 착각했죠. 그리고 드라마에서는 사람들이 행동 하는 것이 막 아름답고… 생각의 변화라는 한 마디로 그게 좀 신기 했어요. 북한에서는 종교는 인간의 정신을 마비시키는 아편이다. 그렇게 배웠어요. 근데 어느 날 식량 딱 보니깐 대한 적 십자가 십자가 딱 붙여놓고, 그러니깐 배급소에 식량 공급소에 들어오고 그러니깐, 와 무슨 종교 집단이 보내준 식량 막 이렇게,… 그런 생각이 들잖아요. **(사례 7, 30대 여성, 2004년 탈북, 함경북도)**

그리고 궁금한 것 또 한가지. 왜 국가에서는 지대를 감출까라는 점이었다. 식량이 지대에 담겨 들어오면 큰 '다라'에 쏟아 놓고 지대는 다른 곳에 쓰는 것 같았다. 왜 '종교가 최악'이라고 하면서 굳이 감추려고 하는지도 이해되지 않았다. '뭔가 우리를 속이고 있구나' 생각했다.

북한이 그렇게 주입했으니깐, 근데 무슨 종교 간데 우리한테 저렇게 식량을 보내줄까? 그리고 국가에서는 그 지대를 안 보여주기 위

해서 감출까 그냥 나눠주면 되는데… **(사례 7, 30대 여성, 2004년 탈북, 함경북도)**

[07 남한 사람]

남한 영화, 드라마를 시청하던 북한 사람들은 그동안 생각지 못한 남한 사람의 모습과 직면하게 된다. 무엇보다 그들이 생각하던 남한 사람의 모습은 약육강식의 남한 사회에서 살면서 누구를 불쌍히 여길줄도 모르고 도울줄도 모르는… 더욱이 희생은 있을 수 없는 사람들이다. 하지만 드라마에 등장하는 남한 사람은 뜻밖이었다.

남한은 약육강식의 법칙…
힘들어 하는 사람 보듬어 주는 모습이 있네!

사례 1은 남한 드라마로 처음 접했던 것이 〈천국의 계단〉이었다. 가장 기억에 남는 드라마이기도 하다. 〈천국의 계단〉 중에서 가장 인상적인 장면은 마지막에 남자가 여자를 위해 각막 기증을 하는 장면이다.

처음 봤던 천국의 계단인데 제일 인상적인 장면은 남자가 결혼식장 하고, 정서를 따라가고, 남자가 자신을 희생하면서 눈을 주는 장면을 보면서 다 울었어요. **(사례 1, 30대 여성, 2007년 탈북, 평안남도)**

사례 1이 북한에서 '세뇌교육' 받았던 남한의 모습은 약육강식의 법칙이 지배하는 곳이었다. 그런데 새로운 남한의 모습을 발견한 것이다. '저렇게 힘들어 하는 사람을 보듬어 주는 모습'은 처음 본 남한이었다. 지금까지 알아왔던 남한 사람의 모습과 드라마에서 본 남한 사람의 모습이 충돌하며 '의문'으로 뒤덮인 시간이었다.

북한에서 세뇌교육을 받은 것은 남한사회는 양육강식의 법칙이 작용하는 사회로 알았는데, 아 남한도 저렇게 힘들어 하는 사람을 보듬어 주는 모습이 있네, 아름다운 모습이 많네… 이런 것을 많이 느꼈거든요. 그렇지만 실제로 이 사회에서 오니깐 겪어보니깐 정말 북한에서는 장애인들 병신이라고 하고 사회적으로 기피를 시켜버리는데, 여기서 얼마나 장애인들 얼마나 우대를 받아요. 이런 것을 보면서 와 남한 사회가 북한 사회보다 인간의 이상이 실현되는 것을 보는데, 북한에서는 의문점이죠. 남한 사회가 양육강식의 법칙으로 배웠는데, 엄청 남을 위한 마음도 있네… 이런 의미로만 봤지. 실질적으로 남한이 실현된 사회라는 것은 모르고, 의문점을 가지고 보는 거죠. (사례 1, 30대 여성, 2007년 탈북, 평안남도)

희생, 북한 것만이 아닌 남한 것이기도?

사례 2는 남조선은 자본주의 사회라 '희생'이라는 것은 있을 수 없다고 생각했다. 누구를 위해 희생한다는 것… 북한에만 있는 일 인줄 알았다고 한다. 그런데 〈천국의 계단〉을 보면서 '남조선에도 아름다운 것이 있구나!' 생각을 달리 하게 되었다.

남조선이라고 하면 자본주의 사회라서 누구를 위해서 자기를 희생한다는 것은 우리 북한만 그런 것인 줄 알았는데, 남조선에도 아름다운 것이 있구나 라는 생각을 갖게 되더라고요. **(사례 2, 20대 남성, 2009년 탈북, 평안남도)**

자본주의는 불쌍한 사람 안돌본다고 배웠는데…

사례 7은 남한 드라마에는 왜 맨날 파산하고 중요한 순간에 죽고 그럴까… 의아스러웠다. 그러면서도 여자 주인공이 고아원에서 자랐다는 사실에, 자본주의에도 고아원이 있다니… 너무나 새로운 사실이었다. 자본주의는 불쌍한 사람은 돌보지 않는다고 배웠는데 고아원에서 자라나 성장해온 주인공의 모습은 뜻밖이었다.

정치적인 것… 저 남한은 왜 맨날 파산당하고 맨날 일하다가 저러지? 그리고 아까 그 비단향꽃무 할 때 영미라는 여자가 고아원에서 자랐어요, 자본주의도 고아원도 있구나… 자본주의는 불쌍한 사람 안 돌본다고 배웠기 때문에, 자본주의도 고아원이 있구나… 그게 너무 새로웠거든요. 고아원에서 자라서 근본도 모르고 뭣도 모른다고 그래서 이집에서 시어머니 될 여자가 막 반대 하고 그러거든요. 자본주의인데도 고아원이 있구나… 그래서 새삼스러웠어요. **(사례 7, 30대 여성, 2004년 탈북, 함경북도)**

사례 8은 평소 남한 사람에 대해 이기적 인간이며 남을 도와줄 줄 모르는 사람으로 교육받았다고 한다. 그런데 남한 영상물을 보면서 인간적인 남한의 모습을 느끼게 된다.

북한에서 대체적으로 원래 남한이 극히 자본주의라고 하면은 뭐 사기치고, 모든 사람들이 살기 바쁜데로 이렇게 알고 있었는데, 북한처럼 무슨 도와주고 이런 게 전혀 없고, 영화나 드라마에서 내각 그걸 보고 많이 느꼈는데, 한국은 그런 게 없는 걸로 나도 처음엔 그렇게 생각했는데, 인간적인 면이라고 할까, 그런 게 없다고 생각했는데 영화를 보면 그런게 많이 느껴지죠. 인간적인… 아, 6.25 전쟁 후 이게 진짜 사회주의 구나 하는 생각… 못 사는 이웃들을 도와주고 막 이렇게… 오히려 저기 보다 낫지, 그런데 저기는 내 살기 바쁜데 어떻게 거둬주자 해도 못하고. **(사례 8, 40대 남성, 2008년 탈북, 함경북도)**

08 생활문화

분단 반세기가 지나면서 남북한 체제의 다름과 더불어 생활문화 면에서의 격차도 커져 남북한 주민들간 통합의 장벽이 되고 있다. 남한에 대한 정보가 제약되어 있던 북한 주민들은 과연 남한 영화나 드라마에 나오는 남한사람들의 생활을 어떻게 이해했을까.

이브의 모든 것, 얼마나 돈이 많았으면 미국에 유학갈까

사례 7은 〈이브의 모든 것〉(드라마, 2000년 작)에 등장하는 '두 여자의 대결' 구도가 기억에 남는다고 했다. 두 여자 중 한 여자는 부잣집에서 태어나 미국 유학을 했다. 다른 한 여자는 집이 가난해서 어렵게 대학까지 마치고 사회에 나왔다. 여성 앵커가 되기 위해 자기 몸까지 서슴없이 불사르던 영미. 아직도 두 여주인공 이름인 선미, 영미를 기억하고 있었다.

> 이브의 모든 것이라는 드라마를 봤어요. 그 드라마에서 두 여자의 대결이 있더라고요 한 여자는 부잣집에서 자라서 미국유학까지 갔다 왔고, 한 여자는 여기서 대학까지 나와서 아득바득 해서 그것이 되기 위해서 자기 몸도 서슴없이 불사르는 것 있죠. 그러니깐 이쪽 남자가 몸을 내놓으라고 하면 거기 가서 막 자고, 어떤 돈 많은 집 남자를 진짜로 사랑하지 않는데, 이용해가지고 자기의 목표를 이루기 위해서 그 여자가 엄청 살벌하게 나와요. 그래서 선미란 여자. 그 여자 이름은 선미고 이쪽 여자 이름은 영미에요. 영미는 가난한 집에서 태어나고 완전히 악으로 하나하나 터 가지고 가는 여자고, 선미란 여자는 집안에서 부자니깐 척척 대주면서 이렇게 하는 거에요 그러다가 마지막에 악이 지고 선이 이긴다. 그렇게 끝나더라고요. **(사례 7, 30대 여성, 2004년 탈북, 함경북도)**

〈이브의 모든 것〉을 시청하면서 사례 7은 또 이해가지 않는 장면을 만났다. 도대체 영미네 집은 얼마나 돈이 많길래 딸 유학을 보낼까 하는 것이다. 북한에서는 아버지가 간부거나 외교관이 아닌 이상 외국에 나간다는 것은 상상조차 하기 힘든 일이다. 아니면 국가대표 선수가 되어 외국에 가보거나… 외국행, 유학… 북한에서는 꿈에나 있을 법한 일이라 신기하게만 여겨졌다.

> 하여튼 간에 그 드라마에서는 저게 너무 이해 안 가는게 뭐냐면, 얼마나 돈이 많았으면 미국에 갔다 오고, 외국에 갈 수 없잖아요. 북

한에서는 내가 간부 집 자식으로 태어나지 않는 이상, 우리 아버지가 외교관이 아닌 이상 외국에 나간 다는 것은 정말 힘들잖아요. 그러니깐 무슨 국가 선수가 돼야 진짜 조직에 몸이 메여서 어떻게 나갈 수 있지, 내가 나간다는 것은 꿈에나 있을 법한 일이지 그러니깐 그것도 너무 신기하고… **(사례 7, 30대 여성, 2004년 탈북, 함경북도)**

사례 7은 〈비단향꽃무〉(드라마, 2001년 작)에서 결혼도 하지 않은 채 남녀가 동거하다가 결혼을 생각하는 장면도 신기했다.

그게 너무 신기했어요, 결혼 안 할 때, 결혼 안하고 둘이서 동거하다가 남자가 결혼을 하자! 사람들을 초청할 필요 없이 너랑 나랑 사랑이 필요하니깐… 어느 예배당인가 천주교 그런 것 같아요. 몇 시까지 오라 이러거든요. 그래서 이 여자가 열심히 기도를 하고 있어요. 그 남자도 이렇게 도착을 하거든요. 근데 이 여자의 목걸이가 딱 떨어지면서 남자가 사고당하거든요. 비단향꽃무에서… **(사례 7, 30대 여성, 2004년 탈북, 함경북도)**

예배당에서의 결혼식, 우리는 집에서 하는데…

북한에서의 결혼식은 주로 집에서 한다. 평양이야 예식장이 있다 해도 그 외 지역에서 예식장은 엄두도 내지 못했다. 드라마에 등장하는 '예배당'에서의 결혼식… 당시 북한에서 결혼을 안했던 사례 7에게는 '엄청' 부러운 일이었다. 그 뿐 아니었다. 결혼식장에 가득 차려놓은 음식… 여자가 '예배당'에서 남자를 기다리고 있는데 손에는 남자에게 줄 반지를 쥐고 있었다. '결혼 할 때 반지는 꼭 껴야 하는가 보다' 결혼식에 반지를 껴야 한다는 것을 알게 되었다. 부럽기도 하고 나도 꼭 껴봐야겠다는 생각을 했다.

우리 같은 건 결혼식 한다고 하면 집에서 하잖아요. 집에서 하고 평양 같은 데는 그래도 예식장이 있는데, 그게 몇 사람 제외하고 다 집에서 하거든요. 결혼식을 하는데, 우리처럼 막 음식 해놓은 것도… 이 여자가 예배당에서 지금 혼자 기다리고 있어요. 거기다가 목걸이하고 남자에게 줄 반지를 진짜 싼 것 하나 딱 여기다가 쥐고 있고, 남자가 올 시간을 기다리고 있는데, 남자가 사고 당하고… 결혼 할 때 반지는 꼭 껴야 하는 가보다 하하 그런 이제… 나도 있다가 반지를 꼭 껴봐야 되겠다, 그때는 아직 소녀같은 마음이고 결혼도 안하고 그랬었으니깐 그런게 엄청 부러웠죠. **(사례 7, 30대 여성, 2004년 탈북, 함경북도)**

프로포즈가 뭐지?
'감촉'으로 알게 된 '진실한 하나의 고백'

북한 주민들에게 남한 영상물에서 보이는 생활문화도 이해하기 어렵지만 남북한 언어의 차이로 인해 알아듣지 못하는 표현도 많이 있었다. '프로포즈'라는 말은 드라마에서 처음 듣는 외래어[7]였다. 생소하게만 들렸다. 하지만 드라마의 내용이 계속되면서 어느 순간 뜻을 나름대로 떠올릴 수 있었다고 한다. 장면에서 느껴지는 '감촉'으로… '진실하게 하나의 고백을 하는 것' 그것이 프로포즈라는 말의 의미라 생각했다.

막 그런 장면이 펼쳐 지니깐 저희가 어떤 말은 이해할 수 가 없고, 그리고 동생이 막 이래요. 내가 내 남자친구가 되줄게 막 프로포즈 하려고 하니깐… 그 프로포즈라는 말도 되게 생소하거든요, 프로포즈는 뭐지? 너무 드라마를 보다가 어느 순간엔 이 감촉으로 아… 저게 하나의 고백이로구나, 내가 진실하게 하나의 고백을 하는 게 고백이로 구나 느낌으로 알 게 됐죠. 프로포즈란 말 자체가 없으니깐… (사례 7, 30대 여성, 2004년 탈북, 함경북도)

끝까지 한 남자에게 복종하는 줄 알았는데

이성간 교제에서도 남북한 간 문화적 차이가 있었다. 사례 7은 자신의 어머니로부터 평생 한 남자에게 복종해야 한다는 교육을 받았고 역시 그러한 생각을 했다고 한다. 그런데 남한 드라마를 보면 한 여자가 여러 남자와 사귀는 것을 보며 처음에는 이해가 되지 않았지만 나중에는 그것도 괜찮은 것이라 느꼈다.

맨날 쟤랑 사귀면 끝까지 한 남자에게 복종하는… 하하 그런 연애관도 좀 다르고 뭐 아무튼간 저는… 한 남자를 사귀면 끝까지 복종해야 한다는 게 북한이죠. 우리 엄마가 그런 생각을 가지고 있어 가지고, 저도 그런 생각을 했어요. 아 저런 나쁜 가시나 얘도 좋아하는데 여기 와서 이 남자도 좋아하는 척 드라마에서 그런 것도 막 하잖아요. 이 남자한테 사랑한다고 하면 여기와서도 사랑한다고 하고 뭐 이런… 왜 저러지? 하고 생각했어요. 그걸 엄청 증오의 대상으로 보다가 어느 순간 아 그럴 수 있는 거구나… 뭐 사귀어 보는 것도 괜찮은 거로구나…그렇게 생각도 많이 했어요. 하여튼 배워야 될 것도 있고, 배워야 될게 너무 많은 것 같아요. 일단 그 남한 사람들의 자본주의가 흘러가는 그런 것은 북한 사람들은 잘 모르는 것 같아요. (사례 7, 30대 여성, 2004년 탈북, 함경북도)

생활의 여유를 느낀 〈전국노래자랑〉

사례 9는 중국에서 들여온 2시간짜리 '곽테이프'로 '전국노래자랑'을 시청했다. 전국노래자랑을 통해 본 남한 사람들은 그야말로 '생활의 여유'가 있었다. '참 마음이 편하게 앉아서' 노래를 듣고 즐겁게 노래 부르는 사람들… '저렇게 시름없이 근심없이 생활할까?' 하며 남한을 '새롭게' 보는 시간이었다.

그게 난 제일 처음으로 본건데, 참 사람들이 문화생활이 참 이… 뭐랄까? 무슨 발전했다기 보다도 사람들이 생활의 여유가 있으니깐, 참 마음이 편하게 앉아서 그게 난 그냥 참 새롭게 보이더란 말입니다. 저 사람들은 즐겁게 노래 부를까… 저렇게 시름 없이 근심없이 생활할 수 있을까? 이게 많이 되고 시야가 많이 넓어지더란 말입니다. (사례 9, 40대 남성, 2005년 탈북, 함경북도)

[**09 스타일 따라하기와 의식변화: '말투부터 패션까지'**]

북한에서 한류는 북한 주민들의 의식변화는 물론 언어, 머리·옷 스타일 등에까지 영향을 미치고 있음을 주목할 필요가 있다. 영화나 드라마에 나오는 스타일을 따라하게 되는데 말투부터 패션에 이르기까지 나름의 개성을 표현하고 있다.

물론 북한 당국은 자본주의 퇴폐 문화라 해서 옷차림이나 말투, 헤어스타일을 단속하고 있지만 단속이 이들의 욕구를 완전히 제어하는 데는 한계가 있다. 국가로부터 사상과 개인의 자유를 억압당하는 사람들이 최소한 자신의 스타일만이라도 개성있게 표현하고 싶은 마음을 어찌 통제할 수 있을까 생각하게 된다.

▶▶ **머리모양**

스타일 변화가 의식의 변화다.

사례 39는 스타일의 변화가 의식의 변화라 말한다. 옷, 화장, 헤어 등 남한 풍을 따라하는 것은 남한과 북한의 차이를 인식하게 되는 것이라고 본다. 한마디로 '딱 갈리는' 계기라고 생각한다. 남한은 '문화도 발전'했다고 느끼게 되고 그것이 스타일 변화로 나타나고 있다는 것이다.

북한은 딱 갈리는데 한국은 정말 발전한… 문화도 발전하고 머리가 벌써 한국에 대한 이게 달라요. 그런게 다르죠. 북한에 대한 인식이… (사례 39, 40대 여성, 2009년 탈북, 양강도)

매 사람당 다른 머리 스타일: 다양한 한국문화

사례 39는 북한에서 미용일을 했었다. 북한에서 하루 이틀 배워서 시작하게 된 미용일을 하던 중 시청한 남한영상물… 미용일을 하게 된 것은 자신이 '유행에 민감'하고 '돈 벌기도 괜찮겠다는 생각에서였다. 쌀 1kg에 2,000~2,500원 하던 당시 2007년도 상황에서 커트를 해주는 가격으로 2,000원을 받았다고 한다. 하루 10명 정도 커트를 하면 2만원 가량을 손에 쥘 수 있는 셈이다.

커트 뿐 아니라 파마 시술도 했는데, '직발(매직 스트레이트)'은 약을 무엇을 쓰느냐에 따라 5천원에서 15,000원까지 가격이 형성되었다. 그 외에도 피부 미용, 눈썹 문신, 신부화장도 겸했다. 신부 화장은 북한돈 3만원으로 다른 서비스보다 훨씬 비싼 가격이었다. 미용일을 하게 되면서 남한 영상물에 나오는 '머리 스타일', '신발'이 '매 사람당' 다른 것을 보고 한국 문화가 다양하다는 생각을 하게 된다. 그

표 4-1 사례 39가 전하는 2007년 당시 북한 미용실 가격표

미용	가격	시세
커트	2,000원	
파마 (직발, 강아지머리, 떼뚜머리…)	5,000~15,000원 (약에 따라 차등)	쌀 1kg 북한돈 2,000~2,500원 시세
눈썹 문신	–	
신부화장	30,000원	

가 말하는 당시 미용실 가격을 보자.

  드라마 뿐 아니라 중국에서 들여온 '한국 잡지'를 보면서 '가지각색' 헤어 스타일을 익혔다. 그리고 잡지를 뜯어 미용실에 붙여 놓고 손님들이 마음에 드는 헤어 스타일을 선택하면 그대로 시술하기도 했다. 한동안 붙여놓다가 단속에 걸려 다 떼어 버리기도 했다. 검열에 걸렸을 당시 잘못했다고 하면서 '고양이 담배'를 주고 모면한 적도 있었다. 웨이브를 주는 머리는 괜찮았지만 염색은 검열 대상이었다. 자연스러운 갈색은 단속되지 않았지만 원래 머리색에서 많이 벗어난 노란색 머리는 단속대상이다. 한 때 노란 머리를 시술하기도 했지만 잦은 검열로 시술이 어렵게 되었다고 한다.

  제일 노랗게는 단속에 걸려가지고 처음에는 노란색도 했댔어요. 자연스러운 밤색, 갈색 제 머리 이정도 했어요. 제가 북한에서 하고 왔댔는데 이정도까지는 괜찮습니다. 더 노랗지는 못 하고 검열 자꾸 오다 놓으니깐 저희 집에도 항상 그 갈색, 브라운 그런 염색약들은 내놓지 않고 감춰놓고 있었죠. **(사례 39, 40대 여성, 2009년 탈북, 양강도)**

머리에 기름기 보이는 미용약

  사례 39의 미용실은 솜씨가 좋기도 하지만 좋은 약을 쓴다는 소문이 나서 손님들이 하루 10명 정도는 모여들었다. 좋지 않은 파마약은 머리에 '기름기'가 없어지지만 좋은 약을 쓰면 기름기가 보인다며 자신이 운영하던 미용실의 강점을 설명한다.

미리 필요한 화장품, 염색약 등을 북한 세관에서부터 미용약을 받아 오는 도매업자에게 주문하면 도매업자가 물건을 준비해서 받아왔다고 한다. 사례 39는 남한에 입국해서도 미용 기술을 익혔는데, 이미 북한에서부터 한국산 미용 약품 등을 써 봤고, 헤어 스타일도 남한 드라마에 나오는 스타일을 보고 익혀왔던 지라 별달리 낯설지 않았다. 북한에서 남한 '스타일 머리'를 많이 봐서 커트 하는 속도가 빠르다.

네, 벌써 몇 명 해놓고 다른 우리 약이라고 생각할 때 일반사람들은 파마약 굵은 것 쓰잖아요. 대충 있어가지고 하거나 질이 머리 낮아요. 그 다음에 기름기 없어지는데 좋은 약 사고 그런데 기름기가 보이죠. 다르죠. 우리 집… 볼때는 문화가 다르다는 생각이 많이 들었어요 북한은 문화가 한가지라는 관념이 있어가지고 옷이랑 하나를 딱 단추를 이렇게 되는데 한국 드라마를 보니깐 매 사람당 머리 스타일이라던가, 신발이라던가 다 달라요. 한 사람이 다른 사람이랑 다르고 그래가지고 제가 정말 한국의 문화는 다양하고 북한하고 차이가 많이 나는 구나 이런 생각을 많이 했어요. **(사례 39, 40대 남성, 2005년 탈북, 함경북도)**

한국풍 강아지 머리

손님 중에는 남한 영상물 '씨디알'을 가져와 그대로 헤어 스타일을 해달라는 사람도 있었다. 나이가 19~20살 가량된 예술학원(전문학교) 학생이었는데, 배우의 '머리스타일을 고대로 해달라'고 요청했다고 한다. 차마 자신의 미용실 내에서는 영상물을 시청하고 시술 할 수가 없어서 '너희 집에 가서 하자'며 그 학생의 집으로 갔다.

사례 39가 영상물을 학생과 함께 DVD플레이어로 시청하면서 마음에 드는 헤어스타일을 발견하고는 그대로 시술했는데, 그 학생 뿐 아니라 다음에는 학생의 엄마까지도 마음에 든다며 함께 머리를 했다. 당시 시술한 머리는 북한에서 일명 '강아지 머리'라 불렸는데, '한국 머리'라며 단속 대상이 되었다. '강아지 머리'는 단발 머리에 볼륨을 준 스타일이다.

당시 사례 39의 미용실에는 대부분 '한국 풍을 따라가지고' 헤어스타일을 비슷하게 해 주었다. 사례 39가 운영하던 미용실 손님들은 주로 '스타일이 멋있는' 중상류층이 많았다고 했다. 사례 39가 생각하는 중상류층은 경제적 기준을 중심으로 '집 좋은데서 살고, 돈도 많고, 먹는 것도 잘먹고'라는 인식이다.

난 상층이라고, 내 견해에서 볼때는… 아 이렇게 잘 사는 사람은 상층이가 중간층을 볼때는 일반적으로 굶지 않고 돈이나 쓰고 싶은 대로 쓰면서 먹고 싶은 거 잘먹고 집도 뭐… (사례 39, 40대 여성, 2009년 탈북, 양강도)

중국 연길 조선족에게 배워온 한국 미용 기술

사례 39는 북한에서 하루 이틀 미용 기술을 익혀 미용시술을 했으나 더 잘하고 싶은 '욕심'이 생겨 중국에 '잠복'해서 한 달 정도 미용 기술을 다시 익혔다고 한다. 중국에는 '디지털 파마', '매직기' 등이 대만산을 비롯해 한국산도 있었고 이런 기계를 다루고 시술하는 법을 익혔다고 한다. 사례 39는 중국 연길에 가서 조선족에게 미용 기술을 배워왔다. 그에게 미용 기술을 가르쳐준 조선족은 한국에 와서 미용을 배워 중국 연길로 돌아갔다. 결국 사례 39는 조선족을 통해 한국 미용 기술을 배운 셈이다. 중국에서 한 달 정도 머문 뒤 미용 기계와 안마기 등을 구입해서 북한으로 가지고 들어와 직접 시술을 하게 된다. 조선족이 한국에 와서 미용기술을 배우고, 그 기술을 다시 북한 주민이 배워 북한에서 사용하게 된 것이다.

그것도 아니죠. 북한에서 도망쳐가지고 중국에 연길을 갔어요. 연길가면요 뭐 있냐면요. 한국에서 해가지고 미용해서 배워가지고 직접 연길 조선족들이 한국까지 와서 배워가지고 간 분들이 있어요. 미용하는 직업이 돈 많이 벌잖아요. (사례 39, 40대 여성, 2009년 탈북, 양강도)

젊은 처녀들은 노골적입니다. 김태희 머리처럼 해달라고…

사례 38은 지금까지 이야기를 들어본 사례 39의 남편이다. 사례 38이 부인에 대해 으뜸가는 미용사였다며 이야기를 꺼냈는데 사례 38을 통해 좀 더 자세히 사례 39의 미용실 이야기를 들어보자. 사례 38은 부인 미용실에 북한에서 잘나가는 배우들이 찾아와서 머리를 맡기기도 했다고 한다. 때로는 '김태희 머리처럼 해달라'고 요청하는 사람도 있었다. 당시 사례 38이 살던 국경지역은 주민 의식이 가장 깬 지역이었다.

장사를 많이 하는 지역이다보니 다른 지역보다 돈이 많이 돌았다. 주말이면 젊은 처녀들이 미용실에 와서 '노골적'으로 '김태희 머리처럼 해달라'고 했다. 단골이었기 때문에 비밀을 유지해 주면서 머리를 해주곤 했다.

> 오죽했으면 지금 따라 올때 있지 않습니까 김태희 머리처럼 해달라고 드라마에 나오는… 왜냐하면 가까우니깐 애들 자체도 다 이렇게 해서 북한 자체도 있잖아요. 제일 깼다고 하는 어디가 제일 돈이 많냐 잘 사느냐 하면 ○○이거든요. 사람들도 ○○을 부러워 합니다. 왜냐하면 사람들이 ○○에 가면 돈 제일 많이 쓰거든요. 장사 차려가지고 하니깐 우리 ○○쪽에서 보면, 주말도 젊은 처녀들은 노골적입니다. 와서 이렇게 해달라 하면 고객이기 때문에 또 비밀은 지켜줍니다. 다른 사람한테 가서 이렇게 해달라고 하면 밝혀지잖아요. 그래서 비밀 지키는 거에요. 하여튼 그 자본주의… 우리 말하면 까다로운것 있잖아요. 머리 모양이나 이런… 그런 것도 막 들어와요. 북한이 그럼 째가지고 뭐 하나 감춰가지고 와서 보여주면서 그렇게 해달라고… **(사례 38, 40대 남성, 2009년 탈북, 평양시)**

개인 미용집에서 한 '제비초리 한국스타일'

사례 53은 미용 해주는 사람 개인집에 가서 당시 유행하던 '제비초리'같이 생긴 머리를 했었다. 한국 영화에 등장한 배우가 '머리를 칼날처럼 쳐내서 묶는 머리'를 하고 나왔었다. 사례 53도 여배우처럼 '제비초리' 같은 머리로 변신을 시도했다.

머리 같은건… 미용실은 아니고, 개인집에서 미용하는 사람들이 많아요. 그런 집에서… 어른들도 한국스타일 해달라고 해서… . 비슷하게는 하죠. 옛날에, 그, 누구지? 뭔 영화더라… 어느 영화를 봤는데, 뒤에 머리를 칼날처럼 쳐내서 묶는 머리 있잖아요. 그게 한창 유행이었어요. 묶은 상태에서, 머리를 다 솎아서 칼날처럼 하는거. 제비초리처럼. 그게 많이 유행이 됐었죠. **(사례 53, 20대 여성, 2010년 탈북, 함경북도)**

사례 42는 남한 드라마나 영화에 등장하는 인물들의 헤어스타일, 옷을 보면서 신기하기도하고 좋아보였다. 그러나 직접 따라 해보기엔 여건이 되지 않아 마음에 머물 뿐 이었다.

해본적은 없었는데, 따라해보고 싶은 마음은 들었죠. 옷 같은게 얼마나 신기하겠어요. 머리도… 해보고 싶었죠. 90년대 후반 되니까 커트 머리도 나오고 짧은 머리도 나오고… 옷 같은 것도 한국 상표는 다 떼고 중국에서 넘어오고 그래요. 드라마 보면서 받아들이는 거죠. 한국 상표 떼도 한국 옷이 좋다는 거 많이 느끼잖아요. 그런 거 입고 싶고… **(사례 42, 40대 여성, 2004년 탈북, 함경북도)**

청진 남대생, 남한 미용 스타일로 적응되다.

사례 53은 남자들이 남한 영상물을 더 좋아한다며 이야기를 꺼냈다. 20대인 사례 53은 주변 대학다니던 친구들이 남한 영상물에 나오는 '미용 스타일로 적응' 됐었다고 한다. 청진의 남자 대학생들 사이에서도 헤어 스타일을 따라하는 것을 볼 수 있었다.

많이 하죠. 많이 해요. 청진 같은 경우에도… 대학 다니는 친구들 머리 스타일 자체도, 미용 스타일 자체가 다 그런 스타일로 적응이 돼 가지고… 남자들이 다 그렇게 하고 다녀요. **(사례 53, 20대 여성, 2010년 탈북, 함경북도)**

영화를 보고서 제법 따라들 하는 것이 '머리모양'이다. 사례 13도 영화를 보고 미용사한테 가서 '어떻게 해달라' 요청했다. 그게 직발이었다. 사례 13이 북한에 있을 당시 2010년 경에는 미용실에 직발 약, 직발 기계가 구비 됐었다.

머리 모양 같은 거는 저기 그 머리모양은 다 따라하긴 합니다. 그 영화보고서 미용사들한테 자기가 어떻게 해달라… 그렇게 하하… 저는 직발 해달라고 했습니다. **(사례 13, 20대 여성, 2010년 탈북, 함경북도)**

동글동글 곱슬머리, '평생소원, 스트레이트 쫙!'

사례 12는 곱슬 머리로 평소 스트레스를 많이 받았었다. '동글동글' 온 집안이 곱슬머리였는데 쫙 펴진 머리를 보면 제일 부러웠고, '스트레이트 쫙- 하는 게 평생소원'이었다. 드라마에 등장하는 여배

우들의 머리가 원래 쭉 펴져 있는줄 알았지 매직 퍼머 기계가 있는 줄
은 몰랐었다. 북한에서는 매직 스트레이트 퍼머가 없었다. 그러다 중
국으로 도강 나갔다가 들어온 친구가 '머리 피는 기계'가 있다는 소식
을 들려 준 후로 '내려 붙은 머리'에 대한 희망을 갖게 된다.

> 저는 곱슬머리에요. 이런 동글동글 머리라 매직머리 했을 때… 아~
> 난 그게 평생소원이거든요. 스트레이트 쫙 하는게… 근데 도강서 갔
> 다 온애가 청진애가 머리를 매직했다는 거에요. 머리가 곱슬 했거든
> 요. 걔가 잡혀나왔거든요. 그러니간 애가 말하는거에요. 머리 이렇
> 게 피는 게 있냐고 하니깐 피는게 있데요. 한 몇 개월 한다는 거에
> 요. 나도 가서 쫙 펴고 싶다고… 하하 거기에 스트레스를 많이 받았
> 어요. 머리가 곱슬 머리니깐 그걸 제일 부러워했고 매직 머리… 그
> 러니깐 드라마에서 원래 머리가 저런가보다 했지 몰랐죠. 파마 하는
> 것만 자동적으로 파마 했구나지만 매직 기계는 몰랐어요. 그런 머리
> 볼때는 아 나도 저런 머리 하고 싶다, 내려 붙은 머리 됐음 좋겠다고…
> **(사례 12, 30대 여성, 2004년 탈북, 함경북도)**

돈이 없어도 한국식으로 되게 많이 따라하는 10대

돈이 없어도 어떻게든 한국식으로 따라 하려는 10대들의 이야기도
들을 수 있었다. 주로 하는 퍼머는 매직 스트레이트였다. 앞에서도
보았지만 매직스트레이트는 퍼머를 했는지 별로 티나지도 않고 멋낼
수 있어 인기 스타일이라는 것을 알 수 있다. 북한에서 '직발'이라 불
리며 최근 4~5년 사이 매직 스트레이트 퍼머 약품이나 기계를 사용
하는 미용실이 늘어 난 것으로 보인다.

친구들은 되게 보게 되면 제 옆에 친구들. 억수로 또 돈 있고 하는 애들은 돈이 없어도 한국식으로 되게 많이 따라하거든요… 머리 하는데서 가서도 매직 같은 것도 하고 염색 같은 것도 살짝씩 하고… 그냥 직발이라 하거든요. **(사례 23, 10대 여성, 2010년 탈북, 함경북도)**

영화에서 본 모양대로 말해주면
센스 있는 미용사들은 한단 말입니다.

영화에서 머리모양을 보고 미용실에 가서 설명하면 좀 센스 있다는 미용사들은 그대로 해줬다. 중국 영화에 나온 머리야 영화 이름이나 배우 이름을 대면 머리모양을 특별히 설명 안해도 그대로 해주기도 했다. 하지만 남한 영화를 보고서는 영화 제목이나 배우를 말할 수 없어 머리 모양을 설명해 주곤 했다. 설명해주던 머리 모양 중 하나가 일명 '각머리'이다.

각머리는 남한에서 '깍두기 머리'로 불리는 헤어스타일이다. 머리를 세워 깍두기처럼 각지게 깎는 것을 각머리라 하는데 '지금 청소년들이 세게' 각머리를 한다고 전하는 사례 2의 이야기다.

지금 청소년들이 세게 그렇게 합니다. 머리를 각머리라던지. 머리라는 걸 다 세우고 다니고요. 남자들이… **(사례 2, 20대 남성, 2009년 탈북, 평안남도)**

▶▶ 옷과 화장

몸매바지에 15센티 굽, 짙은 밤색 립스틱

사례 39는 한국영상물을 본 북한 사람들은 머리 스타일 뿐 아니라 '옷 유행'이 달라지기 시작했다고 한다. 대표적인 것이 '몸매바지'다. 스키니 바지를 일컫는 '몸매바지'에 15센치는 되는 킬힐도 유행했다고 한다. 립스틱은 빨간색 립스틱만 바르던 것에서 '짙은 밤색' 립스틱이 유행하게 되었다.

사례 1은 '중고 옷' 장사에게 가서 '남조선' 있냐고 물어 보면 '다 있다' 할 정도로 마음만 먹으면 구할 수 있었다고 한다.

> 옷은 중고로 파는 게 있었는데, 장사꾼한태 가서 남조선 있냐고 물어봐서 있다고 하면 거기서 다 있다고 해서,… 다 하는 거에요. **(사례 1, 30대 여성, 2007년 탈북, 평안남도)**

우리도 사람인데… 여름에 짧게 입구 나오면 시원하고 좋겠구나 느끼죠

사례 49는 본인은 남한 드라마에 등장하는 머리나 옷 스타일을 따라해 보고 싶기도 했지만 직접 시도하지는 못했다. 남한 여배우들이 여름에 치마를 짧게 입고 등장하는 모습을 보면 '시원하고 좋겠구나' 생각하기도 했다. 크게 꺼려하지 않고 받아들였다는 기억을 떠올린다. '저긴 생활 풍습이 저렇게 변했구나… 자본주의 생활방식이 저렇구나.'

그런데 주변에서 '젊은 아이들'을 중심으로 머리에 '물감'을 들이고 어깨까지 드러나는 윗옷이나 짧은 치마를 입는 것을 발견할 수 있었다. 북한에서는 치마는 무릎 밑으로 내려와야 했고, 윗옷은 어깨를 드러내는 것은 있을 수 없는 차림새로 젊은이들의 노출 패션은 당연히 단속 대상이었다. 길을 가다가도 단속원이 가위를 들고 단속 대상 옷을 자르는 것을 목격하기도 했다.

저긴 생활풍습이 저렇게 변했구나… 자본주의 생활방식이 저렇구나 그렇게 느끼죠. 여름에도 짧게 입고 나오면 시원하고 좋겠구나, 그런걸 느끼죠, 우리도 사람인데… **(사례 49, 30대 여성, 2009년 탈북, 양강도)**

아무리 통제해도 투쟁하며 입는 일자 바지

사례 52(50대)도 대학생들을 중심으로 딱 붙는 일자바지 유행을 지적한다. 일자 바지 입는 것을 아무리 통제해도 한국 스타일을 따라 '투쟁하고 입는' 젊은이들이 있다고 했다. '중국 화교인'들이 들여온 '남한 옷 중고'를 사서 입는다. 사례 52의 이모가 미국에 있어 북한에 방문 온 적이 있었다. 이 때 '미국 옷'을 가져왔는데 가져올 당시만해도 시대에 맞지 않아 옷을 입을 수가 없었다. 하지만 4~5년이 지나니 북한에서도 유행이 되더라며, 가져올 당시 입지 못한 옷을 다시 꺼내 입기도 했다.

뭐… 북한에서 지금 대학생들이 일자 바지 입는거. 딱 붙는 바지. 북한에선 딱 붙는 바지 못입게 해요. 근데 지금 그게 유행이 돼가지고 일자 바지 입는걸 통제를 하고… 머리도 앞에 내리고 그러는거, 한국 따라간단 말이야. 그래서 그거갖고 많이 투쟁하고 입는단 말이야. 우리도 세계를 따라가는거지, 북한도. 북한이 정치는 저래도 백성들은 거기 따라가고 싶은거지. 중국 화교인들이 옷을 많이 가져와요. 응, 남한옷을 중고로. 그걸 팔기도 하고 입기도 하고. 나는 이모가 미국에 있어요. 그래서 방문 온적이 있었는데 그때 옷들이랑 그런걸 갖고 왔어요. 그래서 그 옷들 입고… (그럼 본인도 직접 입었는지?) 응. (그럼 그 옷들 입어도 단속 안하는지?) 아 그러니까 우리는 이렇게 뒤떨어져 있으니까 미국옷 가져왔어도 우리랑 균형을 못 맞추겠어요. 입지를 못하겠더라고, 시대가 맞지 않으니까, 옷 자체가, 형식도… 그래서 옷입고 있다가 한 4~5년 지나니까 유행이 되더라고. 그래서 거기 따라서 맞춰서 입곤 했지. 그런 옷 입다가 단속에 걸린적은 없어요. 젊은 애들이 많이 따라하지. 호기심이 많고.

(사례 52, 50대 여성, 2010년 탈북, 평안남도)

'가위로 잘려도… 또 입죠'

20대 나이인 사례 53은 직접 '한국식'으로 입어 본 경험을 이야기 했다. 무산에 나팔바지를 비롯해 '한국 중고 옷'들이 시장에 많이 나와 있었다. '신품'을 사입는 것보다 '중고'로 멋을 내곤 했다. 단속을 하기는 했지만 골목으로 숨어다니며 피했다.

단속에서 걸리면 북한돈으로 한번에 500원씩 벌금을 냈고 몇 번 걸리게 되면 이름이 등록되기도 했다. 한국 상표 붙은 옷은 못입게 길 거리에서 가위로 잘라버리곤 했다. 그래도 '또 입죠. 많이 입죠'하는

게 사례 53의 말이다.

> 많았죠. 나팔바지나… 바지 같은거. 그리고 위에 상의 같은거… 무산 쪽에 한국옷들이 많이 나와요. 한국 중고 옷들이 많이 나와요. 시장에서 신품을 사입는것 보다 그런걸 많이 따라 입고 그랬죠. 중고 같은거. (단속이 있을텐데?) 많이 하죠. 못입게 하고… 출근할때는 치마가 딱 지정돼 있거든요. 근데 한국식으로, 한국 상표 붙어있는 옷들은 도로에서 가위로 다 짤라버리니까… 되게 열받죠(웃음). (머리 스타일이나 말투는?) 많이 했죠. 머리 스타일도 한국 스타일이 유행이 많이 됐죠. 단속을 해도… 골목으로 숨어 다니면서 하는거죠.
>
> 일단 걸리면 벌금도 내구요. 한번 걸리면 북한돈으로 500원씩. 그리고… 몇 번을 잡히면 이름 같은게 다 등록이 되거든요. 그래서 몇 번씩 계속 걸리게 되면 가위를 들고 도로에 나와 있어요. 가위로 바지를 못 입게 잘라놓고. 근데 그렇게 한다고 해서 달라지는게 아니죠. 그렇게 해도 또 입죠. 많이 입죠. **(사례 53, 20대 여성, 2010년 탈북, 함경북도)**

'한국드라마식 20대' 한국 거 보다가 한국 거 좋아하게 되다.

사례 50(20대)은 '한국드라마식'을 여자보다 남자들이 더 많이 따라한다며, 특히 헤어스타일과 옷 이야기를 꺼냈다. 옷은 중국에서 중고가 많이 들어오는데, 몸에 딱 붙는 한국산 청바지와 티셔츠가 20대 '젊은 애들'에게서 인기가 있었다고 한다. '한국거(영상)'를 자주 보다 보니 자연스레 '한국거(패션, 헤어)'를 좋아하게 된다는 것이다. 정작 자신은 따라 해보고픈 마음은 있었지만 용기를 내어보진 못했다. '내 머리' 해 보고 싶은데 맘대로 하지 못하는 답답함도 털어놓는다.

나는 그렇게 못해봤어요. 한번도 못해봤어요. 근데 해보고픈 마음은 많죠. 많은데, 그렇게 하면 우선 단속을 하니까요. 바지도 여기 같은 청바지 입고 다니면 엄청 단속을 해요. 단속을 하고… 특히 여자들보다 남자들이 한국 머리를 많이 따라해요. 여자들은 좀 드문데, 남자들이 더 따라해요. 귀 옆에 머리 내려오게 하는거 있잖아요. 어쨌든 한국드라마 식으로 젊은 남자들이 머리를 많이 따라하려고 그래요, 여자보다. 여자들은 귀걸이 하고 다니는거 단속하고, 목걸이도 착용못하게 단속하고. 그리고 머리도 길게 못 기르게 해요. 또 거지머리라고 해서 층 내는 머리 있잖아요, 보기 좋게 하는거. 어쨌든 보기 좋게 하는건 다 못하게 해요. (몰래몰래 따라하는 경우도 있는지?) 몰래몰래 따라 해도 기르다보면 단속에 다 걸리거든요. 단속대가 항상 나와 있으니까. 그래도 하고 다니는 아이들은 하고 다니고. 왜냐면 젊은 애들은 한국거 자주 봐요. (남자들이 더 따라한다는게 흥미로운데?) 젊은 아이들, 한 20대부터 그런 청년들이 한국거 되게 좋아해요. 옷도… 중국에서 중고옷들 많이 나오니까 다 중고옷들 입으려고 하고. (유행했던 옷은 어떤것?) 청바지랑 바지랑 그런거요. 딱 붙게 입는거. 티셔츠도 막 짧고, 딱 붙는거. 북한에는 머리도 자유롭게 못하게 하고 다녀요. 그러니까 많이 안타깝죠. 거기서 사는게 답답하고 너무… 왜냐면 내가 보기 좋은대로 내 머리를 하고 싶은데. 내가 지금 머리를 집게로 올리고 있잖아요? 근데 이런것도 못하게 해요. **(사례 50, 20대 여성, 2010년 탈북, 함경북도)**

50대인 사례 55는 남한 영상물을 보고 본인도 옷이나 말투 등을 따라 해보지 않았을 뿐 아니라 '자식들도 못 따라하게' 했다. 앞서 본 사례 50은 본인은 따라해 보고 싶었지만 단속의 눈이 두려워 못했고, 사례 55는 남한 옷 따라하기가 탐탁치 않아 자신은 물론 자식들도 못 하게 했다. 연령대, 개인 성향 등에 따라 남한 스타일에 대한 호불호, 그리고 모방도 차이가 있음을 보게 된다.

없습니다. (남한 옷도?) 남한 내복 같은건 입어본 적 있는데요, 유행은 별로… 제가 나이가 있으니까요. 나도 그렇게 안하고, 자식들도 못 따라하게 했지요. **(사례 55, 50대 남성, 2011년 탈북, 평안남도)**

'황해도, 한국 영화 보고 더 따라한다 그럽디다'

과거에는 황해도 지역은 '남쪽 지방'이라고 해서 다 '농촌'으로 보는 곳이었다. 그런데 예전과 다르게 황해도 지역도 '한국 영화 보고 더 따라한다'고 할 만큼 변화가 엿보이고 있다는 이야기를 한다.

그런거 좀 따라하기 시작하는데… 저는 못했어요. 근데 젊은 아이들이 해요. 그것도 단속해요. 머리에 물감 들이면 단속하고… 옷도 막 칼로 찢어요. 길바닥에서 가위 들고 서서 막 잘라요. (젊은 사람들이 많이 따라하는지?) 하고 싶어하죠. 근데 단속이 심하니까 내색 못하는거죠. 우리는 팔 여기까지 드러내는 것도 못 입게 해요. 반바지도 못입게 하고, 치마도 다 무릎 아래로 입어야지, 이렇게 짧은 치마 없어요. 젊은 아이들은 따라하고 싶어하지. 황해도 사리원 그 쪽은 한국 영화 보고 더 따라한다고 그럽디다. 옛날엔 황해도라고 하면, 그러니까 남쪽 지방이라고 하면 다 농촌으로 봤어요. 근데 이쪽에 대해 많이 알더라구요. 옛날하고 달라요. **(사례 49, 30대 여성, 2009년 탈북, 양강도)**

▶▶ 언어

　남북한 언어도 분단의 세월을 느낄만큼 달라져 왔다. 남한은 표준어, 북한은 문화어를 각각의 기준어로 삼고 있다. 표준어와 문화어의 정의를 보면 어떤 지역, 그리고 사람을 준거로 했는지에서 차이를 보인다. 남한의 표준어가 서울과 교양있는 사람이라면 북한 문화어는 평양과 노동자계급의 언어를 기준으로 삼고 있다. 이외에도 남북한 정치·경제체제, 생활문화 등의 차이가 남북한 언어의 차이로 나타나고 있다. 언어의 기본적 기능은 무엇보다 의미 전달을 통해 의사소통을 하고 사회통합을 일구어 나가는 도구라는 점이다. 이점에 비추어 본다면 남북한 언어 차이가 남북한 사람들의 의사소통과 통합에 어떠한 문제로 다가오게 될지 생각하지 않을 수 없다.

　그런데 북한 사람들이 남한 영화, 드라마를 시청하면서 남한 말을 이해하고, 따라하고 있다면… 이것은 무슨 의미일까. 때로는 남한 말이 낯간지럽게 들리고 '간사하다'고까지 느끼며 거부감을 표시하기도 했다. 그런데 남한 영상에 비췬 남한 사람들은 남녀가 그리고 나이 어린 사람에게 조차 존댓말을 쓰는 모습은 서로를 존중하는 모습으로 비췬다. 북한에서는 지도자를 중심으로 발달한 극존칭어에 밀려 정작 일상생활에서는 웃어른과 서로에 대해 존칭, 존댓말이 많이 사장된 상황에서 남북한이 비교되고 있었다. 그 뿐 아니다. '볼펜'이라는 외래어, 북한에서는 쓰지 않는 용어들을 따라해보기도 하고, 분명하지만 부드러운 아나운서의 억양에 '악감'이 녹아든다며 좋아했다. 그리고 '이랬니? 저랬니?'라는 서울말씨에 즐거워하며 따라해 보고 있는 사람들… 그 사람들 속에서 작게 조금씩이나마 남북한간 소통의 바람을 느껴본다.

대사를 흉내내다 다 같이 웃다

사례 26은 함께 모여서 드라마 시청 중에 '대사를 막 흉내내다'가 다같이 웃곤 했다.

말은 따라해 봤어요. 말투는 따라해 봤는데, 머리나 옷은… 말투는 따라해봤지. 근데 그게 되나, 안되지 그치, 드라마 보면서 따라해 봤는데 모두 다 웃지 뭐. 드라마 보면서 따라하거든요. 우리끼리 대사를 막 흉내내는데 그러다가 다같이 웃죠. **(사례 26, 10대 여성, 2008년 탈북, 함경남도)**

사례 29는 '안녕하세요' 라던가, '볼펜' 같은 말들을 따라해보곤 했다. '볼펜'과 같은 외래어는 무슨 뜻인지도 모르고 말해 보다가 북한 말과 같은 뜻인 남한의 외래어들로 바꿔 말해본다.

뭐 안녕하세요. 한국 말투 처럼 이런 것 따라… 억양도 따라하고 말투… 근데 북한에서는 여기로 말하면 외래어 같은 건 모르거든요. 볼펜이라면 그게 무슨말인 지도 모르고 뜻은 모르고 듣고만 있지만은 북한 말하고 같은 내용들은 그걸 막 따라하려고 노력하고요. 머리도 북한에서는 단정하게 다니라 그리고 머리도 풀어헤치고 다니면 학교에서는 막 통제해요. 머리도 이런 뭐 편의점 같은 데서 여기로 말하면 미용실에서 그래주는건 없었는데, 그런 물감이랑 어떻게 자기네 끼리 구해서 직발도 하고 막 이렇게 다 하거든요. 그리고…

청소년을 중심으로 남한 드라마에 등장하는 비속어까지 따라하는 현상이 나타나고 있었다. 10대 후반에서 20대 초반 정도의 청소년들이 '이 씨발새끼야'하는 욕을 '신통하게' 잘 따라 한다며, 남자가 여자보다 욕 흉내를 많이 낸다는 것이다. '노골적'으로 친구들과 어울릴 때 남한 영상물에서 들은 욕을 하게 된다.

그냥 편하게만 하고 싶은데 그것도 못하게 하니까. 말투도 많이 따라 해요. 말투가 많이 좋아요. 따라하면 좀 어색한데 남자애들은 되게 많이 따라하려고 해요. 남자애들이 친구들끼리 많이 따라해요. 너무 신통하게 따라해요. '이 씨발새끼야' 이런것도 잘 따라해요. 남자애들, 젊은 애들이 많이 흉내를 내요. 여자들은 좀 창피하고 그런게 있는데 남자들은 막 노골적으로 (웃음). 장난치면서 친구들끼리 놀면서 한국말을 많이 써요. 네. 한 17세부터 20대 중반, 초반 이런 애들은 한국말 많이 따라 해요. **(사례 50, 20대 여성, 2010년 탈북, 함경북도)**

사례 13(여성)은 친구들과 '어디가니? 그랬어요? 저랬어요?' 하며 남한 말을 썼다. 평상시 북한 말을 쓰다가도 중간중간 남한 말이 나왔다. 남한 영화를 보면서는 일부러 남한 말을 연습해 보기도 했다. 그러다가 어색해져 '야 그만하자' 웃음이 터졌다.

뭐 어디가니? 그랬어요 저랬어요, 하면서 이렇게… 그러니깐 평상시 말하는 것 중에서 말하다가도 뭐 이랬어요 저랬어요. 이렇게… 어색

해가지고 웃다가 아무래도 영화보다가 서로 어색하니깐 야 어색하
다 그만하자 해가지고… **(사례 13, 20대 여성, 2010년 탈북, 함경북도)**

간사하기도 한 '살랑살랑 예쁜 말'

남한 말씨는 '살랑살랑' 참 예쁘게도 들렸다. 어떻게 보면 간사하다
고나 할까. 사례 54(50대)의 고향은 평안도라 함경도 지역에 비하면
그리 강한 어투도 아니건만 서울 말씨는 '막 간사하다' 생각이 들었다.

말씨는… 막 살랑살랑하면서, 참 예쁘게 말을 하잖아요. 간사하게.
우리는 평안도라 막 강하지 않은데, 함경도 사람들은 엄청 억세잖
아요. 거기 사람들은 희귀하겠지. 근데 우리는… 그래도 우리도 서
울 말씨를 막 간사하다고 생각은 해요. (따라 해 본적은?) 근데 비슷
하니까… 황해도 말씨하고 평안도 말씨하고도 틀려요. **(사례 54, 50
대 여성, 2007년 탈북, 평안남도)**

우리끼리는 서울말씨, 어른들과는 '본투'로

남한 TV에서 지방 사투리와 표준어가 등장하면 '서울 표준어'가
부드럽게 느껴져 주로 서울말투를 따라하게 됐다. 북한에서도 '표준
말'을 써야 하기에 남한 표준어에 대한 호기심이 더 작용되기도 한다.
같은 또래에 마음 맞는 친구들끼리는 서울 말씨를 쓰다가도 어른들과
이야기 할 때는 얼른 '본투'로 바꾼다. '남조선 말'이나 옷을 입는 사

람들에 대한 검열이 시작되면 따라하기가 주춤하다가도 검열이 사라지면 '다시 쫙 나오고' 하는 현상이 반복됐다.

사투리는 있는데, 그건 생각을 안하고 웃기도 하고 그래요. 사투리 말고 서울 그런 표준어 있잖아요. 북한에서도 우리는 표준말을 하거든요, 아 표준말이 부드럽다고 생각해서 하려고 하는 경향이 있어요. 우리끼리는 말하다가도 어른들하고 말할 때는 본투로 나오는 거에요, "저 자식들은 고상한 북한말은 안하고 남조선 말을 외국나라말이라고 하는데 외국나라 말을 따라한다"고 하시니깐 하다가, 거기에 검열이 붙어서 남조선 말을 쓰거나, 바지나 옷을 입고 다니는 사람을 단속하기 시작했어요. 거기서 조금 주춤하다가 검열이 사라지면 다시 쫙 나오고, 그런게 많죠. 나이 든 사람들 보다는 젊은 층들이 많이 따라해요. 한국 영화를 보거나 말도 보고, 그런 것을 보면서 자기들끼리 한국 노래도 부르고 젊은 애들이 우리말로 회식을 하면 우리나라보다 젊은 사람들은 한국 노래를 부르는 일들이 많아요. (사례 1, 30대 여성, 2007년 탈북, 평안남도)

사례 39는 북한에서 남한 말을 직접 따라해본 적은 없지만 지나가는 '젊은 애들'이 남자는 욕, 여자들은 말투를 따라하는 것을 들었다고 한다.

남자들은 뭐 시발, 새끼야 이러고 지나가고요. 여자들은 그렇니? 나 좀봐, 이러고… (사례 39, 40대 여성, 2009년 탈북, 양강도)

'길지마' 아니, '그러지 말라고~'

하지만 어느새… 사례 2는 친구들과 장난삼아 남한 억양, 말을 따라하고 있었다. '길지마'라고 할 것을 '그러지 말라고~' 남한 말로 바꿔 하는 것이 재미있어졌다.

그러지 말라는걸, 뭐라 그러지… 나도 생각이 안나네. 길지마 길지마 이렇게 하는데, 그러지 말라고~이래가면서 한국말 쓴다고… 대부분 억양을 많이 했고, 단어 같은 건 생각이 안나요. **(사례 2, 20대 남성, 2009년 탈북, 평안남도)**

악감을 녹이는 목소리

사례 43은 무엇보다 '말투'를 따라해보고 싶었다. 북한 사람들은 '억양이 되게 높은' 반면 남한 드라마에 등장하는 인물들의 말투는 목소리가 조용하고 약해서 처음에는 알아듣기조차 힘들었다. 그러나 반복해서 시청하다보니 조용하고 약한 그 소리가 '상대방을 녹이는', '악감을 가졌다가도 녹게끔' 하는 마력으로 다가왔다. 너무 예쁜 말씨를 진짜 배워보고 싶었다.

네, 네, 말투… 다른건 모르겠는데요, 말투를 되게 따라해보고 싶었어요. (어떤 부분에서?) 그냥 뭐든게 다요. 말하는게… 북한사람들은 억양이 되게 높잖아요. 그래서 처음에 남한 드라마 봤을때 소리가 너무 약한거에요. 도저히 알아들을 수가 없는거에요. 그 정도로 목소리 톤이 약한데다가… 그래서 몇 번이나 CD를 돌려서 봤거든요. 몇 번 보다보니까 알아들을 수 있죠. 그렇게 남한 말이 상대방을 녹이는…? 상대방을 녹인다고 해야 하나? 부드럽고… 상대방한 테 악감을 가졌다가도 남한 말로 얘기하면 악감이 녹게끔… 그정도로 말이 너무 예쁘고 좋더라구요. 남한 말씨 진짜 배우고 싶단 생각 했었어요. **(사례 43, 20대 여성, 2008년 탈북, 함경북도)**

사례 41은 라디오 방송에 등장하는 여자 아나운서의 목소리가 부드럽고 예쁘게 들려 따라해보았다. 함경북도 말은 투박한데 비해 라디오에서 들려오는 서울말은 잘 알아듣지는 못하겠어도 저절로 흉내 내어 볼 만큼 예쁘게 들렸다.

흉내는 내봤죠. (어떤거?) 저희는 함북도라 투박하고 그런데, 서울 말은… 라디오 듣고 많이 따라해봤어요. 밤에 친구랑 가만히 라디오 들으면서… 잘은 못 알아듣겠는데, 아나운서가 마지막에 K, B, S 이렇게 하는게 말이 참 이쁘더라구요. 말이 진짜 이쁘더라구요. 여기 말은 정말 너무 부드럽고…

어른을 얼마나 잘 모시는지. 유순한 남한 말 '어르신님'

사례 50은 옷차림은 따라 해보지 못했지만, 말을 따라해보곤 했다. '그랬어요? 저랬어요?', '이거 드시겠어요?'하는 말들이 좋게, 유순하게 들렸다. 어른들을 '얼마나 공경하며 잘 모시는지' 예의바르게 느껴졌다.

말투. '그랬어요? 저랬어요?' 이런거. '어르신님 이거 드시겠어요?' 이런거… 좀 표준어를… 네, 네. 좋죠, 유순하고. 어른을 얼마나 공경하게 잘 모시는지. (머리 모양은?) 스타일은 달라도 참 이쁘더라구요. 흉내는 못 내죠. 근데 나도 저렇게 하고 다니고는 싶었지. 한국가면 저렇게 하고 싶었는데… 근데 아직까지는 실현은 못해봤고 (웃음). (사례 50, 20대 여성, 2010년 탈북, 함경북도)

'간사한 한국말' 별로 맘에 안드네…

반면 사례 44(30대 남성)는 함경도와 경상도의 정서가 비슷하다며, 함경도 출신인 자신이 처음에 남한 표준어를 들었을 때 '간사하고 간지럽다'는 생각이 들었다고 했다. 그래서인지 따라해보고 싶다기보다 '별로 맘에 안들더라'는 생각이 앞섰다.

음, 그런건… 뭐랄까 한국 말이 되게 간사하고 그렇잖아요. 예를 들어서, 경상도 사람들이 서울 사람들 보고 막 간지럽다고 하는 거랑 비슷해요. 함경도하고 경상도하고 비슷한거 같아요. 성격적으로나 문화적으로나,… 따라 해 본적은 없어요. 언어는 별로 맘에 안들더라구요. 북한 자체가 워낙 그런걸 못하게 하니까. (사례 44, 30대 남성, 2004년 탈북, 함경북도)

▶▶ 남조선 날라리풍, 단속과 통제에도…

갈색머리, 단속에 걸리면 하루씩 차에 태워 농촌일

혜산지역에서 있었던 일이다. 사례 38의 아내는 혜산에서 미용일을 했었다. 혜산지역에서는 노란색 머리로 물들이려는 '여자애들'도 꽤 있었다. 염색한 사람들에 대한 단속이 세지면 다른 헤어스타일이 유행하면서 단속을 피해갔다. 염색이 유행하더니 염색 단속이 한창 벌어지면 옆머리를 바짝 깎는 머리가 퍼지기도 했다. 한번은 머리를 갈색으로 물들인 젊은 여성이 단속에 걸렸다. 단속에 걸린 여성은 차에 태워 어디론가 데려가 하루 종일 농촌일을 시켰다.

북한에서는 그때 실제로 그랬어요. 와이프가 미용사를 했어요. 북한에서 그때 여자들이 직접 오드라고요. 부탁해가지고 큰 약은 안 하죠. 최근에 올때는 여러 가지 부류가 있더라고요. 진 노랗게 된 게 있고 연하게 된게 있고 그걸 할때도 약간 하면 약간 노랗게 되가지고 사람이 보면 실제 완전히 노란 머리가 있잖아요. 그렇게 해달라는 사람이 많았어요. 그렇게 부탁해가지고 노란 머리면 붙잡아 가지고 그 다음에 한국 머리 그 옆머리 깎아 올리는… 북한은 안 했어요. 그 전에는 머리 길고 올리고 뭐라는지 모르겠어요. 그 머리도 하고 그때 여자애들 이렇게 외모 뭐 그 다음에 말고 그때는 한국 말 한다고 해가지고 남조선말 따라하고 단속하고 그랬거든요. 그때는 뭐 따라하고 싶어해요. 그때는 근데 해보지는 않았어요. 근데 사회적으로 너무 없으면 오직 길가에 서가지고 가위로 오려붙이고 그 다음에 여자애들 갈색머리 붙잡아다가 물감으로 해가지고 그러면 가위로 잘라버리고 그랬거든요. 어쩔때는 단속하는게 그래가지고 그 날 하루씩 차에 타가지고 농촌에 일시켰어요. 어떤 때… (사례 38, 40대 남성, 2009년 탈북, 평양시)

주부들을 대상으로 한 단속이 실시되기도 한다. '주부 규찰대'들은 주부들의 '부르주아 생활풍습'을 단속한다. 주부들이 밖에 나갈 때 머리를 묶거나 단정하게 자르지 않으면 단속 대상이 된다.

주부들은 주부들대로 주부 규찰대가 또 있거든요. 주부들 단속하는 기관이 또 있어요. 집에서는 이러고 있어도 밖에 나갈 때 머리를 매지 않으면 단속하는거지. 항상 묶어야지. 푸르고 다니면 그게 부르주아 생활풍습이라고 해서 단속을 해요 (웃음). 그래서 항상 묶고 다녀야지. 아니면 단정하게 자르던가. **(사례 50, 20대 여성, 2010년 탈북, 함경북도)**

'날라리풍' 가위로 잘라 단속해도 다시 주워입는 사람들

사례 29는 주변에서 염색약, 퍼머약을 구해서 자신이 직접 시술하는 것을 보기도 했다. 자신이 1996년 무렵 당원이 된 이후로 '통제하고 이끌어줘야 하는' 선봉대가 되어야 했기에, 자신은 남한 스타일을 직접 해보지는 못했다. 아무리 '딱 달라붙는' 바지, 이른바 '날라리풍'을 가위로 잘라놓는 등 단속을 해도 다시 '주워입는' 사람들을 말리기 어려웠다. 막상 '날라리풍' 단속을 하면서도 어느새 '마음은 하고 싶어도' 할 수 없는 자신을 보게 된다.

제가 통제하고 당원이니깐 선봉자 역할을 하잖아요. 이렇게 사람들을 통제하고 이끌어주고 검찰대에 나가서 단속하고 이렇게 하기 때문에 저는 마음은 하고 싶어도 못 하는 거죠. 저는 못 해봤어요. 저는 이렇게 방문이니깐 저는 그렇게 날라리 풍이라고 하는데, 그런 건 못 했는데 하고 싶어도 못 했죠. 근데 주변에 있는 애들은 막 하죠. 옷도 막 이렇게 한국 옷 처럼 바지도 딱 달라붙는 건 통제하고 이렇거든요. 막 가위로 잘라놓고 이러는데도 그래도 주쉬입고 그러고 다녀요. **(사례 29, 30대 여성, 2009년 탈북, 함경북도)**

사례 27은 북한에서 직발머리로 단발은 해보았지만 다른 퍼머 머리를 시도할 수는 없었다. 학교에도 검열이 나왔기 때문이다. 걸리면 '불량학생'으로 낙인 찍혀 버린다.

그러니깐 단발머리는 직발 하는데요. 절대 기르지 못하게 해요. 짧은 머리에다가 요즘에 현대판에 와서 언니들이 요즘엔 여학생들이 직발머리 많이 하는 것 같아요. 직발기도 많이 나와요. **(사례 27, 10대 여성, 2010년 탈북, 양강도)**

'한국말 쓴다고, 한국말로 단속하다': 단속하다 모르게 나오는 서울 말씨

사례 6(40대 남성)은 '보안원'까지 한국 말을 따라할 정도였다고 했다. 그러면서도 평소 우스개소리로 했던 이야기를 들려줬다. 길에서 앞에 가던 젊은 사람들이 한국 말 하는 것을 뒤에 가던 보안원이 듣고 '야 너희들 지금 한국말 하는 거야?' 했다. 듣고 보니 보안원 조차 남한 말투로 물어서 단속되는 사람이나 단속하는 사람이나 겸연쩍어 졌다.

그 한국 말을 한단 말이오. 북한 말씨가 아니라 자기야 뭐 이렇게 하는 식으로 평상시에도 여기 말하고 똑같이 하죠. 앞 사람이 뒤에 오는 것을 모르고 젊은 사람들이 한국 말을 한단 말이에요. 보안원이 뒤에서 들으니깐, 가다가 보안원이 야, 너희들 지금 한국말 하는 거야? 자기도 한국 말 한단 소리지, 그러니깐 이 한국이란게 옛날하고 달라요, 보는게 있고 듣는 게 많고 그러니깐, 그 보안원까지 한국말을 따라할 정도니깐… **(사례 6, 40대 남성, 2010년 탈북, 함경북도)**

사례 49도 '한국말'을 쓰는 것을 재미있어 한다는 일례로 떠도는 이야기를 전했다. 사례 6이 들려준 이야기와 대략 비슷하다. 친구들끼리 모여서 남한 말투를 따라하면서 우스개 소리로 했다는 이야기인데, 어느 날 한 사람이 남한 말을 쓰다가 단속에 걸렸다고 한다. 그런데 단속한 사람도 자신도 모르게 한국말로 단속했다는 것이다. 단속한 사람도 남한 드라마를 보고서는 남한 말투가 무의식적으로 나간 것이라며 웃는다.

하하하… 남한 말투를 따라하는거지. 우리들끼리 따라해보는거에요. (친구들끼리?) 네, 그리고 이런 이야기도 있어요. 누가 한번은 한국말 쓰다가 안전원한테 단속 당했어요(웃음). 한국말 쓴다고 안전원이 단속했는데, 안전원도 한국말 썼다는 얘기가 있어요(웃음). 안전원도 자기도 모르게 한국말이 나간거에요. 안전원도 결국 드라마 봤다는거잖아요(웃음). 그 정도로 한국말을 재밌어 해요. 따라하고 싶어하고… 근데 따라했다가 한국영화 본다는 소리 들을까봐… (남한 말투를 좋아하는지?) 그럼요. 그런 말투가 없거든요. **(사례 49, 30대 여성, 2009년 탈북, 양강도)**

사례 16(30대 남성)이 보위부에 근무할 당시 중학교(남한의 중·고등학교)를 졸업한 지 1년 정도 지난 10대 후반의 청소년들이 들어와서 '서울 말씨'를 썼다고 한다. 남한 드라마에서 보고 자신도 모르게 나오는 말투였다. 사례 16은 차마 지적할 수 없었다. '너 왜 남조선말 써!'라고 말하면 상대가 '거 어떻게 아세요?'하고 되묻게 되면 자신이 남한 드라마를 시청했다는 것이 발각돼 함께 단속 대상이 될 수 있다는 생각에서였다. 그래서 알면서도 눈치 못챈것처럼 가만히 있었다. 그냥 속으로만 '아 요놈 자식들이 어디서 한국껄 봤구나' 할 뿐이었다.

그렇죠, 제가 있을때도요. 고등학교 졸업하고 한 1년있은 애들. 그냥 데리고 총도 잘 쥘주 모르는 애들. 받아들이는 일이 있었거든요. 함경북도가 언어가 좀 사투리가 심하잖아요 한국 언어하고 비교해 볼때? 근데 그 애들이 한국말을 쓰고 있었어요. 지금 서울 말씨를 드라마에서 보고 자기도 모르게 그게 나오는 거에요. 그러게 나는 말은 하지 않아도 너 왜 남 조선말 써 하면 거 어떻게 아세요? 하면 저도 걸리잖아요. 저도 알면서도 눈치 못챈것처럼 가만히 있는거에요. 아 요놈 자식들이 어디서 한국껄 봤구나 혼자만 아는거죠.(사례 16, 30대 남성, 2006년 탈북, 함경북도)

[10 탈북과 남한행]

탈북은 목숨을 건 여정이라는 점에서 쉽게 결행하기 어렵다. 또 가족과의 이별과 결합, 탈북 비용 등 여러 가지를 고려해야 한다. 그렇다면 이 어려운 탈북과 남한행결정에 남한 영상물은 어떤 동기부여제가 되고 있을까? 어떤 사례는 탈북결심에 남한 영상물이

100% 영향을 미쳤다고도 했지만, 아무리 남한 영상물을 시청해도 그간 받아온 사상교육 때문에 탈북결심을 하기 어려웠다는 사례까지 다양했다. 대부분 사례는 남한 영상물 내용과 더불어 또 다른 탈북 유인 동기가 접합되며 탈북을 결심하고 있었다. 그들의 이야기를 들어보자.

사례 51은 정치지도원과 남한 드라마를 함께 시청했었다. 사례 51은 북한에서 한국하고 미국이 '우리 조선(북한)'을 먹으려고 그러는 줄만 알았다. 한국은 곧 '미국놈들', 미국은 '승냥이'라고 불렀다. 그러면서 '저 미국놈들 빨리 때려부숴야 한다'고 생각했다. 하지만 남한 영상물을 시청하면서 생각이 바뀌었다. 입 밖으로 표현은 못해도 깜짝 놀랐다. '이게 아니구나! 우리 정치가!'

남한의 발전된 모습을 본 이후로 북한 당국이 역설했던 미국과 남한이 북한을 '먹으려고' 한다는 이야기가 믿겨지지 않았다. 그 동안 남한은 '어린애들이 깡통이나 들고 신문 팔고 판잣집에서' 사는 줄만 알았다. 하지만 드라마를 보는 순간… '정말 깜짝 놀랐다' 집에 소파도 있고, 비닐 걸상도 멋있었다. 집안에 층계가 있지 않나, '딸 방, 아들 방, 노인네 방'이 따로 있었다. 그 뿐 아니었다. 집 안에 거실도 화장실도 있었다. 그 모습은 그동안 들어온 남한의 모습과는 너무 거리가 멀었다. '와 이게 뭐야' 이게 현실이니까 드라마를 찍겠구나 했다. 그리고 '내가 빨리 한국에 가야겠구나' 결심하게 된다. 사례 51은 남한 드라마가 탈북에 미친 영향이 100%라고 까지 표현했다. '잘 사는 세상' 가서 살아보고 싶었다.

그 전엔, 조선TV만 보고 생각했을땐, 막말로 미국하고 한국하고 맨날 우리 조선을 먹을려고 그러는 줄만 알았지. 저 미국놈들… 우린 한국을 미국놈들이라고 했어요. 승냥이라고 하면 미국을 말하는거고, 미국놈들이라고 하면 한국을 말했어요. 저 미국놈들 빨리 때려 부숴야 한다고 생각했지. 근데 이 드라마를 보고 내가 생각한게, 이게 아니구나! 우리 정치가! 그 다음에 우리가 뉴스로 방송을 들어보니까 북한에서 말하는거랑 아예 다르단 말이에요. 그래서 내가 한국 가야겠구나, 생각한거지. 다 한국 오고 싶어하지. 속마음은… **(사례 51, 50대 여성, 2010년 탈북, 평안남도)**

사례 52(50대)도 남한 영상물을 보면서 '자기마음대로' 할 수 있다는 것이 마음에 와 닿았다. 발전된 모습과 더불어 '모든게 자유롭게' 보였다. 한 집에서 자식들 대학도 많이 보내고, 자기 차 마음대로 탈 수 있고, 핸드폰도 마음대로 쓰고 있었다. 그에 비해 '북한은 자유가 있어요?'라고 되묻는다. 그러면서 '당연히' 탈북을 결심하는 데에 남한 영상물이 동기부여제가 됐다고 말한다.

탈북에 영향을 미쳤지 당연히. 어쨌든 남한땅이 저렇게 잘살고 경제가 발전하고 모든게 자유롭고… 어쨌든 그런 세계 가서 살면 좋지. 백성들이야 잘먹고 잘살고 자유가 있어야 좋은거지. 근데 북한은 자유가 있어요? 쌀을 주나 월급을 주나… 그러니까 거기에 대한 불만이 많단 말이에요. (드라마 보면서 자유에 대해 많이 느꼈나?) 응, 응. (구체적으로?) 뭐… 대학들도 많이 가고… 한 집에서 대학도 많이 가고, 자기 차 마음대로 타고 다니고, 핸드폰도 마음대로 자유자재로 항상 쓰고. 이런걸 보니까 '와, 저긴 정말 발전됐구나, 우리는 집집마다 전화기도 없는데' 근데 저긴 자기 전화로 다 전화하잖아. 한국사회가 발전한걸 느끼지. **(사례 52, 50대 여성, 2010년 탈북, 평안남도)**

'희망이 결심으로' 보이지 않는 남북의 다리

사례 50(20대)은 북한에서 한국에 온다는 상상은 해보지도 못했다. 하지만 남한 드라마를 본 후 '정말 발전됐구나, 북한은 (언제) 저렇게 살아보나'라며 남북한을 비교하게 되었다. 그리고 가본다는 것은 상상도 할 수 없었건만 '저런데서 한번 살아봤으면…' 희망을 품게 된다. 그러다가 먼저 탈북해 남한행을 택한 시어머니의 권유로 탈북의 길에 발을 딛는다. 사례 50의 이야기를 들어보자. 사례 50은 처음 시청한 남한 영화의 내용에 깜짝 놀라지 않을 수 없었다. '차가 엄청 많이 다니고, 거리마다 불이 다 켜져있는 곳' 북한은 전기가 없는데 남한은 전기가 다 나오다니… 그리고 일한만큼 월급이 나온다는 것은 남북한의 가장 크고도 첫째가는 차이점이었다. 남한 드라마에 잘사는 사람도 나오지만 가난한 사람도 등장했다. 하지만 남한에서 가난하다는 사람도 북한 일반 주민들보다 오히려 생활이 나았다. 북한에서는 상층인 셈이다.

저는… (웃음) 북한에서 태어났으니까 한국에 온다는건 상상도 못했어요. 근데 드라마 보면서 저런데서 한번 살아봤으면… (웃음) 정말 발전됐구나… 그렇게. 언제 북한은 저렇게 살아보나, 그렇게요. 네, 깜짝 놀랬어요. 젤 처음으로 본게… 음… 제목이 생각 안나는데요. 음… 생각이 잘 안나요. 암튼 보면서 많이 놀랬어요. 차가 엄청 많이 다니고 거리마다 불이 다 켜져 있고… 북한은 전기가 없는데. 우선 전기가 다 나오고… 그다음에 일하면 일한거 만큼 월급이 나오잖아요. 그게 우선 첫째로 차이가 나는거죠. 그래서 자꾸 '저런데 가서 살아봤으면' 하는거죠. (또 구체적으로?) 놀랬던게… 아, 신기한게요… 남한에서 제일 못사는 축도, 남한 드라마 보면 못사는 사람도 나오잖아요. 근데 그 사람들도 북한에 비하면 완전 상층이니까. 그런게 진짜… **(사례 50, 20대 여성, 2010년 탈북, 함경북도)**

죽기전 한번 살아보고 싶었던 곳,
그러다 올 길이 열리다.

사례 50은 남한 드라마를 시청하면서 생각했다. '저런데 가서 살아봤으면…'이런 생각이 불같이 일어났었다. 하지만 정말 남한에 갈 수 있다고는 생각 못했다. 주변에 탈북한 사람들이 있었지만 모두 중국에 갔다고 했고 그런줄만 알았다. 지금까지 한국 갔다고 한 사람 이야기는 딱 두 번 들었었다. 나도 갈 수 있을지는 상상도 할 수 없는 일이었다. 북한에서 장사를 하며 국경을 넘나드는 사람이야 탈북, 그리고 남한행을 생각해 볼 수 있을지 모르지만 사례 50의 가족들은 그렇지 못했다.

그러다 어느날 돌아가신 줄만 알았던 시어머니에게서 연락이 왔다. 시어머니는 중국으로 탈북해 1년 여 사시다 한국으로 향했다는 것이다. 시어머니를 통해 상상도 할 수 없었던 탈북의 길에 다리가 놓여지고 있었다. 사례 50은 중국에서 라오스로 라오스에서 태국으로 향해 지금 남한에 살고 있다.

드라마 보면서 항상 '저런데 가서 살아봤으면' 했는데… 그러다가 이런데 올 길이 열렸으니까. 죽기 전에 한번은 저런데 가서 살아보고 싶었으니까(웃음). 근데요, 드라마 보면서도 생각은 불같았어도 이렇게 한국에 올 수 있다고 상상도 못했어요. 중국 정도는 갈 수 있어도, 중국 정도는 탈북해서 갈 수 있어도, 한국에 갈 수 있다고는 상상도 못했어요, 진짜. (주위에서 탈북한 사람이 없었는지?) 주위에서 탈북한 사람들이 많았어도 다 중국갔다고 했거든요. 한국 간다는건 상상도 못했는데 우리 시어머니가 1년전에 먼저 내려왔어요. 나는 우리 시어머니 죽은 줄 알았거든요. 그랬는데 시어머니한테서 연락이 먼저 왔어요. 나는 중국에서 연락한건줄 알았는데, 중국에서 1년 살다가 한국으로 간거더라구요. 그래서 '아, 한국도 갈 수 있구나' 한거지… 근데 저는 정말 여기 오면서도 '과연 내가 갈 수 있을까?' 했는에 오긴 오더라구여(웃음). 그래서 정말 와보니까 '와… 이게 꿈인가 생시인가'… 왜냐면 드라마를 보면서도, 와 정말 한국에 간다는건 꿈도 못 꾸는 일이었거든요. 그래서 나는 가족들 다 데려 왔거든요. **(사례 50, 20대 여성, 2010년 탈북, 함경북도)**

5장

한류의 장벽과 역풍

5장에서는 북한 내 한류가 북한 당국의 단속과 통제로 인해 어떠한 장벽에 부딪치고 있는지, 그리고 북한 내 한류가 남북한 통일에 역기능으로 작용하며 역풍이 되지는 않을런지 생각해 보고자 한다. 최근 북한에 김정은체제가 들어서면서 내부 단속 차원에서 남한 영상물에 대한 유통과 시청 통제가 더욱 강화되었다는 증언을 자주 접할 수 있었다. 북한 내 불고 있는 한류가 높다란 장벽을 만난셈이다. 남한 영상물에 대한 통제 강화와 완화는 시기별로 차이를 보여왔다.

어쨌든 상황과 시기에 따라 통제의 강약이 달라진다 치더라도 북한 내부에서 남한 영화, 드라마, 가요가 확산되는 것을 북한 당국이 그저 손놓고 보고만 있지는 않을 것이다. 그런 장벽 앞에서 북한 주민들 속에 파고드는 한류의 바람이 잦아들 것인지, 아니면 통제 속에서도 어떠한 틈새를 타고 남한 영화, 드라마라는 '상상의 세계' 속에서나마 남북한 주민이 계속 마주할 수 있을지는 북한 내 한류 논의의 중요한 쟁점이라 할 수 있다.

그리고 또 하나, 북한 내 불고 있는 한류의 바람이 마냥 남북한 사람을 하나로 묶어가는 마중물이 될 수 있을런지 하는 것이다. 앞서 우리는 한류를 접한 북한 주민들의 의식 변화과정을 분석하기 위해 미디어 이론 가운데 기폭효과에 대해 살펴 봤었다. 그 내용 중 하나는 수용자가 미디어 내용을 접했을 때 미디어 내용에 동화되는 정도와 방향은 상황특이성, 그리고 프로그램 특이성에 기인한다는 것이다. 그렇기에 상업성이 뚜렷한 영화, 드라마가 지닌 내용상의 선정성, 폭력성, 그 외에도 특정 내용이 부각되어 자극적 효과를 주게 되면서 미디어 수용자가 특정 내용으로 편향되거나 왜곡된 인식을 형성할 수 있다. 그리고 상황특이성은 수용자가 처한 개인·사회적 특성이 미디어 내용에 동화되는 기폭제가 되기도 한다는 점이다. 이런 상황·프로그램 특이성을 북한 내 한류 수용자인 북한주민들에게 적용해 본다면 어떨까.

상업적 남한 영화, 드라마가 재연하고 있는 남한체제, 그리고 사람들의 모습이 북한 당국이 교육·선전하고 있는 남한체제·사람의 부정적인 모습과 중첩되지는 않을까. 그래서 오히려 남한에 대해 부정적 인식을 북한 주민들에게 각인시키는 기폭효과로 나타나지는 않을까. 이 점을 생각하면 북한 내 한류가 마냥 남북한 통일을 향한 순풍이 되리라고 무지갯빛 기대만을 하기는 어렵다. 과연 북한 내 한류가 통일을 향한 역풍으로 작동하는 부분은 무엇인지. 그 내용을 들여다보고 역풍의 세기를 잦아들게 할 수는 없을지, 역풍을 순풍으로 전환할 수는 없을지 고민해보기로 한다.

[01 단속과 통제]

북한 당국은 남한 영상물의 유입, 확산이 북한 주민들의 사상적 변질을 초래할 수 있다는 위험성을 인식하고 여러가지 수단을 동원하여 단속하고 있다. '자본주의 날라리풍'으로 규정한 외래문화의 확산을 막기 위해 '비사회주의그루빠'라는 별도의 단속반을 운영하며, 적발되면 노동단련형, 타지 추방이나 교화형 등에 처한다. 만약 시청빈도가 많거나 영상물을 대량으로 유통시킬 경우 때에 따라서는 사형에 처하기까지 하는 것으로 알려져 있다. 또한 시청행위 그 자체 뿐 아니라 남한 영상물 시청 후 헤어스타일이나 옷차림새 등을 따라하는 비사회주의 현상을 단속하기도 한다.

하지만 단속이 이루어져도 뇌물을 통한 '봐주기 현상'이 만연한 것이 현재 북한사회의 이면이라 할 수 있다. 단속반원의 입장에서는 사회적으로 만연한 외래문화 확산을 엄중한 법으로 모두 처벌한다는 것이 한계가 있다. 또 단속이 자신의 부를 축적하거나 진급을 위한 수단으로 사용되는 경우도 있다. 특히, 장사를 통해 많은 돈을 번 사람들에게 의도적으로 접근해 단속하고 무마해주는 대가로 돈을 챙겨 가는 행위도 일어나고 있다.

본 연구에 참여한 면접자들에게 북한 거주 시 남한 영상물을 시청하다 직접 적발된 경우가 있는지, 적발되었다면 뇌물을 주고 풀려난 경우가 있는지, 주변에서 적발된 사례를 본 적이 있는지, 간부일 경우 직접 단속한 사례가 있는지 등에 관해 질문했다.

먼저 사례 1을 통해 남한 영상물 보유 및 시청이 어떠한 과정으로 단속되는지 그리고 단속 이후 어떻게 뇌물을 주고 풀려나는지 들어볼 수 있었다.

▶▶ **거짓 신고로 단속되어 뇌물로 풀려나기까지…**

친한 후배의 거짓 신고

사례 1은 남한 영상물을 소지, 시청했다는 죄목으로 단속되었다가 뇌물로 무사히 풀려났었다. 사례 1이 단속에서부터 풀려나기까지 고초를 겪게 된 것은 시장에서 우연히 홍콩영화로 알고 구입한 CD 한

장 때문이었다. 사례 1은 시장에서 홍콩영화를 하나 사서 보지도 않고 그냥 집에 두었다. 그런데 어느날 이웃의 친한 후배가 와서는 자기가 보겠다고 가지고 갔다.

문제는 여기서부터 시작됐다. 나중에 알고 보니 그 CD는 남한 영화였다. 그런데 후배가 그 남한 영화 CD를 다른 사람들과 함께 시청하고 또 그것을 판매하기까지 했으니 단속에 걸린 것이다. CD의 출처를 끝까지 추적하다 보니 결국 제일 처음 소지하고 있던 사례 1이 지목된 것이다. 그 뿐 아니었다. 후배는 사례 1도 함께 봤다며 거짓 증언을 하기까지 했으니…

"강을 건너는 사나이"라는 CD를 사면서 된 일 인데,…어떤 남자가 홍콩 영화인데 사라고 해서 샀어요. 갖고 와서 보지도 않고 그냥 집에 두었는데 동네 후배가 집에 들렀다가 그걸 보고 "이거 뭐야" 그러길래 무술영화라고 말했죠. 그랬더니 자기 집에 가져가서 보겠다고 해서 주었는데 나중에 알고보니 그게 남조선 영화였어요. 걔가 다른 사람들이랑 보고 다른 사람한테 팔고, 또 그 사람이 딴 사람한테 팔다가 그게 걸려서 출처에 대해서 물어보다가 그 화살이 마지막에 나한테 온거죠. 일단 나한테서 나온거니깐 니를 잡으러 왔다 그러더라고요. 그 후배가 마지막에 '언니도 같이 봤다' 이렇게 말을 해버렸거든요, 나는 보지도 않았는데… **(사례 1, 30대 여성, 2007년 탈북, 평안남도)**

짠물을 뽑아야 한다…

사례 1은 홍콩영화로 알고 CD를 구입했고 자신은 직접 보지않고 집에 그냥 두었지만 후배의 거짓 신고로 체포될 수밖에 없었다. 또한 자신이 보지 않고 직접 유통시킨 것이 아니라고 하더라도 그것을 증명할 수 있는 방법은 없었다. 당국은 사례 1을 '색계영화'(성인물)를 유통시킨 중범죄자로 인식하고 "짠물을 뽑아야 한다"며 독방에 가두고 취조를 했다. 단순히 CD 한 장을 소유하고 시청한 정도가 아니라 '남조선 색계영화'를 유통시킬 목적으로 소지하고 있었다는 정황에 의해 체포된 것이다.

체포되어 취조를 받는 과정에서 누군가에 의해 사례 1의 남편도 거론됐다. 사례 1은 끝까지 자신의 남편이 누구인지 밝히지 않았다. 그냥 모른다고만 답변했다. 그의 표현대로라면 "남편 목 달아날까봐" 남편의 직위를 말하지 않았다고 하는데, 나중에 알고보니 사례 1의 남편은 꽤 고위급 간부였다.

> 그게 원래 색계영화에요. 당시 잡혀들어 갔을 때 남편 소리를 하나도 안 했거든요, 남편에게 문제를 굴릴까봐… 그래서 나는 그걸 보지 않았다. 보다가 너무 길고 흉측해서 나는 나왔다 했는데, 이 사람들이 말을 믿지 않고, 나를 넣을려고 하더라고요. 그래서 넘기라 이렇게 해서 독방에 쪼그리고 앉아 있다가, 중범이라고 짠물을 뽑아라 할 때는 구류소에 있지 않고 독방에 넣는데… 내 말을 듣지 않고 짠물을 뽑아야 된다 그러더라구요. 다음날에 예심으로 넘어가게 된거에요. 계속 나한테 그게 얼만큼 있고, 얼만큼 봤냐고 묻는 거에요. 나는 보지도 않았고, 모른다고 계속 그랬거든요. 그리고 남편 직위 물어보는데 저는 일절 말하지 않고 다물고 있으니깐… **(사례 1, 30대 여성, 2007년 탈북, 평안남도)**

지금까지의 증언을 들어보면 사례 1은 북한 당국이 엄격히 처벌하는 "성녹화물의 시청, 유통" 죄에 해당하여 엄격한 처벌을 받을 수밖에 없는 상황이다. 하지만 사례 1은 무사히 풀려났다. 그 뿐 아니었다. 취조하던 기관의 상급자가 자신의 차로 직접 그를 집까지 데려다 주었다.

그렇다면 사례 1은 어떻게 중범죄자에서 무혐의로 무사히 풀려날 수 있었을까. 그가 독방에 갇혀 취조를 받으며 상급기관으로 이송되기 전 대기하는 동안 남편은 사례 1을 구하기 위해 바깥에서 담당자들에게 뇌물을 주며 작업을 진행하고 있었다.

예심에 넘어가지 않고 구류장에 3일인가 있었어요. 있다가 낮에 나온 것도 아니고 우리 신랑이 빨리 집에 보내라고 해서 담당 보안관이 저를 직접 실어다가 집에 데려다주었어요. 그러니깐 보면 북한에서도… 여기서는 곧 법이잖아요. 제도 뭐… 법으로 처리하고 하잖아요. 근데 북한에는 돈만 주면, 돈있고 지위가 있어서… 그게 한창 한국영화를 보거나 색계 영화를 보면 더 크게보고 심하게 봐서 무자비하게 다 처리하라 할 때인데 우리 신랑이 중앙당 아는 친척이 있어요. (사례 1, 30대 여성, 2007년 탈북, 평안남도)

돈과 직위만 있으면 묵인되는 죄

사례 1의 증언을 들어보면 자신의 남편이 중앙당에 아는 친척이 있어서 쉽게 풀려날 수 있었다고 이야기하지만 정작 그 남편이 자신의 아내를 구하기 위해 며칠 동안 온갖 수단과 방법을 동원하며 벌인 일에 대해서는 나중에야 알았다고 한다. 면접과정에서 우리는 사례 1의 남편도 따로 만날 수 있었는데 그의 이야기를 직접 들어보자.

처갓집이 300M밖에 직선거리로 안되어서 절반쯤 걸어가고 있는데 처남이 마주오더라고요. 나한테 얘기도 못하고 연락할 길도 없고 완전히 겁먹은 상태더라고요. 아내가 구류장에 있다는 소리를 듣고 "어디서 감히 내 와이프를 구류소에 넣는가" 하고 이야기를 듣는데, 한국 드라마 보다가 잡혀서 같이 붙들려갔다고 하더라고요. 빨리 해결하지 않으면 큰일 나겠다는 생각 때문에, 당장 가서 감찰과 과장이 내 친구라서 물어보니 이 사람이 모르는 거에요. 나중에 알고 보니 와이프가 남편한테 해 될까봐 얘기를 안해서 몰랐던 거죠. 그래서 이름을 말했는데 몰랐다고 하면서 "이미 늦었다. 결렬이 다 났다. 시 안전부장, 정치부장, 통보를 다 받고 결렬이 다 난 상태라 ○○ 교화소 3년 정도로 떨어졌다." 이러더라고요. 북한은 뭐 재판 이런 게 무의미하니까요. 그래서 시 안전부장을 만나서 내 신분을 다 밝히고 바로 답변 안주면 평양으로 올라가겠다 하니깐… 오늘 저녁에 당장 내보내라고 했는데 사람들이 눈치 보니깐 이틀만 기다려달라고 해서 이틀 뒤에 와이프가 오더라고요. 연결된 사람 4명이 다 나오고, 그렇게 이 사람이 살아난거죠. 그 뒤에 찾아가서 돈 좀 줬지요. (사례 1의 남편)

사례 1의 남편이 들려주는 이야기를 들으면 북한에서 법 적용은 형식적일뿐 돈과 뇌물 그리고 직위를 통해서 죄를 무마할 수 있음을 잘 알 수 있다. 사례 1의 남편이 자신의 아내를 구하기 위해 만난 사람들의 직급을 보면 감찰과 과장, 시 안전부장 등이며 만약 이 선에서 해결이 안 될 경우 중앙당 간부까지 직접 만날 것을 염두에 두고 있었다.

나하고 연결된 사람들은 다 풀려났어요

그런데 이같이 법체계가 없는 것 같으면서도 한편으로 흥미로운 것은 단순히 직위와 돈을 이용한다고 해서 모든 것이 해결되는 것은 아니라는 점이다. 사례 1은 이미 조사를 받고 사건처리가 되었기 때문에 그를 그냥 풀어주는 정도에서 끝나는 것이 아니라 그 서류 자체를 없애고 그와 연관된 다른 사람까지 모두 풀려났다는 사실을 알 수 있다. 만약 이 사건과 연계된 다른 사람들이 또 고발을 하면 결국 시끄러워질 수 있기 때문에 연관된 나머지 사람들도 모두 풀어주었다는 것이다.

> 그러니깐 나하고 연결된 사람들은 다 풀려난거에요. 내가 나옴으로 해서… 그 사람이 이 사람을 살리려면 줄줄이 다 살려야 된다. 만약에 그 사람들이 그 여자한테 샀다, 이렇게 하면 또 불려가야 되니깐. 그래서 살려라 할 수 없지 않느냐, 이 사람이 잘못한 것도 아니고 하니깐 위에서도 놔주라 해서 나왔거든요. **(사례 1, 30대 여성, 2007년 탈북, 평안남도)**

한명 살리려면 이걸 알고 있는 사람 전부를 살려야…

사례 1의 사건을 통해서 보면 뇌물과 돈, 그리고 직위를 이용해 사건이 무마되지만 완전히 법체계를 무시하고 이루어지는 것은 아니라는 점을 알 수 있다. 단순히 사람만 구류소에서 빼오면 되는 것이 아니라 그 사건과 관련한 모든 서류를 삭제하고 관련자들을 함께 풀어줘야 한다는 사실이다.

실제로 우리는 사례 15의 증언을 통해 북한에서 사건이 서류로 만들어지면 그 다음은 아무리 직위가 있어도 "손 쓰기가 어렵고 복잡하다"는 내용을 다시한번 확인할 수 있었다.

어느정도 진행이 된 상태, 잡히자마자 손을 써야 하는데 서류 조사 다 하고 올라가는 데까지 손써야 하면 어려워지죠. 왜냐하면 서류 없이 해야 되거든요. 사람만 데리고 나오면 그걸로 끝나는게 아니에요. 이 사람에 대한 서류가 없어야 되요. 하나 살리려면 이걸 알고 있는 사람도 살리든가 죽이든가 해야 합니다. **(사례 15, 40대 남성, 2000년대 중반 탈북, 평양시 · 평안북도)**

사건 조사가 어느정도 선까지 진척이 되었느냐에 따라 뇌물을 통해 사건을 무마할 수 있는 여지가 달라진다는 말이다. 이런 사실은 사례 54의 증언을 통해서도 역시 확인된다. 사례 54의 증언에 따르면 인민반장이나 옆집 주민들이 신고를 하는데 신고에 대한 보상이 없음에도 '당연히 그렇게 해야 한다'는 인식 때문에 서로를 감시한다고 했다. 단속되었을 때 처벌의 수위도 계층에 따라 다른데, 아무리 계층이 좋다고 하더라도 중앙까지 서류가 올라가면 사건을 무마하기가 어려워진다.

신고한다고 해서 보상을 주는 건 아니에요. 전혀 안줘요. 그래도 그 나라는 그렇게 해야 한다는 인식이 있기 때문에… 그런 인식을 심어 준거죠. 처벌되는 것도 부류가 틀려요. 토대가 나쁜 사람들하고 토대가 조금이라도 좋은 사람들하고 처벌이 틀려요. 토대가 나쁘면 정치범으로 집어 넣고. 교화소랑 수용소 집어 넣죠. 토대가 좋아도 어디까지 문건이 올라갔는가에 따라 다르죠. 드라마 봤다는 얘기가 중앙까지 올라가면 그거는 손쓰기가 어렵죠. 현장에서 잡히면 술 좀 먹이고, 담뱃값이라도 주면 괜찮아요. **(사례 54, 50대 여성, 2007년 탈북, 평안남도)**

109상무가 뜨면 도로위에 CD가 쭉 깔린다

단속원은 남한 영상물 시청 행위를 현장에서 단속하는데 시청행위와 CD 유포 행위는 처벌수위가 다르기 때문에 적발된 사람들은 CD가 자기 것이 아니라 다른 사람의 소유라고 주장한다. 단속원은 CD의 출처를 반드시 밝히려 하는데 이 때문에 단속이 나오면 아파트 창밖으로 집에 갖고 있던 CD를 신속히 던져 단속을 피해간다는 말까지 나오고 있다.

이런 말도 있었어요. 109가 한 번 휩쓸고 가면 아파트 도로에 CD가 막 쭉 깔린다고… 사람들이 집에 갖고 있던 것을 다 던져서 자기는 안 걸린다는 말이 있어요. **(사례 2, 20대 남성, 2009년 탈북, 평안남도)**

▶▶ 단속되었다가 뇌물을 주고 무마한 사례

앞서 사례 1의 단속과정을 보면 이웃의 신고로 비롯됐음을 알 수 있다. 북한에서는 주민간 감시망이 형성되어 이웃의 단순 신고 하나만으로도 조사가 진행된다. 그러다 보니 단속된 사람이 자신의 죄를 낮추기 위해 다른 사람에게 죄목을 씌우는 형태로 신고가 되는가하면, 자기보다 더 잘 살고 있는 이웃을 시샘하여 신고를 하는 경우도 있다.

단속원 역시 단속 그 자체가 목적인 경우도 있지만 개인적인 대가를 바라고 단속하는 경우가 많다. 단속원에게 돈을 주고 사건을 무마하는 경우가 많으며 이 과정에서 뇌물과 직위 등을 이용한 거래가 이루어지고 있다. 단속 이후 뇌물을 통해 사건이 무마되는 사례를 살펴보자.

한국드라마 카세트인데 사업하자

사례 17 역시 주변의 신고로 단속된 경우지만 뇌물을 주고 무사히 사건을 무마했다. 사례 17의 증언에서 사건이 처리되기 전에 손을 쓰면 처벌되지 않고 그냥 넘어갈 수 있다는 점을 다시 한번 확인할 수 있다. 특히, 단속이 목적이 아니라 단속원이 돈을 받으려는 의도로 혼자 단속에 나올 경우 돈만 있으면 해결된다. 사례 17은 '지도원 동지! 이거 한국드라마 카세트인데 사업하자' 했던 것이 제대로 먹혔다 이야기한다.

누가 문을 두들기며 들어오더니 CDR검열 왔다고 하더란 말입니다. 곽테이프에 무술왕이라고 써놨더랬습니다. 근데 글쎄 가슴이 두근두근 하지 않습니까. 남조선 영화인데… 이거 중국영화 무술왕입니다. 근데 얼굴이 새빨갛게 변하는데 그 사람이 모를리 없지 않습니까. 검찰소 검사인데 누가 신고해서 왔다고… 나중에 들은 이야기지만 "그집에 가서 뒤져 보라. 아주머니가 장사하니까 분명 받아먹을게 있다"고 누가 했더랍니다. 자기가 확인해 보고 무술왕이면 돌려 준다고 말하고는 나가더란 말입니다. 근데 가서 확인되면 어캅니까. 그 자리에서 손 꽉 붙잡고 "지도원 동지 이거 한국드라마 카세트인데 사업하자" 그랬지요. 그랬더니 내일 검찰소로 오라하는데 가슴이 두근거려 살겠습니까. 한국 드라마땜에 잡아가고 굉장했는데 담날 검찰소 갔단 말입니다. 가서 말해보니까닌 내가 말한대로 될 것 같습디다. 기케서 기때 돈을 가지고 갔더랬습니다. 못이기는 척 받고는 봐 준거지요. (사례 17, 40대 여성, 2007년 탈북, 평안북도)

돈되는 남한 영상물 단속

북한에서 남한 영상물 시청은 CDR과 재생기를 소유하고 있으며 전기를 구할 수 있을 만큼의 경제적 상황이 여유로운 계층을 중심으로 이뤄짐을 앞서 면접 참여자의 통계 분석 결과로 파악할 수 있었다. 그 결과를 달리 해석해 보면 남한 영상물 시청을 단속하면 다른 명목의 단속보다 뇌물로 돈을 받을 수 있는 가능성이 크다는 것을 의미하기도 한다.

사례 10은 북한에서 "마음의 여유가 있고, 배가 부르고, 시야가 터야만" 남한 영상물을 볼 수 있다고 말한다. 이 말은 남한 영상물을 볼 정도면 경제적으로 살만하다는 것이기 때문에 단속원 역시 이런 집을 골라서 집중적으로 단속한다고 한다. 이런 집을 단속해야 뇌물로 돈을 두둑히 챙길 수 있기 때문이기도 하다.

순찰대들이 막 돌아다니죠. 단속하기 위한 목적도 있지만 돈받기 위해 가는 경우가 더 많아요. 근데 다 남한 영화를 볼 수 있는게 아니라 가정 형편에 따라서 그것을 본단 말이에요. "마음의 여유가 있고, 배가 부르고 시야가 터야만" 그런걸 보기 때문에… 단속을 가도 그런 집을 골라서 가지요. (사례 10, 40대 남성, 2008년 탈북, 함경북도)

압수한 영상 같이 보기도

남한 영상물 시청이 경제적 계층에 따라 다르게 나타난다는 점은 사례 46을 통해 또 한번 확인할 수 있다. 사례 46은 스스로 북한에서 "좀 사는 집"이라고 표현했는데 그 이유 중 하나가 안전원들이나 보위부원과 친한 관계였기 때문이다. 그러다보니 단속원들이 단속 나갔다가 압수한 남한 영상물을 자신의 집에 가지고 와서 함께 시청하는 일도 있었다. '좀 사는 집'은 간부를 끼고 남한 영상물을 시청해 단속 위험에서 자유로워지기도 한다.

밤에 불을 다 끄고 집을 싹 막고 그렇게 보다보니까 난 안걸렸어. 밤시간엔 정전을 딱 시켜요. 그럼 CD알이 기계에 들어 있는데 정전을 딱 시키면 그 CD알을 못 뽑잖아요. 그래서 걸리는 사람들이 많아요. 그렇게 와서 CD를 딱 뜯는단 말이에요. 그럼 그 안에 CD가 딱 있는거지. 단속되면 벌금도 내고 뺏기기도 하고 구류장 안에 들어가서 살기도 하고… 좀 사는 사람들은 괜찮아요. 힘이 없으면 그냥 뺏기지만… 우리는 좀 사는 집이라 안전원들이랑 보위부들이랑 친했어요. 그래서 그런거 뺏어 온거 우리집 보라고 가져왔어요. 같이 보자고… 우리집에 기계도 있으니까. (사례 46, 40대 여성, 2007년 탈북, 함경북도)

휘발유 한 드럼 사주고 사건을 무마한 경우

앞서 사례 17이 돈을 주고 사건을 무마한 경우라면 사례 29는 돈 대신 휘발유를 단속원에게 주고 처벌을 피한 사례이다. 북한에서 휘발유가 굉장히 비싸고 구하기 힘들기 때문에 뇌물로 잘 통한다는 것인데 이러한 증언은 여러 면접자들을 통해 확인되었다. 이들의 이야기를 모두 들어보자.

제가 제대하고 동무들과 같이 모여서 한번 그때 일곱명이서 〈천국의 계단〉 같이 보다가 보위부에 딱 걸려가지고… 그러니깐 학교 때 이렇게 포항에 귀국자 애들이 많았어요. 옛날에 일본에서 넘어와서 그 2세들이 학교에 많아 가지고 못 나가거든요 토대 때문에 걔들은 군대 안 갔다오고… 모여서 드라마도 많이 보고 했는데 같이 보면서 다 걸려서 들어갔다가 나왔는데 좀 사는 애들이니깐 들어갔다가 나왔어요. 우리 집에서는 휘발유를 바쳤어요. 북한에서는 휘발유가 되게 비싸요. 그렇지 않으면 한국 드라마보다 걸리면 우리는 총살이에요. **(사례 29, 30대 여성, 2009년 탈북, 함경북도)**

사례 33도 자신의 조카가 남한 영상물을 소지하고 있다가 적발되었는데 사건을 무마하기 위해 휘발유를 뇌물로 바치고 풀려난 사례다. 그의 증언을 통해서도 사건이 무마되기 위해서는 서류가 꾸며지기 전 적발 당시 빨리 손을 써야 뇌물도 통함을 확인할 수 있었다.

조카가 109상무한테 잡혔어요. 집에 남조선 영화가 한 지암(박스) 있었어요. 중국 오가면서 갖고 온 것인데 집에 많이 있었죠. 포기하기 전에 손 써야지 여러 사람이 알면 안됩니다. 그래서 손 썼단 말입니다. 돈이 안 통하니깐 휘발유 뽑았습니다. **(사례 33, 20대 남성, 2009년 탈북, 함경남도)**

끝까지 출처를 밝힌다. 그래도 돈만 주면 풀려나는 게 북한

사례 18은 남한 영상물을 시청하고 CDR을 배포한 혐의로 감옥에 간 자신의 친구 이야기를 들려주었다. 이 사례를 통해서도 돈과 뇌물이 북한 사회에서 법 적용 이상으로 영향력이 있음을 잘 알 수 있다. 앞서 사례 1의 증언과 같이 남한 영상물 단속의 경우 그 출처를 반드시 밝히기 위해 추적을 거듭한다는 점도 관심 있게 지켜봐야 할 대목이다. 그래서 북한 주민들은 자신이 최초 유포자로 걸리지 않기 위해 경우에 따라 거짓으로 다른 사람을 신고하기도 한다. 사례 18이 전해주는 이야기를 들어보자.

친구가 감옥에 가게 된 경위는 CDR을 남에게 빌려줬는데 빌려본 집에서 소리가 났죠. 북한이라는 게 이 CDR하고 뻥두 마약 있잖습니까. 이거는 끝까지 출처가 나와야 되는게 북한입니다. 일단 법에 걸려들면. 마지막에 우리친구가 보다가 직접 들킨 게 아니고 빌려줬는데 보던 사람이 들켜가지고 우리 친구한테까지 와서 걸렸죠. 최종적으로… 친구와이프가 자기 남편 살리겠다고 집에 가산 다 팔아서 돈을 많이 쓴 덕분에 2년 받았습니다. 원래는 집에 돈이 없고 하게 되면 그저 북한 법이란게 돈 없고 힘없는 거는 죽어야 하니깐. 일단 걸려들게 되면 북한이라는게… 한국이야 법치국가지… 북한은 돈만 있게 되면 법에 어긋난 일을 했다 해도 돈만 주면 사는 게 북한 사입니다. (사례 18, 30대 남성, 2010년 탈북, 함경북도)

사례 50은 자신의 어머니 이야기를 들려주었다. 어머니가 이웃에게 빌려준 남한 영화 CD가 사람들 사이에서 유통되다 단속되었는데, 그 출처가 사례 50의 어머니라고 신고 되는 바람에 적발되었다. 어머니는 잠 자다가 갑자기 체포됐는데, 이내 뇌물로 풀려나왔다.

그걸 빌려줬는데 그 사람이 보다가 걸린거죠. 현행으로 잡혔거든요. 보고 있는데 집을 두드리며 들어와 수색해서 뺏겼다고 그러더라구요. 친구는 아니고, 우리 상품을 넘겨받는 집의 아들이었어요. 거래하던 집 아들. 이거 어디서 났냐고 그랬더니 그 아들이 우리 엄마를 불어 버린거에요. 그래서 우리 엄마도 자고 있는데 갑자기 잡혀갔어요. 가서 돈 주고 나왔죠. (사례 50, 20대 여성, 2010년 탈북, 함경북도)

벌금 내기 위해 자전거 팔고…

남한 영상물을 시청, 유포하다 단속되어도 돈만 있으면 풀려날 수 있고 사건을 무마할 수 있다는 사실은 반대로 돈이 없으면 고스란히 처벌을 당할 수밖에 없음을 의미한다. 그래서일까. 우리가 만난 북한이탈주민 면접자들 가운데는 단속을 무마하기 위해 무엇이든 팔아서 돈을 마련한 경우도 있었다.

사례 6의 경우 남한 영상물을 시청하다 적발되었는데 단속원이 '보위금'으로 북한돈 50만원을 요구했다고 한다. 당시에 그만한 돈이 없어 사정했더니 결국 '보위금'을 20만원으로 깎아 줬다고 한다. 국가에 내는 벌금이 아니고 단속원이 갖는 뇌물인데도 당시 다급한 마음에 벌금을 깎아주고 사건을 무마해 주어 고마운 마음이 들었다고 한다. 사례 6과 '성'도 같은데 '맘'도 고왔다는 단속원 이야기를 들어보자.

중앙의 전파탐지국 사람들인데 평양에서 내려와요. 보위부에 안 있고 따로 건물을 만들어 놓고 있는데, 가니깐 이 사람들이 보위금 50만원해라 그러더라고요. 군에 인계하면 난 죽으니깐 그래 벌금하겠다 이래서리 7만원씩, 8만원씩 이래 두고 온 게 갔단 말이에요. 신경질을 쓴단 말이에요. 한번에 안 낸다고. 난 그래 돈이 없다. 자전거 하나 있는거 팔아야 될 뿐이다, 자전거는 동생이 준돈으로 사다 쓰는데, 나 자전거 팔아야 되는데, 자전거 팔아가지고 7~8만원밖에 안되서 20만원 밖에 아니 된다. 이 사람들이 맘이 곱씁디. 성도 같고 나 자전거 팔아야 되는데 50만원 다 내야 하는가 물어보니깐 이 사람이 니 양심적으로 얼마까지 하겠는가 하길래 20만원까지

하겠다 하니깐 그렇게 해라. 낼 한번에 20만원 맞춰라. 우리는 이게 국가에 들어가는구나 생각 하는데 모르지 뭐 그건 어떻게 처리하는 가에 따라 그 사람이 돈 먹을 수도 있고 **(사례 6, 40대 남성, 2010년 탈북, 함경북도)**

채널고정 못한 텔레비전은 압수대상, 높은 사람 빽으로…

사례 45는 남한 영상물을 시청하거나 유통하다가 적발된 것이 아니라 새로 구입한 텔레비전을 보안소에 가서 등록을 하지 않아 단속된 경우다. 북한에서는 텔레비전을 구매하면 반드시 담당 보안소에 가서 등록하도록 되어 있다. 등록 시에 조선중앙TV 채널만 볼 수 있도록 채널을 고정하는 장치를 한다. 그런데 사례 45는 이 등록절차를 거치지 않아 텔레비전을 압수당했는데 '높은 사람 빽을 써서' 무사히 찾아 올 수 있었다.

보다가 걸린 적은 없고, 보지는 않았는데 검열이 와서… 원래 내가 TV보고 통로를 빼놓는데, 그날은 하필 통로를 빼지를 못했어요. 채널을 빼지 못해서 회수 당한 적은 있어요. 그냥 TV를 뺏어 가는거죠. 찾아 왔어요. 위에 아는 높은 사람 통해서… 우리가 산지 얼마 안돼서 채널 고정을 못했다고… 앞으로 채널 고정 잘 할테니까 좀 봐달라고. 그렇게 해서 그 다음날에 찾아 왔어요. 그냥 빽으로 넘어 간거죠. **(사례 45, 40대 여성, 2005년 탈북, 함경북도)**

사례 53은 주변의 신고로 적발된 이야기를 들려주었다. 사촌언니가 남한 드라마 CD를 친구에게 빌려줬는데, 그 친구가 단속에 걸려

출처를 사촌 언니라 밝힌 것이다. 걸려들어간 사촌언니… 하지만 큰아버지가 '직책이 좀 있다'보니 법관들과 아는 사이고 해서 쉽게 풀려나게 됐다.

> 우리 사촌언니가 걸렸었어요. 직접 보다가 걸린게 아니고, 남한 드라마 CD를 친구한테 빌려줬는데 그 친구가 우리 사촌언니한테 빌린 거라고 불었거든요. 근데 아는 사람들이 있어서 그냥 순순히 풀려났죠. 우리 큰아버지가 직책이 좀 있다보니까 법관들을 많이 알았죠. 그래서 쉽게 풀려나왔어요. **(사례 53, 20대 여성, 2010년 탈북, 함경북도)**

잡아간 놈은 별 따기 위해, 취조하는 놈은 밥먹고 살기 위해

지금까지 살펴본 뇌물로 단속을 무마했던 사례와 달리 돈을 줘도 해결되지 않는 경우도 있다. 단속원이 돈보다 자신의 단속실적을 우선시할 경우다. 사례 13은 언니로 인해 가택수색을 당하고 단속당한 이야기를 들려주었다. 단속원은 보위부나 보안소 소속의 정식 단속원이 아니라 보안소에서 경비를 서는 "별을 안 단 초계병"이었는데 자신이 진급 할 목적으로 단속에 나서게 됐다.

단속 시작 동기가 돈이 아니라 단속실적을 위해 나왔기 때문에 돈을 줘도 통하지 않았고 결국 단속되어 보안소에 가게 됐다. 보안소에 가서야 윗선에 돈을 주고 풀려날 수 있었다. 이 사례를 보면 남한 영상물 단속이라는 행위에 대해 당국과 주민 사이의 미묘한 관계가 얽혀 있음을 알 수 있다. 하위직은 진급을 위해 단속실적을 내려고 단속하고, 그 위 직급은 돈을 목적으로 단속하고… 사례 13의 표현을 그대로 빌리면 "잡아간 놈은 별따기 위해서고, 취조하는 놈은 밥먹고 살기 위해서"란다.

언니 동무들이 언니가 남한 CD를 봤다고 신고해서 우리 집을 수색했단 말입니다. 언니 동무들도 같이 봤는데 언니꺼다 밀어가지고 우리집을 수색했어요. 그때 테이프가 나오다 나니깐… 딱 양심품고 왔으니깐… 보안소에 경비서는 사람인데 혼자 왔습니다. 보위부 단계까지 안 넘기겠으니 알아서 하라고… 결국 보안소에 가서 더 높은 사람에게 돈 주고 왔습니다. 잡아간 놈은 별 따기(진급을 의미함)위해서, 취조하는 놈은 밥먹고 살기위해서 돈 받고… **(사례 13, 20대 여성, 2010년 탈북, 함경북도)**

좋은 것 있으면 우리 집에도 좀 갖다 놔!

굳이 돈을 주지 않아도 단속원과 친분이 있으면 단속 후 처벌을 면하기도 한다. 사례 12는 집에서 미국 영화를 보다 적발되었는데 단속 나온 보위지도원과 평소 친분이 있어 무사히 넘어갔다. 보위지도원이 "좋은 것 있으면 우리 집에도 갖다 놓으라"고 할 만큼 친한 관계였다.

미국영화 보다가 보위지도원이 들어와 가지고… 문 걸고 있는데 문 막 두드리는데 놀라가지고… 방에 들어와서 무슨 나쁜 짓 하느라고 이렇게 문을 안 열어주냐고 그러더라구요. 근데 보위지도원이 아는 사이라서 수색은 안하고 앉아서 이렇게 둘러보더라구요. 대뜸 뭐 봤는데 그래요. 그래서 미국이라는 말은 안하고 홍콩영화라고 그랬죠. 한번만 봐달라고 그랬더니 아는 사이니깐 그냥 넘어가더라구요. 좋은 것 있으면 우리집에도 좀 갖다 놔 그러면서요. (사례 12, 30대 여성, 2004년 탈북, 함경북도)

단속원이 누구냐에 따라 달라지는 처벌

북한 당국은 남한 영상물 시청 및 유통에 대한 단속을 여러 단위에서 시행하고 있다. 당 중앙에서 실시하는 집중단속기간에 적발되면 뇌물을 주고도 단속을 피해가기가 어렵다. 어느 기관에 단속되느냐에 따라 처벌의 수위도 달라진다. 안전원이 단속에 나선 경우 벌금을 내거나 뇌물을 주고 풀려날 수 있지만 비사그루빠나 당 중앙에서 파견나온 단속원에게 적발되면 봐주는 일이 거의 없다.

집중적으로 단속할 때가 있어요. 막 가택수색도 하고 그랬거든요. 영장도 없이… 북한은 영장도 없이 그냥 집에 와서 다 쑤시고 그래요. 집집마다 테이프, CD 그런거 갖고 있던 사람들이 엄청 많았어요. 세게 단속하니까 그걸 천정에다가 숨겨놓고, 아궁이 밑에다가 넣어 놓고, 근데 그걸 다 찾아내요. 찾아내서 몰수 하고 그나마 벌금이니까 괜찮은데. 보다가 안전원한테 걸리면 벌금 내고 찾을 수 있지만, 그루빠나 중앙에서 내려온 사람한테 걸리면 빠질 수가 없어요. 그런 사람들은 재판도 없어요, 보다가 바로 걸렸으니까. 며칠 구류장 있다가 곧바로 교화소로 가요. (사례 43, 20대 여성, 2008년 탈북, 함경북도)

앞서 사례 43의 증언을 통해 단속원의 소속기관에 따라 처벌의 수위가 달라짐을 알 수 있었다. 아울러 단속원의 소속기관뿐 아니라 시기에 따라 단속과 처벌에 강약이 달라지기도 한다.

사례 47은 2007년에 탈북 했다. 자신이 탈북하기 직전 상황과 처음 단속이 시작된 2002년 무렵의 상황은 많이 달랐다고 한다. 2002년 경에는 대대적 단속이 막 시작될 시기로 인민반장이 사상학습을 통해 남조선 영화 시청을 금지했다. 그런데 자신이 탈북하기 직전인 2007~2008년 경에는 인민반장은 물론 안전원과 군인들도 자신의 집에 와서 함께 볼 정도로 많이 확산됐다는 것이다.

안전원이 잡지. 그루빠한테 걸려서 관리소로 보내는 경우도 있고… 부류가 조금씩 달라요. 인민반이 힘이 세요. 어느날 인민반장이 '오늘은 몇 시에 경기장에서 회의있다!' 그러면 경기장에 사람들이 가득 모여서 회의 하는데, '이 사람은 몇 시 몇 분에 한국영화 뭐를 봤기 때문에 처리한다!' 이런거 많아요. 그게 2002년도. 그때는 대단히 단속했어요. 단속을 엄청 심하게 했어요. 근데 2004년도부터는 좀 덜 했어요. 이제 간부들까지 다 보게 됐단 말이에요. 그러니까 단속이 좀 덜했죠. 탈북하기 직전에는 뭐 안전원들까지 다 봤으니까. 우리집에 안전원도 오고 인민군대가 다 와서 같이 봤는걸… **(사례 47, 70대 여성, 2007년 탈북, 양강도)**

▶▶ **주위에서 적발된 사례를 본 적이 있는가**

면접에 참여한 북한이탈주민들에게 본인이 직접 단속된 사례 이외에 주위에서 남한 영상물을 시청, 유통하다 적발되어 처벌된 사례를 본적이 있느냐고 질문했다. 자신과 친한 사람이 아닌 주변에서 들은 이야기이기 때문에 얼마나 신빙성이 있는 증언인지 정확히 판단하기는 쉽지 않다. 소문을 통해 다른 사람으로부터 전해 들은 이야기라는 점을 염두에 두고 이들의 증언을 들어보자.

남한영상물을 유통하다 총살까지 당한 사례

사례 47은 어느 예술전문학교 교원이 자신의 학교에서 남한 영화 CD를 복사해서 대량으로 유통시키다 적발되어 총살까지 당한 사례를 들려주었다. 북한 형법 제194조에는 단순히 남한 영상물을 시청하는 정도가 아니라 이를 의도적으로 유포할 경우 처벌이 엄격하게 적용된다고 명시되어 있다. 예술전문학교 교원이 돈을 벌기위한 목적으로 남한 영상물을 대량으로 유포하다 적발되었기 때문에 사형까지 집행될 가능성은 충분히 있다고 본다.

특히, 이 시기가 2003년도라고 증언을 하는데 이 시기는 북한에서 남한 영상물 유통 확산 초기 단계로 북한 당국 입장에서는 북한 주민들에 대한 경각심을 고취하고 체제결속을 강화하기 위한 시범사례로 충분히 활용했을 가능성도 배제할 수 없다.

예술전문학교 선생 하나가 한국 CD알을 찍어서 팔고 다녔는데 돈을 너무 많이 벌었데요. 천정에다가 막 돈을 쌓아놓을 정도로. 근데 그 루빠에 걸려서 총살당했대요. 그게 2003년도인지… 그때쯤일거에요. 그 사람이 예술전문학교 교원인데, 왜 학교마다, 좀 급이 높은

학교는 컴퓨터가 있잖아요. 2000년대부터는 우리도 컴퓨터라는 말을 알기도 했거든요. 수준이 높은 교원들은 컴퓨터를 다 썼단 말이에요. 그랬는데 이 사람이 그 CD알을, 한국 드라마랑 영화를 다 찍었단 말이에요. 컴퓨터로 복사를 계속 해서 그 알을 팔았다는데… 그때 사정이 어땠냐면 평양, 황해도, 황해남북도, 각 도에서 돌격대들이 쌀을 팔아서 CD알을 살 정도랬어요. 그러니까 그 교원이 돈을 엄청 벌었데요. 돈을 너무 많이 벌어서, 그걸 건사할 곳이 없어서 천정에 돈을 쌓아놓고 도배를 할 정도였대요. 그랬는데 총살당했어요. 그 정도니까 우리는 어디 가서 한국 드라마 봤다는 말도 못하고 아무 말도 못해요… 우리집은 압록강 옆이니까 경비대 애들이 가지고도 왔어요. '형님 오늘 저녁에 이거 봅시다' 하며… 안전원들도 나보고 아랫동네 알 있어?' 막 그래요. 서로 믿을만하니까. 알고 지낸지 오래된 사람들이니까. **(사례 47, 70대 여성, 2007년 탈북, 양강도)**

그런데 흥미로운 사실은 사례 89를 통해서 위 사례 47과 비슷한 증언을 들을 수 있었다. 사건의 주인공은 두 증언자 모두 예술전문학교 교원이라는 점인데, 시기적으로 사례 47은 2003년 경으로 기억하는 반면, 사례 89는 2005년경이라고 증언했다. 두 응답자의 증언이 같은 사건인지는 확인하기 어렵지만 어쨌든 남한 영화를 복사하다 적발되어 총살까지 당했다는 사실은 서로 일치한다.

○○예술전문학교가 있었는데 이 선생이 알을 찍었단 말입니다. 알을 찍어 유포하다 총살 당했습니다. 2005년도로 기억합니다. 그러니깐 컴퓨터로 그 CD알을 찍어냈단 말입니다. 그래가지고 몇 천장을 찍어냈단 말입니다. 그래가지고 돈이 너무 많아서 이 돈을 천장에다가 쌓아놓고 그랬단 말입니다. 그 선생이가 CD알을 찍어낸

단 소리가 있고나서부터 이 가택수사를 했는데 조선돈이 와르르 무너져 내렸단 말입니다. 그래서 총살 당했다 합디다.

적발되어 추방당한 사례

남한 영상물을 시청, 유통시키다 단속되면 노동단련형부터 교화형, 사형까지 당하기도 한다. 그런데 처벌의 유형 중 다른 지역으로 추방당하는 사례가 있었다. 사례 55의 증언에 따르면 실제 처벌의 수위가 노동단련대-추방-교화소 순으로 이루어진다. 노동단련대에 가는 것이 추방을 당하는 것보다 훨씬 더 강도가 약한 처벌이라고 한다.

2004년도인가, 양강도 혜산에서 중국에서 넘어오는 CD알을 가져다가 유포시켰단 말이에요.. 장사를 했데요. 중간에서 장사를 하다가 발각이 돼서 추방갔데요. 추방을 가면 가족이 다 추방을 가게 돼요. 그건 진짜 일반사례에요. 흔히 있는… 북한에서 노동단련대라고 한 달에서 1년정도 강제 노동가는게 있는데, 거기 가는게 제일 약한 사례고, 그 다음이 추방, 그 다음이 교화소에요. 노동단련대 가는건 좀 나은편이죠. 거기 가서도 물론 인간 이하의 짐승같은 취급을 받지만 그래도 추방가는 것 보단 낫죠. 추방갔다가 다시 재개를 한다는건 정말 힘들어요. 시골로 추방가서 그냥 사는거죠. 근데 추방 간 사람들이 어떻게 먹고 사는지는 잘 몰라요. 다 자기가 알아서 살아야지… 사람 생활이 아니죠. (사례 55, 50대 남성, 2011년 탈북, 평안남도)

▶▶ 직접 단속을 나간 단속원의 증언

우리가 만난 면접자 가운데 북한에서 보위원으로 일하며 직접 남한 영상물 시청 및 유통 단속을 담당했던 단속원의 이야기를 들을 수 있었다. 사례 30은 당시 단속에서 압수한 남한 영상물을 집에 갖고 와서 가족들과 함께 돌려보았다고 한다. 재밌다는 소문을 익히 들어왔기에 호기심이 발동했다. 앞선 증언을 통해 사건이 상급 단계로 올라가면 돈을 줘도 사건을 무마하기 어렵다는 사실을 알 수 있었다. 직접 단속을 했던 사례 30을 통해 이러한 사실을 다시한번 확인할 수 있다. 검찰이 단속을 하면 그 다음에 행정 당 책임자에게 보고를 하는데 그 때 보고가 완료되면 더 이상 돈을 줘도 사건을 무마하는 것은 어렵다는 것이다.

> 담당 보위원이었기 때문에 그런 걸 직접 단속하고 했거든요. 2004년도 쯤으로 기억하는데 〈귀공자〉가 들어왔어요. 한국 영화 귀공자. 〈천국의 계단〉 그 다음에 〈가을 동화〉… 입수 했는데 그 영화 솔직히 말해서 내 그걸 가만히 봤단 말입니다. 이 영화가 좋다고 하니깐 우리 자식들이랑 다 봤단 말입니다. 검찰이 단속했다면 검찰이 그걸 행정 당 책임자 부장한테 보고를 한단 말이에요. 보고 하게 되면 그때부터 못 뽑아낸단 말이에요. 왜 하게 되면, 자기는 그룹바가 회의를 한단 말이에요. 그러면 도 부장이 보위원 그 다음에 안전원 다 통과된단 말이에요. 그러니깐 이 검찰이 단속되었을 경우에 보고 되기 전에 사업한다는 거지 손을 쓴단 말이에요. **(사례 30, 60대 남성, 2010년 탈북, 양강도)**

사례 15도 단속원 일을 했었다. 단속 과정에서 정보원들의 신고나 제보가 결정적인 역할을 한다고 했다. 흥미로운 점은 남한 영상물을 시청한 사람들의 특징이 "남들이 보지 못한 남한 영상물을 자신은 봤다는 사실을 반드시 자랑"하게 되어 있는데 자랑하다가 주변 사람들에게 알려지고 단속에 걸리게 되는 계기가 된다는 점이다.

  이는 북한에서 정보유입 및 확산이 단순히 개인적 차원에서 머무는 것이 아니라 주변사람들에게 구전되고 미약하나마 사람과 사람 사이의 네트워크를 형성한다는 점에서 의미가 있다.

> 평양 그 다음에 평안북도 정주. 신의주 지역에서 단속을 많이 했어요. 한 집이 수상하면 계속 찍어두고… 정보원들이 있으니깐 제보가 계속 들어와요. 밤 시간에 주로 봐요 문 닫아놓고… 그때 들이치는 방법이 있고… 북한 특징이 소리가 나게 되있어요. 남들이 보지 못하는 걸 나는 봤어요, 이 얼마나 좋은가, 자랑하게 돼있어요. 경찰서에서, 보안부, 보안서에서 뭐 특대형 사건이라고 취급하려고 하죠. 개별적인 보위원이 전화해가지고 그 사건 넘겨 그러면 찍소리 못해요. 반항하면 정치범 수용소 보내면 되요. 그렇게 간다고 왜 보위부에 권력은 그렇게 되있으니깐 경찰서는 보위부에 전혀 그 이의를 제기할 권한이 없어요. 보위부는 해당 즉석에서 체포할 권리를 줬거든요 한 개 보안부 국장이 그런 차이에요. 권력의 차이는…그러니깐 경찰에 잡히면 신호만 오면 되거든요. 야 공작중이야, 그러면 끝나거든요. **(사례 15, 40대 남성, 2000년대 중반 탈북, 평양시 · 평안북도)**

02 대중화와 행동결집의 한계

드라마, 대중화 되지 못하는…

남한 영상물이 북한주민의 의식변화와 통일에 미치는 영향에 대해서 긍정적으로 평가하지만 아직까지 '대중화'되지 못한 한계점도 있다. 중국을 통해서 전해지는 외부 정보와 남한 영상물이 전하는 정보는 시너지 효과를 일으키며 북한 주민들에게 '체제 불만'을 키우기도 한다. 하지만 아직까지 대중화되지 못하고 있다는 점이 북한 사회 전반의 변화로 이어지는데 한계가 되고 있다. 사례 49는 분명 남한의 드라마가 북한 주민들의 체제에 대한 불만과 저항의식을 불러일으킨다고 보지만, 그것을 접할 수 있는 사람들이 아직까지 '소수'이기 때문에 한계를 느낀다.

> 체제 불만은… 아무래도 다른 나라들 다 잘 살고, 가까운 중국도, 사회주의에서 반 사회주의 이러면서 자본주의로 많이 나갔잖아요. 그러니까 잘사는걸 눈으로 목격했으니까… 체제 불만은 사람들이 다 있는거죠. 중국을 통해서도… 그리고 사회주의 다 붕괴됐는데 왜 우리만 이래야 하나… 뭐 이렇게. 드라마 보면서 더 잘 알게되고. 근데 소수 사람들만 본다면 보는거고. 대중화는 못 되는거에요..(사례 49, 30대 여성, 2009년 탈북, 양강도)

마음 탁 놓고 못봐요. '항상 조마조마해서…'

마음껏 드라마나 영화에 빠져들 수 없는 상황적 한계도 파악된다.

사례 4는 남한 영상물을 시청하면서 항상 '조마조마' 했다. 단속반이 언제 들이닥칠지 모르는데다 정전이 자주되다 보니 '빨리' 봐야 한다는 조급함에 마음 편히 즐길 수 없어서 감정 몰입이 아쉬웠다.

> 거기서 그러니까는 영화를 마음 놓고 못 봐요. 언제 뭐 처들어 올지 모르니깐 항상 조마조마 해서, 또 공업선도 정전이 잘되니깐 꼭 빨리 주고 봐야지 하는 생각에 이렇게 뭐 감성적으로 마음 탁 놓고 이렇게 못봐요. (사례 4, 40대 여성, 2009년 탈북, 강원도)

개같은 '세상' 대신 개같은 '인생'을 한탄하다.

사례 7은 말한다. '개 같은 인생'이라고… 남한 드라마를 보고 남북한을 비교하면서 절로 한탄이 나왔다. 하지만 절대 '세상'이라는 말은 넣을 수가 없었다. 자기를 한탄할 뿐이었다. 북한에서는 아무리 사는 게 힘들어도 '아 힘들어 죽겠다' 불평 조차 마음대로 할 수 없었다. 나 하나 잘 못되는 게 아니라 잇달아 손자에 친척까지 잡아갈 수 있다는 두려움에…

> 그거로는 못 가요. 그쪽으로는 못 가고… 근데 우리는 뭐라고 말 하냐면 이 개 같은 인생에… 자기를 한탄하고 있어요. 세상이란 말 절대로 안 하거든요. 아 오늘 아침에 아 힘들어 죽겠다. 이러는 분들도 있거든요. 그리고 불평을 못 해요. 나 하나 죽이는게 아니고, 이 애매한 친척까지도 내 손자까지도 잡아가기 때문에 아 뭐… 그게 좀 잘사는가? 남쪽이 잘 사는 것 같아 텔레비전에서 보니깐 이렇게, 자기도 모르게 이렇게 나오는 거죠. 저희 대장 같은 경우에는 옷 다 벗

었어요. 그 말 한마디 잘못 해가지고, 진짜 텔레비전 다 빼앗기고…
(사례 7, 30대 여성, 2004년 탈북, 함경북도)

흥밋거리…, 밑 작업이 필요하다

사례 1은 북한주민들이 남한 영상물을 시청해도 '민주주의', '자유'를 직접적으로 알기는 힘들다는 생각이다. 단순 흥미로 시청한다면 그 효과가 얼마나 있을지 회의적이라는 의견도 내놨다. 그저 남한이 발전했네로 그치는 것이 아니라 민주사회에 대한 기본 개념들을 익힐 수 있는 작업이 더불어 필요하다는 것이다. 남한 영상물과 더불어서 자유, 민주주의 등에 대한 기본 개념을 알 수 있는 '밑작업'으로써 그 무언가가 필요하다는 의견이다.

제가 말하다가 끼어들었는데, 음… 북한 주민들의 의식 상태가 그런 것을 보면서 거기서 민주주의, 자유라는 게 이렇구나! 이런 것을 느끼는 게 아니고, 흥밋거리로 보거든요. 그렇기 때문에 사람들의 의식이 개편되지 않는 거에요. 제가 그래서 이런 것을 무의미하게 들여보내지 말고, 민주주의의 실현 과정과 뭔지를 뜻풀이부터 북한 주민들이 알 수 있게끔 하는 밑작업이 필요하다고 생각하거든요. 그게 안되면 북한주민들은 순수하게 "이게 발전이 되었네" 이렇게 흥밋거리로만 80~90% 보는거에요. 저처럼 시각이 있고 분석할 줄 아는 사람은 모를까, 절대 다수 사람들은 의미 없이 보거든요. **(사례 1, 30대 여성, 2007년 탈북, 평안남도)**

사례 2는 북한에서 남한영상을 시청했을 당시 10대였다. 그 때 가장 기억에 남는 것은 '영화 주인공이 예쁘다. 잘생겼다'고 감탄한 배우의 외모였다. 그냥 재미있다는 생각 외에 별다른 의식 변화는 없었다.

> 아니… 그렇게 그런 생각은 없었어요. 재미있게만 보고 그냥… 그랬지 그렇다고 해서 우리는 저렇게 뭐… 그런 생각은 좀 생각 못해봤고, 그냥 아 재밌다, 영화 주인공 이쁘다, 잘생겼다, 멋있다… 뭐 그 정도로만 봤고… **(사례 2, 20대 남성, 2009년 탈북, 평안남도)**

[03 북한 선전과 남한 영상물의 기폭효과 (priming effect)]

북한에서 받은 '남조선' 교육, 남한 드라마로 재확인하다

북한에서는 남한에 대해 '남조선 인민들이 수많은 굶주림'에 시달리고 있다던지, '오직 힘 세고 돈 많은 사람들이 판치는' 자본주의라는 교육을 받았다고 했다. 그런데 드라마를 보면 북한 당국의 교육 내용이 현실로 보여지기도 했다. 미디어 시청 이전 학습된 내용이 미디어 내용과 겹치면서 내용이 확인, 강화되는 기폭효과(priming effect)를 일으키는 것이다.

사례 3은 저렇게 '오직 복수'를 위해서 살거나 권력, 돈이 지배하는 사회라면 도대체 어려운 사람들은 어떻게 살 수 있을까… 의구심을 갖지 않을 수 없었다. 그리고 생각했다. 저런 자본주의 나라 때문에 '우리나라 사람들(북한)이 다 쓰러져 죽는다'고… 이처럼 남한 사회에 대한 부정적인 인식의 재각인은 북한 주민들이 경제적으로 어려워질 수밖에 없는 외부 요인이 약육강식의 남한 자본주의가 준 폐해라는 인식으로 이어지고 있었다.

그 때 당시 복수혈전은 오직 아버지 복수를 위해서 호텔을 가지게 된데도, 난 자리를 가질 자격이 없다는 것을 해서 마지막에 끝나지만, 그것을 보면 아 저 사람은 오직 아버지 복수를 위해서 일하는 구나… 그게 사랑하는 사람도 있고, 연인을 위해서 하는 것도 있고 하지만 그저 보면서 아 저렇게 살면 어떻게 다른 사람은 살아가는가… 이런 생각도 가져요. 그 때 당시는 그렇게 많이 가졌어요. 아니 그러면 힘이 약하고 어려운 사람들은 다 굶어 죽어야 하는 구나… 우리 북한에서 그렇게 교육하는 자체가 남조선 인민들이 수많은 굶주림과… 뭐 그런 말을 많이 들으니까, 그렇게 현실적으로 보게 되면 드라마에서 보게 되면 그렇게 생각하는 것이 또 있어요. 오직 힘이 세고 진짜 뭐 돈이 많은 사람들이 판을 치는 나라, 그래서 자본주의 나라는… 그래서 우리나라 사람들은 다 쓰러져 죽는 구나… 그런 생각을 많이 가졌댔어요. 그래서 저도 그 때는 그런 생각을 가졌는데… **(사례 3, 20대 남성, 2010년 탈북, 함경북도)**

오직 보면 본대로… '진짜 남조선은 미국의 통치 아래서 살아가는 구나'

사례 3은 남한에 와서야 '드라마는 드라마일 뿐'이라고 생각하게 되었다. 북한에서는 오직 보면 본대로 '저렇구나' 했었다. 남한 영상물을 보며 '진짜 남조선은 미국의 통치 아래서 살아가는 구나'했다.

북한에서 받은 남한에 대한 교육 내용을 확인하게 된다. 드라마는 현실 그대로라 믿었던 것이다.

아니요, 드라마에요. 그래서 마지막에 이 사람이 사랑을 쟁취하는 그런 것을 보면서 아… 그와 반면에 이런 사람들도 있구나… 여기서는 드라마 다음에 환상적인… 그런 측면이 많잖아요. 여기와서 보게 되면 드라마는 드라마일 뿐이다… 이렇게 생각하지만 북한에서 볼때는 그런 게 없어요. 오직 보면 본대로 아… 저렇구나, 그런 것을 많이 봐요. 그리고 보게 되면, 아 진짜 남조선은 미국의 통치 아래서 이렇게 살아가는 구나… 그런 것을 많이 봐요, 드라마를 보게 되면 현실 그대로 믿거든요. (사례 3, 20대 남성, 2010년 탈북, 함경북도)

경찰들이 사람들한테 인사하는 남한, 법이 무질서 하네…

게다가 경찰들이 주민들에게 '안녕하세요' 깍듯이 인사를 하질 않나, 급기야 경찰에게 덤벼들어 싸우기까지 하고 경찰이 빌기까지 하다니… 당황스러웠다. 북한에서는 있을 수 없는 일이었다. 그랬다가는 바로 잡혀 들어갈 일이다. 사례 3에게 비친 남한은 무법에 무질서한 곳이 된다.

그리고 경찰들이 사람들한테 안녕하세요, 그런 게 있어요. 이렇게 인사하는가? 그리고 사람들이 경찰하고 막 싸우는 거에요. 북한에서는 그랬다가는 저리 들어가니깐 그런 게 없어요. 막 경찰이 사람들이 막 이렇게 하고, 그리고 내가 술 마셨잖아요. 보안성에 야 이 새끼 남한은 이렇게 해서 우대도 해주고 경찰들이 오히려 사람들한테 빌고 있는 거에요. 그래서 이 사람이 실제 잘못 했는데도 더 싸우는 거에요. 그래서 그때는 진짜 남한은 법이 무질서 하네… 그렇게 생각 했는데… **(사례 3, 20대 남성, 2010년 탈북, 함경북도)**

사례 12는 남한 영화에서 서민들의 이야기 보다 재벌가의 이야기를 더 많이 접했다. 그러다 보니 한국 사람들은 다 잘 사는 줄 알았다. 〈가문의 영광〉, 〈조폭 마누라〉를 보면 '아, 깡패가 많은가보다' 했고, 〈올가미〉는 충격적이었다. 아들에 집착하며 며느리를 질투하는 어머니 모습은 제일 자극적이었다. 남한에 와서 다시 생각해도 이해할 수 없었다. 올가미에 어머니로 등장하는 여배우가 남한에 온 다음 시청한 드라마에도 등장했었는데, 북한에서 본 이미지로 싫었다. 한편으로는 그 무서운 어머니가 사는 집이 너무 멋있어서 저런 집에 살아봤으면 하고 부럽기는 했었다.

가문의 영광 봤을때 조폭 마누라 봤을때는 아 깡패가 많은 가보다 그런 생각하고, 가문의 영광보고 올가미 봤을 때는… 참 저게 올가미 봤을 때가 되게 충격적이었던 것 같아요. 엄마가 아들 그런 것 있잖아요. 보셨죠? 올가미… 아들을 집착하고 사랑하다보니깐 며느리 질투하고 그럴때 그게 제일 자극적인 것 같아요. **(사례 12, 30대 여성, 2004년 탈북, 함경북도)**

목표를 향해서 올라가는 여자, 왜 저렇게 살아야 되지?

사례 7은 〈이브의 모든 것〉에서 어려운 가정환경이었던 영미가 앵커가 되기 위해 학원을 다니고 또 원하지 않지만 성공을 위해 직장 상사에게 '자기 몸을 줘버리는' 모습들… 이해되지 않았다. '저렇게 쉽게 몸을 휘둘러야 하는가' 의아했다.

> 책을 읽어요. 둘이서 막 읽는데… 솔직히 이 여자는 말을 더듬더듬 해요. 그 대신 배경 같은 건 이 여자가 더 우월하거든요. 미국에도 어학 연수 3년인가 갔다 왔었고, 근데 영미란 여자는 자기가 진짜 여기서 막 학원도 다니고, 자기 몸을 내던지면서 진짜 그 목표를 향해서 올라가는 그거 보면서, 왜 저렇게 살아야 되지? 이 여자에 대해서…
> 　네, 영미에 대해서… 좀 이해가 안 됐어요 이해가 안 되면서도 어쩜 저렇게 그러니깐 제가 볼때는 영미가 사는 모습도 괜찮더라고요 근데, 지금 와서 생각해보면 그러니깐 한국 와서 생각해보면, 영미가 그때 엄청 가난한 쪽방 생활을 했구나 생각 했죠. 원룸 같은 데서 살면서 원룸 값도 못 내서 정말 겨우 겨우 살아가는 여자 였거든요. 그게 참 이해가 안 됐어요. 요새는 저렇게 쉽게 뭐 자기의 몸까지 휘둘러야 되는가? **(사례 7, 30대 여성, 2004년 탈북, 함경북도)**

남한에 와서 생각해보면 영미가 살았던 집이 '엄청 가난한 쪽방'이었다. 북한에서 볼 때는 그래도 살만했네 했는데… 영미가 성공을 향해 몸도 마음도 내달았던 장면들도 하나둘 이해가 되기 시작했다. 여기 남한에 와서 보면 그런 일들 쯤은 '우스운 일'에 속했다. 북한에서의 생각은 그저 하나의 '고정 관념'일 뿐이었다.

> 그런 것에 대해서 엄청 저도 하나의 고정 관념이죠 지금 생각하면, 여기 와서 보면 그런 게 하나의 우스운 일이잖아요. 그게 북

한에서 볼 땐 있을 수 없는 일이죠, 직장을 위해서 저 여자가 저렇게 맘에도 안드는 남자에게 자기몸을 저렇게 줘 버린 다는게 정말 이해 안되는 그런 부분이었죠. **(사례 7, 30대 여성, 2004년 탈북, 함경북도)**

불만이 있어봤자 방법이 없는거고

사례 48은 남한 영상물을 시청하기 전부터 남한이 잘산다는 것을 알고 있었고 남한 영상물을 시청하면서 '저런 사회에서 살고 싶다'는 생각을 갖기도 했다. 그런 생각이 북한에 대한 불만으로 이어지지는 못했다. 달라질 건 없었다. 불만이 있어봤자 (불만을 타개할) 방법이 없다는 무기력함 때문이다. 남한 영상물이 탈북에 미친 영향에 대해서도 '(영향이) 아주 없는 건' 아니지만 그렇다고 영화 때문에만 탈북한 것은 아니라며 애매하다는 생각이다.

남한 영상물 본 이후 북한체제에 대해 달라진거 없었어요. 뭐 불만이 있어봤자 방법이 없는거고… 영향은 좀 받았죠. 저런 사회에서 살고 싶다는 그런 생각이 들죠. 영향이 없다고는 말 못하죠. 아… 좀 애매한데요. 제가 탈북 경로가 좀 복잡해서… 영향이 아주 없는 건 아니고… 그렇다고 해서 그 영화들을 봤다고 탈북한거는 아니고… **(사례 48, 30대 남성, 2010년 탈북, 양강도)**

남조선에서는 돈 있는 사람만 잘 산다

북한 당국으로부터 사상학습 받은 내용과 남한 영화나 드라마의 내용이 똑같다고 생각한 경우도 있었다. 사례 11은 "남조선에서는 돈 있는 사람만 잘 산다"는 사실을 재확인했다. 가을동화에 나오는 주인공(송혜교)의 모습을 보면서 돈이 없어 불쌍한 생각이 들었다.

딱 보고 아 돈 있는 사람들은 저렇게 잘 사는구나. 반면에 가을 동화 보면 송혜교(윤은서 역)가 불쌍하게 나오잖아요. 그걸 보면서 야 돈 있는 사람들은 자기 마음대로 하고 그러는데 불쌍한 사람들은 아니구나. 그러니깐 교육 받은 것 하고 똑같이 생각했거든요. 잘 사는 놈은 잘 살고… 자본가들이 판 친다고 교육 받았는데 드라마 보면서 정말 그렇게 생각했죠. (사례 11, 40대 여성, 2003년 탈북, 함경남도)

남조선은 싸움만 한다

남한 영상물 내용 가운데 빠지지 않고 등장하는 대표적인 장면은 폭력적인 조직폭력배의 이야기를 직접 다룬 영화나 드라마가 인기를 누리면서 폭력적인 부분은 영화나 드라마에서 반드시 포함되어 있다. 남한 사회에서도 영상물의 폭력성으로 인한 사회적 문제는 늘 제기되었다. 그런데 상대적으로 정보 접촉의 제약을 받는 북한 주민들은 이러한 폭력적인 장면이나 내용을 남한 사회에서 벌어지는 일반적이고 일상적인 현상으로 간주한다는 점이다. 드라마나 영화의 내용을 현실에서 그대로 모방하는 문제점도 있는데, 남한의 깡패영화를 보면서 직접 그 내용이나 장면을 따라하는 경우가 많다고 한다.

애들이 처참하게 싸우는 거… 싸우는 장면이 많은데 그것보면서 흉내를 많이 냅니다. 깡패들 보고 그대로 따라 하는 사람도 많습니다. 패싸움 하고 그럴 순 있는데 그 정도까진 처참하게 농촌에서 오면 뭐 주머니 세탁해서 보내고 이건 뭐 술 먹다가도 눈 잘못 굴리면 희딱 거린다고 때리고 깡패영화들은 볼 때는 재밌게 봐도… **(사례 20, 30대 남성, 2011년 탈북, 함경북도)**

사례 34도 남한 영화를 보고 폭력적인 장면을 직접 모방한 경우에 해당한다. 그는 영화를 보고 패를 짓는다는 것을 알게 되었다고 한다. 흔히 조폭의 모습으로 그려지는 검은색 양복에 짧게 깍은 머리 스타일을 따라하기도 한다고…

한국 영화 봤는 싸움도 막 하고……이게 우린 남자들이 그런 좀 나쁜 거를 많이 했어요. 영화를 보고 패를 짓는 걸 알았어요. 약속이나 그런 장면은 깡패들 싸움하고 그런 것 아닙니까 그걸 보고 그런거죠. 거기서 양복 다 입고서리 젊은 사람들이 형님 형님 하고… 머리 그 광머리 있잖아요. 머리 동그랗게 해가지고 머리 깎듯이 약간 올렸다가… **(사례 34, 50대 여성, 2010년 탈북, 함경남도)**

사례 39는 조폭 수준의 폭력장면이 아니라 총기 사용에 대한 부분에서 강한 거부감과 두려움까지 들었다고 말한다. 거리에서 총 쏘는 장면을 보면서 "국가에서 통제를 안하고 개인이 이렇게 하는가"라는 생각을 했다는 것이다.

영상물에서 많이 싸움하는 장면들 뭐 이런……그런 영화를 보면은 자본주의니깐 막 총쏘는 장면도 많이 나오잖아요. 그거는 북한 같은 건 미국이라던가 자본주의는 총기사고 많이 나오고 강도 사건 이런… 영화는 그런걸 몇 개 봤어요. 거리에서 쏘고 그러잖아요. 그때는 무섭다는 생각이 들고 거부감이 들더라고요. 이야 자본주의는 국가에서 통제를 안하고 개인이 이렇게 하냐… 그런걸 그때 생각했어요. **(사례 39, 40대 여성, 2009년 탈북, 양강도)**

사례 44는 한국 영화를 보면서 깡패나 불량청소년들이 남한에 정말 많은 줄 알았다고 한다. 여기와서 보니 영화를 재미있게 만들기 위해서 그러한 내용을 너무 심하게 넣은 것이라는 사실을 알게 되었다고 한다.

깡패들이 많이 나와서… 그때 당시엔 그렇게 생각했죠, 한국엔 이렇게 깡패들이 널렸나… 그런 생각… 불량청소년들이 많은 줄 알았어요. 막 치고 받고 하는… 영화를 너무 재밌게 만드려고 하니까 그런걸 너무 심하게… **(사례 44, 30대 남성, 2004년 탈북, 함경북도)**

안전한 사회주의, 무서운 자본주의

앞서 언급한 것처럼 통일이 남북한 주민들이 같이 살아가는 과정이라면 남북한 주민들이 상호 어떠한 인식을 갖고 있는지의 여부는 중요하게 고려되어야 할 사항이다. 특히, 남한 사람에 대한 적개심과 두려움이 고착화 된다면 이는 통일에 장애요인이 될 수밖에 없다.

그러한 점에서 남북한 통일에 미칠 남한 영상물의 역효과도 이야기 한다. 무엇보다 '깡패 두목 영화'들을 보면서 남한사회가 무서워졌다는 것이다. 남한에 대한 '공포증'이 더 해진다. '자본주의가 무섭다'

는 걸 드라마를 보면서 확인하게 되는데 오히려 사회주의가 더 안전하다고 생각할 정도라고 한다.

> 어떤게 있냐면, 깡패… 깡패 두목 영화들을 보면, 사회가 너무도… 뭐랄까… 무섭고… 북한사람들이 그런거 보면서 공포심 많이 느껴요. 자본주의가 무섭다는거. 폭행, 공포… 그런거. 사회주의는 좀 안전하다고 생각해요. 그런건 있어요. **(사례 49, 30대 남성, 2009년 탈북, 양강도)**

〈붉은 마피아〉, 남한은 싸움과 마약 뿐? Vs. 그래도 '사랑'이…

사례 3은 〈붉은 마피아〉, 〈복수 혈전〉을 시청한 소감을 이야기했다. 각기 영화 속에서 그려진 남한의 모습은 복잡했다. 마약과 싸움이 판치는 곳으로도 묘사되고 그래도 '사랑'을 위해 희생하는 모습, 그리고 아버지를 위해 자신의 목숨까지도 바치려는 효자가 등장해 감동을 주는 반면 힘없는 사람은 죽을 수 밖에 없는 곳이기도 했다.

〈붉은 마피아〉(영화, 1995년 작)를 함께 시청할 때였다. 그 영화에 등장한 사람들은 '오직 싸움' 뿐이었다. 그 뿐 아니다. 돈이 된다면 '마약 장사'도 서슴지 않았다. 오직 싸움과 마약만이 '판 치는' 곳인가! 저런데서 어떻게 살 수 있나! 남한 자본주의의 두려운 모습을 각인하게 된다. 그래도 결국 영화 말미로 갈수록 '돈'만 아는 사람이 아니라 '사랑'할 줄 아는 사람이라는 생각에 안도한다.

그와 반면에 무슨 붉은 마피아라 던가, 그런 영화를 보게 되면 아… 남한은 저렇게 오직 싸움 잘하고, 저런 사람들 그리고 무슨 마약 장사라던가 오직 그런 사람들만 판을 치고… 그런 데인가 저런 데서 어떻게 살아가느냐고, 이런 생각을 가질 때가 있어요,… 붉은 마피아는 이사람이 처음에 돈을 위해서 하다가 마지막에 사랑을 위해서 하는 것을 보고, 그걸로 인해서 나오지만… **(사례 3, 20대 남성, 2010년 탈북, 함경북도)**

〈복수 혈전〉, 아버지 복수를 위해 희생하는 아들 Vs. 힘없고 어려운 사람은 다 굶어 죽는 곳

사례 3이 〈복수 혈전〉으로 기억하는 영화에는 아버지의 복수를 위해 희생하는 아들이 등장한다. 그 아들을 보면서 감동받지 않을 수 없었다. 하지만 결국 "힘이 있는 사람은 잘 살지만 힘 없는 사람은 못사는 구나…" 하며 남한 사회의 이면을 보게 된다.

그와 반면에 복수 혈전을 보게 되면, 아 저 사람은 진짜 아버지 복수를 위해서 저렇게 희생을 하는 구나… 마지막에 아버지가 호텔 가지고 있다가… 친구들이 뭐라고 해서 죽어서, 그 친구들을 때리고 호텔을 마지막에 찾지만, 그걸 보면서 저기는 오직 힘이 세고 하면 잘 살아 가고 힘이 약하면 못 살아가는 구나… 이런 것을 느꼈어요. 그렇지만 그와 반면에 **(사례 3, 20대 남성, 2010년 탈북, 함경북도)**

사례 11은 1990년 무렵 남한에서 대학생들이 시위하는 장면을 보게 됐다. 당시 시위 현장에서 '닭알'을 던지는 장면을 보면서, 북한에서는 먹을 계란도 없는데 '닭알이나 뿌리고…' 놀라지 않을 수 없었다. 그 뿐 아니었다. '하얀 뼉신'에 옷도 얼마나 잘입었는지 그 장면을 시청했던 사람들끼리 수군수군댔었다.

더 어린 시절, 18살 무렵에는 〈광주는 부른다〉라는 다큐멘터리를 북한 TV에서 상영한 적이 있었다. 당시에는 사람들 옷이나 신발이 눈에 띠지 않았다. 광주민주화운동 당시 공권력으로 쓰러져 가는 사람들을 보면서 '저 죽일 놈들이'하며 울분을 터뜨렸다. 빨리 '우리식(북한식)' 통일이 되어야 한다는 의지를 다잡기도 했다.

네, 너무 이런 남조선… 우리는 괴뢰군이라고 하잖아요. 괴뢰군들이 너무 막 찔러죽이고 그러니깐 먹을 물이 없어서 빗물을 받아 먹는 장면도 나오고 이러니깐 한심해가지고 길거리 나가면 죽고 그걸 보고 야 저 죽일 놈들이 저런다고 빨리 통일이 되야 되는데… 그땐 그랬죠. 그러니깐 우리 식의 북한식의 통일이 되야 되는데 그땐 그랬죠. (사례 11, 40대 여성, 2003년 탈북, 함경남도)

한국 사람들 진짜 다 바람둥이로구나

사례 39는 폭력성 뿐만 아니라 한국 드라마의 불륜 내용을 지적했다. 북한에서는 남자들이 바람을 피지 않는데 한국 드라마 보면 "맨날 바람피운다"고 표현한다.

저는 다른 건 모르겠는데, 드라마에서 나오는게 사랑영화 있잖아요.

북한에서는 남자들이 바람피고 그런걸 보지 못하는데 드라마 보면 한국 사람들은 맨날 바람피우는 거에요. 한국 사람들 진짜 다 바람둥이로구나 이런 생각 했는데 실제 그거하고는 또 달라요. 다 저렇게 바람 피우는가 하는 생각을 했죠. (사례 39, 40대 여성, 2009년 탈북, 양강도)

드라마의 영화에서 재미를 극대화 하기 위해 폭력적이며 선정적인 장면이나 내용이 많은데 이러한 문제점을 북한 주민 역시 그대로 인식하였다. 사례 42는 드라마의 폭력적인 부분이 애들한테 좋지 않은 영향을 미치는 것을 우려했다. 또한 "팬티랑 브라자만 입고" 나오는 그런 장면은 너무 심한 것 아니냐는 생각도 했다고…

애들한테… 애들이 TV를 통해서 보는대로 따라하는거 있잖아요. 막 싸우는거. 막 망치들고 폭력을 쓰잖아요. 폭행하는거. 그런거 볼때는… 저건 좀 아니다 하는 생각이 들더라구요. 야한거 있잖아요. 팬티랑 브라자만 입고… 그런거 좀. (사례 42, 40대 여성, 2004년 탈북, 함경북도)

남녀가 서로 그런거… 그건 정말 보지를 못하겠어요. 너무 그대로, 완전히 다 나왔으니까. 여기 와보니까 그런게 19세 이상인데 여긴 성교육도 다 돼 있고… 여기는 그렇지만, 북한에서 그런거 완전… (사례 50, 20대 여성, 2010년 탈북, 함경북도)

여자들이 남자한테 막 하는거…

여자들이 남자한테 막 대하는 것를 보고 거부감을 느꼈다는 사례

도 있었다. 응답자들은 북한에서는 여자가 남자한테 꼼짝도 못하는데 남한 영화나 드라마를 보면 남편이 아내에게 맞는 장면도 있고, 여자들이 남자들에게 큰소리 치는 것도 이해가 되지 않았다고 한다. 그들의 이야기를 모두 들어보자.

어느 영화나 여자들이 막 남편을 막 때리잖아요. 북한에서는 남자한테 여자들이 꼼짝 못해요. 그게 있어요. 그거는 좀… **(사례 47, 70대 여성, 2007년 탈북, 양강도)**

조폭 마누라 볼 때, 남편을 너무… 북한에선 남자를 아주 존경하는데, 남자가 땡전 한 푼 안벌고 집에서 술만 먹어도 꼼짝 못하는데. 여자가 고분고분 장사 다니면서 남자 먹여 살리는데. 여긴… 조폭 마누라 보니까 여자가 너무 하더라구. 남자한테 막… 이런건 너무 한거 같더라구요. 여자들은 큰소리 치고 남자들은 꼼짝 못하는지… 이런 건 좀 이상하더라구요. **(사례 51, 50대 여성, 2010년 탈북, 평안남도)**

여자들이 너무 남자들을 대하는게… 너무 감정이… 음 깡패 같은거 나올땐 너무하다는 생각이 있지. 그러면서 반감은 좀 느꼈다구 **(사례 52, 50대 여성, 2010년 탈북, 평안남도)**

[04 선정성, 남한의 또다른 모습]

북한에서 남한 영화 중 음란물이나 성인영화가 인기를 끌고 있다는 증언들도 많이 만나볼 수 있었다. 시청하다 적발될 경우 일반 남한 드마나 영화에 비해 처벌 수위가 훨씬 더 높음에도 불구하고 음란물이나 성인물이 인기를 누리고 있으며 시장에서 거래 될 때에도 더 높은 가격을 형성하기도 한다. 이 과정에서 북한 주민들이 남한에 대해 또 하나의 모습을 각인하게 된다. 바로 '선정적'인 '남조선 자본주의 퇴폐' 문화라는 인식이다. 어떻게 보면 북한이 자본주의에 대해 선전하는 '퇴폐' 문화를 남한 영상물로 확인하는 셈이다.

북한 형법 193조와 194조에 보면 바로 자본주의 퇴폐문화에 대한 처벌 내용을 규정하고 있기도 하다.

2009년 발간된 〈법투쟁부문 일군들을 위한 참고서〉라는 북한 내부 문건을 보면 "문화분야에서 제도와 질서를 철저히 세우는 것은 제

> **193조.** 퇴폐적이고 색정적이며 추잡한 내용을 반영한 음악, 춤, 그림, 사진, 도서, 록화물과 유연성자기원판, 전자다매체 같은 것을 허가없이 다른 나라에서 들여왔거나 만들었거나 류포하였거나 비법적으로 가지고 있는자에 대하여 2년 이하의 로동단련형으로부터 정상이 무거운 경우 5년 이하의 로동교화형에 처하며 성록화물을 반입하였거나 류포한 경우에는 5년이상 10년 이하의 로동교화형에 처한다.
>
> **194조.** 퇴폐적이고 색정적이며 추잡한 내용을 반영한 음악, 춤, 그림, 사진, 도서, 록화물과 유연성자기원판, 전자다매체 같은 것을 여러번 보았거나 들었거나 그러한 행위를 한자에 대하여 2년 이하의 로동단련형으로부터 정상이 무거운 경우 5년 이하의 로동교화형에 처한다.

국주의의 사회문화적침투를 막고 사회의 모든 성원들을 선군시대의 혁명적문화수준을 가진 참다운 인간으로 만들며 우리의 사상문화를 주체적이며 혁명적인 문화로 만드는데서 매우 중요한 의의를 가진다."[8]고 명시되어 있다.

그렇다면 남한의 성인물을 시청한 북한 주민들의 생각을 직접 들어보자.

남한이 좀 난잡하지 않나(?)

사례 41은 남한 성인물을 볼 때 저런게 뭔지 모르고 봤는데 남한에 와서야 영상물이 성인영화였다는 사실을 알게 되었다고 한다. 사례 41이 남한 성인물을 보고 느낀 첫소감은 "불쾌하다"였다. 또 '남한이 난잡하다' 라는 표현을 했다. 우리가 흔히 사용하는 불쾌함이라는 단어의 의미를 생각할 때 사례 41이 말하는 불쾌함이 어떠한 감정이었는지 명확히 알 수 없지만 "남한이 난잡하게 생각되었다"라고 하는 것에서, 성인물을 보며 남한에 대해 부정적인 인식을 갖게 되었다고 볼 수 있다.

> 그땐 뭔지 모르고 봤어요. 저게 뭐지 저런게 뭐지 하면서… 낮에 사람들이 창문 다 막아놓고 보더라구요. 그래서 한번 봤는데… 그땐 그게 뭔지 모르고 봤는데, 여기 와서 보니까, 그게 "변강쇠" 그런거더라구요. 그땐 뭔지 모르고 봤어요. 그때는 좀 불쾌해가지고… 왜 저런게 영화에 나오는지 좀 그랬어요. 남한이 좀 난잡하지 않나… 그런 생각이 들었어요. 저런걸 나라에서 방송으로 낸 다는게 좀 이상했어요. 근데 여기 와보니까 실제로 엄청 많잖아요. **(사례 41, 30대 여성, 2005년 탈북, 함경북도)**

사례 50 역시 북한에서 '섹스알'이라 불리는 남한 성인물을 시청했다. 그 후 사례 41과 마찬가지로 "난잡하다는" 느낌을 가졌다고 한다. 자신의 오빠 친구들이 서로 돌려보곤 했는데 문 걸어 잠그고 다 같이 보기도 했다. 주변 10대 남자 아이들이 많이 본다는 증언도 덧붙였다.

> 북한에서는 "섹스알"이라고 해요. 한번 봤어요. 그런거 보면서… 아유, 너무 난잡해서… 그런거 볼때는… 우리 오빠 친구들끼리 돌려 보더라구요. 그런걸 문 걸어놓고 다 같이 봤어요. 나는 방에서 못 보고 주방쪽으로 내려와버렸어요 너무… 섹스 영화는 정말 너무… 그게 너무 생동하게 나오잖아요, 섹스하는 장면이. 그거 볼때… 와 어떻게 저렇게 사생활을 촬영도 하고, 저 정도로… 우린요, 그런 섹스 비디오를 보기가 쉽지 않아요. 그런건 딱 한번 봤었어요. 그런걸 보면… 17세부터 그 사이 남자애들이 많이 봐요. 어디서 그런걸 어떻게 얻었는지 재간이 참 좋아요. 북한 사람들은 한국만 가면 자유로

우니까 별난 드라마가 있는 줄 다 알죠. **(사례 50, 20대 여성, 2010년 탈북, 함경북도)**

남한 성인물을 직접 시청하지는 못했지만 CD 표지에 그려져 있는 여성의 나체 사진을 보고도 깜짝 놀랐던 기억을 떠올리는 사례 45. 실제로 "이런 사람들이 세상에 있는가"할 정도로 이해가 되지 않았다.

직접 보지는 못했어요. 그냥 그 위에 그림이, 여자가 벗고 있는 그림이 있더라구요. 그게 섹스CD라고 하더라구요. 깜짝 놀랬죠. 어머 세상에… 우린 그런걸 볼래야 볼 수가 없거든요. 어떨 땐 라이터에 야한 그림 있는게 있을때가 있어요. 중국에서 건너온 라이터에… 우린 그런거, 그런 라이터도 들고 다니면 안 되거든요. 진짜 그런걸 못 봤는데, 처음 그런걸 보고, 어머 세상에 이런 사람들이 진짜 이 세상에 있는가, 어머 이 여자들이 왜 이러나… **(사례 45, 40대 여성, 2005년 탈북, 함경북도)**

본인은 직접 시청 못했지만 주변에서 남한 음란물을 시청하거나 적발된 사례를 소문으로 전해들은 사례도 많았다.

들어오는데 우리는 안 봤지. 들어오는건 알아요. 근데 우리는 안봤지. 늙었는데(웃음). 그런거 오는거 알아도 아예 안봐요. 보는 사람들은 엄청 많아요. **(사례 47, 70대 여성, 2007년 탈북, 양강도)**

다른 분들은 많이 봤다고들 하는데 저는 한번도 못봤어요. 저는 한번도 없었어요. **(사례 48, 30대 남성, 2010년 탈북, 양강도)**

글쎄 나는 못 봤는데, 학생 아이들이 그거 보다가 잡혔대요. 잡혀서 난리나고 그랬다고. 제가 살던 OO지역에서… 중학생 애들인데 한 열대여섯 안팎이지. 어디서 구했는지는 잘 몰라요. 아이들이 호기심이…그런걸 못보게 하니까 호기심 나서 보고 싶어하지. 철없을때니까. 잡혔다는 것만 들었어. 교화 넣은거 같아. 아동 교화소가 따로 있으니까. 아이들 부모들도 해임시키고 그랬겠지. **(사례 52, 50대 여성, 2010년 탈북, 평안남도)**

지금까지 사례들을 종합해 보면 어떤 사례는 남한 성인물로 성적 쾌감을 느꼈다고도 했지만, 성적 수치심, 불쾌감을 표시한 사례들도 있었다. 개인적 수준의 이 같은 경험들은 '퇴폐적인 자본주의 문화'라는 북한 당국의 선전 문구와 겹쳐지면서 남한 체제, 사람에 대한 부정적 인식을 각인시키는 역풍이 될 수 있음을 생각하게 한다.

6장

한류, 통일의 순풍이 되기 위해

01 한류와 만난 북한주민, 시청 소감을 공유하다

6장에서는 한류가 북한 내 장벽과 역풍으로의 한계를 넘어 통일을 향한 순풍으로 불어주기 바라며, 이를 위해 생각해야 할 몇 가지를 짚어 보려 한다. 그 첫 번째가 한류와 만난 북한주민들이 시청 소감을 도대체 누구와 어디까지 나눴나 하는 문제다. 북한 내 통제라는 장벽에 부딪치면서도 주춤하다 퍼지다를 반복하는 한류 현상 속에는 남한 영상물의 공유 뿐 아니라 '재밌다'는 소감 공유가 그 동력이 되고 있다. 과연 소감 내용에는 재밌다는 것 뿐일까. 물론 재미라는 흥미요소도 무시할 수 없다. 그 자체가 남한, 그리고 남한 사람에 대한 호감도 상승을 의미하기도 한다는 점 때문이다. 하지만 한류가 북한 내에서 통일을 향한 순풍으로 힘을 발휘하기 위해서는 재밌다는 소감 공유의 동력 외에 무언가가 더 필요하지 않을까. 다음 몇 사례들의 이야기를 통해서 도대체 어디까지를 누구와 공유하고 있으며, 그 내용들이 통일을 향한 순풍이 될 수 있을지 생각해 보려 한다.

USB에 대체 뭐가 들어 있길래? '왜 북한이 못사는지 알게 될거다.'

사례 3은 어느날 USB 하나를 받았다. 여기에 도대체 뭐가 들어 있을까. 궁금해서 물으니 지금 세계의 경제 발전 모습을 볼 수 있는 것이라 했다. 그 뿐 아니다. 그 USB를 보면 '왜 북한이 못사는 지 알게 될 것'

이라고 덧붙였다.

> 아니, 갖고 온 사람이… 그래서 대체 뭐가 들어 있길래, 궁금 하잖아요 그것이, 그래서 대체 뭐가 들어 있길래 그러냐고 하니깐 지금 세계적으로 발전하는 나라의 경제적인 그것을 가지고 왔으니깐, 그것을 보게 되면 왜 우리 북한이 못 사는지 알게 될꺼다. 그러는 거에요. **(사례 3, 20대 남성, 2010년 탈북, 함경북도)**

어제 한국 드라마에서… 모여 이야기하다

텔레비전이 있는 사람들끼리 모여서 어제 본 드라마 장면을 이야기하는 모습도 포착되고 있다. 사례 7이 2004년 탈북했다는 점을 생각하면 1990년대 즈음으로 그 시기를 추정해 볼 수 있다. 당시에는 남한 드라마를 텔레비전으로 시청하고 서로 이야기 나누는 것도 가능했던 것으로 보인다. 사례 7은 한 때 텔레비전이 있는 사람들끼리 어제 저녁에 본 남한 드라마 이야기를 모여 하곤 했다고 기억한다. 그 중에 누가 고발 했는지 걸려서 '비판서' 쓰고 직위를 박탈당하는 사람도 있었다.

그들이 나눴던 이야기 중 기억에 남는 것은 남자들 같으면 먹는 데 관심이 높아 '야 거기는 국수에다가 오이 반찬을 매일 먹더라' 이런 이야기를 주고 받곤 했다. 여자들은 먹는 이야기보다 '사랑'이 단연 화제였다. '나 너 사랑해' 하며 프로포즈 하던 장면을 서로 떠올리며 즐거워 했었다.

> 그 때는 진짜 하나같이 저희는 드라마 보잖아요. 그러면 나와서 텔레비전 있는 사람들 끼리 어제 한국 드라마에서… 막 이런 얘기 하

거든요… 그러다가 걸려서 비판서도 많이 썼어요. 같이 얘기 할 때
는 얘기 하는데 그 속에서 어떤 놈이 얘기 하는지 가서, 고발을 한거
에요. 하하하 그래가지고 대장도 다 옷 다 벗고 진짜 난리도 났었어
요. 그거 어디서 봤는가 해서 대장 텔레비전 다 회수해 가지고 그래
서 남들이 얘기하죠. 야 거기는 예를 들면 겨울에는 남자들 같으면
먹는 데 관심이 높아요. 야 거기는 국수에다가 오이 반찬을 매일 먹
더라 이러면서 필요 없는 얘기 했어요. 야 소갈비는 또 뭐야 평양에
는 이런 갈비집이 있더라, 이런 얘기 하면서 이렇게 남자들이 생각
없이, 드라마에서 뭐 이러드라 잘 살더라… 이런 얘기도 하고 여자
들 같은 경우는 먹는 얘기 보다도 사랑… 나 너 사랑해 막 이러면 서
프로포즈를 하더라 이런 것을 얘기를 했어요. 근데 그 말이 누구 귀
에 들어갔는지 아무튼 간에 혼났었죠. (사례 7, 30대 여성, 2004년 탈
북, 함경북도)

'믿는 사람끼리 할 소리 하죠'

사례 18은 압록강, 두만강 연선지구 사람들이 남한 영상물을 비롯
해 외부 정보와 접촉할 기회가 많다보니 특히 젊은층을 중심으로 의
식변화가 나타난다고 보았다. '노골적으로' 지도자를 지칭하며 말은
못해도 '믿는 사람끼리 할 소리'는 한다했다. 점차 북·중 국경지역에
서부터 내부로까지 남한 영상물은 물론 외부 소식이 전해지게 될 경
우 '선전물에 빠져있는' 북한주민들의 변화를 기대할 수 있지 않을까
했다.

자꾸 이렇게 압록강이나 두만강이나 연선지구 사람들이나 남한 사

회에 대해서 약간 동경을 가지고 있을 뿐이지 연선지구하고 많이 떨어지는 고산사람들은 남한이라 하게 되면 모르는거에요. 그러나 자꾸 선전물이나 배포해서 열게 되면 그게 자연적으로 국가가 어렵고 하니깐 그게 사람이 선전물에 빠지게 돼있습니다. 우리 같은 게 연선지구니깐 강 건너편에 중국하고 연계가 많지 또 이러구 하니깐 연선지구 사람들은 대단히 남한에 대해서 특히 젊은 사람들 남자여자 할 꺼없이 노골적으로 사회나가서 말은 못해도 끼리끼리 믿는 사람들끼리 지네끼리 할 소리 하죠. 대놓고 정면적으로 김정일이란 말은 못하지만 지네끼리야 이야기는 나누지. **(사례 18, 30대 남성, 2010년 탈북, 함경북도)**

시청한지 2년 여, '남조선 잘산다' 소감 나누다

사례 2는 북한에서 거주하던 아파트 옥상 빈공간에 CD알을 감춰두고 친구들과 몰래 시청하곤 했었다. 영화를 처음 보기 시작한 17살 무렵에는 아무리 친한 친구라도 한국이 잘사네 라는 말 한번 서로 내뱉지 않았다. 속으로만 생각을 떠올릴 뿐이었다. 그러다가 1~2년 지났을까. 그 때부터는 제법 소감을 나눴다. 친구들끼리 저녁에 모여 '남조선 잘산다'는 소리를 꽤 하게 되었다.

그때는 그냥 내용이나 그런 것은 다 못보고, 그때는 잘 믿지를 않았었는데, 나중에 한… 19살 한 17~18살 때 인가, 그때 쯤 돼서는 친구들이랑 저녁에 남조선 잘 산다, 그런 소리를 많이 했죠. 그렇다고 친구들 사이에도 한국은 잘산다 뭐 이런 소리, 그런 소리 뭐 다른 소리는 안 했죠. 그중에 누가 갖다 말할 줄 알아요? 아무리 친구라 그래도… 그러니깐 그렇게 깊이는 안 갔어요. 혼자서 속으로 재는 싸우기도 하고 씨도 하고 경찰하고 싸우네? 그런 소리 있잖아요, 속으로나 아님 생각으로… 그니깐 그게… 그때 한때 무슨 영화였나…? 경찰이 주인공인데 경찰이 어디 나갔다가 주민들하고 막 싸우고 경찰서 부수고 그런 영화가 있었어요. 한국영화였는데, 그걸 보면서 저게 저렇게도 가능한가? 신기할 정도로…… 북한 같은 경우 경찰 그런데 못가죠. (사례 2, 20대 남성, 2009년 탈북, 평안남도)

02 한류와 만난 북한주민, 남한에 오다: '상상'에서 '실제'로

외부정보가 엄격히 제한된 북한에서 분명 남한 영상물은 북한 주민들에게 외부세계를 경험하는 창이 된다.

그렇다면 북한에서 남한 영상물을 시청할 때 가진 느낌이나 생각들이 실제 남한에 와서 어떻게 변화되는지 궁금해진다. 남한 영상물을 통해 인지한 영상 속의 남한과 실제 남한의 모습은 과연 같은 모습일까, 아니면 전혀 다른 세상으로 다가올까.

북한에서 남한 영상물 시청을 통해 남한이 '천국인줄' 생각할 정도로 환상을 가졌던 사례들은 남한에 와서 실망도 컸다. 반대로 남한 영상물의 선정성, 폭력성으로 그리고 북한 당국의 선전 내용으로 남한 사회를 공포스럽게까지 생각한 사례들은 남한이 생각한 것보다 살기 좋다는 반응이었다. 이 둘 다 미디어가 지닌 한계를 생각하게 한다. 외부정보가 제한되거나 한정된 북한에서 주민들이 남한에 대해 극단적으로 비관되거나 낙관되게 보는 것 모두 남북한 통합과정에서 어떤 한계로 나타나게 될 지 생각해 볼 일이다. 그 과정을 다음 사례들을 통해 미리 포착해 보고 미디어의 한계를 넘어 통일의 순풍이 되기 위한 길을 함께 생각해 보자.

▶▶ **직접 와서 봐도 마찬가지…**

먼저 북한에서 본 남한 영상물의 내용과 실제 남한에 와서 경험한 것에 차이가 없다는 사례를 살펴보자. 사례 16은 드라마에서 이미 빈부의 격차가 있음을 인식했는데, 실제로 남한에 와서 보니 빈부의 격차를 다시 느껴 드라마와 실제의 차이가 없다고 말한다. 더욱이 드라마를 통해 남한의 생활을 간접적이나마 경험했기 때문에 실제로 남한에 와서 이질감이나 문화적 차이를 최소화 할 수 있었다.

재벌들은 재벌대로 여기 오니깐 직접적으로 대면해 보진 못했지만 억대로 버는 사람들도 봤고… 서민들도 드라마에서 보니깐 지하방 같은데서 사는것도 드라마에서 보면 나오잖아요. 저는 한국에 와서 하나원 교육받으면서도 그렇고 별로 이질감을 다른 문화다 하는 감을 별로 안 느꼈어요. (**사례 16, 30대 남성, 2006년 탈북, 함경북도**)

사례 42 역시 남한 영상물이 '현실 그대로'를 반영하는 것 같아 실제와의 차이를 별달리 느끼지 못했다고 한다.

비슷한 거 같아요. 한국의 진짜 현실을 TV에서 그대로…현실이 그대로 있는 거 같아요. 비슷했죠. (**사례 42, 40대 여성, 2004년 탈북,**

함경북도)

사례 53도 북한에서 시청한 남한 영상물에서 재연된 '상상의 세계'와 남한에 와서 경험한 실제가 별다른 차이가 없다는 경우이다. 북한에서 거주할 당시 남한 영화를 통해 이미 남한의 실상을 알고 있었다고 했다. 남북한의 차이는 무엇보다 '자유', 그리고 '내가 노력한 것만큼 잘되는 게 있다'는 것이다. 영화나 드라마는 '원래 환상적인 것만 많이 나온다'고 듣기도 했기 때문에 영상물에 나오는 내용을 그대로 받아들이지는 않았다고 한다.

> 차이점 같은건… 생각을 크게 못해봤어요. 근데 오직 그 때, 어린 나이에 보고 인식했던 것에서 같은 점이 있다면 자유, 자유 하나만은 있구요. 내가 노력한 것 만큼 잘 되는게 있고… 그때 생각하고 여기 와서 사는게 일치한단 생각만 들어요. 그 때 당시엔 그런 차이점을 생각해보려고도 안했으니까. 국경쪽에, 무산쪽에서 살았을때 남한 얘기 많이 들었거든요. 드라마는 원래 환상적인 것만 많이 나온다고. 많이 들었댔으니까… 크게 놀라거나 그런건 없었어요. (사례 53, 20대 여성, 2010년 탈북, 함경북도)

사례 29는 남한 영화를 보면서 '누구나 다 잘산다'는 생각은 하지 않았다. 어느 나라 내에서도 잘사는 사람, 못사는 사람이 있다는 인식이었다. 분명한 것은 남한이 북한과는 전반적으로 다르다는 것인데, 무엇보다 자유와 인권의 차이를 느꼈다고 한다. 북한에서는 거주 이전, 이동의 자유가 없어 허가를 받고 다녀야 하는 것이 인권유린이라는 생각을 했다고 한다.

남한이 뭐 누구나 다 잘산다 이런 생각은 안 했어요. 그 나라도 어디까지나 사람이 살아가는 방식은 다르기 때문에 잘 사는 집은 잘 사는 집, 못 사는 집은 못 살겠지 생각은 했어요. 근데 드라마를 보면서 전반적인 흐름이 북한하고 다르겠다는 판단을 느꼈어요. 북한은 사람이 우선 자유가 없다는 것이에요. 자유가 없고 인권이 많이 유린당하는구나 생각했어요. 우리 북한은 어디를 가제도 마음대로 못 다녀요, 증명서를 받아야 되고 승인을 받아야 되고 인민반조직 도장을 받고 또 도착하면은 도착 보고를 그게 얼마나 피곤한지 몰라요. 그리고 24시간이라는 그 공간을 자기 것으로 활용을 못 해요. 북한에서는 다 조직이고… 근데 드라마 보면 정말 자유롭게 다니잖아요. **(사례 29, 30대 여성, 2009년 탈북, 함경북도)**

사례 30도 영화의 내용과 실제 남한에 와서 차이가 없다고 인식한다. 앞서 사례 29와 마찬가지로 남북한의 근본적인 차이가 자기가 가고 싶은 곳을 마음대로 갈 수 있는 자유라고 말한다. 북한에서 남한 영상물을 통해 남한의 경제 발전상을 인지했는데 남한에 와서 보니 실제로 남한이 잘 살고 있기 때문에 그 차이를 느끼지 않는다고 했다. 무엇보다 영화 〈귀공자〉를 보면 "생수를 가정마다 배달해 주는 장면"이 있는데 그 장면으로 남한이 발전했다는 사실을 인지했다고 한다. "전기 걱정, 물 걱정, 쌀 걱정"인 북한과 비교하면 너무나 다른 모습이었다.

영화하고 차이가 없단 말입니다. 크게 없단 말입니다. 실제적으로 없단 말입니다 여기는 개인이 회사를 운영하기 때문에 이게 개인 노동자와 개인 회사 사장하고 보상 관계에 의해서 폭동도 일어나고 파업도 일어나고 이런 건 자본주의 사회니깐 있을 수 있다, 이거지… 보기만 했지 실제 모르잖아요. 그러니깐 그 나라가 정말 잘 사는 나

라구나… 이렇게 마음에 그런 마음이 있었어요. 북한에 있던 사람이
이 사회에 들어와 보니깐 사람들이 모두 자유롭단 말이야… 구속을
안 받거든… 어찌 구속을 안 받는가… 북한에서는 단속이 사람들을
못 살게 굴지… 초소에서 검열하지… 평양을 마음대로 못 가는데…
여기서는 제 마음대로 서울에서 나가고 싶음 나가고 들어오고 싶음
들어오고 이게 제일 대조적이란 말이에요. 또 북한에서는 전기 걱
정, 물 걱정, 쌀 걱정하는데 드라마 보면 24시간 전기 안 나가고 물
안 나가고…〈귀공자〉보면서 물을 공급해주는 생수를 운반하는 그
런 기업체가 있어서 그걸 날라다가 그걸 자체를 놓고 보면 아차 저
게 우리 사회하고 너무나 다르구나 우리는 여기서 수돗물 먹다가 없
으면 퍼다 먹어야 되요. 겨울에는 압록강 물도 힘들어요. 서민들이
정말 할 게 없으면 자기 집에 딸딸이(수레)만 하나만 있으면 여름이
고 겨울이고 물을 긷는단 말이에요. 우리 하고 너무 너무 차이나는
거에요. **(사례 30, 60대 남성, 2010년 탈북, 양강도)**

사례 44도 영상물과 남한의 실제 생활이 별달리 다를 것이 없다는
생각이다. 남한 영상물은 '숨기는 게' 없이 실생활을 그대로 보여준
다. 그래서 남한에 입국해 생활하면서도 '별로 다른 건 없는거' 같았
다. 드라마에서는 서민들의 삶보다 '고위계층'들의 삶을 더 많이 다룬
다는 점만 실제와 다르다면 다르다고 인식했다.

여기는 숨기는게 없더라구요, 있는 그대로 다 보여주니까… 북한은
영화나 드라마 만들때 전부 다 선전하는 용으로 하잖아요. 다 김일
성 김정일 선전하는 걸로 만드는데… 여긴 그런게 없고 실생활 그대
로 보여주는 거 같아요. 처음에 드라마 볼 땐 되게 신기했어요, 너
무 잘 살고… 별로 다른건 없는거 같아요. 아, 조금 다른게, 드라마

엔 고위계층이 많이 나오잖아요. 서민들 사는 거 보단 고위 계층을 많이 보여주는거… **(사례 44, 30대 남성, 2004년 탈북, 함경북도)**

사례 45도 북한에서 시청한 남한 영상물이 실제 남한에서의 삶과 크게 다를 바 없다는 생각이었다. 현재 '영세민 임대' 아파트에 살지만 이 정도 주택이면 북한에서 '도당 간부집' 급이라고 말한다. '나는 이런 집에서 산다!'라고 북한에다 대놓고 자랑하고 싶을 정도다.

아뇨, 비슷하구나… 와서 보니까 드라마랑 비슷하네… 거기서는 진짜 이해가 안됐는데 여기 오니까… 솔직히 말해서 내가 여기서 사는 집도 북한에서 말하면 도당 간부쯤? 그런 사람들이 이런 집에서 사는 거거든요. 그래서 나는 항상 북한에다가 대놓고 자랑하고 싶어요. 이렇게 나는 좋은 집에서 산다! 비록 나는 여기 와서 영세민 임대에서 살지만 북한에 갖다 대면 도당 간부집이죠. **(사례 45, 40대 여성, 2005년 탈북, 함경북도)**

▶▶ 직접 남한에 와서 보니 다르다

위의 사례들과 달리 북한에서 본 남한 영상물의 내용과 실제 남한에 와서 경험하게 되는 남한은 많은 차이가 있다는 증언들도 있었다.

사례 32의 경우는 북한에서 영상으로 본 남한 보다 직접 본 남한이 '엄청 발전'했다고 느낀다. 컴퓨터 활용을 비롯한 정보화와 경제적 발전상이 영상에서 보고 믿었던 남한의 모습 보다 더 크게 느껴졌다고 한다. 북한에서는 '동영상으로 좀 좋은 것만 내보내지 않나'하는 '의혹'이 있었기에 남한의 발전상을 평가절하 했다고 한다.

차이가 있죠. 동영상으로 본 한국보다 엄청 발전한 거잖아요. 제가 봤을 때 엄청 컴퓨터도 엄청… 북한에서 봤던 한국하고 여기와서 본 한국하고 실제 여기와서 본 게 엄청 더 발전 했다는 그것이 지금도 느끼고 있어요. 그때는 제 친구들이나 영화을 봤을 때 아 저것이 실제적인가 좀 잘 된것만 나오잖아요. 동영상으로 좀 좋은 것만 내보내지 않나 이런 의혹도 좀 있었어요. 그렇지만 많은 동영상을 보면서 아 잘 사는 구나 이런 것을 느꼈거든요. 여기와서 보니깐 완전 그것보다 더 잘 사는 것 같아요. (사례 32, 10대 남성, 2010년 탈북, 함경북도)

더 발전된 부분이 많다는 것을 알게 되다

사례 38 역시 북한에서 시청한 영상물의 모습보다 오히려 더 발전한 남한의 실상을 보게 된 경우다. 특히 인터넷, 교통 카드 등 정보화면에서 '너무도 발전한' 남한의 모습을 실제로 경험했다. 북한에서 시청한 남한 영화나 드라마에서 신용카드나 현금카드로 은행에서 돈을 인출하는 장면도 떠올렸다. 그런 장면을 보면서 카드의 사용방법을 어렴풋이 알기는 했지만 구체적으로 어떻게 사용하는지는 알지 못했다. 드라마를 볼 때는 몰랐는데 실제로 자신이 남한에 와서 카드 하나로 모든 것을 다 이용할 수 있고 인터넷을 사용하면서 남한의 발전을 직접 느끼고 있다.

드라마와 차이가 첫째로 더 발전 된 부분이 많다는 것을 알았어요. 여러 가지 측면에서… 인터넷 같은것도 그건 너무도 발전 한 것 같고요. 그 다음에 카드가 이거 뭐 하나가지고 다 쓰잖아요. 전철, 버스 탈 때 드라마 보고도 그런 건 몰랐는데 너무 잘 돼있는거에요.

(사례 38, 40대 남성, 2009년 탈북, 평양시)

사례 36도 북한에서 영상물을 통해 인식한 남한의 발전보다 오히려 남한에 와서 실제로 경험한 남한이 더 발전했음을 느낀 경우다. 특히, 그는 영상물을 통해 월급을 받는 장면을 봤는데 실제로 자기가 남한에 와서 일을 하고 월급을 받아 보니 남북한 차이가 "하늘과 땅만큼" 실감됐다.

근데 여기 와보니깐 하늘과 땅 차이죠. 진짜 다릅니다. 북한에서는 딱 갇힌데서 저는 이런 사회경험이 없어요. 군복무 하고 바로 오다나니깐… 사회경험이 없다 나니깐… 여기서 내가 열심히 일 한만큼 들어오고 또 내가 마음껏 쓸수 있고… 그런데 북한은 아무리 벌어도 서로 눈치 보면서 써야되거든요. 제가 남한에 제일 처음에 와서 느낀 것은 일해서 한달 월급받는게 너무 신기한거에요. 북한은 그런게 없거든요. 직장에 출근하고 막 이렇게 이래 봤자… **(사례 36, 30대 남성, 2006년 탈북, 황해북도)**

사례 38은 북한에서 라디오 청취나 드라마 시청으로 남한에 외국인들이 많이 거주하고 있다는 소식도 접했다. 남한에 와서 접해보니 '정말 다문화' 사회로 들어와 있다는 것을 실감하게 된다.

보고도 몰랐어요… 다문화 가족과 한국에 와있는 외국인들에 대한 그런게 영화에서 나오고 라디오를 들으면서 알았지만 엄청나게 많이 들어 와있고, 정말 다문화 이제 와서 정말 뭐라고 해야합니까. 그 차이가 있었고요. **(사례 38, 40대 남성, 2009년 탈북, 평양시)**

한심한 집들도 많고

영상물을 통해 남한의 발전상을 인식했지만 실제로 남한에 와보니 모두가 잘 사는 것이 아니고 빈부격차가 심하다는 것에 실망하는 사례도 있었다. 사례 41은 남한 영상물에서 본 화려한 집들을 보고 남한 집들은 다 저런 줄 알았다. 남한에 와보니 '지하 사는 사람', '셋집', '임대아파트'에 사는 사람도 있다는 것을 알게 됐다. 그의 표현대로라면 "TV하고는 좀 많이 다르구나" 했다.

TV하고는 좀 많이 다르구나⋯ 저는 TV랑 똑같은 줄 알았어요. 다 저런 좋은 집에서 사는 줄 알았고⋯ 그런데 여기 와보니까 지하사는 사람도 있고 셋집도 있고 임대아파트도 있고⋯ 제일 다른 점은 집인 것 같아요. 다 그런 집에 사는 줄 알았는데 그게 아니니까. **(사례 41, 30대 여성, 2005년 탈북, 함경북도)**

사례 43도 북한에서 남한 영상물로 남한을 들여다볼 때는 '좋은집에서 살고 다 저렇게 화려하게 사는 줄' 알았다. 직접 남한에 와 보니 '한심한 집'들이 많아 '한국에 저런 집도 있네?' 어리둥절해졌다.

차이가 있어요. 북한에서 봤을 땐, 남한은 전부다 그렇게 좋은 집에서 살고 다 저렇게 화려하게 사는 줄 알았거든요. 근데 와서 보니까 한심한 집들도 많고⋯ 한국에 저런 집도 있네? 하는 생각도 했어요. **(사례 43, 20대 여성, 2008년 탈북, 함경북도)**

'여기서도 못사는 사람이 있다'

사례 55는 남한에 와 보니 '여기서도 못사는 사람이 있다'는 것을 알게 됐다. 전철 안에서 구걸하는 사람을 보면서 어디가서 한시간만 일해도 5천원은 주는데 뭐하러 구걸하는지 이상하고 이해가되지 않았다.

여기 와서 느낀건, 여기도 못사는 사람이 있다는거에요. 전철 안에서 구걸하는 사람들 보고… 참 이상한 사람들인거 같아요. 왜 여기서는 다 노력하면, 어디가서 한시간만 일해도 5천원은 주는데 뭐하러 전철타고 다니면서 구걸하는지… 가서 일하면 한시간에 5천원도 주잖아요… 그게 참 이상하더라구요. 네, 약간 이해가 안되더라구요. **(사례 55, 50대 남성, 2011년 탈북, 평안남도)**

사례 47은 남한의 '빈부격차가 참 많은 거'를 지적했다. 북한에서 시청한 영화와 차이를 느끼는 부분이다. 그러나 '팬티 한 장 못입고 왔는데' 정부에서 집을 줘서 너무 고맙다는 생각에 남한의 빈부격차에 대해 부각시켜 말하지는 않았다.

우리 북한에서 소설이나 영화는 어디까지나 당을 위해, 그런 주제로 영화를 만들어요. 나라를 지키고 당을 지키고 당과 수령을 위해 목숨을 바치는, 그런 영화… 연애 영화라는게 별로 없어요. 근데 여기는 거의 다 연애 드라마더라구요. 그래서… 북한 영화를 볼때하고 비교해서 여기는 참 태평하다고 해야 하나. 좀 태평하고… 근데 북한 영화라는게 사람을 고도로 예민하게 한단 말이에요. 남한은 편안한 드라마, 행복한 드라마인데, 북한은 항상 힘든 일에 앞장서라고 선동하고… (다시 한번 질문) 네, 비슷한 거 같아요. (차이점은 없는 것 같은지?) 다른건 좀 있긴 합디다. 우리는 정부에서 이런 집이라도 줘서 얼마나 고

마워요. 솔직히 말해 우리는 팬티 한 장 못 입고 왔는데, 여기 와서 옷 입고 이렇게 사는 것만 해도 감사히 생각하는데… 근데 어떤 한국 사람들은 못사는 사람 많잖아요. 빈부격차가 참 많은거… 그런게 영화보다 많이 느껴집디다. (사례 47, 70대 여성, 2007년 탈북, 양강도)

사례 90은 남한 공항에 처음 입국했을 당시 '환상'을 가지고 있었다. 영화를 볼 때 남한은 '좀 더 멋있는' 곳이었다. 그런데 아파트 현관 앞 쌓여있는 쓰레기, 시골길을 보면서 '더러운 곳'도 있다는 생각을 했었다.

영화에서 비춰진 것 본것 보다 좀 그랬던 건 있었어요. 거기서 영화를 볼때는 좀더 멋있었는데 처음에 공항에 왔을 때는 그런 환상을 가지고 있었는데요 뭐 시골길이라던지 그 아파트 현관같은 쓰레기 있는 것 보면서 이런 더러운 것도 있네 이런 생각도 가지고 처음 한국에 왔을 때는 그런 차이를 느끼지를 못 했으니깐 멍 하고 있었으니깐 그런 걸 잘 몰랐죠. (사례 90, 20대 여성, 2006년 탈북, 평안남도)

정작 와보니까 좀 다르지… 욕망이 생활수준 차이로

사례 49가 드라마로 보던 남한과 탈북 후 남한에 직접 와서 경험한 남한은 '엄청 차이'가 났다. 드라마에 나오는 멋있는 집들… 남한에 가면 그렇게 살 수 있을 것 같았다. 하지만 드라마에 등장하는 집들은 너무 먼 곳에 있는 사람들의 집이었다. 사례 49뿐만 아니라 남한 드라마, 영화에서 그리고 있는 집들을 보고 '나도 저렇게 멋있는 데서 한번 살아보리라' 결심하는 사람이 한둘이 아닐 것이라 했다. 남한 영상물의 집들은 사람이 한번 태어나서 저런데서 살아보리라 하는 '욕망'을 생동하게 했다. 그러나 남한에 와 보니 너무 다르다는 생활 수준 격차를 실감하게 된다.

> 환상이 많죠. 와 저런 곳 가면 집도 저렇게 멋있게 해놓고 살겠구나 (웃음). 근데 정작 와보니까 좀 다르지(웃음). 생활수준이 엄청 차이가 나잖아요(웃음). 드라마 나오는 집들이 보통 집이 아니잖아요. (웃음) 사람들이, 드라마 보고 남한 온 사람들도 많이 있어요. 저렇게 멋있는데서 나도 한번 살아보리라 하고 온 사람들도 많아요. 근데 와서 보면 너무 다르다는걸 또 느끼고. (드라마 보던 당시엔 어떤 느낌이었는지?) 한국의 발전속도, 경제… 사람이 한번 태어나서 저런데서 살고 싶다는 욕망이 있는거지. (드라마 보기 전에도 남한이 잘 산다는걸 알았다고 했는데, 드라마 본 이후에 그런 욕망이 더 강해졌는지?) 그렇지. 더 생동하지… **(사례 49, 30대 여성, 2009년 탈북, 양강도)**

사례 48도 영화는 영화라는 생각이다. 영화에서 보여준 '상상의 세계'가 현실과 당연히 차이가 있으려니 하고 있었다.

> 저는 그냥 뭐 영화라고 봤으니까요. 어느 나라든 영화는 똑같으니까. 그래서 그렇게 본거죠 뭐. 큰 차이점은 뭐… **(사례 48, 30대 남성, 2010년 탈북, 양강도)**

사례 49는 어차피 영화는 '10년 앞을 내다보고 찍은 것'이기 때문에 현실보다는 더 좋게 묘사될 수밖에 없다는 생각이다. 남한에 와서 판자촌, 역전 노숙자를 보면서도 '자본주의라고 해서 사람이 다 잘 살

수는 없는 거고, 사회주의는 더 말할 것도 없다'며 영상과 현실의 차이를 인정하고 있다.

북한도 영화나 예술같은건 본보기로 보여주는 거잖아요. 그래서 10년 앞을 내다보고 찍은거라고, 다 그렇게 생각해요. 그렇게 생각하면 뭐… 예술이라는게 다 10년 앞을 내다보고 찍은거고… 현실은 아무래도… 그렇게 느끼는거죠. (좀더 구체적으로 말한다면?) 다른 건… 영화에서 본 그대로 아니잖아요. 집도… TV랑 뉴스 보면 판자촌도 나오잖아요. 역전에 사는 노숙자… 어느 나라 다 같겠죠. 자본주의라고 해서 사람이 다 잘 살수는 없는거고. 사회주의는 더 말할 것도 없고, 사회주의라는거 자체가… **(사례 49, 30대 여성, 2009년 탈북, 양강도)**

열심히 일해서 사는구나

사례 50은 북한에서 남한에 대해 '그저 못사는 나라, 헐벗고 굶주리고 그런 나라'로 교육 받았었다. 남한 드라마를 통해 본 '현실'은 전혀 아니었다. 남한 드라마 시청을 통제하는 것이 '발전된 나라 모습들을 보지 못하게' 하려는 것이다 생각하게 됐다. 남한에 직접 와보니 발전되고 잘사는 모습 뒤에 있는 세금, 관리비 등등 나가야하는 비용이 만만치 않다는 것을 알게 됐다. 잘살려면 그만큼 열심히 일해야 한다는 것도 깨닫게 됐다.

우리 어릴때는요. 남한이 어땠는지 모르고 그저 못사는 나라, 헐벗고 굶주리고, 그런 나라로 교육을 받거든요. 근데 자라면서 드라마도 보고 하니까, 현실은 그게 전혀 아니고… 그래서 '아, 현실이 아니니까 이런걸 보는걸 통제를 하는구나' 싶은거죠. 거기 물이 들을까봐. 그래서 김정일이 저렇게 통제를 하는구나 알겠더라구요. 발전된 나라 모습들을 보지 못하게. 그냥 뭐 드라마를 볼때는… 다 발전되고 다 잘살고… 근데 여기 와보니 본인이 열심히 살아야 잘 살잖아요. 열심히 하지 않으면, 이 사회는 세금이 비싸잖아요, 첫째. 그러니까 열심히 일 해서 사는구나… 그런걸 느끼는거지. **(사례 50, 20대 여성, 2010년 탈북, 함경북도)**

'환상'에서 '수수'로

북한에서 사례 50의 머릿속에 '환상적'으로 그려지던 남한의 모습은 실제 와 보니 '수수하다'로 바뀌었다. 빈부격차가 있지만 '부자든 가난한 사람이든' 별다른 차이 없이 '열심히 살면 가질 것 가지고 살 수 있다'는 것도 북한과 다른 남한의 모습이다. 남한은 핸드폰이나 가전제품을 가난한 사람도 가질 수 있지만 북한은 전화 하나 놓고 싶어도 그럴 수 없는 현실이다.

거기서는 정말 환상적으로 생각하고 그랬는데… 근데 와보니까 수수하고 그래요. 사람 사는데서 차이는 별로 없는거 같은데. 근데 다만 자유가 있고… 여긴 편견이 없이… 가난한 사람도 자기만 열심히 살면 가질거 가지고 살수 있는거. 북한에선 집전화 하나 놓고 싶어도, 돈이 웬만큼 많지 않으면 집전화를 못 놔요. 그리고 냉장고, 가전제품… 이런건 못 사요. 근데 여기 와보니까 부자든 가난한 사람이든 그런거 별로 차이 없이 있을 건 다 있잖아요. 핸드폰도 가난해도 다 있고. 가난해도 남이 가진 가전제품 다 있고. 그런게 좋아요. 북한은 그런게 참… 전화 하나 놓고 싶어도 너무나도 가격이 비싸요. **(사례 50, 20대 여성, 2010년 탈북, 함경북도)**

직접 와보니 법이 너무 단단한 남한

북한에 있을 때 남한 뉴스를 보고 나름대로 분석했던 사례도 있다. '왜 한국은 나쁜 것만 보여줄까' 북한에 있을 때 남한은 조폭이 활개치고 험악한 곳으로 생각됐다. 경제는 발전했지만 자본주의라 불법이 횡행한 곳이라 보았다. 하지만 남한에 와보니 생각보다 '법이 너무 단단한' 곳이라 생각된다.

저는 한국 뉴스나 그런 것을 많이 분석했거든요. 지금 들어와서 저는 그래요. 왜 한국은 나쁜 것만을 왜 보여주는가? 우리 사회의 아름다운 모습이 많은데, 그걸 안 보여주니깐 남한 사회는 조폭이 활기 치고, 험악한 모습인 줄로만 알았어요. 거기서 남한은 발전 됐지만 자본사회니깐 불법 판치고 그런 줄 알았는데, 실제로 와서 보니깐 법이 너무 단단한거에요. 치안이 잘 되있고… **(사례 3, 20대 남성, 2010년 탈북, 함경북도)**

예의도덕이 밝고, 다 자기 집인줄 알았는데

남한사회가 북한에서 시청한 영상물 내용에서보다 예의가 밝지 않다는 의견들도 볼 수 있었다. 하지만 그러면서도 아무래도 남한사람들이 북한사람보다는 '유순'하다는 생각이다. 사례 51은 북한에서는 전철을 타도 '늙은이들이 타든가 말든가 양보를 안해주는데', '여기는 노인들 좌석도 있고 늙은이들이 타면 여기 앉으라고' 하는 면만 봐도 너무나 남북한의 '생활습성'이 다르다고 생각된다. 여기서 살려면 '내 마음부터 누그리고 많이 배우고 도덕을 많이 배워서 예의를 갖춰야겠다'는 생각이 든다고 한다.

사례 52는 북한에서 시청한 남한 영상물에 등장한 인물들이 '늙은이에 대한 예의도덕이 밝다'는 것으로 떠올렸었다. 그런데 실제 남한에 와 보니 그렇지 않다는 실망스러움을 드러냈다. 또 한가지는 남한사람들이 모두 자기 소유 집을 가지고 있는 줄 알았다. 하지만 있는 사람은 집이 몇 채나 되지만 없는 사람들은 월세, 전세를 살고 있는 현실이 답답하다.

> 남한영상물과 실제 남한에 와서 생활했을때 차이점이 있다면… 글쎄, 어쨌든… 드라마에선 봉건이 심하고 예의도덕이 밝고… 그러니까 젊은 사람들이 늙은이에 대한 예의도덕이 밝고 그런걸 드라마에서 많이 봤는데, 실제로 와보니까 그렇진 않은거 같아. (또 다른 점은?) 그리고 나는 여기가 다 자기네 집인줄 알았지. 한국사람들 다 자기 집인줄 알았지. 우리 북한에선 다 국가에서 집을 지정하니까 다 자기집인데, 여긴 집 있는 사람은 집이 몇 개씩 되고, 없는 사람들은 월세 전세 살잖아요. 그런게 답답해요. (사례 52, 50대 여성, 2010년 탈북, 평안남도)

오히려 살만한 곳

사례 61은 오히려 북한에서 시청한 남한 영화에서 남한 사회가 너무 못사는 것으로 다뤄졌었는데, 실제 남한에 와보니 살만한 곳이라는 생각을 하게 된다.

유리구두에서는 거기에서는 영화가 영 완전히 못 사는 걸로 나왔는데 현실로 여기와서 보면 너무 잘 사는걸로 나와가지고 고저 공짜로 주는걸로만 나오거든요. 우리 현실로 봐도 공짜로 가지는게 많거든요. 근데 드라마에서는 그런게 전혀 없거든요. 거기서 좀 차이점이 있는 것 같아요. (사례 61, 30대 여성, 2008년 탈북, 양강도)

03 한류, 현재진행형의 통일이야기

북한 내에 불고 있는 한류는 분명 간과할 수 없는 사회변화의 흐름이 되고 있다. 북한의 한류(남조선 날라리풍)는 과연 통일의 바람으로까지 확산될 수 있을까. 우리는 면접자들에게 남한 영상물의 유입 및 확산이 통일에 어떠한 영향을 미칠 것으로 보느냐고 질문했다. 한류는 과연 북한 주민들에게 통일에 대해 희망적인 메시지를 전하고 있을까.

▶▶ 통일에 대한 희망

우리가 만난 북한이탈주민 중 많은 사례들이 남한 영상물이 남북한 통일에 의미있는 영향을 미칠 것으로 보고 있었다. 무엇보다 남한과 북한 실상을 알 수 있는 기회가 된다는 점에서였다. 남한 영상물을 한두 번 접한 사람은 영상물의 내용을 믿지 못하기도 했지만, 시청이 반복되면서 북한 당국의 교육·선전과 남한의 실상에 차이가 있음을 점점 더 사실로 인지해 갔다.

사례 49는 지금도 북한에서는 헐벗고 굶주린 남녘 동포를 구하자며 '뛰뛰빵빵 내동생' 구제하러 가자는 노래를 부른다고 했다. 그러나 남한 영화, 드라마를 통해서 남한의 발전상을 간접적이나마 경험하게 되고, 남한 사람이 "자본주의 사회에서 자기만 아는 이기적 인간"이 아님을 인지하게 된다.

> 영향을 많이 미치죠. 북한에서 교육하는게 그래요. 아이들 교육하는 것도 '뛰뛰빵빵 내 동생' 그런건 헐벗고 굶주린 남녘동포들을 구제하러 간데요, 그렇게 교육해요. 지금도 그래요. 남한이라고 하면 옛날 못사는 것처럼··· 근데 이런 드라마 통해서 이제는 남한 사회에 대해 많이 알고 있죠. 이제는 많이 알게 됐죠. 우리가 정말 못사는구나··· 이제는 다 알고 있다고 봐야지. 드라마 영향 크죠. 남한 사회를 접할 수 있는 수단이 드라마 밖에 없으니까. 그런데서 영향을 많이 받는거죠. **(사례 49, 30대 남성, 2009년 탈북, 양강도)**

남한체제와 사람, 그리고 북한에 대한 새로운 사실의 인지라는 점에서 사례 49는 남한 영상물의 북한 유입이 통일에 긍정적인 영향을 미칠 것이라고 말한다.

> 아무래도 그런 알이 많이 들어가면 영향을 미치지, 영향이 있죠. 아무래도 거짓말도 열 번하면 진짜처럼 들리는 것처럼··· 안보는 것보

다 낫겠죠. 그런걸 내 놓는게… 통일이 됐으면 좋겠다, 그러는거죠. 좋은 영향이 있죠. **(사례 49, 30대 남성, 2009년 탈북, 양강도)**

통일 시계를 앞당기다

사례 90은 남한 영상물이 '통일의 시간'을 앞당길 수 있다는 은유적 표현을 덧붙였다. 남한 영상물을 시청하면서 처음에는 북한의 생활 현실에 불만을 갖게 되고, 그 다음에 북한 당국의 시책을 외면하게 되는 의식 변화의 수순을 거치게 된다고 했다. 현재 북한 주민들의 상태가 "나는 나대로 살겠다"는 생각이 보편적이라고도 인식하고 있었다. 과연 그의 말대로 남한 영상물은 통일의 시간을 단축시켜 줄 수 있을까.

그만큼 통일의 시간을 앞당기겠죠. 처음에는 불만을 갖게 되고, 그 다음에는 정부 시책을 외면하겠죠. 그러다가 나는 나대로 살아가겠다는 생각이 지금 보편적이에요. 그런 생각을 갖게 된게 한국 영상물들 영향이 크다고 생각합니다. 정말 실질적으로… 우선 제가 그런 사례인거죠. 단계적으로 통일을 많이 당길 수 있을 것 같아요. **(사례 90, 20대 여성, 2006년 탈북, 평안남도)**

사례 41은 남한 영상물을 시청하면서 '잘살고 싶으니까' 통일이 돼야 한다고 생각하게 됐다. 원래도 남한 사람보다 북한 사람이 더 '통일은 반드시 해야 한다'고 생각한다는 것이다. 남한 영화, 드라마를 시청하면서 잘 살려면 빨리 통일이 되어야한다는 생각이 더 간절해졌다고 말한다.

통일에 영향을 미치겠죠. 첫째는 잘살고 싶으니까… 통일이 돼야 한다고 생각하죠. 저희도 그랬어요. 빨리 통일됐음 좋겠다고. 북한은 북한 나름대로 통일해야 한다, 해야 한다 그러잖아요. 통일은 반드시 해야 한다는건 다 알아요. 여기 사람들보다 진짜 더 간절히 원해요. 여기 사람들은 안그런거 같은데… 드라마를 보면 더 빨리 통일됐으면 하고 간절해지죠. 여기 오니까 더 간절해지고… **(사례 41, 30대 여성, 2005년 탈북, 함경북도)**

사례 42 역시 남한 영상물 시청을 통해 '북한도 한국처럼 저렇게 잘살았으면 좋겠다'는 생각을 하게 되고 그 생각은 남북한 통일에 대한 염원을 키울 것으로 생각했다. '한 하늘 아래에서 사는데 (남북한이) 너무나 다르니까'라며 남북한을 비교하게 된다는 것을 무엇보다 중요한 미디어의 영향으로 꼽았다. 드러내놓고 남북한을 비교할 수는 없어도 '우린 쌀밥도 못먹고…'라는 생각이 남한 영상물에서의 남한상과 대조되며 각인된다는 것이다.

영향이 크게 있죠. 90년대 후반에도 사람들 입에서 한국 얘기가 나왔는데… 뭔가 보고 듣고 하니까 조금씩 영향을 받는거죠. 체제에 반항도 하고 그러는거죠. 한 하늘 아래에서 사는데 너무나 다르니까… 우린 쌀밥도 못먹고 그러는데, 그런걸 영향을 많이 받죠. 드러내놓고 그러진 못해도, 그렇게 됐으면 하는 바램이 있는거고… 북한도 한국처럼 저렇게 잘살았으면 좋겠다… 그런거 보면 영향을 미칠거 같아요. (사례 42, 40대 여성, 2004년 탈북, 함경북도)

▶▶ 앞서 경험하는 남한사회

분단 60여년의 시간이 지나면서 남북한 간의 문화적 격차와 이질감 문제가 통합의 장애요인이 될 것이라는 지적이 많다. 실제로 남한에 입국한 북한이탈주민들이 남한의 일상생활 가운데서 문화적 차이에 따른 어려움을 호소하기도 하는 것을 보면 통일 과정에서 남북한 주민들의 생활, 그리고 문화적 격차와 이질감은 중요한 문제가 아닐 수 없다. 그런데 북한 주민들이 간접적이나마 자신들과는 다른 남한의 문화를 경험하게 된다면 어떻게 될까. 아마도 최소한 남한 생활이 그리 낯선 모습으로만 다가오지는 않을 것이다.

다른 문화다 하는 감을 별로 못 느꼈어요

사례 16은 남한에 입국해 하나원에서 교육을 받으면서도 남한 생활에 대한 별다른 이질감을 느끼지 않았다. 교육 받을 때뿐만이 아니다. 하나원에서 나와 거주지에 편입되면서 자신이 살 집을 찾아 나섰는데 혼자 지하철을 타고 아파트 동호수를 찾아갈 정도였다. 당연한 듯 보이는 내용이지만 사례 16이 북한에서 아파트 생활, 그리고 엘리베이터를 타보지 못했던 점을 생각하면 한번쯤 갸우뚱하게 된다. 바로 북한에서 시청했던 남한 영상물에서 지하철과 아파트 엘리베이터를 타고 호수가 매겨진 집에 들어가는 장면을 간접 체험한 결과였다. 하나원에서 나온 이후부터 혼자 다닐 수 있었던 것은 북한에서 남한 영상물을 통해 경험한 남한 사회에 대한 학습 결과라는 사례 16의 이야기이다.

저는 한국에 와서 하나원 교육받으면서도 그렇고 별로 이질감을, 다른 문화다 하는 감을 별로 안 느꼈어요. 하나원 퇴소할 때 집이 안 나왔거든요. 저를 데리러 오지도 않았어요. 저 혼자서 지하철을 타고 간거에요. 지하철 못타봤거든요. 7주 8주때 였는데 저 혼자서 아파트 찾아갔어요. 엘리베이터타서 실수 한것은 뭐냐면 짝수 홀수층 가려보지 못했을 뿐이지 하나원 첫날에 지금까지 혼자 사는 것 같아요. 고것을 보는게 뭐냐면 드라마 속에서 본거에요. 북한과 중국에 있을때 드라마 보면서 이게 이런게 있구나. 여기는 실질적으로 보여 주잖아요. 아파트 올라가는 것부터 시작해서 택시타는거… 그런데 택시 타는것부터 시작해서 본 그대로 했다니까요. **(사례 16, 30대 남성, 2006년 탈북, 함경북도)**

▶▶ **북한사람의 마음과 생각을 훔치다.**

보지 말라고 하면 더 보고

사례 54는 북한 주민들이 남한 영상물을 통해 북한 당국의 거짓 선전을 인지하는 정도뿐만 아니라, 행동에서도 미약하게 나마 저항하는 모습으로 이어지고 있다고 했다. 즉, 국가가 통제하면 할수록 더 반대로 행한다.

북한에서 그런걸 황색 바람이라고 그래요. 날라리풍이라고, 날라리. 일하기 싫어하고 오직 사랑만… 그런걸 황색바람이라고. 정권에 틀이 매여서 사랑도 모르고, 자유도 모르고 살잖아요. 근데 저기는 자유잖아요. 모든 사생활이 자유잖아요. 그러니까 사람들 사이에 불신이 생기죠. '내가 왜 너 오라는대로 와야 돼?' '나도 내 일 하고 봐야지' 이렇게 사람들이 불신이 생기잖아요. 자꾸 자유를 가지려고 하잖아요. 그럼 국가가 통제하기 힘든거지. 그거를 그래서 시범으로… 그 시범이란게 뭐냐면, 열명이면 열명을 다 잡을 수 없잖아요. 그 열명 중에 토대가 나쁘고 눈에 띄는 사람을 공개 처형한다든가, 공개적으로 감옥에 보낸다든가, 한 사람을 통해서 열 명을 교양하는 식으로. 근데 하지 말라면 더 하지. 가지 말라고 하면 더 가고, 보지 말라고 하면 더 보고. **(사례 54, 50대 여성, 2007년 탈북, 평안남도)**

남한은 정치를 잘하니까 잘사는 거고,
북한은 정치를 못하니까 못사는거고

사례 44는 남한은 정치를 잘 해서 잘 살고 북한은 정치를 못해서 못산다고 인식하고 있었다. 무엇보다 남한 영상물에서 보여지는 발전된 모습을 보면서 부러운 마음이 생긴다고 하는데 자동차를 보면 타고 싶고, 큰 집에서도 살고 싶고, 비행기도 타고 싶다는 생각이 들었다. 무엇보다 미리 북한 사람들의 생각이 바뀌면 통일이 된 후에 더 쉽게 다가갈 수 있다는 말이 의미있게 들렸다.

> 남한은 정치를 잘 하니까 저렇게 잘 사는거고, 북한은 정치를 못하니까 못사는거고… 남한이 안도와주는거 아니잖아요. 비료도 도와주고 쌀도 도와주고… 영화에서 자가용 타고 다니면 우리도 저런 자가용 타고 다니고 싶고 저런 큰 집에서 살고 싶고… 다 그렇죠. 북한은 비행기를 못 타봐요. 여긴 마음만 먹으면 다 탈 수 있잖아요. 미리 북한 사람들 생각이 바뀌면 통일이 된 후에도 되게 쉬워지지 않을까… 북한 사람들 생각이 서서히 바뀌면… **(사례 44, 30대 남성, 2004년 탈북, 함경북도)**

사례 45는 북한에 남한 영상물이 확산될 경우 '데모'도 할 수 있을 것으로 예상했다. 사례 45는 주체사상에서 '내운명의 주인은 누구도 아니고 내 자신'이기 때문에, 이러한 논리에 기반 해서라도 북한 내 외부 정보가 확산 될 경우 시위가 일어날 수 있다는 것이다.

> 우린 데모를 못하거든요. 데모를 했으면 여기처럼 다 돼죠. 근데 데모 자체를 못하게 하니까. 주모자를 다 잡아요. 통제하는게 그것 때문에 그러잖아요. 아마 북한에서도 세계 사정을 다 본다면 시위도 할 거에요. 데모도 할 거에요. 그런걸 보면… 황장엽이 그랬잖아요. 자기 혁명의 주인은 자기 자신이다. 그러니까 내 운명의 주인은 누구도 아니고 내 자신이니까 내가 데모 할 수도 있잖아요. 많이 퍼지

면, 너 나 없이 다 본다면. 그러니까 그걸 못보게 통제하는거죠. 북한이 만약에 다 본다면 데모도 할 거 같아요. **(사례 45, 40대 여성, 2005년 탈북, 함경북도)**

한국사람들이 나쁜 사람 아니다

사례 45는 아직까지 북한은 '사회주의가 최고'라고 생각하지만, '자본주의가 좋다'는 것을 이해할 수 있다면 사람들이 결집될 수 있을 것으로 보았다. 그리고 북한에서 자꾸만 '전쟁을 하자'고 하는데, 남한 영상물을 통해 '한국사람들이 나쁜 사람이 아니다'는 것을 알 수 있다면 전쟁에 대한 의지를 불식시킬 수 있으리라는 생각도 하고 있었다. 지금 북한에 있는 엄마와 전화연결이 되면 다른 어떤 말보다 "한국 사람들이 나쁜 사람이 아니다"라는 말을 해 주고 싶다고 한다.

나도 올때까지만 해도 사회주의가 최고라고 생각하거든요. 못 먹어도 김정일이가 좋다고 하니까. 근데 드라마가 많이 들어가고 사람들이 많이 이해를 하면, 자본주의가 좋다는걸 이해를 하면, 그리고 간부들도 이해를 하면… 이런거 다 보면 노조도 하고 데모도 할거라고 봐요. 북한에 있는 엄마랑 전화가 되면 빨리 말해주고 싶어요. 한국 사람들 나쁜 사람 아니라고… 저기서 자꾸 전쟁을 하자고 하잖아요. 남하고 싸워야지 왜 우리 사람들끼리 싸워야하겠어요. 나는 항상 전쟁하지 말고 평화통일 했으면 좋겠어요. 저쪽 사람들도 이런거 다 알면 전쟁 안하려고 하지. **(사례 45, 40대 여성, 2005년 탈북, 함경북도)**

사례 46도 남한 사람에 대한 인식이 바뀌는 과정을 증언했다. 북한에서 거주할 때 중국에 다녀가곤 했었다. 중국에 가기 전에 남한 사람에 대해 강습과 전시물 등으로 공포심을 갖게 되었다. 중국에 가서 한국 사람, 특히 기독교를 접하지 말라는 교육을 받았다. 성경책, 십자가 목걸이 등을 보면서 머리카락이 쭈뼛 설 정도로 무서웠다. 그래서 절대 중국에서 남한 사람을 만나지 않으리라 다짐하기도 했었다.

중국에 가서 한국사람이라고 하면 '막 기절하고' 옆에도 가지 않았다. 이정도로 남한 사람에 대한 배타심, 두려움까지도 가졌었지만 남한 영상물을 통해 조금씩이나마 그러한 마음들을 불식시킬 수 있었다고 한다. 사례 46은 남한 영상물이 북한 내에 퍼지게 될 경우 남한 사람에 대한 거부감을 줄일 수 있으리라 기대하고 있었다.

> 내가 중국을 많이 다녔었는데… 증명서를 떼서 중국을 몇 번 들락날락 했는데, 북한에서 강습을 해요. 절대 중국가서 한국 사람 만나지 말라고. 그리고 기독교 접하지 마라, 막 그런 강습을 해줘요. 그러면서 전시물들을 보여줘요. 사진 같은거, 성경책, 녹음기, 십자가 목걸이… 그런걸 보여주는데 머리카락이 쭈빗 서요. 무서워요. 그런거 보는 순간에 머리카락이 쫙… 나는 중국가서 절대 남한 사람 만나지 말아야지 그랬어요. 그래서 중국 갔을때 한국 사람 옆에도 안 갔어요. 왜 그랬는지 모르겠어요. 어쨌든 북한에서 세뇌교육을 그렇게 시켜놓다 보니까… 중국에서도 한국사람이라고 하면 막 기절하고 옆에도 안 갔어요. 어쨌든 저 사람을 만나면 안되겠다, 만나면 안되겠다… 북한에서 걸리면 안되니까. 그냥 나 자신을 위해서 안만난거지. 북한에 남한 영상물이 퍼지면 남한에 대한 거부감이 줄어들거에요. 훨씬 친근해지지. 많이 알게 되잖아요. **(사례 46, 여성 40대, 2007년 탈북, 함경북도)**

벌써 자유라는 걸 알잖아요.

　남한 영상물이 통일에 긍정적 영향을 미칠 수 있다고 보는 것은 북한 주민들이 자신들이 신봉했던 체제에 대한 불만을 느끼고 자유와 민주주의, 인권의 가치를 간접적이나마 경험함으로써 의식변화를 이끌어 낼 수 있기 때문이라는 사례도 있었다. 북한 주민들은 남한 영상물을 통해 자유를 경험하고 인지하게 된다는 것이다.
　사례 47은 자신이 2007년도에 북한을 떠날 당시 남한 영상물을 안 보는 사람이 없을 정도라고 했다. 심지어 도당 간부들도 문 걸어놓고 볼 정도라며 남한 영상물이 북한 변화에 미칠 영향을 기대하고 있다. 가장 큰 변화는 무엇보다 '벌써 자유라는 걸' 알게 되었다는 점이다.

> 변화시켰죠, 그럼요. 내가 2007년 11월에 떠났으니까… 그때까지만 해도 안보는 사람이 없었어요. 거의 다 봤어요. 심지어 도당 간부들도 문 걸어놓고 보는데… 거의 다 봐요. 벌써 자유라는 걸 알잖아요.
> **(사례 47, 70대 여성, 2007년 탈북, 양강도)**

　사례 52는 남한 영상물을 접하게 된 북한 주민들은 마음이 흔들리게 된다고 말한다. 사례 52는 남한 영상물이 북한 주민들의 생각을 변화시키는데 큰 영향력이 있을 것이라고 했다. 현재 '하바닥'으로 표현되는 북한의 하층민들은 차라리 전쟁이라도 나서 지금의 상황을 바꾸었으면 하는 마음까지 있다고 한다. 과거에는 국가가 무상으로 치료해 주고 교육도 했지만 지금은 오히려 학교가 학생들에게 돈을 너무 많이 요구해 차라리 부모들이 자녀들을 학교에 일부러 보내지 않을 정도라고 했다.
　국가에 대한 불만이 가득한 북한 주민들에게 남한 영상물에서 보이는 자유와 풍요는 분명 그들의 마음을 움직이는 주요한 동력이 됨을 부정할 수는 없을 것 같다.

아무래도 그런게 들어가면 사람들이 흔들리게 돼 있고… 이 밑에 백성들은 밑에서 그래요, '이까짓거 죽으면 죽고, 살면 살고, 빨리 전쟁이나 콱 해서 살 사람은 잘 살고 아니면 죽었으면 좋겠다'고 그래요. 밑에 사람들은 악밖에 안남았으니까. 그렇게 말을 한다구. 하바닥 평민들. 간부들은 좀 사니까 괜찮은데 서민들은 살기가 힘들단 말이지. 그러니까 그런 사람들은 그런말을 한다구. 국가 주머니에 돈이 없다보니 가서 치료 받아도 진찰이나 하고 그렇다 뿐이지 자기한테 필요한 약은 자기가 다 사서 써야 한단 말이에요. 그러니까 불만이 많고. 학교도 국가에서 대주는건 없고 학교는 운영돼야 하니까 학생들한테 계속 돈을 빨아댄단 말이에요. 그러니까 부모들이 학교를 안보내요. 그러니까 그런말을 하는거야. 아무래도 생활 수준이 향상됐으니까 그런 경제적 측면에서… 그리고 자유가 있으니까. 우린 말 한마디 못하잖아요. 말 잘 못하면 쥐도 새도 모르게 없어지니까 자유가 없단 말이죠. 말하고 싶어도 말을 못하고 참고 있어야 하니까 답답하지. 근데 여긴 자유가 많으니까 아무래도… (사례 52, 50대 여성, 2010년 탈북, 평안남도)

▶▶ **탈북, 생각에 행동을 보태다.**

거짓말 조금 보태면 절반은 드라마에 미쳐서 왔을 거예요

사례 46은 남한에 온 탈북자들의 탈북 동기를 '거짓말 조금 보태면 절반은 드라마에 미쳐서 왔을 거다'라고 말할 만큼 영향력이 큰 것으로 보았다. 그만큼 탈북은 물론 통일에 미칠 수 있는 남한 영상물의 영향을 간과할 수 없다는 입장이다. 남한 영상물을 통해 남북한을 대조하면서 '다 같은 사람인데, 우리도 한번 저렇게 잘 살아봤으면'하는 생각이 탈북을 야기하는 동기가 될 수 있다는 것이다.

사례 46은 구체적인 사례로 은행 이야기를 꺼냈다. 북한에도 은행이 있기는 하지만 은행 문 앞에도 가볼 수 없었다고 한다. 은행에 돈을 맡길수도 없고 맡겨도 찾을 수 없었다. 그런데 남한 사람들은 신용카드에 적금에… 자신이 가진 돈을 모을 수도 쓸 수도 있는 자유가 있다는 점이 부러웠다고 한다.

많이 끼치지. 정말 여기 탈북한 사람들 거짓말 조금 보태면 절반은 드라마에 미쳐서 왔을거에요. 그 정도로 영향이 많아. 한국하고 대비해보니까 북한이 얼마나 못사는 나라냐구요. 다 같은 사람인데, 같은 인간으로 태어나서 우리도 한번 저렇게 잘 살아봤으면… 그런 반감이 많죠. 북한엔 은행이라고 있긴 있어도 우린 단 한번도 은행 문 앞에도 못 가봤어요. 은행에 돈을 맡길수도 없고 맡겨도 찾을수도 없고… 근데 여기 와보니까 은행도 있고 신용카드도 긁잖아요. 그게 너무 희한하고… 그리고 차 많고. 북한은 사람이 차를 따라다니지, 근데 여기 오니까 차가 사람을 따라다녀. 아파트 와 보면 나무를 안때고… 정말 사람 살기가 편안하지. 잘 사는구나. 우린 하도 못사니까, 우린 못사는 나라니까 오직 잘사는 것 밖에 생각 못하지.
(사례 46, 여성 40대, 2007년 탈북, 함경북도)

▸▸ 직접 따라하는 청(소)년, 통일의 주역이 될 수 있을까?

많이 깨어 있는 10~20대

사례 43은 특히 10~20대들에게 미칠 영향을 주목했다. 10~20대는 이전 세대에 비해 '많이 깨어' 있다는 생각이다. 그들을 통해 나타날 미래 북한의 모습은 어떠한 방향으로 나아가고 있을지, 그리고 그들이 통일의 주역으로 부상할 수 있을지 생각하게 되는 대목이다.

영향을 많이 끼치죠. 젊은 층들이 많잖아요. 지금 3~40대는 한물갔고, 지금 자라는 10대 20대 애들은 아마 지금 남한 넘어오려고 하는 애들 많을걸요. 한국에 대해서 더 알려고 하고… 10대·20대들은 많이 깨어 있어요. 드라마나 영화 이런걸 통해서… 바뀔 수 있는 가능성이 많겠죠. 불만을 많이 느끼게 되죠. **(사례 43, 20대 여성, 2008년 탈북, 함경북도)**

사례 50도 세대간 차이를 주목하며 젊은 세대들이 남한 드라마 방식대로 살려고 하는 마음이 어느 세대보다 클 것이라 했다. 청(소)년들이 드라마에 나오는 헤어, 옷 스타일, 말 등을 직접 따라해 보며 어떠한 마음의 변화를 일으킬지 거기에 대해서도 주목하고 있었다. 마음의 변화에서도 북한체제·지도자에 대한 불만과 불신을 이야기 한다.

많이 미치죠. 그러니까… 남한 드라마가 퍼지면서 젊은 세대들은 그 방식으로 살자고 하는거지. 이 전에는 그저… 요즘엔 고등학생들이 연애하고 그런게 있어요. 드라마 보는대로… 그러다가 현행으로 잡히기도 하고. 한번은 지시가 떨어졌어요. 〈남자의 향기〉 보는건 완전 극렬이라고. 드라마가 퍼지면서부터, 젊은 사람들…

머리 하고 다니는거나… 모든 그런게 많이 변했죠. 체제에 대해서는 다~~ 싫어하지. 김정일 체제는. 100%면 100% 다 싫어할걸요. 한국이 정말 발전돼서 잘사는 나라라는건 다 알고 있거든요. 그러니까… 우린 언제나 한번 그렇게 살까… 이런데 온다고는 생각도 못하고 굶어죽는 사람도 있고. **(사례 50, 20대 여성, 2010년 탈북, 함경북도)**

자유롭게 해봤으면 좋겠다

사례 13은 2011년에 남한에 입국해 하나원 퇴소 직후 면접에 참여하게 되었다. 북한에서 10대의 시기를 보낸 그는 남한 영화를 보면서 옷도 마음대로 입고 싶었고, 헤어스타일도 자유롭게 해 봤으면 하는 마음이 들었다고 한다. 사상에서의 자유뿐만 아니라 개인의 개성을 표출하며 행동에서의 자유도 경험하게 된다. 개인의 사적 욕망을 국가로부터 제약당한 북한 주민들이 남한 영상물을 통해 습득하는 스타일을 직접 따라하며 심리적 억압에서 벗어나고자 하는 의지를 엿보게 하는 대목이다. 남한에 온 것이 행복하다는 그는 북한에 두고 온 친구들이 하루빨리 왔으면 좋겠다는 소망을 내비쳤다. 자신이 지금은 능력이 되지 않아 그 친구들을 데리고 올 수 없는 것이 안타깝다고 했다.

조금 많이 호기심을 갖게 되가지고 이렇게 한번 좀 했으면 좋겠다 하는 마음이 있었어요. 거기서 반바지는 커녕 일자바지도 못 입게 하니깐… 남한 영화를 보면 바지도 자기 마음대로 입고 잠자는 것도 자유롭고 하니깐… 머리도 길지 못 하게 하고 하니깐 솔직히 우리도 해봤으면 좋겠다 자유롭게… 여기 온 게 행복하다고 생각해요. 동무들도 좀 있으면 다 오겠다 했는데 데리고 왔음 좋겠는데 제가 아직 능력이 안되다나니까… **(사례 13, 20대 여성, 2010년 탈북, 함경북도)**

사례 53은 북한 당국이 아무리 사상교육을 해도 특히 청소년들을 중심으로 남한에 대한 변화된 인식을 갖고 있기 때문에 머리에 안 들어간다고 말한다.

많이 미치죠. 이제는 청소년들 생각 자체부터 이런 인식이 다 들어 왔거든요. 정치 같은 게… 아무리 선전한다고 해도 머리에 이제 안 들어와요. 젊은 친구들 같은 경우엔 이런 남한 영화같은게 너무 많이 유행이 되다보니까… 옷차림부터 머리 스타일 이런 모든게 많이 따라가죠. 그러니 아무리 강요를 하고 교양을 해도 머리에 안 들어가죠. **(사례 53, 20대 여성, 2010년 탈북, 함경북도)**

▶▶ 통일, 어떻게 하는 거죠?

다음 사례들은 북한 당국에 대해 불만이 고조되고 있는 주민들의 인식을 이야기했다. 그러면서도 막상 어찌해야 할지를 모른다고 했다. 북한을 변화시키려는 결단도 어렵고, 그저, '전쟁이라도' 하는 극단적 생각으로 현재의 불만을 삭힐 뿐이라는 것이다. 이들에게 있어 통일은 도대체 어떻게 해야하는 것인지 향방이 묘연했다.

사례 87은 북한 당국이 말하는 강성대국이 거짓임을 북한주민들이 알면서도 막연한 기대감에 그냥 살아간다고 했다. 그러면서도 한번이라도 반항을 해보고 죽자는 그런 용기는 가지지 못한다고 한다.

김정일이 죽어도 국민들이 일어서고 그런 건 없을거에요… 어쨌든 그 사람들이 그렇게 표현을 할 수가 없는 것이고 이 사람들이 오래 살아왔는데 습관돼서… 고저 살기가 힘들어도 못 살아도 좀 편하게 오는 때가 있겠지, 그런 때가 오겠지, 정부에서는 이제 3년만 참아라 3년만 있으면 잘 산다 강성대국이 온다, 이러는데 계속 거짓말이라는걸 알면서도 사람이 행여나 희망을 죽기전에 그런 날이 오겠지 이런 막연한 기대를 가지고 사는 거지… 한번이라도 반항이라도 해보고 죽자 이런 용기가 없어요. **(사례 87, 70대 여성, 2007년 탈북, 함경북도)**

사례 87은 북한 주민들이 지금의 상황을 벗어나기 위해 차라리 전쟁이라고 확 터져서 끝장이 났으면 좋겠다는 생각을 한다고 전한다. 정권에 대해 저항할 용기가 없으니 죽든 살든 차라리 전쟁이라도 나서 바뀌면 좋겠다는 것이다. 하지만 정작 북한주민들 누구도 용단을 내리진 못한다.

여기 오는 사람들은 진짜 정말 용기가 대단한 사람들입니다. 제가 와보니깐 저도 지금까지 50년 넘도록 뭐하고 살았는지 아예 보지 못한것도 아니고 저는 볼 것 다보고 들을 것 다 들었거든요. 그렇게 해도 국경을 넘을 궁리를 못 했어요. 우리 집 앞에 중국집이 보이는데도 넘어가는 사람들이 보인단 말입니다. 막 건너갈수도 있는데 근데 그렇게 가야되겠다는 용기를 못 내고 가족이 있으니깐… 고저 이게 내 운명이지 이렇게 생각해요. 거의 대부분 사람들이 그 안에서 굶어 죽으면서도 그렇게 산다니까요. 내가 굶어 죽겠는데 한번이라도 반항이라도 해보고 죽자 이런 용기가 없어요. 그런 생각이 없다니깐 모든 사람들이 소원이 전쟁한다고 떠드니깐 전쟁이라도 확 터져서, 뭐 죽든지 살던지 내가 죽더라도 고저 뭐 죽을 건 죽고, 나머지 사람들이라도 살아남아서 어떻게 끝장이 났음 좋겠다. 국민들 심정이… 진짜 용단 못 내려요. **(사례 87, 70대 여성, 2007년 탈북, 함경북도)**

04 북한이탈주민들이 말하는 한류, 통일의 순풍이 되려면?

한류가 북한 주민들에게 새로운 정보를 제공하고 의식을 변화시키는 요인이지만 분명한 것은 한류의 순기능과 역기능이 모두 작용하고 있다는 점이다. 한류가 북한 주민들에게 역풍이 아닌 순풍으로 불기 위해 영상물의 내용이나 배경, 장면 등이 어떻게 만들어져야 하는지 그들의 이야기를 직접 듣고 싶었다. 그래서 북한이탈주민 자신이 영화나 드라마 감독이라면 북한에 있는 가족들에게 어떤 내용을 보내주고 싶은가 질문 했다. 문화는 어느 한쪽에서 일방적으로 흐르는 것이 아니라 상호 간 교류를 바탕으로 하는 소통이 있어야 한다. 더욱이 수용자의 특성을 고려한 접근이 필요하기에 북한이탈주민들의 생각을 직접 들어보기로 했다.

▶▶ 문화예술과 대북지원, 공존의 모색

사례 15는 지금 당장 북한 주민들에게 필요한 것은 배고픔을 해결하는 것이라 한다. 그러면서도 문화예술을 통한 교류가 북한 주민들에게 주는 의미가 클 것이라 했다. 문화예술을 통한 접근은 결국 북한 주민들의 마음을 얻는 것인데, 만약 그들의 상황이 너무 열악해서 보려고, 들으려고도 하지 않으면 아무런 의미가 없다. 따라서 대북지원을 통해 먹는 문제를 해결하고 동시에 문화예술적 접근을 하는 종합적 방안이 필요하다고 강조한다. 한마디로 대북지원으로 들을 수 있는 귀를 열고, 문화예술로 그들의 마음을 달구는 양면접근이 필요하다는 것이다.

인민들에게 제일 급선무가 배고픔이에요. 배고픈 사람들에게 쫄쫄 굶겼다가 밥 한 끼주면서 어깨 한번 두드리면 원수가 없어요. 완전히 이런 하나님이 없어요. 완전히 딱 넘어가요. 이게 하나의 속성이나 같죠. 그런 식으로 유도하기 쉬운게 문화 예술이거든요. 뭐 한국에서 이걸 투자하고… 그거는 차라리 북한을 향해서 문화 예술 이라는 것으로 이건 남 보기에도 비 폭력적인 효과적인 방법이에요. 그러니깐 뭐 뿌리는 것 말고 계속 중국쪽에만 보내기만 해도 그게 들어가거든요. 물론 군사적인 압박이 필요하죠. 그렇지만 뭐 대포를 걸어놓고 북한에 처 들어갈순 없잖아요. 달궜을때 계속해서 모양을 만들어가야지 한 번 달궈놓고 식으면 다시 시작하기 힘들죠. 그러자면 주체가 한국 아닙니까. 받아 먹을 사람들은 귀를 닫고 있어요. 듣고 싶고 알고 싶어서 줄 사람들이 준비가 안되있으면 안되거든요. **(사례 15, 40대 남성, 2000년대 중반 탈북, 평양시·평안북도)**

▶▶ 남북한 정치

지금 저기 사람들은 김정일이
집안 가계도 자체를 모르고 살아요

북한이탈주민들은 탈북과정에서나 남한 입국 후 김정일의 사생활에 관한 내용을 담은 영상물 등을 시청하기도 한다. 정작 북한에 있을 때는 김정일 가계의 구체적 내용을 알지 못했고, 늘 지도자가 현지지도만 잘 하고 있다고 배우다가, 뜻하지 않게 접한 지도자의 이면에 놀라게 된다. 사례 12와 20은 북한 지도자의 실제를 알 수 있는 정보가 무엇보다 필요하다고 보았다.

김정일이 패밀리 같은 그런 것 보게되면 사람들이 놀랄 것 같아요. 김정일의 사생활 같은거… 여기와서 본 것이지만 처음에는 저도 믿지 못했어요. 정치적으로 혼란이 일어나야 한다고 할까 그런 것 같아요. 지금 저기 사람들이 김정일이 집안 가계도 자체를 모르고 살아요. **(사례 12, 30대 여성, 2004년 탈북, 함경북도)**

김정일이 사생활에서 우리가 몰랐는데 첩도 완전히 많구, 우리는 김정일이 전선시를 걸으신다(현지지도를 의미) 우린 세계 생각했는데, 여기 와보니까 그것도 아니고… 엄청 좋은 휴양소도 몇 군데나 있고 진짜 북한 인민들은 먹지 못해서 굶어가는 사람도 많은데… **(사례 20, 30대 남성, 2011년 탈북, 함경북도)**

시사 프로그램과 뉴스

정치적 내용을 직접적으로 담은 영상물을 의도적으로 제작해 보내지는 말고, 자연스레 남한의 소식을 담고 있는 뉴스나 일반 시사프로그램이 북한 내에 확산된다면 좋을 것 같다는 의견도 있었다. 북한 주민들은 민주주의와 인권, 자유에 대한 개념을 잘 모르고 있기 때문에 민주주의 개념을 알려줄 수 있는 내용이 필요하다는 것이다.

> 북한도 지금 뉴스를 보는데 맨날 시위하는 것만 보여주니깐 남한은 저렇다… 이렇게 생각을 하니깐 북한에 보내는 뉴스를 따로 잡아서 보여주면 주민들이 자기 권리를 주장할 수 있고, 이런 모습을 가질 수 있으니깐… 북한 주민들은 실제로 남한이 민주주의 사회인줄을 모르니깐. 그런 면을 강조할 수 있는 방안을 만들었으면 좋겠어요.
> **(사례 11, 40대 여성, 2003년 탈북, 함경남도)**

사례 45도 북한 주민들의 인식 변화를 위해서는 남한 뉴스를 볼 수 있도록 해야 한다는 의견이다. 한국이 발전했다는 내용을 알려 줄 수도 있고, 한국이 매일 데모만 하는 나라로 인식했는데 왜 데모를 하는지에 대한 내용도 상세히 알 수 있도록 하면 좋겠다는 것이다.

> 뉴스 같은거. 어쨌든 한국이든 어디든 상관없이 북한 사람들이 세계에 대해서 좀 많이 알았으면 좋겠고, 한국의 발전에 대해서 다 봤으면 좋겠어요. 너무도 깜깜한거 같아요, 북한이라는 나라가. 그래서 이런걸 다 보여줬으면… 그럼 정말 저 사람들 인식이 정말 달라질거 같은데… 이런 생각이 많이 들어요. 한국이라는 나라가 진짜 저렇게 많이 발전한 나라구나 하고 이해는 할 수 있을거고. 그러면서 자본주의 나라에 대해서도 이해를 하고… 어쨌든 국회에서 싸움하고 그런 것도 다 보고, 데모도 보여주고. 데모도 왜 하는지… 저 나라에서 데모를 왜 하는지 그런것도. 우린 무작정 데모한다고 나쁘다고 하는데… **(사례 45, 40대 여성, 2005년 탈북, 함경북도)**

사례 46 역시 뉴스를 통해 남한의 정세를 자세히 알려줄 필요가 있다고 한다. 실제로 사는 모습도 좋고 한국을 많이 알려줄 수 있는 정보면 좋겠다고 한다.

> 난 뉴스. 난 그저 뉴스를 좀 봤으면 좋겠어. 보도, 뉴스보도. 남한에 대해서 좀 알라고… 내가 드라마 보면서 남조선은 대체 어떤 나라인가 했으니까. 그냥 한국을 알리는거 많이 보내주면 좋지. 어쨌든 남한이 잘 산다는거 알려야지. 드라마들, 기록영화, 그런거 많이… 실제로 사는 모습 찍어서 보내줬으면 좋겠어요. **(사례 46, 40대 여성, 2007년 탈북, 함경북도)**

▶▶ 역사적 사실인식

남한이 북침했다고 배웠어요

남한의 현재 모습이나 발전상이 담긴 영상물도 좋지만 과거 역사, 특히 6.25전쟁의 진실을 알 수 있도록 해야 한다는 의견도 있었다. 북한 주민들은 남한에 대한 적개심을 갖고 있는데 그 근원이 바로 남한이 북침해 전쟁을 일으켰다고 교육받기 때문이라고 한다. 따라서 북한 주민들에게 남한에 대한 적개심을 완화해 주고 올바른 정보를 제공하기 위해서도 6.25전쟁에 대한 진실을 알려주어야 한다는 것이다. 사례 42와 43의 이야기를 각각 들어보자.

> 일단 우리는 남한에서 북침했다고 보잖아요. 그렇게 교육을 받았거든요. 그래서… 남한하고 북한 관계를 정확하게, 정확한 영화를 보여

주면… 연평도 사건이라든가… 암튼 정확한거. 정확한 사실을 북한에 자라는 애들한테 보여줬으면 좋겠어요. 사실은 남한에서 그런게 아니라고. 그렇게 교육을 정확하게… 그런걸 사람들이 봤으면 좋겠어요. 저도 남한 영화 보면서 눈이 트였지만, 북한에서 하는 교육이라는게… 일단 남한에서 먼저 하지 않았다는 그런 진실을 애들한테 보여줬으면 좋겠어요. 그런 영화. 그렇게해서 마음이 열리고, 애들부터 배우면 통일이 되지 않을까요? 변화라는게 빨리 되더라구요. 자라는 애들을 교육 시키면… **(사례 42, 40대 여성, 2004년 탈북, 함경북도)**

뉴스라든가 역사에 대한거. 북한 사람들은 6.25 전쟁도 한국이 먼저 한걸로 알고 있거든요. 그런걸 공개적으로, 진실을 명백하게 밝혀줬으면 좋겠고. 그러면 북한 주민들도 어느게 옳고 나쁜지 알지 않을까요. **(사례 43, 20대 여성, 2008년 탈북, 함경북도)**

▶▶ 남한 사람에 대한 인식 전환

남을 위해 희생하는 남한 사람들의 모습

　북한 당국으로부터 주입받은 내용 중 남한체제 뿐 아니라 남한 사람에 대한 적개심을 완화해 주고 거리감을 줄여나갈 수 있는 내용이 남북한 통일 과정에 꼭 필요한 남한 영상물 내용이라는 의견이다. 자본주의의 이기적 인간이기만 한 것이 아니라 남을 위해 희생할 줄도 아는 인간이라는 점을 보여주어야 한다는 것이다.

　너무 못살고 못먹고 하니깐 사람들이 고게 지쳐서 이젠 세상이 나쁘다. 다른 세상이 좋은걸 떠나서 이 세상이 나쁘다라는걸 인식했습니다. 올해 배급 다 준다 무슨일이 있어도 준다하면서 10년 넘도록 속여 왔습니다. 드라마 볼 때 우리남편은 한국 사회가 나쁘다고 교양을 받았는데 한국 사회도 남을 위해서 죽는 거 있잖습니까? 기런 거 내보내면 좋습니다. 남을 위해서 희생하고 그런거… **(사례 17, 40대 여성, 2007년 탈북, 평안북도)**

사례 44는 북한 정치가 나쁘다는 것을 다 보여주면 좋겠지만 그것은 오히려 남북관계에 악영향을 미칠 수 있기 때문에 사람에 대해 더 많이 마주 할 수 있도록 해야 한다고 보았다. 자신이 과거에 〈영웅시대〉라는 CD를 보았는데 고 정주영 회장의 이야기를 다루는 내용이었다. 개인이 어떻게 성공하는지, 한국이 어떻게 발전해 왔는지, 그 과정을 파악할 수 있는 내용이 필요하다는 생각이다.

북한 정치에 대해서 다 알면 좋죠. 북한 정치가 얼마나 나쁜지 보여주는거… 근데 그런건 남북 관계에 악영향을 미치잖아요. 그걸 드러내놓고 북한에 들여보내긴 좀 그렇겠지만… 그리고 한국하고 북한의 정치적인 차이점 그런걸 좀… 그런걸 북한 사람들이 알면 좋겠죠. 옛날에 누가 영웅시대 CD를 저한테 보여준 적 있는데, 정주영 나오는거요. 그때 그게 북한에서 인기 좋을 거 같다고, 그걸 복사해서 보내달라고 해서 저희 형님 친구가 사람들한테 보내준 적 있었는데… 그런게 좋을 거 같아요. 성공한 스토리 있잖아요. 정주영이가 자수성가하는 내용 같은거. 그 드라마를 보면 남한 사회를 미리 이해할 수 있는 거 같아요. 한국도 처음부터 잘산거 아니잖아요. 그 드라마는 옛날 시대부터 현재까지 다 나오는데, 그게 좋을 거 같아요. **(사례 44, 30대 남성, 2004년 탈북, 함경북도)**

▶▶ **자본주의 경제체제**

직장을 다니게 되면 돈을 딱딱 준다

북한에 있을 때 아무리 일을 해도 월급을 받지 못했는데 남한에 와서는 자신이 일한 만큼 월급을 받을 수 있다는 점이 제일 신기했고, 감동적이기까지 했다는 북한이탈주민들의 이야기도 귀기울일 필요가 있겠다. 다음 사례들은 북한 주민들에게 사적 소유의 개념과 자신이 일하면 돈을 벌 수 있다는 내용을 알려줄 필요가 있다고 한다. 사례 20과 36의 이야기를 직접 들어보자.

일한 거 만치 이렇게 일하면 돈 준다 이런걸 보여 줘야지. 안 그럼 이해 못합니다. 일하면 일한대로 돈 준다. 여기와가지고 보게 되면 일하면 일한대로 꼭 보수가 들어간다 이게 제일 신기했고… 제가 북한에서 일하는기 월급 탄 거 보다 돈이 더 주니까네, 북한은 한 해 월급은 제대로 주지도 않고 이러니까, 진짜 짜증나는 기분이 드니까. 직장을 다니게 되면 돈을 딱딱 준다, 이런 게 내용이 들어가면 좋을 것 같아요. **(사례 20, 30대 남성, 2011년 탈북, 함경북도)**

네 그러니깐, 그 사람들은 내가 북한에 살고 있다고 하면 지금 현재 상위 계층은 빼도 다 먹고 살기 힘드니깐 진짜 뭐 내가 일한만큼 그에 대한 보수를 받아보지 못하고 지금 일하고 있거든요. 그러니깐 아까 제가 말씀드린 그것도 좋은 것 같고요. 북한 사람들은 일을 하고 싶어도 일을 할 수 있는데가 없어요. 그렇지만 남한은 내가 아무데나 들어가서 열심히 하면 되잖아요. 그런 정보들도 좀 이렇게… 실으면 좋을 것 같아요. **(사례 36, 30대 남성, 2006년 탈북, 황해북도)**

▶▶ 발전된 생활상과 복지

남한의 경제적 발전상을 보면 북한 주민들의 의식이 변할 것이라는 의견이 많았다. 남한의 경제적 발전상을 느낄 수 있는 부분은 장면이나 내용에서 다양하게 나타났다. 예를 들어, '애들끼리 스키장에 가는 모습'에서, '가는 곳 마다 잘 꾸며진 공원과 전기, 물, 쌀이 풍부하다는 점', '핸드폰을 마음대로 사용하는 점', '마트에서 물건을 고르는 장면' 등에서 남한의 발전된 모습을 느꼈다고 한다. 이들의 이야기를 모두 들어보자.

경제같은 건 이렇게 한국 드라마랑 보게 되면, 애들끼리 스키장 가서 스키도 타고 생활이 시간이든 경제든 그만한 여유가 있으니깐 다니지… 아니면 뭐 못하잖아요. 그리고 정치적으로 부담스러운게 없으니깐 다니는것 아니에요. 북한처럼 이렇게 조직에다 얽매이면 뭘 못하잖아요. 근데 남한 같은 경우는 뭐 구속이 없길래 애인끼리든 형제 친구끼리든 놀러 다니는가 그런것도 느끼고… **(사례 29, 30대 여성, 2009년 탈북, 함경북도)**

기본 생활적인 것이 남반부 국민들의 생활상 이걸 많이 실제적으로 그들이 보면은 아차 이런 인식을 할 수 있어요. 생활과 관련한 것 사회에 생활에서 가족적으로 해가지고 민주적으로 누리고 있는 것 말이에요. 여기와 보니깐 가는 곳 마다 공원도 다 꾸려놨지, 그 다음에 전기, 물, 쌀 그 다음에 도로 몽땅 다 있지, 북반부는 100년이 가도 못 해요. 이런 생활수준에 대한 걸 이걸 실제적으로 공화국 인민들에게 보여준다면은 이게 영향을 많이 미치죠. **(사례 31, 60대 여성, 2010년 탈북, 함경북도)**

마트 같은 거 이렇게 다니는 그런걸 하면 사람들이 아 저렇게 발전됐구나. 한달에 한번씩이라도 고기도 구워먹고 북한은 누구말따라 명절 때… 명절때도 돼지고기 같은 것 보면 집에서 먹고 그런 일상 생활에야 그런 거… 이렇게 짧막한건 이렇게 드라마 이 연애같은 거는 북한 사람들 그렇게 한 남자가 여자 둘이가 그러는 거는 좋아해요. **(사례 35, 50대 여성, 2006년 탈북, 함경북도)**

여기서 잘 사는걸 보여주고. 한국 사회 변화 발전에 대한거. 사랑관계에 대한 것도 좀 보내주고, 자유가 있다는 걸 표현해 주면 좋지. 여긴 대통령도 막 욕하잖아. 그런건 북한에선 생각지도 못하는거지. **(사례 52, 50대 여성, 2010년 탈북, 평안남도)**

저희가 여기와서 본게… 북한에 있을때 핸드폰을 진짜 숨어서, 산에 들어가서 썼거든요. 근데 그때 한국 드라마를 보니까 핸드폰을 주머니에 넣고 자유롭게 쓰는걸 보니까 진짜 부럽더라구요. 근데… 북한 실정이라는게 그런게 안되니까. **(사례 53, 20대 여성, 2010년 탈북, 함경북도)**

북한 체제 다른 것 보다 경제적으로 좀 좋아졌으면 좋겠다, 이게 이렇게 경제를 하는데서 어떤 어떤 사람들이 하는 그런 신뢰들을 우리 보면서 다 얘기한것도 많이 나오고, 생활상도 많이 나오고, 그런 것 보여주면 사람들이 가고 싶어하고, 그 와중에 생각하는 사람들이 있다고 생각해요. 그것을 좀 점차적으로 실행할수 있도록… 북한 주민들의 머릿속을 실제로 깰 수 있는 그런 자료들을 좀 보내면 좋을 것 같아요 광고도 좋은 광고 있잖아요. 핸드폰도 북한에 있을 때 제가 쓰는 핸드폰 자체는 우리 무전기 있잖아요. 그런 핸드폰이었어요 지금은 어떻습니까. 스마트 폰 그런것도, 한국 발전한 그런것 보여주면서 독점해서 보여주고 스마트폰 내용도 보여주고, 최근에 북한 핸드폰 질이 얼마나 나쁜지 모릅니다. 그러니깐 진짜 더 열광할 수 있는 그런 자료들 많이 좀 보여줬으면 좋겠습니다. **(사례 38, 40대 남성, 2009년 탈북, 평양시)**

남한의 교육, 의료 수준

다음 사례 49는 북한주민들에게 남한의 교육, 의료 수준을 알 수 있도록 하는 것이 필요하다고 본다. 북한 당국은 남한에 대해 교육도 의료혜택도 받을 수 없는 곳이라 선전하는데, 이에 대응할 수 있는 정보가 중요하다는 생각이다. 더불어 너무 폭력물 등 비교육적 내용이 북한에 많이 들어가고 있는데, 이를 지양해야 한다는 말도 덧붙였다.

> 교육을 주고. 교육적인거, 문화적인거… 깡패 영화는 좀 보내지 말고. 그런거는… 정말 그렇게 되면 사회가 그런줄 알게 되거든요. 내가 와서 보니까 사회가 다 그런거 아니잖아요. 그러니까 그런 영화는 좀 삼가고… 그리고 아이들 교육 수준이 높다는거… 그런 영화들을 보내주면… '우리도 저런 교육을 빨리 받아들여야겠다' 그런 생각을 하게 되겠지 북한 교육수준이 완전 낮아요. 그러니까 교육 현대화 이런거 자체가 없어요. 근데 한국에서도 또 그런 영화는 별로 없더라구. 다 사랑 이런거 밖에 없더라구… **(사례 49, 30대 남성, 2009년 탈북, 양강도)**

[05 한류, 통일을 향한 역풍을 넘어 순풍이 되어주길]

지금도 한류(韓流)현상이 북한 내에까지 확산되고 있다는 국내외 보도들을 심심치 않게 볼 수 있다. 그 뿐 아니라 북한 신년공동사설이나 내부 문건에서도 한류를 비롯한 '황색바람' 유입을 견제하는 내용이 게재된 바 있다. 2012년 북한 신년공동사설에서는 "제국주의사상문화적침투를 분쇄하고 이색적인 생활풍조를 뿌리뽑기 위한 투쟁을 강도높이 벌이자"는 내용이 포함되었다. 2005년 "당원 및 근로자 학습제강"을 보면 "민족적 특성에 맞지 않는 자본주의적인 생활풍조가 이색적인 생활풍조"라고 하면서 "남조선 및 중국을 비롯한 외부세계에서 유입된 녹화물, 녹음카세트를 보거나 듣는 것, 짬만 있으면 술판을 차려놓고 먹자판을 벌이는 것" 등을 사례로 지적했다.[9] 이처럼 국내외 보도 및 연구, 그리고 북한이 게재한 공식·비공식 내용에서도 북한 내 한류 현상을 확인하게 된다.

물론 북한 내 남한 미디어 유통과 시청 범위 및 수준을 애써 과장하거나 부인할 필요는 없다. 어쨌든 북한에서 남한 미디어의 확산이 사실로 판단된다면 이제는 그 효과가 무엇이며, 어떠한 의미인지를 심층적으로 들여다 볼 때이다. 북한 내 한류가 북한 주민들의 삶 속에 어떠한 미시적 변화를 일으키고 있는지, 그리고 사회와 체제라는 거시적 변화, 나아가 남북한 통합에 어떠한 파급으로 나타날 것인가의 논의로 진척시킬 필요가 있다.

영화, 드라마, 예능프로그램, 가요 등 대중문화는 대중들의 전 삶을 포괄하고 있다고 해도 크게 과장된 말은 아닐 것이다. 정서와 가치관, 일상생활을 망라하고 있을 뿐 아니라 직·간접적으로 정치, 경제 상황 등을 표현하고 있기도 하다. '포괄성'을 특징으로 하는 종합예술로써의 대중문화가 북한 내부에 유통되고 있다는 것. 이는 반세기 이상 분단의 저 편에 가려진 '아랫동네(남한)' 사람들의 모습을 '윗동네(북한)' 사람들이 속속들이 마주할 수 있는 만남의 장이 마련되고 있다는 것은 아닐까.

반세기가 넘는 분단의 시간 속에서 남북한은 상대 체제에 대해서 뿐 아니라 '사람'에 대한 '두려움', '거부감'도 깊숙히 내면화해 갔다.

이러한 상황 가운데 북한 주민들의 남한 영상물 시청을 통한 남북한 사람간의 '같은 추억' 만들기 과정은 남북한 사람간 '공감대' 형성과 거리좁히기 과정이 될 수 있다는 기대를 갖게 한다. 이러한 북한의 한류 현상이 분단의 한반도, 그리고 북한 내부에 과연 어떠한 의미를 지니고 있는 것일지, 또 시간의 흐름에 따라 남북한 통합에 어떠한 파장을 더해 갈 수 있을지 궁금하지 않을 수 없었다.

그래서 본 책은 북한 내 한류가 어떠한 주민의식으로 재구조화되고 있는지 주체, 그리고 분야별로 세분화하여 구체화하려는 시도를 해보았다. 또 한류가 북한, 그리고 통일에 미칠 거시적 영향을 생각하는 기회를 가져보려고도 했다. 한류를 마냥 핑크빛으로만 바라보기에는 대중미디어의 역기능도 크기에 북한, 그리고 통일을 향한 역풍 현상도 짚어보았다. 북한 당국은 북한 주민들에 대해 외부 세계의 정보를 통제하려 할 뿐 아니라 남한에 대한 이미지를 교과 과정 속에서 또한 문예 등을 통해 부정적 이미지로 재연하고 있다. '미제국주의 식민지', '지주와 자본가들이 판치는 사회', '썩고 병든 자본주의' 등이 북한에서 남한을 바라보는 시각이자 북한 주민들을 교육시키는 내용 중 일부이기도 하다. 이러한 정보가 쌓여 있는 북한주민들의 인지 속에서 남한 미디어가 부각하는 남한 사회의 부정적 단면들이 더해질 경우 북한주민들의 남한에 대한 거부감과 거리는 공고해 질 수 있다.10) 남한에 대해 너무 긍정적으로만 치닫는 인식도 신기루 같은 환상을 심어 줄 수 있기에, 실제 남한을 경험하며 실망하게 될 경우 오히려 반작용이 커질 수 있다는 점에서 관심을 기울여야 할 부분이다.

분명한 것은 남한 영상물을 통해 보여지는 남한의 체제와 사람의 모습은 남북한 통합에 '순기능' 내지 '역기능' 모두로 작용할 수 있다는 점이다. 의도했던 의도하지 않았던 간에 우리의 대중문화가 담고 있는 남한의 체제와 사람들에 대한 망라가 북한 주민들에게 남한에 대한 인식의 틀을 재구성해 나가고 있다는 것이다. 이는 결코 간과할 수 없는 분단 구조의 재편성과정이라고도 할 수 있다.[11] 그 과정이 현재로써는 나비의 날개짓 같이 미미해 보일지라도 남북한 통합을 향한 수없는 역풍을 딛고 거센 순풍이 되어 돌아와 주길 기대해 본다.

주

1) 본 책의 표지 제목과 내용에 등장하는 '남조선 날라리풍'에서 '풍'을 한자 '바람 風'으로 형상화한 것은 북한에서 '남조선 날라리풍'으로 일컬어지기도 하는 한류가 통일의 '바람'으로 불어오기 바라는 저자들의 '바람'을 담고 있다.
2) 오기현, 『그 해 여름 그들은 왜 조용필을 불렀나』 (서울: 미래를 소유한 사람들, 2009), p. 334.
3) 이재경 외, 『여성학』 (서울: 미래 M&B, 2007), p. 280.
4) 1972년 헌법에 명시한 '녀성들을 가정일의 무거운 부담에서 해방하며'라는 문구를 1998년 개정헌법에서 삭제하게 된다.
5) 김석향·박정란, "북한의 교육개혁과 여성 교육 – 과학기술 교육에서의 기회와 한계," 이화여대 통일학연구원 편, 『선군시대 북한여성의 삶』 (서울: 이화여자대학교출판부, 2010)의 내용에서 정리.
6) 얼마나 기폭효과가 활성화되는가의 정도는 여러 가지 조건에 의해 좌우된다. 그 조건으로는 ①지각된 의미, ②지각된 정당화 가능성, ③미디어 수용자의 등장인물과 동일시 정도, ④지각된 현실감 등이다. ①지각된 의미란 미디어 수용 이전 학습 내지 경험을 통한 기억이 미디어 수용 시 재활성화 되면서 기폭효과를 높이게 되는 것이다. 매스미디어 시청 이전에 지각된 정보가 매스미디어 시청 내용에 반영된다는 점이다. ②지각된 정당화 가능성은 시청한 내용대로 행동할 경우 야기될 수 있는 결과가 어떠한가를 인지하고 있을 경우 기폭활성화 정도에서 차이를 보인다는 것이다. ③등장인물과 동일시는 미디어에 등장하는 인물과 자신을 얼마나 동일시하느냐에 따라 미디어 등장인물과 정신적 네트워크가 형성되면서 기폭효과를 활성화하게 된다는 것이다. ④지각된 현실감은 매스미디어의 내용을 얼마나 현실로 받아들이냐에 따라 기폭효과가 달라진다는 것이다.; 제닝스 브라이언트·수잔 톰슨 지음, 배현석 옮김, 『미디어 효과의 기초』 (서울: 한울아카데미, 2005), p. 140.의 내용을 토대로 정리.
7) 북한은 1966년부터 한자어와 외래어를 고유어로 바꿔쓰자는 '말다듬기 운동'을 해왔다. 남한에서도 1970년대부터 외래어나 어려운 한자어를 순우리말로 바꿔왔다. 그럼에도 북한보다 남한에서 영어를 근간으로 한 외래어가 많다. 그렇다고 북한도 외래어가 없는 것은 아니다. 러시아어, 일어에서 유래된 외래어도 있고 한자어도 쓰이고 있다.
8) 사회주의문화를 침해한 범죄의 해석적용에서 제기되는 정황과 해답.
9) 이 부분은 강동완, "북한의 외부정보유입과 북한정세 전망," 『북한경제리뷰』 한국개발연구원, 2012 참조.
10) 박정란·강동완, "북한주민의 남한 미디어 수용과 '왜곡된 남한 상(像)'," 국제정치학회 학술회의 발표문, 2011. 12; 남한 영상물을 통해 보여지는 남한의 체제와

사람의 모습은 남북한 사회문화공동체 형성에 '순기능' 내지 '역기능' 모두로 작용할 소지가 있다. 물론 가시적인 순기능과 역기능이 어떠한 순환과정을 거쳐 상호 역의 구조로 나타날 수 있음도 지켜봐야 할 일이다. 박정란·강동완, "북한 주민의 남한 영상물 시청: '하위문화(Subculture)'의 형성과 함의," pp. 103-104.

11) 이 부분은 박정란, "북한 내 남한 영상매체 유통과 주민 의식변화," 〈NK비전〉, 2011년 7월호에 실린 내용 중 일부를 수정·보완하였다.

참고문헌

1. 단행본

강동완·박정란. 『한류, 북한을 흔들다』. 서울: 늘품플러스, 2011.
강철근. 『한류 이야기: 한류의 근원에서 미래까지』. 서울: 이채, 2006.
김창남. 『대중문화의 이해(전면 2개정판)』. 서울: 한울아카데미, 2010.
로널드 토비아스. 김석만 역. 『인간의 마음을 사로잡는 스무 가지 플롯』. 서울: 풀빛, 1999.
매일경제신문 편. 『한류본색』. 서울: 매일경제신문사, 2012.
박명진 외 편역. 『문화, 일상, 대중: 문화에 관한 8개의 탐구』. 서울: 한나래, 1996.
브루노 라투르 지음. 홍성욱 옮김. 『인간, 사물, 동맹: 행위자네트워크이론과 테크노사이언스』. 서울: 이음, 2010.
신혜경. 『대중문화의 기만 혹은 해방』. 서울: 김영사, 2009.
앤드류 에드거(Andrew Edgar), 피터 세즈윅(Peter Sedgwick) 엮음. 박명진 외 옮김. 『문화 이론 사전』. 서울: 한나래, 2009.
오기현. 『그 해 여름 그들은 왜 조용필을 불렀나』. 서울: 미래를 소유한 사람들, 2009.
유상철, 안혜리, 정현목, 김준술, 정강현 지음. 『한류의 비밀』. 서울: 생각의 나무, 2005.
이강수. 『수용자론』. 서울: 한울, 2001.
이교덕 외. 『북한체제의 행위자와 상호작용』. 서울: 통일연구원, 2009.
이재경 외. 『여성학』. 서울: 미래 M&B, 2007.
장 미셸 지앙 지음. 목수정 옮김. 『문화는 정치다』. 서울: 동녘, 2011.
제닝스 브라이언트·수잔 톰슨 지음. 배현석 옮김. 『미디어 효과의 기초』. 서울: 한울아카데미, 2005.
존 스토리 지음. 박만준 옮김. 『대중문화와 문화연구』. 서울: 경문사, 2002.
진행남. 『북한의 한류현상과 독일통일 과정에서의 방송매체의 영향』. 제주: 제주평화연구원, 2011.
통일연구원. 『2009 북한개요』. 서울: 통일연구원, 2009.
히라노 겐이치로 지음. 장인성 외 옮김. 『국제문화론』. 서울: 풀빛, 2004.

Zhuk, Sergei I. *Rock and roll in the Rocket city: The West, Identity, and Ideology in Soviet Dniepropetrovsk, 1960–1985*. The Johns Hopkins University Press, 2010.

2. 논문 및 기타

강동완. "북한의 외부정보유입과 북한정세 전망." 『북한경제리뷰』. 서울: 한국개발연구원, 2012.
강동완. "북한체제 특성을 고려한 SC 발전방안." 『우리 군(軍)의 SC 발전방안』 (합동참모본부 주최 세미나, 2011.11.10).
강동완·박정란. "남한 영상매체의 북한 유통구조와 주민의식변화." 『통일정책연구』 제19권 2호, 2010.
김석향·박정란. "북한의 교육개혁과 여성 교육 – 과학기술 교육에서의 기회와 한계." 이화여대 통일학연구원 편. 『선군시대 북한여성의 삶』. 서울: 이화여자대학교출판부, 2010.
김종욱. "북한 관료들의 일상생활세계: 회색의 아우라." 박순성·홍민 엮음. 『북한의 일상생활세계』. 파주: 한울아카데미, 2010.
박정란. "북한 내 남한 영상매체 유통과 주민 의식변화." 〈NK비전〉, 2011년 7월호.
박정란·강동완. "북한 주민의 남한 영상물 시청: '하위문화(Subculture)'의 형성과 함의." 『북한학보』. 북한연구소. 제36집 1호, 2011.
박정란·강동완. "북한의 정치사회화 및 수령관에 대한 인식변화 연구." 『정치·정보연구』. 제12권 1호, 2009.
박정란·강동완. "북한주민의 남한 미디어 수용과 '왜곡된 남한 상(像)" 국제정치학회 학술회의 발표문, 2011. 12.
박형중. "북한에서 권력과 재부(財富)의 분배구조와 동태성." 『통일문제연구』. 제51호, 2009.
이우영. "북한 체제 내 사적 담론 형성의 가능성." 『북한 도시주민의 사적 영역 연구』. 파주: 한울아카데미, 2008.
이주철. "북한주민의 외부정보 수용 태도 변화." 『한국동북아논총』. 제46집, 2008.
존 어윈(John Irwin). "하위문화 개념의 위상에 관한 소고." 이동연 편. 『하위문화는 저항하는가』. 서울: 문화과학사, 1998.
최봉대. "북한 도시 사적 부문의 시장화와 도시가구의 경제적 계층분화." 이우영 엮음. 『북한 도시주민의 사적 영역 연구』. 서울: 북한대학원대학교, 2008.
필 코헨(Phil Cohen). "하위문화 갈등과 노동계급 공동체 사회." 이동연 편. 『하위문화는 저항하는가』. 서울: 문화과학사, 1998.

부록

북한 주민들이 시청한 방송 컨텐츠

구분	제목	방송사 및 개봉일	출연진	줄거리
드라마	줄리엣의 남자	SBS 2000.09.14	차태현(장기풍 역), 예지원(송채린 역), 지진희(최진우 역), 김성령(양미라 역), 김민희(소찬비 역)	사채업자인 장기풍이 할아버지가 남겨준 100억 어음으로 인해 부도를 맞은 백화점 사장인 송채린을 만나게 되면서 생기는 일을 그린 드라마이다. 송채린 백화점과이를 인수하려는 신우그룹 지진희간의 경쟁 또한 인상적인 드라마이다.
	신귀공자	MBC 2000.07.12	김승우, 최지우(장수진 역), 최정윤, 명계남, 김병세	성실하면서 의협심이 강한 생수배달원 김용남(김승우)과 그 주변인물들의 사실적인 서민생활 그리고 장 회장 일가의 상상을 뛰어넘는 화려한 상류층 생활 을 배경으로 재벌총수의 딸 장수진과 생수배달원 김용남의 신분과 계층을 뛰어넘는 이야기를 담은 드라마이다.
	명랑소녀성공기	SBS 2002.03.13	장나라(차양순 역), 장혁(한기태 역)	주인공 차양순은 사기도박, 부동산도박, 자해 공갈단,등 사기 범죄자 부모를 둔 탓에 시골에서 할머니 손에서 키워져 내세울 것 하나 없지만 모든 어려움을 긍정적으로 받아들이면서 역경을 헤치는 이야기를 담은 드라마이다.
	달빛가족	KBS2 1989.10.14	이휘향, 서인석, 길용우, 김순철, 박은영, 김승진, 최수지, 김주승 …	개성이 강한 4명의 형제들이 한 집에 모여 살게 되면서 겪는 이야기를 담은 드라마이다.

구분	제목	방송사 및 개봉일	출연진	줄거리
드라마	대장금	MBC 2003.09.15	이영애(서장금 역), 지진희(민정호역), 홍리나(최금영역), 임호(중종역), 양미경(한상궁 역)	주인공 장금이가 궁궐에 들어가 최초 어의녀가 되기까지의 과정을 그리면서, 장금의 성공과 사랑을 그려낸 드라마이다.
	피아노	SBS 2001.11.21	조재현(한억관 역), 조민수(신혜림역), 김하늘(이수아 역), 조인성(이경호 역), 고수(한재수 역)	부산 건달 출신이지만 그래도 아버지의 역할을 다하려는 한억관, 사랑하지만 사랑할 수 없는 사이인 재수와 수아, 밉고도 사랑스러운 경호, 이 넷이 진정한 가족으로 거듭나기 위해 몸부림치는 이야기를 담은 드라마이다.
	수호천사	SBS 2001.08.01	송혜교(정다소 역), 김민종(하태웅 역), 김민(홍지수 역), 윤다훈(강세현 역), 김보성(오순동 역)	네 남녀의 치열한 사랑과 엇갈리는 안타까운 사랑을 담은 드라마로 극 중 송혜교가 미혼모 아닌 미혼모로 등장해 온갖 역경 속에서도 강인함을 잃지 않고 살아가는 모습이 인상적이다.
	보고 또 보고	MBC 1998.03.02	김지수(간호사 은주 역), 정보석(기정 역), 허준호(기풍 역), 윤해영(대학원생 금주 역)	기정과 기풍형제와, 은주와 금주 자매의 겹사돈을 담고 있으며 그들 사이에서 발생하는 갈등을 긍정적으로 그려낸 드라마이다.
	파트너	KBS2 2009.06.24	김현주(강은호 역), 이동욱(이태조역), 최철호(이영우 역), 이하늬(한정원 역), 이원종(김용수 역)	싱글맘 은호와 그의 파트너 태조가 진성그룹이라는 공통분모를 놓고 큰 기업과 맞서 싸우는 법정 드라마이다.

구분	제목	방송사 및 개봉일	출연진	줄거리
드라마	모래시계	SBS 1995.01.10	최민수(태수 역), 고현정(혜린 역), 박상원(우석 역), 이정재(정 사장 수하 재희 역)	최초로 광주민주화운동을 그리고 1970년대부터 1990년 까지 격동의 한반도를 보여주는 내용으로 80년대의 암울한 일대기를 세명의 주인공을 통해 그린 드라마이다.
	황금마차	MBC 2007.07.01	엄지원(황순정 역), 임지은(황유정 역), 홍학표(이강석 역), 이주현(이한석 역)	사회적인 명예, 돈과 같은 성공으로 인해 지친 주인공들 그러나 그들의 곁에는 가족이 있다.는 내용을 전제로 이 시대에서 잊혀지는 가족의 소중함을 다시 한번 일깨워 주는 드라마이다.
	유리구두	SBS 2002.03.02	김현주(김윤희, 이선우역), 김지호(김태희 역), 한재석(장재혁 역), 소지섭(박철웅 역)	교통사고로 인해 윤희와 태희 부잣집자매는 운명이 갈리게 되는 이야기로 태희는 할아버지 집에들어가게 되지만 뺑소니 범의 집에 가게된 윤희가 겪는 일들 속에서 그려지는 박철웅과의 사랑이야기, 그리고 윤희의 정체를 이용하려는 주변인들간의 이야기를 담은 드라마이다.
	천생연분	MBC 2004.01.01	황신혜(황종희 역), 안재욱(김석구역), 오승현(고은비역), 유열(강승완 역), 권오중(황종혁 역)	능력있는 종희와 뛰어난 외모를 가지고 있는 둘은 연상연하 커플로 결혼까지 가지만 그 이후 서로의 갈등은 절정에 이르고 석구는 바람까지 피우게 되면서 예전에는 상상도 못하는 부부관계 속에서 현대를 살아가는 부부들의 새로운 모습과 갈등, 고민을 현실적으로 보여주는 드라마이다.

구분	제목	방송사 및 개봉일	출연진	줄거리
드라마	사랑이 뭐길래	MBC 1991.11.23	최민수(이대발역), 하희라(박지은), 이순재(대발 부, 이병호 역), 김혜자(대발 모, 여순자역), 김세윤(지은 부, 박창규역)	현대판 자린고비 이순재(이병호 역), 집안과 민주적이고 합리적인 김세윤(박창규 역), 집안이 자녀들의 결혼으로 사돈관계를 맺으면서 빚어지는 일들을 그린 이야기이다.
	올인	SBS 2003.01.15	이병헌(김인하 역), 송혜교(민수연 역), 지성(최정원 역), 박솔미(서진희 역), 허준호(유종구 역)	영등포역 보스로써 영악하고 의리있는 역할, 그 안의 사채업자의 아들 정원, 뒷세상을 어울리다 정원은 수연을 사랑하게 되고 인하또한 수연을 사랑하게 된다. 즉 마피아와 조폭, 패거리 등과 같은 암흑의 세상 속에서 사랑과 성공의 일대기를 그린 명쾌한 드라마이다.
	욕망의 바다	KBS 1997.03.05	유동근(정경호 역), 박지영(신은주 역), 배종옥(장서연 역), 임호(정민우 역), 김병기(박차장 역), 임병기(정성호 역)	배신과 음모로 점철된 한 기업, 그 속에서 자신의 잃어버린 사랑을 찾으려는 기업가의 이야기로 전체적으로 재벌가 사람들이 펼치는 암투와 사랑, 방황을 그린 드라마이다.
	토마토	SBS 1999.04.21	김희선(이한이 역), 김석훈(차승준 역), 김지영(윤세라 역), 김상중(차기준 역), 김유리(엄유나 역)	부잣집에서 태어난 차승준과. 착하고 예쁘지만 가난한 집안에서 태어는 이한이의 신데렐라식 사랑속에서 펼쳐지는 이야기를 그린 드라마이다.

구분	제목	방송사 및 개봉일	출연진	줄거리
드라마	경찰특공대	SBS 2000.07.19	길용우(장대규 역), 김상중(백성철 역), 김석훈(이동하 역), 천호진(이동식 역), 남성진(조일영 역), 박근형(오사범 역), 김무생(김 회장 역), 김상경(김환 역)	실존하는 경찰조직인 경찰특공대를 배경으로 한 드라마이다. 테러리스트에게서 형을 잃은 동생, 그리고 죽은 형의 후배가 (원래 경찰특공대원이었으나 모종의 이유로 나왔다가 다시), 경찰특공대에 들어가 테러조직에게 복수한다는 내용으로 주요 배역의 아버지가 청부살인업자, 또 다른 주인공이 사랑하는 연인도 청부살인업자라는 배경 또한 포함된다. 카리스마와 설득력이 돋보인 신선한 충격의 드라마이다.
	가을동화	KBS2 2000.09.18	송승헌(준서 역), 송혜교(은서 역), 원빈(태석 역), 한채영(신애 역)	전체적으로 네 남녀의 사랑과 이별의 아픔을 그린 이야기로 준서와 은서의 사랑으로 마무리가 되나 마지막의 은서의 죽음과, 준서의 교통사고로 끝나는 슬픈 엔딩은 애잔함과 슬픔 여운을 남겨주고 있다.
	엄마는 출장중	KBS2 1996.10.07	김용건(박성일 역), 김보연(오현주역), 안정훈(김동훈 역), 장서희(박순영역), 이혜은(박지영 역),	재혼 상대를 찾는 과정에서 벌어지는 해프닝을 그린 드라마이다.
	지금은 연애중	SBS 2002.01.07	채림(윤호정 역), 소지섭(최규인 역), 최윤영(강차희 역), 이의정(강수지 역), 김나운(최규선 역)	이성친구 관계에서 보여줄 수 있는 미묘한 감정들을 그린 드라마.

구분	제목	방송사 및 개봉일	출연진	줄거리
드라마	화려한 시절	SBS 2001.11.03	지성(장석진 역), 류승범(장철진 역), 박선영(오민주 역), 공효진(조연실 역)	70년대 초반을 배경으로 하며 가난이 모든걸 지배하던 시기였지만 그래도 가정이 있어 행복했던 사람들이 그려가는 드라마로 두형제 석진, 철진과 민주, 연실의 사랑 그리고 인생의 좌절 이를 극복해 나감에 있어 인생의 가장 아름다운 시기인 청춘을 그려내고 있는 드라마이다.
	아름다운 날들	SBS 2001.03.14	이병헌(이민철), 류시원(이선재 역), 최지우(김연우역), 이정현(김세나 역), 신민아(이민지 역)	엄마의 배가 다른 민철과 선재, 그 사실을 아는 민철은 선재의 엄마에게 냉철하게 대하고, 선재가 자신의 동생인 줄 모르는 민철은 선재를 자신의 회사의 가수로 세우려 하면서 시작되는 이야기, 또한 연우화 세나의 어렸을 적 고아원에서의 인연등을 중심으로 그 속에서 쟁취하려는 사랑과 욕심 마지막은 바른 결말을 맺는 드라마이다.
	태조 왕건	KBS1 2000.04.01	최수종(태조 왕건역), 김영철(궁예 역), 김혜리(강비-연화 역), 서인석(견훤 역)	고려는 외세의 도움없이 스스로의 힘으로 통일의 대업을 이룬 국가이다. 이런 일은 고구려 광개토 대왕 이후로 처음 있는 일이었다. 백성을 먼저 생각하고 전쟁 보다는 평화를 생각했던 왕건의 삶의 일대기를 담은 드라마이다.

구분	제목	방송사 및 개봉일	출연진	줄거리
드라마	목욕탕집 남자들	KBS 2 1995. 11.18	이순재(김복동 역), 강부자(이기자 역), 장용(김봉수 역), 고두심(김영자 역), 남성훈(김희수 역), 윤여정(노혜영 역), 송승환(염병렬 역) 외 다수	30여 년간 대중 목욕탕을 업으로 삼아온 김복동 할아버지와 그 대가족을 중심으로 일어난 사건을 일대기로 한 드라마이다.
	형수님은 열아홉	SBS 2004. 07.28	정다빈(한유민역), 김재원(강민재 역), 윤계상(강승재 역), 김민희(최수지 역)	대표적으로 승재가 집안의 우환덩어리에서 능력 있는 젊은 청년으로 거듭나기까지의 성공기를 보여줌으로 대학을 졸업후 사회적으로 몸부림치는 청년들에게 희망을 보여주고 있는 등, 꿈을 청년들이 꿈을 위해 도전하고 마침내 꿈을 이루는 모습을 보여주는 드라마이다.
	팝콘	SBS 2000. 05.24	송승헌(이영훈 역), 김규리(윤현수역), 박광정(나 실장 역), 양미라(홍지희역), 김윤경(오수정역), 권해효(오동석 역), 이주경(배계순역), 최용민(진만 역)	웨딩 기획사를 중심으로 벌어지는 다양한 사건을 그린 드라마로 그 속에서 밝고 경쾌한 젊은이들의 사랑이야기를 담고 있다.
	폭풍속으로	SBS 2004. 03.13	송윤아(차미선 역), 김석훈(김현준 역), 김민준(김현태 역)	공부 잘하는 형(김석훈),과 싸움 잘하는 동생(김민준),의 엇갈린 삶과 애증의 이야기로 사건 사고와 고래잡이라는 남성적인소재를 활용하여 이어가는 드라마이다. 사랑과 성공 대신, 남을 이해하는 법을 배워가는 인물들을 그리고 있다.

구분	제목	방송사 및 개봉일	출연진	줄거리
드라마	태왕사신기	MBC 2007.09.11	배용준(담덕 역), 문소리(서기하 역), 이지아(수지니역), 이필립(처로역), 최민수(대장로 역)	한반도 역사에서 유일하게 광활한 대륙정복을 통해 한민족의 기상을 드높였던 광개토 대왕의 활약상을 보여준 드라마, 그리고 고구려 강서고분벽화의 나오는 사신들을 등장시킴으로 사신에 의한 판타지를 그려냈다.
	겨울연가		배용준(이민형 역), 최지우(정유진역), 박용하(김상혁 역), 박솔미(오채린 역), 류승수(권용국 역)	준상, 유진, 상혁의 첫사랑의 아련한 기억과 세월이 지난후의 첫사랑의 만남 그속에 기억된 준상을 닮은 민형 또한 이들의 어렸을 때부터 계속된 우정, 그속에서 미스테리한 가족사에 대한 내용을 담고 있으며, 영상시와 같은 배경을 담은 드라마이다.
	쩐의 전쟁	SBS 2007.05.16	박신양(금나라 역), 박진희(서주희 역), 김정화(이차연 역), 신동욱(하우성 역), 신구(독고철 역)	죽은 아버지가 남긴 사채 빚 때문에 어머니 마저 자살로 잃고 그의 직업마저 잃게 된 금나라가 돈에 대한 복수심을 안고 사채업의 길로 들어가 심지어 아버지를 죽인 장본인의 밑에서까지 일을 하지만 결국 돈의 노예가 되어버리는 내용을 담은 드라마이다.
	앞집여자	MBC 2003.07.16	유호정(미연 역), 손현주(상태 역), 변정수(애경 역), 이병욱(동규 역), 진희경(김수미 역)	미니시리즈 '앞집여자'는 강북 중산층 아파트촌의 평범한 30대 부부 세쌍의 결혼과 외도의 좌충우돌한 일상을 통해 21세기 대한민국에서 '결혼해 산다'는 것의 의미를 경쾌하게 들여다보는 드라마이다.

구분	제목	방송사 및 개봉일	출연진	줄거리
드라마	야인시대	SBS 2002.07.29	김영철(장년 김두한 역), 안재모(청년 김두한 역), 이창훈(하야시 역), 조상구(시라소니 역), 이혁재(김무옥 역)	협객 또는 건달이라는 이름을 가진 김두한의 이야기를 단순한 주먹 신화가 아닌 인간의 심층적 구도를 잡은 인간 김두한의 일대기로 승화시킨 내용을 담은 드라마이다.
	꼭지	KBS2 2000.03.25	원빈(송명태역), 이요원(허지혜역), 박지영(배상란역), 이종원(송현태 역), 김희정(꼭지 역)	1970년도를 배경으로 한 드라마로 송명태, 현태 등 3형제를 중심으로 일어난 이야기를 담은 드라마이다. 일찍 어머니를 여의고 외가에서 외삼촌에 의해 지내게 된 꼭지또한 이들의 이야기에 포함된다.
	그 여자네 집	MBC 2001.04.28	김남주(김영욱 역), 차인표(태주 역), 김현주(영채 역), 이서진(준희 역), 허영란(태희 역)	자라온 가정환경의 큰 차이가 있는 영욱과, 태주간의 커플간의 사랑과 한 가정을 이루기까지 갈등, 결혼 후에도 이어지는 영욱의 수퍼우먼으로써의 갈등을 그려낸 드라마이다.
	낭랑18세	KBS2 2004.01.19	한지혜(윤정숙 역), 이동건(권혁준역), 이다해(문가영역), 이인(지남철 역), 유혜정(권선아 역)	집안끼리의 결혼으로 조혼을 맞은 정숙과 혁준 혁준을 좋아하는 정숙은 좋아 하지만 혁준은 정숙을 좋아하지 않은 상태에서 결혼을 하게 된다. 그 상황에서 가영은 혁준을 다시 찾게 되고 정숙은 어린 나이에 결혼이라는 현실속에서 힘들어 한다. 그런 상황에서 혁준은 정숙을 사랑하게 되고 후에 아름다운 결말을 맺는 드라마이다.

구분	제목	방송사 및 개봉일	출연진	줄거리
드라마	열아홉순정	KBS1 2006. 05.22	구혜선(양국화 역), 이민우(홍우경 역), 서지석(박윤후 역), 이윤지(박윤정 역), 추소영(강신혁 역)	〈열아홉순정〉은 가진것도 없고 배운것도 없는 착하고 예쁜 양국화와 유티그룹의 후계자 박윤후와의 사랑 이야기가 가장 큰 줄거리다. 주인공들 간의 긍정적인 삶의 방식들이 돋보이는 드라마이다.
	노란손수건	KBS1 2003. 02.03	추상미(조민주 역), 조민기(정영준 역), 김호진(이상민 역), 이태란(윤자영 역), 소이현(윤나영 역)	젊은이들의 사랑과 배신과 화해의 이야기를 통해 서로 다른 방식으로 사랑의 길을 찾아 가는 여정을 담아내고, 기다림과 용서로 비로소 완성되는 진정한 사랑의 가치를 되새길 수 있는 흥미롭고 감동적인 드라마이다.
	완전한사랑	SBS 2003. 10.04	차인표(박시우 역), 김희애(하영애 역), 이승연(문지나 역), 김성원(박회장 역), 강부자(장혜자역)	어려운 가정형편에도 불구하고 당차게 살아가는 연상의 여자와 부유한 환경에서 부족할 것 없이 자라온 연하의 남자가 만나 사랑을 하고, 결혼해서 가정을 일구어 가는 과정에서 일어나는 갈등을 보여주고, 그동안 철없기만 했던 남편이 결국 불치병으로 죽음에 이를 수밖에 없는 아내 앞에서 처절한 사랑을 겪게 됨으로써 가슴 아파하고 결국 진정한 사랑의 모습이 무엇인지를 알아가는 이야기를 담은 드라마이다.
	루키	SBS 2000. 12.11	유동근(엄순대역), 황신혜(조수미역), 김승수(차현세역), 조재현(허장사 역)	한남자 즉 엄순대의 평범한 직장생활과 그 직장 내에서 조수미와의 사랑을 그린 드라마이다.

구분	제목	방송사 및 개봉일	출연진	줄거리
영화	올가미	1997	윤소정, 최지우, 박용우, 문수진, 이승우, 전홍렬 외 다수	아들을 사랑한 엄마의 잔인한 시기와 질투가 결국 사랑하는 아들을 살해하고 며느리를 감금까지 하는 참혹한 결말을 맺게 되는 이야기를 담은 영화이다.
	장군의 아들	1990.06.09	박상민(김두한 역), 신현준(하야시역), 김승우 (쌍칼 역), 이일재 (김동회 역), 만응식(김기환 역) 외	김두한 이라는 전설의 인물의 일대기를 그린 작품으로 그의 사랑과 당대의 그의 유명성을 알게 해주는 작품이다.
	약속	1998.11.14	박신양(공상두 역), 전도연(채희주 역)	조직의 보스와 여의사의 만남, 위급한 상황에서의 첫만남 이후 안타깝고 위태로운 사랑을 한다. 조금씩 서로의 세계를 무너뜨리며 가까워지는 이야기로써 마지막은 공상두가 자수하는 장면으로 끝이나는 작품이다.
	남자의 향기	1998.09	김승우(권혁수 역), 조민기(정철민 역), 명세빈 (신은혜역), 장세진(장승화 역)	혁수는 은혜가 강간당함을 알고 그 때부터 동생이상의 감정으로 뒤에서 계속 서로를 도와준다. 은혜가 자신의 남편을 죽여도 자신이 죽였다고 하게 되고 후에 그는 사형 선고를 받게 되면서 은혜와 아픈 이별을 하게 되는 이야기를 담은 영화이다.

구분	제목	방송사 및 개봉일	출연진	줄거리
영화	가문의 영광1	2002.09.13	정준호(박대서 역), 유동근(장인태역), 김정은 (장진경 역), 성지루(장석태 역), 박상욱(장경태 역)	신화 3J의 외동딸인 진경과 그녀와 어쩌다 하룻밤을 보낸 대서가 가문을 중시하여 대서를 사윗감으로 삼으려는 신화 3J집안의 사위감이 되가는 과정 속에서 겪는 코믹적인 이야기를 담은 영화이다.
	파트너(미국)	2000	캐스퍼 반 디엔, 데이빗 페이머	주인공 밥이 자신이 개발한 프로그램을 팔아 넘기고 새롭게 도발을 하려는 과정에서 일어나는 일을 담은 영화이다.
	가시고기	2007	(드라마- 유승호)	백혈병을 앓고 있는 아들을 살리기 위해 모든 것을 희생하는 아버지의 사랑을 그린 영화이다.
	조폭마누라	2001	신은경 (차은진 역)	조폭계의 살아있는 전설 은진과 그의 조직에서 일어나는 일들. 그리고 그녀의 사랑 아닌 사랑을 담은 영화이다.
	개 같은 날의 오후	1995.09.08	하유미(이정희 역), 정선경(장윤희 역), 손숙 (김경숙 역), 김보연	40도를 찌는 듯한 더위가 가득한 여름 오후 변두리 서민 아파트에서 벌어지는 에피소드로 남편에게 매 맞는 여자, 노동력을 남편에게 착취당하는 여자 등 사회의 여러 여성문제의 대표적 모습을 등장시킴으로 현실 속 여성사회를 풀어나가야할 과제와 우리사회의 모순을 보여주는 영화이다.

구분	제목	방송사 및 개봉일	출연진	줄거리
영화	카리스마탈출기	2006. 03.30	안재모(정한수 역), 윤은혜(한민주 역)	전설의 짱과 이름이 같은 정한수, 그로인해 교장 선생님을 포함하여 많은 친구들이 자신을 피하고, 담임 선생님 또한 이를 오해하여 들이대는 황당한 상황에서 동명이인 상황을 피하기 위한 그의 여정 아닌 여정을 담은 영화다.
	로맨스	2006. 03	조재현(형준 역), 김지수(윤희 역)	형사로서 열심히 일하지만 직장에서 인정받지 못하고 아이조차 제대로 볼 수 없을만큼 가정에서도 인정받지 못하는 남자 형준. 아비없는 자식으로 내 한 몸 희생하여 집안을 일으켜세우고자 하는 마음으로 야심 가득한 정신병자 남편에게 얻어맞으면서도 가정을 유지하는 여자 윤희. 두 사람의 애절한 사랑을 그려낸 영화이다.
	거지왕 김춘삼	1975. 12.20	이대근(김춘삼 역), 문오장, 최소희, 김흥종 등	김춘삼은 실제 거지 출신으로 거지 세계의 비극을 생생하게 경험하고 그들을 선도하기 위하여는 왕초 즉 그들의 지도자가 되어야 한다는 결심으로 필사적인 투쟁 끝에 왕초가 된다. 거지 세계를 이끌면서 이어지는 영화로써 마지막은 거지 세계를 없애는 데 목적을 두는 내용을 담고 있다.

구분	제목	방송사 및 개봉일	출연진	줄거리
영화	내 남자의 로맨스	2004. 07.16	김정은(김현주 역), 김상경(김소훈역), 오승현(은다영 역)	7년을 사귀어온 현주와 소훈, 그런 그에게 새로운 여자 다영이 등장하면서 그를 잡기위한 현주의 이야기와 역경 속에서 진정한 사랑을 깨닫는 커플 이야기를 담은 영화이다.
	검은 모자	1993. 01.22	이대근(김명산 역), 박준규(찬 역), 김기주(경수파 역)	보따리 밀수꾼 김명산(이대근 분),은 바이킹 김만길 일당에게 아내를 잃고 무덤을 세우며 복수를 다짐한다. 그로부터 2년 후, 복수에 눈이 먼 명산은 경수파(김기주 분),와 대결해 영역을 점령, 악명을 드높인다. 이후 많은 일들을 겪게 되고 결국 명산은 경수의 의해 죽임을 당한 찬을 아내의 곁에 묻고 자신도 자살하는 내용의 영화이다.
	깡패수업 1, 2, 3	1996	박중훈(황성철 역), 박상민(손해구 역)	깡패세계의 조직의 보스의 일원으로 그 안에서 이루어 지는 내용을 담은 영화이다.

구분	제목	방송사 및 개봉일	출연진	줄거리
영화	찜	1998 05.16	김혜수(채영 역), 안재욱(준혁/채영 2 역)	운명 같은 사랑을 믿는 채영과 그런 채영을 사랑해 여장을 무릅쓰고 그녀의 옆에서 친구로라도 있고 싶은 준혁의 사랑을 그린 코믹요소의 영화이다.
	닥터봉	1995. 4.29	한석규(홀아비 치과 의사 봉준수 역), 김혜수(노처녀 가요 작가 황여진 역)	위 아래층을 사이에 둔 준수와 여진의 만남, 출발은 나쁜 사이 였지만 후에는 좋은 관계로 발전하게 되는 영화이다.
	대형	1974. 3.20	신성일, 신영일, 최정민	동란으로 인해 부모를 여읜 성일과 영일 형제, 성일은 그런 영일을 아낌없이 도와주고 그 와중에 정민의 딱한 사정을 듣고 돌봐주면서 영일은 정민을 사랑하게 되지만 너무 잘해주는 성일의 태도의 영일은 집에 불을 저지르기까지 이른다 돈이 없던 성일은 돈을 구하려다가 살인을 하게 되고 후에 성일은 사고로 죽기직전에 이르고 이를 영일이 찾아와 잘못을 뉘우치는 장면으로 마감하는 영화이다.
	두사부일체	2001	정준호(계두식 역), 정웅인(김상두 역), 정운택(대가리 역), 박준규(조봉팔 역), 오승은(이윤주 역), 송선미(이지선 역)	큰 형님에게서 명령한 두식의 고등학교 졸업장을 따기 위해 학생으로 위장하여 고등학교를 입학하고 형님을 졸업시키기 위한 부하들의 일대기를 담은 코믹적 요소의 영화이다.

구분	제목	방송사 및 개봉일	출연진	줄거리
영화	구미호	1994. 7.23	고소영(하라 역), 정우성(혁 역), 독고영제 (저승사자 역), 방은희(민이 역)	구미호가 세상에 내려 오면서 진정한 인간이 되길 원하고 혁을 만나 사랑과 정기를 받기를 원하는 내용을 담은 영화이다.
	투캅스	1993. 12.28	안성기(조 형사 역), 박중훈(강 형사 역), 지수원 (수원 역)	조형사와 강형사 두 형사의 일대기를 펼치는 이야기를 담은 코믹적 요소의 영화이다.
	시라소니	1992. 08.08	김종민 (시라소니역), 김정균 (깃대 역), 김재엽 (땅꼬마 역), 윤희철 (하라다 역)	한국 최고 협객의 야인인 시라소니의 일대기를 담은 영화이다.
	짱	1998. 11.28	차인표(기풍 역)	고등학교 중퇴, 검정고시 4수, 전국 임용고시 성적 전국 최하위, 교생 실습 점수 낙제점, 현직 밴드 마스터로 학교 근처보다는 단란주점을 전전하던 황기풍(차인표 분)이 문제아반 담임으로 발탁되면서 그 반아이들과 펼치는 이야기를 담은 영화이다.
	튜브	2003. 06.05	김석훈(장도준 역), 배두나(송인경 역), 박상민(강기택 역), 손병호 (권 실장 역)	테러범에 의해 접수된 지하철 그를 끝까지 추적하는 끈질긴 한 형사 도준의 이야기를 담은 영화이다.
시트콤/예능	순풍산부인과	SBS 1998. 03.02	오지명, 선우용여, 박영규, 박미선, 이태란, 김소연, 송혜교, 김찬우	'순풍산부인과' 사람들의 일상 헤프닝을 다룬 시트콤

구분	제목	방송사 및 개봉일	출연진	줄거리
일반교양	6시 내 고향	KBS1 1991. 05.20	진행-성세정, 오정연	고향을 떠난 도시인들의 각박한 삶에 위안을 주는 동시에 자기 고향에 대한 자긍심을 갖게 하고 다양한 문화에 접하게 하는 역할에 충실하고 있으며, 공동체적 삶의 중요성을 일깨워주며 영농정보, 유통정보 등의 제공으로 농어가 소득증대에 도움을 주는 프로그램으로 자리매김하고자 노력하고 있다.

* 위 표의 방영일, 출연자, 줄거리는 포털사이트 www.daum.net 검색 결과를 바탕으로 작성되었음.